民法基础与超越

龙卫球 著

民法基础与超越

Foundations of Civil Law and
New Developments

北京大学出版社
PEKING UNIVERSITY PRESS

谨以此书
敬献恩师江平教授八十华诞

前　言

本书是由作者自己从曾经发表过的基础型论文中，挑选其中具有关联者，按照主题分类，通过适当修订和加工，汇集而成。从研究风格来说，本书大抵属于民法学的基础研究范畴。

民法学的基础研究，严格地说，是在一种力求全型研究思维下集制度、思想、实践和问题为一体的理论作业。这种研究风格，在民法先发国家，可谓世纪相传，为民法学者所热衷，既是极尽人生学问追求的一种方式，也是希冀学者思想理论有所建树的一种途径。在民法后发国家，这种研究尤有意义，它是一种在更具全面和更具综合的意义上继受和发展舶来民法的有效和必要方式。然而，这种研究却也是一种取其难者的学术训练和研究方式，几乎属于"磨砖作镜"的做法，投身其中者到头来多是发白了，笔秃了，还在望纸而叹。就是有几个幸运者，回首起来，往往也是投入多，产量少，有时似乎要做出点成果来，却又总是一触即倒，得全盘重来。尽管如此，民法研究者还是乐此不疲，因为研究旨趣往往胜于研究功利。正所谓意义尽在过程，乐趣也尽在过程。

从研究角度来说，民法学的基础研究，在今天可以划分为两大范围：一个是对工业化进入新时期之前的民法历史资源的整理和发掘。这一范围可归为民法传统问题。这些传统资源，或见诸表面的各式各样的制度文本、实践材料之中，或潜伏于社会、政治、历史的复杂情态变化及与之关联交织的各种重要学理的复杂进态之中。对此研究的功效，在于对既有的制度知识和制度思想作出有深度的阐释，是为建设与反思的一个教义基础。另一个是对工业化进入新时期之后的民法资源的现实考量和凝神运思。这一范围可归为民法现代化问题。这些资源正以一个无限零散、在全球范围进展不一、实验性压倒确定性的方式而呈现,它们多以挑战问题的方式提出,与既成历史、思想和制度存在某种对抗的或分离的趋势,由此形成法律制度与思想的现实变革的动力和压力。对此研究的意义,在于对我们现实的难题和新题及时给予深刻回应,并努力帮助塑造一种新时期正当有效的并适合于我们自身情况的法律体制。本书中,作者试图在综合的意义上,从历史探寻和当下对策两个论域,对每个研究论题予以发掘和运思,作出处理和权衡,因此本书既有历史的探测和实证,亦兼有当下的分析和凝思,是历史清理和现实超越的结合。

全书由主体和附录构成。其中,主体部分包括民法的观念基础、民法发展、主体理论、物权法理论和债法理论5个主题,共有16个研究论题;附录部分则收录了与基础研究旨趣有关联的一篇法理学论文,涉及法律实在性或曰客观性问题的讨论。具体而言:

"观念基础"部分,涉及民法的确立基础("公法和私法的关系")、民法实现的特性("民事救济权制度简论")、民法继受的根源("罗马法的传统型和法律方法")、民法制定的形式特点("民法典体系问题探讨")4个论题,作者的研究分别就民法的私益目的、民法的自主属性、民法的理性与科学传统及民法的体系化特点进行实证发掘和思想阐发,同时作出当下回应式讨论。

"民法发展"部分,主要限于就中国当下民法历史的回顾和盘点,通过《民法通则》施行20周年("法治进程中的中国民法")和改革开放30年来中国私法建设("中国市场经济法30年")两个论题,作者以实证式发掘,较为深入地揭示了《民法通则》具有的实质法治工程的启动和推进意义,较为全面地概括了30年来中国私法建设的状况、成就和不足。

"主体理论"部分,包括主体概念的实证意义及其超越("法律主体概念的基础性分析"、"民法秩序的主体性基础及其超越")、自然人人格权的制度进路及其超越("自然人人格权及其当代进路考察")、法人的主体本质实证及其超越("法人[主体性]本质及其基本构造研究"、"法人的主体性质再探讨")、合伙的主体本质及其形式特点("合伙的多种形式和合伙立法")4个涉及民事主体根本的论题,作者发掘认为,主体概念在传统民法上被赋予了基础性地位和作为第一概念的方法论价值,自然人人格权在民法典时期存在受制于民法规则主义的严重局限,法人主体问题在特殊时期下由于与拟制主义思想结盟导致了其特殊的法律本质处理及其制度结构,合伙由于功能取向的特殊性及形式多样化的特点导致其主体问题的复杂性,作者并以此作出对有关论题的重新诠释和超越思考。

"物权法理论"部分,作者以物权法的立法政策("物权法政策之辨")、物权法的立法基础("物权立法的合宪性问题")、物权法出台后的中国物权制度实况("中国物权法制的变迁与展望")为论题,对于中国物权法的现行立法政策的保守性、物权制定中的僵化合宪情结,以及新近出台的《物权法》的财产有限性予以检讨,并提出应向市场经济体法权基础的政策转型、应在深化物权法意义上重新理解物权法和宪法的关系及在观念和制度上应该继续突破以创制完全物权法的建议和思路。

"债法理论"部分,只收录了一个研究论题,即有关债的关系的根本定位问题("债的本质研究:以债务人关系为起点"),作者从关系本质探讨的角度,澄清了长期存在的"债权本位"式的简单观念误解,论证了既有实证法和有关理论在债的关系中应将债务人作为考虑起点的制度实际和思想基础。在本部分,作者原打算补入有关"合同责任基础"及"侵权法的历史结构与现代革新"两个研究论题,但由于时间上的原因和其他考虑,最后还是决定留待将来再版时再作增补。

作者专门从事民法学习和研究几近二十年,斯感做学问真难!从努力程度上,自以为还算得上是勤学苦读、辛苦耕耘之辈,但总结起来,成果却十分有限。究其原因,一方面是自己资质有限,属于驽马笨鸟之类,要做出真研究尚需时日和运气;另一方面,则是因为自己对基础型研究情有独钟,吃力不讨好。多年来,由个人知识旨趣和思维特点所致,所做研究,很大程度上不自觉地采取了这种基础面向的进路。然而,多数研究、努力无疾而终,这是因为,要么觉得属于有思路而难做材料的类型,而不得不浅尝辄止,搁置封存,要么觉得属于怎么做都难至臻境的类型,反复推敲修正,终不能定稿。部分研究虽已公诸于世,但若干年后回过头来重新一读,也是经常为之气馁,甚至气结。

今北京大学出版社蒋浩先生,对我以往公开发表的那些基础研究类论文表现出极大兴趣,希望我能够汇集成书。思之再三,我最终接受了编辑成书的提议,理由是:既然已经发表,便有责任不断使之完善,以对读者负责;同时,我认为所谓学问,应该是在不断回头思考和修补的基础上才渐渐成立、积厚起来的。所以,借助这个机会,我断断续续用了近一年的业余时间,很花了一些心思,将上述过去的作品作出系统的整理、修订。当然,无论如何,瑕疵甚至谬误在所难免,恳请读者批评指正。

本书勘校过程中,得到我的学生朱虎、张红、徐同远、聂卫锋、丁道勤、房琦、刘晟星、宋渊智、罗芳、雷从明,以及北京大学出版社陆建华编辑大力协助,在此特致感谢。

龙卫球
2009 年 8 月 3 日
于北京航空航天大学法学院

目　　录

第一部分　观念基础

壹　公法和私法的关系 …………………………………………… 3
　　一、认真对待公法和私法的区分关系 ………………………… 3
　　二、公法和私法区分的源起 …………………………………… 5
　　三、公法和私法区分的界标 …………………………………… 6
　　四、公法和私法关系的发展 …………………………………… 9
　　五、我国当前应如何处理公法和私法的关系 ………………… 13

贰　民事救济权制度简论 ………………………………………… 15
　　一、导言：民事权利的可救济性及自主化定式 ……………… 15
　　二、民事救济权的特点和基本分类 …………………………… 16
　　三、民事救济权的行使期间问题 ……………………………… 20
　　四、民事救济权和民事责任 …………………………………… 21
　　五、民事救济权竞合与民事救济程序 ………………………… 24
　　六、结语：深化民法的自我实现功能 ………………………… 25

叁　罗马法的传统性和法律方法
　　——兼论中国民法新传统 …………………………………… 27
　　一、罗马法的传统性重述 ……………………………………… 27
　　二、罗马法的主要创造：成熟的法治传统 …………………… 29
　　三、罗马法时代创造的法律方法 ……………………………… 33
　　四、中国民法新传统 …………………………………………… 37

肆 民法典体系问题探讨 ………………………………… 40
一、当下探讨民法典体系问题的意义 ……………………… 40
二、历史遗产中的民法体系知识 …………………………… 41
三、德国现代法学的民法体系观 …………………………… 42
四、制定中的中国民法典体系思考 ………………………… 44

第二部分 民 法 发 展

伍 法治进程中的中国民法
——纪念《民法通则》施行20周年 ………………… 49
一、"法治"的两个层面:形式的和实质的 ………………… 49
二、20年来中国的民事立法 ………………………………… 52
三、20年民事立法对法治进程的意义 ……………………… 54
四、中国民法的前景与展望 ………………………………… 54

陆 中国市场经济法30年:规则嬗变与市场经济 …… 58
一、30年来中国市场经济法的发展及其特点 ……………… 58
二、30年来构建的中国市场经济法律体系 ………………… 72
三、30年中国市场经济法的观念和实践 …………………… 84
四、WTO、全球化与中国市场经济法 ……………………… 96
五、中国市场经济法的完善与展望 ………………………… 100

第三部分 主 体 理 论

柒 法律主体概念的基础性分析
——兼论民法主体预定问题 ………………………… 107
一、导言 ……………………………………………………… 107
二、法律的二重性:规范性和概念性 ……………………… 108
三、法律基础概念传统理论之分歧:
　　义务概念理论与权利概念理论 ………………………… 113
四、权利概念背后:法律主体性 …………………………… 128

五、民事主体立法政策的历史分析 …………………………… 134

捌　民法秩序的主体性基础及其超越 ………………………… 154
　　一、"民法主体预设论"的方法基础和论证过程 ……………… 154
　　二、认识民法主体性结构的特殊意义 ………………………… 156
　　三、对传统民法的主体性结构基础的超越 …………………… 159

玖　自然人人格权及其当代进路考察
　　　——兼论民法实证主义与宪法秩序 ………………………… 162
　　一、前言 …………………………………………………………… 162
　　二、自然人人格权的两种立法体例 …………………………… 163
　　三、自然人人格权制度的当代发展 …………………………… 167
　　四、我国自然人人格权制度及其发展 ………………………… 177
　　五、自然人死后人格保护问题 ………………………………… 192
　　六、自然人人格权保护的限制 ………………………………… 194
　　七、简单总结 …………………………………………………… 197

拾　法人[主体性]本质及其基本构造研究
　　　——兼为拟制说的一点辩护 ………………………………… 199
　　一、导言:法人主体是虚构的吗? ……………………………… 199
　　二、法人主体性的规范实证辨析 ……………………………… 202
　　三、法人主体性的确立基础:
　　　　有关拟制说方法论价值的一些讨论 ……………………… 204
　　四、法人内部构造与代表制技术 ……………………………… 208
　　五、结语 ………………………………………………………… 218

拾壹　法人的主体性质再探讨 ………………………………… 220
　　一、法人主体的法律性质问题的背景 ………………………… 220
　　二、学说上的对立:拟制说与实在说 ………………………… 222
　　三、德国制定法的态度:理论分歧的调和 …………………… 227
　　四、法人主体性质问题再讨论 ………………………………… 229

拾贰　合伙的多种形式和合伙立法 …………………………… 233
　　一、导言:合伙范畴和形式的差异性 ………………………… 233

二、合伙形式差异性的形成 ·· 234
三、不同合伙形式的比较:主要以大陆法系民事合伙与商事合伙为比较 ········· 238
四、我国《民法通则》起草时的一个动向 ······································· 243
五、对我国正在进行的合伙立法的展望 ·· 244
六、一点小结 ·· 246

第四部分　物权法理论

拾叁　物权法政策之辨:市场经济体的法权基础
——略评《物权法草案》公开征求意见稿 ································ 249

一、《物权法草案》讨论的意义和基点 ·· 249
二、《物权法》的应取政策:市场经济的法权基础 ······························ 250
三、对《物权法草案》公开征求意见稿的简略述评 ···························· 254

拾肆　物权立法的合宪性问题
——评物权平等保护原则违宪之争 ···································· 259

一、引言:问题的提出 ··· 259
二、讨论关于"物权法草案违宪"批评的三个前提 ····························· 260
三、认真讨论关于"物权法草案违宪"批评的三个意义 ······················· 262
四、有关回应及其不足 ·· 267
五、我针对"物权法草案违宪"置疑的两个回应 ······························· 268
六、一点补充:物权立法应在何种意义上尊重宪法? ·························· 272
七、几点结论:《物权法》起草的走向 ··· 274

拾伍　中国物权法制的变迁与展望
——以立法检讨为视角 ·· 278

一、前言 ·· 278
二、《物权法》的框架特色与观念基础 ··· 281
三、《物权法》的主要创制及其简略评析 ··· 286
四、未来的展望:代结语 ·· 292

第五部分　债法理论

拾陆　债的本质研究：以债务人关系为起点 …………… 297
　一、引言：澄清债的更为本质的知识 …………………… 297
　二、有关债的两种看似对立的界定方式 ………………… 302
　三、债的语词形式与内在规范 …………………………… 305
　四、萨维尼有关债的本质认识及其论证基础 …………… 308
　五、对《德国民法典》第二编的系统解读 ……………… 311
　六、代结语：债务人关系作为起点的意义 ……………… 319

附　录

拾柒　法律实在性讨论
　　——兼为概念法学辩护 ………………………………… 327
　一、问题的提出：从对法律实在论的挑战说起 ………… 327
　二、法律现实主义对司法客观性的否定 ………………… 330
　三、法学传统阵营对法律现实主义的各种回应 ………… 333
　四、法律现实主义者的两个反诘 ………………………… 342
　五、转换角度再回应——从"逻辑实证"到"客观实证" … 343
　六、法律实在论的哲学辩护 ……………………………… 347
　七、余论：兼为概念法学辩护 …………………………… 357

主题词索引 ………………………………………………… 359

第一部分　观念基础

壹　公法和私法的关系

贰　民事救济权制度简论

叁　罗马法的传统性和法律方法
　　——兼论中国民法新传统

肆　民法典体系问题探讨

壹 公法和私法的关系[①]

一、认真对待公法和私法的区分关系

公法和私法的区分是当今世界法律制度基本的，也是首要的分类。可以说，当今主要国家对整个法律材料所作的一个根本性的划分，就是几乎无一例外地将法律分为公法和私法。[②] 宪法、刑法、行政法、国际法为公法；民法，广义上包括商法、劳动法和其他民事特别法为私法。

法律划分为公法和私法，乃是人类社会文明发展的重大成果，实具有私法发生学上的重大意义。私法是在这种分立思想中才得以发源的，而此前的法律观是诸法合体、混沌不分的，私法的出现不仅直接促成了一种崭新的以维护私人利益为目标的法律体制的出现，也因此给整个法律体系带来了具有现代意义的奠基。德国著名学者基尔克说，公法和私法的区别，是现代整个法秩序的基础；日本学者美浓部达吉也认为，公法和私法的区分是现代法的基本原则。[③]

公法和私法基本划分之下，公法与私法在固有性质、调整方式、司法机制等方面都存在重大差别。在固有性质上，私法是以个人与个人之间的平等和自决即私法自治为基础，规定个人与个人之间的关系。国家原则上不作干预，只在发生纠纷不能协商解决时，才由司法机关出面进行裁决。它所强调的是平等与自治，直接维护个人利益。与之相对的公法，则规定国家同被赋予公共权力的机关或团体之间，它们与它们的成员之间的关系，以及它们自身的组织结构。它所强调的是强制与服从，直接维护公共利益。

在调整方式上，私法通过广泛的授权性规定，最大程度地将法律实现交由当事人自己，即对私主体进行充分的民事权利授予，这些民事权利的行使

---

① 原载全国人大常委会办公厅研究室编《研究资料》2004年8月6日第17期。
② 参见〔德〕梅迪库斯：《德国民法总论》，邵建东译，法律出版社2001年版，第5页。
③ 参见梁慧星：《民法总论》，法律出版社1996年第1版，第28页。

由权利人自我决定,由权利人自享利益也自担风险。当权利的行使有疑义时,基于"有疑义时为自由"的信念,维护权利人的选择自由。[①] 在权利受到侵害时,也要由权利人自主选择救济的方式和程度,同时救济的形式也应当等同于权利本身的性质,救济一方享有和行使权利的同时,还要考虑另一方的正当权利。这种权利的自决性与救济的同质性,是私法的显著特征。

与之相对的公法,更多具有的是强制性、禁止性的规范,这种法律的实现取决于公共权力的运用,基于国家公权力的运用,分配各种利益与资源,保障公共秩序。因此其规定更为细致,实体与程序都十分严格。当权力的行使有疑问时,公法所强调的是权力机关的自由裁量,而相对方由于隶属关系,多数情况下只能服从。当利益受到损害时,公法会课加严厉的行政甚至刑事责任,维护秩序。

在争议解决的司法机制方面,公法和私法也有很大不同。具体法律的适用及各个不同法院部门之间的不同分工,都是以公法和私法的区分界定为基础的。[②] 如欧洲大陆各国,私法争议通常在普通民事法院得到处理;而公法的争端则由普通行政法院管辖[③],有些国家还存在专门的宪法法院或特别行政法院,如社会法院和税务法院等。即便在统一法院系统的国家,公法、私法审判也采用不同的程序规则。

总之,在公法和私法区分下,二者的意义是根本不同的。因此,如何充分认识公法和私法的区分关系,就成为立法理念和立法实践中不可回避的关键问题,直接关系到一个国家立法的理念、法律的构成及法律的实践。

我国直到清末法制改革之前,法律制度并没有公法和私法二分,而是诸法合体,国家观念非常强大,私人的自决性受到压抑,私人主体性和私权未得到应有的尊重。清末法制改革,学习西方法律制度,放弃诸法合体模式,承认私法,承认公法和私法的二分,在此基础上重塑法律制度。这种改革不只是一种法律形式上的变化,而且也是一种法律思想上的变化。新中国成立后,由于不久即在经济生活领域全面推行公有制和计划经济,因此在法律上当然导致否认公法和私法二分,民法名存实亡,这一时期的法律范畴几乎限缩为以绝对国家主义或集体主义为观念基础的公法。1979年以后,我国吸取历史教训,推行改革开放,在社会经济生活中表现为逐渐推进市场经济和市民社会,在法律生活中表现为逐渐恢复私法建设,不断出台有关民事法律。

[①] 参见王泽鉴:《民法总则》,中国政法大学出版社2001年版,第15页。
[②] 参见〔德〕拉伦茨:《德国民法通论》(上),王晓晔等译,法律出版社2003年版,第4页。
[③] 参见〔德〕拉伦茨:《德国民法通论》(上),第4页;王世杰、钱端升:《比较宪法》,中国政法大学出版社1997年版,第308页。

1986年,颁布了《民法通则》,以民事基本法和民事权利宣言书的形式,孕育了公法和私法分立的雏形,之后,中国民法的发展可谓蓬勃。

二、公法和私法区分的源起

公法和私法的划分传统,为当今各国普遍接受并被视为立法科学中的常识,并非偶然。这种划分是法律历史的产物,也是法律历史的选择。

公法和私法的划分,起源于古代罗马法。罗马权威法学家乌尔比安是公法、私法分立观念的创始者。他以法律维护的利益为标准,将法律加以区分:涉及个人福利的法为私法,而有关罗马国家稳定的法为公法。[①] 这种法律观念认为,法律应注重对于个人自主生活的关怀,只要有国家存在,就有国家与个人的对立,也就有个体利益被充分确立和保护的必要,就有公、私法律体系划分的必要。

公法、私法分立的理念和制度安排,是罗马法得以成为古代世界最完善、最发达的法律体系的基础,也是其对后世法律制度的最重要贡献。公法和私法之区分,一经形成便体现出独特的魅力。这种公法和私法的划分,使立法在法律观念和法律技术诸方面获得了无与伦比的清晰性。

在第一层用意上,公法和私法的划分明确了国家利益与个人利益的区分。虽然这两者许多时候是统一的,但它们却必须适用不同的规则去实现。公法、私法划分的观念和实践,根源于立法者注意到了利益的区分,并对不同的利益在法律上作出不同的调整,从而使法律制度在全部体系上既考虑了个人的理由,又考虑了个人与联合体(国家、社会)之间的关系。

在第二层用意上,公、私法的划分还体现在两者的具体应用之中。公法的规定,都是强行性的,不能由私人依自由意思任意变更与规避,即所谓"公法不得为私人简约所变通"。而私法规范则大多可由当事人自由选择,并且私法还相当程度地将私人的意思上升至类似于法律的程度加以维护。

所以,这种划分最重要的意义,不是体系区分的形式意义,而是其在本质上所反映的关于国家与个人决然对立的法律体系意识,体现出在国法中应以法律维护个人利益的良苦用心。在社会价值方面,它使立法获得人性,使得国家法得以从国家利益这个容易掩盖个人利益的抽象概念里解放出来,在立法目标取向上既维护国家的稳定性,又能够时时不忘维护具体的个人利益。这是以往混合不分的法律制度所不能做到的,而正是规则的混合不分会导致

[①] 参见〔意〕彼德罗·彭梵得:《罗马法教科书》,黄风译,中国政法大学出版社1992年版,第9页;另参见《学说汇纂》1,1,1,2(乌尔比安语)。

国家利益与个人利益的混同。

三、公法和私法区分的界标

法律制度的基本分类既然是公法和私法,对于任何法律材料,就必须首先决定其归属于公法范畴还是私法范畴,然后才能够准确地加以规定或者适用。应由公法规范的,错误地纳入私法规范,或者反过来将应纳入私法规范的错误地归入公法规范,都是严重的立法错位,前者将导致国家利益或公共利益虚化,后者则势必导致公权力侵蚀私人空间的危险。

(一)主要区分学说

关于公法和私法的区分,迄今为止比较权威的学说有利益说、隶属说、主体说等。[①]

1. 利益说

也称目的说。古罗马的乌尔比安最早依此说将公法和私法加以区分。

根据利益说,判断一项法律关系或一条法律规范属于公法还是私法,应以涉及的是公共利益还是私人利益为准,主要涉及公共利益的是公法,主要涉及私人利益的是私法。

后世批评者认为,这种学说具有难以应用的缺陷。

例如,德国当代民法学家拉伦茨认为,利益说至少有以下不足:

其一,私法不但保护个人利益,而且往往也同时保护公共利益。例如,在婚姻法,同时保护社会秩序,如婚姻和家庭等稳定的利益;在租赁法和劳动法,同时保护社会照顾的利益;在土地登记制度、私法关于形式方面的规定,同时保护交易安全的利益、法律关系的易于识别性和可证明性的利益、司法的利益等;在反不正当竞争法、消费者权益保护法,保护社会经济和市场经济的利益。

其二,虽然公法通常涉及公共利益,但同样也适当地照顾个人利益。正是为了维护个人的这一利益,法律才规定了每个人都有权在行政法院提起诉讼。

其三,无论公法或私法,其宗旨都不仅仅在于促进或保护某些公共利益

---

① 有关文献,域外参见〔德〕梅迪库斯:《德国民法总论》,第11页以下;〔德〕拉伦茨:《德国民法通论》(上),第3页以下等;域内参见郑玉波:《民法总则》,台北三民书局1979年第11版,第2页以下;史尚宽:《民法总论》,正大印书馆1970年第3版,第2页以下;梁慧星:《民法总论》,法律出版社1996年版第1版,第27页以下;龙卫球:《民法总论》,中国法制出版社2002年第2版,第8页以下等。

或个人利益,而在于适当地平衡各方面的利益,创造正义和公正的局面。①

德国当代另外一位民法学家梅迪库斯也认为,在现代福利国家,公共利益和私人利益往往是不能互相分离的。例如,"被归属于私法范畴的婚姻制度和竞争制度,在本质上也是服务于公共利益的。与此相反,在属于公法范畴的社会照顾法或道路交通中,在很大程度上也涉及私人利益"②。

2. 隶属说

该学说曾经在德国和其他大陆法系国家很长时间内处于主导地位。

隶属说认为,公法的根本特点在于调整隶属关系,而私法的根本特点则在于调整平等关系。

批评者认为,该说也存在缺陷。因为,用平等关系或隶属关系有时无法最终界定公法和私法这两个概念,充其量只能说,私法中主要是调整平等关系,公法中主要是调整隶属关系。

其一,在私法中也存在某种隶属关系,反过来在公法中也存在平等关系。前者,如亲属法中就存在隶属关系,公司法和社团法中公司或社团与其成员的关系也具有一定的隶属性;后者,如联邦制国家州与州的公法关系就存在平等性。

其二,传统国际法虽然属于公法,但本质上却是享有平等地位的国家之间的法。③

3. 主体说

主体说是大陆法系国家尤其是德国当今流行的通说。

如果某一方当事人是以公权主体的身份参与法律关系,那么这项法律关系就属于公法范畴;不符合这一条件的都属于私法范畴。例如,享有公权的两个组织之间订立一项关系到它们行使公权的合同,那么它们就是在以公权主体的身份建立法律关系,该合同为公法合同;反之,如果公权机构不以公权主体身份进行购买或者承租等活动,建立的有关法律关系则属于私法。

主体说避免了利益说和隶属说的缺陷,但批评者认为,该说仍然具有其他不足。例如,在主体说,有一个关键的问题不能得到解决,即难以判断在什么时候主体行使的是公权而且其行使的方式足以表明它是在以公权主体身份参与法律关系。④

---

① 参见〔德〕拉伦茨:《德国民法通论》(上),第4—5页。
② 〔德〕梅迪库斯:《德国民法总论》,第11页。
③ 参见〔德〕梅迪库斯:《德国民法总论》,第11—12页;〔德〕拉伦茨:《德国民法通论》(上),第3,5页。
④ 参见〔德〕梅迪库斯:《德国民法总论》,第12页;〔德〕拉伦茨:《德国民法通论》(上),第3页,第5—7页。

日本目前盛行"生活关系说",此说接近于主体说。它以法律规范的生活关系的不同发生方式为划分,凡作为国民自身资格而产生的生活关系,由私法调整,例如买卖、结婚、继承等,凡作为社会一分子资格而产生的生活关系,由公法调整,例如服兵役、纳税、任官等。①

中国《民法通则》第 2 条明确对于民法调整对象作出规定,采纳了所谓"平等主体关系"的说法,以此界定民法调整范畴,也可归入主体说。

4. 其他学说

还有一些学者提出了其他区分学说。

例如,梅迪库斯建议采取另一个界定标准。他认为,公法是关于受约束决定的法,而私法是关于自由决定的法。但是拉伦茨认为,这个标准也不是令人满意的。②

中国台湾地区已故民法学者郑玉波先生提出理念说。郑氏认为,公法和私法划分,不应只从法的概念上推求,而同时也应从法的理念上求之,符合亚里士多德所谓"一般的正义"及"分配的正义"的法律,为公法,符合"平均的正义"的法律,为私法。③ 不过,该学说同样难以操作,论证似乎也欠深入。

（二）关于公私法区分标准的简评

任何一种区分学说,都或多或少是公式化的,并不能对现实存在的法律材料属于公法还是私法作出准确的描述。按照拉伦茨的说法:"在公法与私法之间,并不能用刀子把它们精确无误地切割开,就像我们用刀子把一只苹果切成两半一样。"④

但是,这并不意味着公法和私法不存在区分,那种认为不存在公法和私法区分,或者认为不应该存在这种区分的观点是错误的。相反,当今世界各国法律制度大都是在公法和私法二分的基础上发展起来的,大都是自觉地按照公法和私法的区分进行着立法和司法。因此,虽然不能提出一条关于公法和私法划分的清晰的标准,但是这并不影响我们的法律按照公私法划分的传统而存在。我们必须把公私法分立作为现代法的一项原则加以遵循。

那么,为什么既存在这种区分却又无法依凭某一确定而简洁的区分标准呢? 这是因为,正如当代许多学者所指出的,在判断什么属于公法或私法时,必须注意分析"历史上的原因"。将某项具体的法律制度或法律关系归属于公法或私法,或者使公法和私法在许多方面相互交错,这有时必须从历史的

---

① 参见郑玉波:《民法总则》,第 3 页。
② 参见〔德〕梅迪库斯:《德国民法总论》,第 13 页;〔德〕拉伦茨:《德国民法通论》(上),第 6 页注释 2。
③ 参见郑玉波:《民法总则》,第 3 页。
④ 〔德〕拉伦茨:《德国民法通论》(上),第 7 页。

原因中作出解释。① 例如,在德国,联邦铁路虽然属于国有,但被归入私法,理由是,许多铁路作为股份公司产生于自由主义时代;而邮政一直被归入公法的范畴,虽然当今邮政总是以私法主体身份与顾客打交道,但是邮政产生于专制主义时代,是皇帝及帝国各阶层享有的经济特权的体现。② 今天,在劳动法中,既有公法的成分,又有私法的成分,经济法也是这样,这都是特殊历史因素在其中起着一定的作用的缘故。③

公法和私法的划分,仅适用于实体法而不应适用于诉讼法。人们一般将诉讼法看作是公法,理由是:司法毫无疑问是国家实施公权的行为,所以诉讼当事人、证人与鉴定人与法院之间的关系不是平等关系,而是隶属关系。例如,我国著名学者史尚宽就持这样的观点。④ 但是拉伦茨认为,那种关于所有法律都只能要么是公法要么是私法的看法是不正确的,诉讼法从本质上来说既不属于公法也不属于私法,其作为一个整体,应属于独立的法律领域。⑤ 在拉伦茨看来,真正的诉讼规则不限于调整隶属关系,它也调整诉讼当事人之间的关系,而诉讼当事人之间在诉讼地位上是平等的。民事诉讼法还赋予当事人很大程度的自由,允许他们就诉讼中的权利作出处分。当今的诉讼法学者将诉讼法律关系视为三方法律关系,即诉讼当事人之间的关系和诉讼当事人与法院之间的关系,后一层关系才类似于公法关系,而前一层关系更类似于私法关系。

四、公法和私法关系的发展

公法和私法进行区分至今仍是各国法律体系的基本特点,但公法和私法关系,至今已经历了若干重大的发展,经历了若干现代转型,我们必须引为重视。

(一) 社会法的兴起

首要的一点,就是社会法的兴起。社会法的出现,主要是随着社会发展,传统个人主义、自由主义的利益达成之理想在现代社会中无法完全实现,对于社会中的弱者,法律需要通过社会化的手段加以切实保护。

20世纪以来,随着西方国家自由放任主义的削弱,福利国家观念的崛

---

① 参见〔德〕梅迪库斯:《德国民法总论》,第13页;〔德〕拉伦茨:《德国民法通论》(上),第7页。
② 参见〔德〕梅迪库斯:《德国民法总论》,第13页。
③ 参见〔德〕拉伦茨:《德国民法通论》(上),第7页。
④ 参见史尚宽:《民法总论》,第3页。他认为民事诉讼法和刑事诉讼法都是公法。
⑤ 参见〔德〕拉伦茨:《德国民法通论》(上),第8页。

起,国家对经济和社会的干预得到加强,以"法的社会化"为特征的第三法域即"社会法"介于公、私法之间而崛起。这一法域,主要包括反垄断法、反不正当竞争法、社会保障法、环境保护法、消费者保护法、劳工法等。

社会法的蓬勃发展,很大程度上突破了公法、私法分立的传统,使得私法与公法、民法与行政法、契约与法律之间的划分已越来越趋于模糊。①

德国当代法学家普罗斯基提出,应以三分法取代传统的二分法,把法分为私法、社会法和公法。在私法领域,个人在对全体成员都适用的法律的范围内,根据自己的利益判断来决定法律关系的形成;在公法领域,国家或其他依公法组织的团体通过其公务员决定法律关系的形成,公务员必须严格遵循上司的指示,上司又必须严格遵循法律和宪法;在社会法领域,某些自愿组合的团体(如工会、雇主联合会等)或通过选举产生的利益代表机构(如企业委员会)也参与决定法律关系的形成。②

然而,多数学者还不赞成三分法,他们认为三分法基于社会保护的需要,虽然在一定程度上突破了严格的公私二元划分,从而更为精细地调整社会生活,但并未因此根本颠覆公、私法划分的基础,并未形成一个所谓独立的社会法。例如,拉伦茨指出,虽然存在这方面的法律发展,有关团体或利益机构的确参与了经济生活或劳动条件的形成,它们因此承担相应的责任,但是其本质上还仍然处于私法领域,到目前为止,所谓社会法不过是当代经济秩序和社会特点在私法的一些领域的特殊反映而已,虽然这种反映趋势还在不断增强。③ 梅迪库斯一方面承认,就《社会法典》的适用范围和社会法院的管辖范围而言存在所谓"社会法",但另一面又认为,不应把私法中决策受到约束的那一部分归入"社会法",因为这一部分法律与私法的差异与其说是质量方面的,不如说是数量方面的。④

(二)宪法、人权基础及法的分层结构的确立

第二个方面,就是在近代开始,在民主国家,法领域发生了另一个基础性的变化:宪法在传统公法领域出现,并且被提升到根本法的高度,跃升为一国全部法律制度的基础,具有最高的权威性。宪法权威地位的确立,对传统法律制度体系有着极为重大的影响:法律制度从单纯的法律分立,发展成为立足在法的分层结构基础上的法律分立。宪法是最高的权威,不仅指导着传统的公法部门,也指导着私法部门,公、私法都要服从于这一权威,然后在此基

---

① 参见〔德〕拉德布鲁赫:《法学导论》,中国大百科全书出版社1997年版,第77页。
② 参见〔德〕拉伦茨:《德国民法通论》(上),第7页;〔德〕梅迪库斯:《德国民法总论》,第10—11页。
③ 参见〔德〕拉伦茨:《德国民法通论》(上),第7页。
④ 参见〔德〕梅迪库斯:《德国民法通论》,第10—11页。

础上进行区分。

宪法权威性的基本内涵有两点：一是指宪法在国家法律体系中地位最高，是国家的根本大法，是国家的根本活动准则，是一切立法的基础；二是指宪法效力最高，任何法律必须以宪法为依据，而决不能与它相抵触，否则就会失去法律效力，任何违宪行为，即使是国家元首，都是无效的，并要受到专门机关的查处甚至审判。"国家由宪法导出理念及政治上的重要原则，再由第一阶段的法律及第二阶段的行政，共同来实践宪法之内容"，"宪法之应该具有强制的拘束力，已是今日法治国家毋庸置疑之原则"，"在法治国家下，所有位阶低于宪法的法规范及国家行为，由法律至行政命令，由大法官会议之解释到行政处分，都必须与宪法之规定及基本理念，相互一致方可"。①

这种具有"高级法"背景的宪法，自其产生以来，就不是限于对国体、政体的规定，也不限于对国家权力的分配和相互制约的安排，而是同时强调确立和保障人的基本权利（人权），明确建立人的价值优先的原则。换言之，宪法把尊重人权确立为宪法自身和全部法律的最高原则。特别是从20世纪40年代末期开始，基于"二战"的惨痛教训，"人权宪法"上升到前所未有的位置。1948年12月《世界人权宣言》和1966年《公民权利和政治权利国际公约》等国际文件确立了一个共同的"人权"理想和目标，要求各国负有义务去促进对人的权利和自由的普遍尊重和遵行。"人权宪法"意味着宪法的效力不仅是宪法规定了政府主要机构的组成、权力和运作方式的规则，也意味着确立了政府机构与公民之间、个人与个人之间关系的一般原则，即维护人的基本权利、自由和尊严。我国1982年《宪法》专辟一章确立了公民的基本权利，并且《2004年修正案》在总纲加上了国家尊重和保障人权条款，以此作为全部法律制度的基石。

（三）部门法理论和实践的发展

近现代立法实践受到科学分类思想的影响，一定程度在立法思想上采取了法律部门分类理论，根据调整的具体社会关系的性质不同将法律加以区分，划分各种法律部门。首先是区分出实体法和程序法。然后，在实体法中区分出宪法、刑法、行政法、民法等，在程序法中区分出刑事诉讼法、民事诉讼法等。

但是，这种法律分类主要是法律渊源的技术范畴的区分，并没有改变公法和私法的基础二分法。换言之，在整个法律体系中起到决定作用的区分，还是公法和私法两大范畴。例如，刑法、行政法虽然在形式上存在部门的区分，但仍然是公法的构成部分，在固有性质、调整方式、司法机制等方面都具

---

① 参见陈新民：《公法学札记》，中国政法大学出版社2001年版，第19页。

有相似性。①

（四）行政法的任务转向和范围扩张

随着社会变迁和福利国家思想崛起，在国家任务由自由主义法治国转换为社会法治国的过程中，现代行政法的任务和内容也开始发生变化，由单纯的干涉行政（借助警察权力和课税权力来达成国家行政目标），发展为服务行政或引导行政（同时借助在行政机构与个人或团体之间建立"指导与服务性"的法律关系来保障个人福祉）。

由此，20世纪以来，行政法领域发生了范围扩张，不仅表现为建筑法、规划法等剧增，也表现为行政任务扩张到"地方公共事业"，如水、电、交通等。这种剧增或扩张并不是以扩充国家行政权力为基础的，而是运用了新的行政形式。"措施性法律"应运而生，这种法律旨在妥善、有效且短期性规范民主工业社会发展的技术规定。作为新式的行政工具，法律与行政处分已经改变了其内涵，不再只是注重其外在的法律形式而已。②

（五）私法的多样化和内部分离趋向

最后，随着私人社会生活的多样化，私法本身也在不断发展变化，私法内部也在不断发生分离。私法内部分离已经成为现代私法的一般特点。尽管在一些国家，例如瑞士、意大利和我国在观念上坚持私法统一原则，即坚持民商合一，但是在私法内部仍然掩映不住分离趋势，特别单行法不断涌现。在大多数国家，例如法国、德国、日本等，将私法分为两个部分：作为一般私法的民法和一些特别私法领域。

民法作为私法的一般法，是私法的核心部分，调整每一个"私法主体"都可参与的法律关系，其范围包括：对人格的保护，关于行为能力和民事责任的规定；一般财产法，包括所有权以及其他物权的规定、合同的规定、关于债务关系的产生、内容及终止的规定；损害赔偿归责的规定；继承法和亲属法。民法一般制定为民法典，但也包括对一些特殊法律关系进行调整的单行法律，例如《失踪法》、《分期付款法》、《住宅法》和《婚姻法》等，在后面这些领域，民法通过对承租人等进行特殊保护，更多地关注了权利分配的均衡与公平。

特别私法领域的右翼主要是商法。商法独立于民法，是适用于商人的特别私法，包括商行为法，也包括商组织法，如公司法、银行法、交易所法及海商法等。商法与民法相比较，具有更充足的自治特性，同时兼顾市场交易的效

---

① 参见〔德〕梅迪库斯：《德国民法总论》，第5页。他特别强调公法和私法的二分法并没有给刑法确立独立的地位，刑法仅是公法的一个部分，因为正是在刑法中，科处刑罚的国家以特别强烈的方式，实施着公权性质的行为。

② 参见陈新民：《公法学札记》，第92—109页。

率与安全。商事案件由商事法院或商事法庭管辖。

特别私法领域的左翼主要为劳动法等。在这些本属私法关系的领域,由于现代组织形式、现代经营方式等的采用,社会问题日益凸显,信赖原则、社会原则越来越受到强烈的关注。

首先是劳动法,它是适用于从事非独立工作的雇员的特别法。劳动法的产生是私法充分认识到了现代社会中受雇人一方的弱势地位,从而给予特殊保护的结果。劳动法突破了传统私法雇佣合同的束缚,最集中地体现了社会原则。根据社会原则,要求给那些依赖于订立合同,但由于经济实力不足或缺乏经验而无法以订立合同来充分维护自己利益的人提供直接的法律保护。劳动案件由专门设立的劳动法院管辖。① 与此相近的,还有营业经济法(竞争法、卡特尔法)、无形财产法(著作权法、工商权利保护法)、私保险法;在现代,还有人主张建立适合于消费者的特别保护法。

学者们指出,尽管私法内部分离成为当今一种制度现实,但是要想在民法和特别私法之间划出一条清晰的界线同样是不可能的,而且这种区分同样有着很明显的历史痕迹。而且,特别需要注意的是,民法和特别私法的分离关系不同于公法和私法的分立关系,各特别私法没有自成一体的规则,它们仅仅规定了一些纯补充性的规范,都以一般私法(民法)的存在为前提,特别私法没有规定时,则适用民法的规定。②

五、我国当前应如何处理公法和私法的关系

认真对待公法和私法的区分关系,是我国当前建立和完善现代法律体系的观念和技术前提。由上可知,我国当前至少应该在以下几个方面处理好公法和私法的关系:

其一,坚持公法和私法的法律划分。法律区分公法和私法,不仅是历史的产物,也是现代法的基本原则和法秩序的基础,我国要完成现代法制建设,不能没有公法和私法的二分。

其二,完善法的分层结构,树立宪法的崇高地位,并以确立和维护基本人权作为我国当今全部法律体系的基础。宪法至上和尊重人权是另一项现代法的基本原则。宪法本身既是公法一部分,又具有最高位阶性,是一国全部公法和私法共同的最高基础;当今宪法还必须将尊重和保障人权作为自身和

---

① 参见〔德〕拉伦茨:《德国民法通论》(上),第9—10页;〔德〕梅迪库斯:《德国民法总论》,第16—17页。

② 参见〔德〕梅迪库斯:《德国民法总论》,第17页。

全部法律的最高原则。今日之公法和私法的分立关系已不是简单的公私法对立关系,而是在宪法和法律分层基础上的以宪法作为共同基础的公私法分立关系。

其三,在必要的范围应适当模糊公法和私法界线,确保"社会"目标的实现。现代社会国家负有社会照顾、促成社会福利的义务,个人亦负有顾及社会保护、维护社会正义、善待弱者的义务,因此之故,现代法律在必要的范围内应引入"社会法",兼顾公共利益和私人利益。

其四,妥善处理好行政立法的定位。在现代人权宪法和福利国家的观念下,行政法受到两个重要的定位限制:一方面,行政法应该从干涉行政发展为兼顾服务行政,在必要的范围进行扩展,并同时在行政形式上进行翻新。市场经济和福利社会欢迎善于提供服务的积极政府。另一方面也是更主要的一个方面,行政法是为规范政府权力、防止滥用权力、保障个人自由而设。从这个意义上说,行政法越多,意味着政府权力受到的限制越多,个人的权利和自由越受保障。

但是,我国目前的行政立法在立法取向上存在某种程度的偏离,一些行政立法直指个人的活动自由,无端限制个人受宪法保障的基本权利,例如前不久被废除的收容遣送办法,这种"行政法"越多,政府的权力就越具有任意性,个人自由就越受限制。所以,一些学者大声呼吁"市场经济法律越少越好",准确地说,这其实是说,我国行政法的正确定位是,行政法并不是越少越好,该制定的还是要制定,不过不应该指向个人自由,而应该是指向限制政府权力。市场经济害怕的是不受限制的政府权力。

其五,私法立法应注意多元化。我国的私法传统一直刻意采取了统一模式,民商合一色彩很浓。但是,现代社会是无限丰富、多元发展的社会,私法生活应该是复杂多样的,而且我国属于城乡经济结构和社会生活差异比较明显的国家,私法生活的内部区分应更具有现实基础。在今后,随着立法技术和立法手段的完善,我国私法立法应取切合实际的态度,在一般私法之外,承认商法、劳动法、营业经济法、无形财产法等特别私法的相对独立性,在这些领域进行一定的特别调整,建立一个内部适当多元的私法系统。

最后,我国有学者还提出,在公法和私法分立的前提下,还有一个公法和私法孰为优位的关系处理问题。在我国当下,基于现行宪法所确立的法治国家目标,配合市场经济和政治民主进程,应逐渐抛弃国家中心主义,确立私法优位主义的法律观,使私法较之公法更具有优越性。[①]

---

① 参见梁慧星:《必须转变公法优位主义观念》,载《法制日报》1993年1月21日;梁慧星:《民法总论》,第30页。

贰 民事救济权制度简论[①]

一、导言:民事权利的可救济性及自主化定式

民事权利是民事活动的基础和重要内容。随着社会的进步,民事权利在范围上不断扩展,在内容上不断丰富,在构造上也必将更为完备。"有权利即有救济",当事人的民事权利必应含法律救济力,这是民法的应有原理。民事权利若仅有"法律容许的行为范围"这一基础内容,而不配之以具体法律救济力,民事权利必将抽象化,而只有形式上的意义。因此,从权利的可救济的角度来完整地理解民事权利具有十分重要的意义。

民事权利的可救济性,揭示了民事权利的动态结构:基础内容和救济保障的统一。既有的各式各样的传统权利理论主要从静态的角度对权利作出描述或者揭示,例如权利本质理论关注的是权利的"主体意志自由"、"主体可享有利益"等属性孰轻孰重的比较问题,而一般权利分类理论主要从利益性质、权能作用方式等角度出发来观察不同权利的不同特点。然而这些都无助于理解权利的实践细节,尤其是无法获得对于权利如何实现的动态机理的认识。民事权利规范的最终意义,不在于法律上的权利标示,而在于民事主体对于民事权利的实际享有和行使,那么,在实际中,在其法律实现的实践意义上,民事权利最终应该体现为一种什么的动态结构呢?

笔者注意到,罗马法以降[②],民法上的民事权利,在其法律实现的实践意

[①] 本文原载《法学研究》1993年第3期。本文初稿完成于1992年9月,是作者在中国政法大学攻读民法学硕士时的民法课堂作业,后在杨振山教授的指导下修改完成论文定稿合作发表。写作过程,还得到导师江平教授的鼓励和指教。收录本书时作了一定范围的修改。

[②] 在罗马法时代,已经形成清晰的权利动态结构思维,诉权或诉(actio)十分重要,蕴涵于各种诉讼形式中,却有着主观法的内涵,既体现了罗马法由裁判官实践发展的特点,又反映了罗马人注重权利救济的实践思维,它们有自己的名称,如叫"善意占有诉讼"、"质押担保诉讼"等,有的为权利而设置,有的为法律关系而设置,这其中的思维就是通过各种名目权救济,来维护和保障各种基础权利和法律关系。参见〔古罗马〕查士丁尼:《法学总论——法学阶梯》,张企泰译,商务印书馆1989年版,第四卷;参见〔意〕彼德罗·彭梵得:《罗马法教科书》,黄风译,中国政法大学出版社1992年版,第65—85页。

义上,体现为一种始终致力于自主实现的结构,也就是说在权利享有和行使的全部环节,都完全体现了权利之为权利的自主属性:权利主体自身的行动可能性。这在正常实现的情况下毋庸置疑,在权利实现遇到障碍时也依然如此:权利实现此时依旧在权利享有者的自主掌控中,他可以选择启动一种以救济为目的的主观能动程序来实现权利,此可谓民事救济权。换言之,民事救济权是民法上权利保障时可资权利当事人依据的主要民事手段。

采取救济权方式作为权利实现的最终民事保障,不能不说是民法上的一项伟大设计。民事救济权的设计,使得民法最终因民事权利维持其自主化定式而得以纯粹化:即使在权利需要保障实现的非常情形,民法由于救济权制度的设计,既为权利人提供了真实有效的法律保障手段,又能够在权利保障上继续捍卫民事权利的自主性,使民事权利以当事人可为自主决定的行动授权方式而体现,排除国家的直接介入。可见,民事救济权是全面认识民事权利的完整结构及其精妙蕴涵的一个关键。然而,迄今为止,学界对民事救济权的整合研究显然不够。基于此,笔者试图作些探讨。

二、民事救济权的特点和基本分类

民事权利的实现,常常体现出基础内容与救济力分离的状态。在一般情形下,权利人对基础内容的实现无障碍,因而便不需要救济力的直接作用;在某些情形下,权利人无法正常实现其权利的基础内容,便要借助救济力来保障实现。① 因而,民事权利的基础内容和救济内容具备相当程度的独立性,民事权利据此分离为基础权利和救济权利。后者即民事救济权。

民事救济权作为权利保障时可资权利当事人依据的主要民事手段,在法律形式上,它是基于民事基础权利被侵害或受有危险而产生的,权利人可采取某种行动(或者是单边行动,或者是要求相对人承担作为或不作为义务,或者是对抗相对人的请求)来恢复基础权利的正常状态,保障基础权利依其目的继续实现,或者消除因不法侵害或危险给权利人造成的不公平或不合理状态的一种法律授权。救济权形式上属民事权利的范畴,其行使是民事权利的行使,因此应遵循民事权利行使的规则。但是严格地讲,民事救济权在目的范畴而言,它属于非具独立的权利,是民法上权利完整结构中的一部分,本质上只是一类托以权利形式的援助性民事技术。正因为如此,民事救济权特别是作为救济权的形成权和抗辩权,原则上不能被独立地转让,因为它与和它

---

① 民事权利的救济力并不完全等于民事救济权,还可以体现为其他手段,甚至某些领域还包括公法手段,但是民事救济权方式为其常态体现。

有关的基础权利或法律关系结合在一起。

民事救济权的特点有:(1)保障性。基础权利体现的是法律许可民事权利主体行为范围的内容,救济权利则体现法律保障基础权利实现的作用。(2)派生性和援助性。相对基础权利而言,它具有派生性。通常,救济权基于保护基础权利而产生,旨在消除侵害或危险,以正常实现基础权利的内容。(3)衔接性。实体的民事救济权,往往需经由诉讼程序来行使。从这个意义上来说,救济权是连接民法与民事诉讼法的纽带。救济权也是连接民事权利与民事责任的纽带。(4)重叠性或竞合性。一项侵害或危险,常发生数个具体的救济权,这就是救济权竞合。(5)消极性。从整个民事权利体系看,与基础权利相比较,救济权是消极被动的,在基础权利被侵害或陷于危险的情形下基于恢复或保护的需要才发生。(6)期间性。救济权利的行使,受期间限制,否则,其法律效力将被消灭。

民事救济权一般可依据作用及体现的权利内容的不同,归纳出三大类。

(一) 救济性形成权

即救济权人依单方意思表示便能使相对人权利发生变更或消灭的权利。形成权作为一个系统化的法律概念,是德国学者泽克尔最早提出的。[①] 形成权的法律技术,在罗马或者法国民法上就有一定体现,例如关于合同的诈欺之诉即是,但是,《德国民法典》在十分清晰的形成权观念下广泛地运用了形成权技术,使其法律变得十分精细。在法律上,形成权基本上都是救济性的。形成权,在民法上包括撤销权、变更权、解除权、选择权、确定权、终止权、抵销权、提异议权等。

救济性形成权之所以发生,通常是相对人权利(或者当事人之间的法律关系)的形成基础具有瑕疵,或者当事人之间的法律关系其继续存在已经构成法律上或约定上的需要重新调整的状态。所以,主要是两种情形:一种是相对人的权利形成基础具有瑕疵。例如,在大陆法系国家,欺诈、胁迫的合同债权债务关系,便具有基础瑕疵,民法即赋予受害一方撤销之权。我国《民法通则》对于显示公平或者重大误解法律行为亦然,赋予不利益当事人撤销或变更之权。另一种是相对人的权利的产生基础虽然不具有瑕疵,但由于法律或者约定的原因出现,或者发生情势变更,其继续存在或实现将产生不公平的后果,因此,民法赋予受不公平危害的当事人以救济权利,允许其对相对人的权利加以撤销、变更、解除或终止等方面的调整。

[①] 参见〔德〕泽克尔(Seckel):《民法的形成权》,载《里·科赫纪念文集》,1903年,第205页以下。转引自〔德〕梅迪库斯:《德国民法总论》,邵建东译,法律出版社2001年版,第73页(原著第79页)。

救济性形成权的主体,是上述关系中的受不利益的当事人。义务主体则是瑕疵原因的责任人或不公平关系中不当受益的当事人。救济权人享有依据单方意思表示,来实现对他和相对人之间法律关系的调整,或者是对法律关系的内容进行确定,或者是改变这种法律关系,甚至可以是撤销或终止这种法律关系。相对人则须容忍救济权人的意思表示,接受其行使行为的效果。救济性形成权的法律效果,是通过撤销、变更、选择、解除、终止等形成行为的行使,达到重新调整存在于当事人之间的法律关系、消除不公平状态的后果,并最终达到恢复和保全救济权人的正当法律利益的目的。

救济性形成权,可由救济权人直接对相对人主张,也可以经由诉讼来主张。由于形成权是由单方决定且事关重大,又考虑到救济性形成权的确认的复杂性,为避免因当事人对救济性形成权之存在与否及其内容的争执而带来的难题,同时为防止当事人滥用救济性形成权,法律常予特别规定,形成权的行使,当事人必须依诉讼程序,通过法院或仲裁机关的裁判来进行。例如,我国《民法通则》第59条规定,对重大误解和显失公平的民事行为,当事人一方变更或撤销权的行使,通过法院或仲裁机关来进行。通过诉讼行使的,称"形成之诉",具体又可分"变更之诉"、"撤销之诉"等。①

(二)救济性请求权

指在基础权利受有不法侵害或危险时,救济权人可以请求不法加害人为一定行为(给付)的权利。

请求权制度早就有所发展,但是其概念形成公认为是德国学者温德夏特。② 请求权作为一种请求他人作为或不作为的权利,应区分基础意义的请求权和救济意义的请求权。前者,例如合同基础债权,后者,例如侵权救济请求权和违约救济权请求权。救济性请求权的发生根据通常是救济权人的基础权利受有侵害或危险的事实,且这种侵害或危险是由相对人的不法行为所造成的。

救济性请求权的权利主体是基础权利受有侵害或危险的当事人。义务主体是加害人或危险威胁人。救济权人享有请求相对人为一定行为或给付的权利;相对人则负有为一定行为或给付的义务。其法律效果是,通过相对人为一定行为或给付,侵害或危险被排除或补救,救济权人的基础权利被恢复或得到补偿。

---

① 关于形成权的理论和制度的进一步理解,可以参见〔德〕梅迪库斯:《德国民法总论》,第73页以下部分;以及〔德〕拉伦茨《德国民法通论》(上),邵建东等译,法律出版社2003年版,第289页以下。

② 参见〔德〕温德夏特:《从现代法的观点看罗马私法里的诉权》,1856年。转引自〔德〕梅迪库斯:《德国民法总论》,第67页(原著第72页)以下。

救济性请求权有许多具体形式,包括:停止侵害请求权、除去妨害请求权、消除影响请求权、恢复原状请求权、损害赔偿请求权、补正给付请求权、废止债权请求权等。我国《民法通则》第134条规定的民事责任方式,其实就是救济性请求权的具体形式。这条规定极易导致一种不完全理解,即认为当事人寻求民事救济只能通过这些请求形式,而忽略了救济性形成权及抗辩权的作用。

救济性请求权可由当事人直接行使,也可依诉讼行使。"请求之诉"根据具体内容的不同,又可分"损害赔偿请求之诉"、"恢复原状请求之诉"等。

(三) 抗辩权

抗辩权是抗辩权人基于基础权利被侵害或有危险的原因,依法享有的可以通过声称即可拒不为某项义务以对抗相对人的请求效力的权利。抗辩权均具有救济权属性。

抗辩权的发生根据是,相对人享有请求权,但该请求权的产生或存在无合法根据。即该请求权是基于瑕疵原因而产生,或该请求权之继续存在构成对救济权人的有违公平。抗辩权的权利主体是瑕疵原因请求权或者限于不妥当状态请求权的相对人。受对抗主体是基于瑕疵原因或限于不公平状态的请求权人。

抗辩权通常需经主张才为行使。抗辩权人享有对抗相对人请求权效力的地位,一经主张即得永久免除或暂时解脱自己的给付义务;请求权人一旦受抗辩权行使,则其请求效力受到永久或暂时的阻止。

抗辩权主要有:一般的恶意抗辩权、优先抗辩权、诉讼时效抗辩权、同时履行抗辩权、先诉(后位)抗辩权、举证责任上的抗辩权、拒绝接受履行的抗辩权、善意取得的抗辩权及其他抗辩权。

抗辩权经由诉讼行使时,称"权利排除抗辩",实施此项权利,权利人必须加以主张,否则视为放弃。这和诉讼上"权利未发生抗辩"、"权利消灭抗辩"不同,后者属于案件事实证明问题,只要具备抗辩要件的法律事实,纵使当事人没有主张,法院也须审究。

在相对人因瑕疵原因取得权利的情形下,受害人往往同时享有救济性形成权、救济性请求权和抗辩权,这不仅体现了各项救济权发生根据上的共通性,也体现了民事救济权结构的紧密性和民事权利保障的充分性。各项具体救济权的内容及行使条件有所不同,法律效果也各有偏重,但在必要的情况下结合行使,可达到完全救济的目的。例如,被胁迫而负担债务,许多大陆法系国家民法规定,债务人同时享有撤销权、拒不履行(一般的恶意)抗辩权、废止加害人债权请求权、损害赔偿请求权等救济权利。

救济性形成权、救济性请求权、抗辩权是民事救济权的基本分类。救济性形成权的内容为救济权人单方撤销、变更或消灭相对人的权利的意思表示,救济性请求权的内容则为相对人为给付,抗辩权的内容则为救济权人拒绝相对人的请求。这"三权"相辅相成,从总体上构成民事救济权的基本体系,成为民事权利当事人寻求法律保护的直接依据。

民事救济权还可有其他分类。如依据体现的利益性质不同,可分为:人身性救济权、财产性救济权、其他救济权等。

三、民事救济权的行使期间问题

民事权利的时间结构,既体现在基础权利的时间属性上,也体现在救济权利的时间属性上。不同救济权,有不同的行使期间限制。

(一)救济性形成权的行使期间

民法上一般以除斥期间来限制救济性形成权的行使。如我国最高人民法院《关于执行〈民法通则〉若干问题的意见》第73条便规定,变更、撤销权的行使期间,即除斥期间为1年。

(二)救济性请求权的行使期间

各国都以诉讼时效限制救济性请求权的行使。诉讼时效,即权利人持续不行使权利,在时效届满时消灭其请求权胜诉效力的时效。我国《民法通则》规定,一般诉讼时效为2年。

(三)抗辩权的行使期间

民法理论上考虑到抗辩权人享有抗辩权的同时,一般同时享有救济性请求权,故也一般应以诉讼时效作为抗辩权的行使期间。但是,由于抗辩权具体形态的特殊性,又有差异。

一般的恶意抗辩权,一般随被害人(抗辩权人)因相对人欺诈、胁迫等事由而同时产生的债权废止请求权、损害赔偿请求权等的时效消灭而消灭。但也有例外,如我国台湾地区"民法"第198条规定:"因侵权行为对于被害人取得债权者,被害人对于该债权之废止请求权,虽因时效而消灭,仍得拒绝履行。"

优先抗辩权,一般随优先权被侵害同时产生的救济性请求权时效的消灭而消灭。拒绝接受履行的抗辩权,随同时产生的救济性请求权时效消灭而消灭。质权占有的抗辩权,随质权的存在而存在,质权消灭,该抗辩权亦消灭。权利瑕疵的抗辩权,随同时产生的救济性请求权时效消灭而消灭。

同时履行抗辩权、先诉抗辩权为一时性抗辩权。而诉讼时效抗辩权和举证责任抗辩权则具有永久效力。票据上的抗辩权,一般具有永久效力。

由于不同救济权的期间的差异,在救济权竞合的情况下,常出现一救济权消灭,依次行使其他救济权的情况。例如,被胁迫而负担债务,依照我国台湾地区"民法",可能发生以下情形:被胁迫人(救济权人)在第93条规定的1年除斥期间内,行使撤销权,撤销其负担债务的意思表示,使债务归于消灭。但是,如果被胁迫人没有及时行使撤销权,仍可以根据侵权行为损害赔偿请求权,在第197条所规定2年的诉讼时效内,请求废止加害人的债权。如果被胁迫人又没有及时行使该权利,还可以根据第198条的规定,行使不受期间限制的"拒绝履行抗辩权"(即一般的恶意抗辩权)。

四、民事救济权和民事责任

侵权行为最初在罗马法中,就是债的发生原因之一。罗马法中,有关债的发生原因中,有"私犯"(ex delicto)、"准私犯"(quasi ex delicto),近似今天的侵权行为与准侵权行为。①《法国民法典》没有独立的债编,但在财产取得方式一编,将侵权行为和准侵权行为与准契约等归入债的非因契约的发生根据之一。②《德国民法典》在第二编,首开独立债编,更是明确将侵权行为作为债的发生根据,与不当得利、无因管理作为法定原因,与契约作为意定原因并列。③ 1912年生效的《瑞士债法》将债因分契约、侵权行为和不当得利三种。另外,无因管理称准委任,准用委任契约发生债的关系。1896年的《日本民法典》以契约、无因管理、不当得利、侵权行为作为主要债因。我国民国时期民法典以契约、侵权行为、不当得利、无因管理、代理权授予为主要债因类型。

数世纪以来,基于上述民法典国家的安排,人们普遍接受了侵权行为是债的典型发生原因之一的认识,但是学者们又看到这种"债"与另一同为典

---

① 在罗马法上,债因(causae obligationum)是一个相当重要的术语。债可能产生于五花八门的原因,但这些原因最终必须有法律明确个别确认。因此,有债产生于法律的说法,因为除非债法确认为原因(债之法律事实),否则不能产生债。罗马法对债析分为:(1) 契约和允诺(pollicitationes);(2) 私犯;(3) 准契约;(4) 准私犯;(5) 单纯的法律事实或法律。

② 1804年《法国民法典》承袭罗马法"法学阶梯"体例,形式上将债因划分为:(1) 契约(第1101条)。(2) 非因契约发生债的其他原因(第1370条),包括:a. 因义务人的行为而发生的义务,即准契约、侵权行为或准侵权行为而发生的义务。b. 因法律规定而发生的义务,即非由自己的意志而发生的义务,例如相邻土地所有人之间的义务、监护人及其他管理人所不得拒绝担任法律所定职务的义务。

③ 1900年《德国民法典》没有准契约和准侵权行为的概念,而是引入无因管理和不当得利概念,它在债因类型上,分:(1) 法律行为(Rechtsy eschaett),包括契约、单方法律行为。单方法律行为与契约不同,前者只是在法律明文规定的情况下才可作为债的发生根据。(2) 侵权行为(第823—852条)。比法国法范围更广。(3) 不当得利(第812—822条)。(4) 无因管理(第677—687条)。(5) 其他直接产生债的法律规范。这后一种债不属于债编的范围。

型债的契约之债具有明显的差异性。在民法上,侵权之债又可归入到民事责任范畴,侵权行为同时也是名义上的民事责任的发生根据,而契约之债在基础债权层面却与民事责任概念无关。那么,何以侵权行为同时具有二因素性呢?民事责任与债的关系在原因上的名义混合,导致了学者们在理解和论证上的困难。民事责任与债是一种什么关系?它们的各自表达,意在指向一种什么样的区分含义?区分的价值是什么?我国《民法通则》将侵权行为作为发生民事责任的一种法律事实,专在"民事责任"一章加以规定,似乎有意避开与债的概念的混合。因此,我国不少民法学者主张将侵权行为从传统债法中分离出来,另置于民事责任范畴中加以研究。但是,至今仍未形成关于民事责任与债的关系如何加以区分的清晰理论。立足救济权理论,则可以合理解析这些看似矛盾的问题,即通过理顺民事权利与民事责任之间的动态结构关系,可以准确界定债与民事责任的关系内涵。

(一)民事救济权的媒介属性

民事救济权名义上属于民事权利的范畴,然而本质上是一类派生的民事实体权利。狭义的民事权利就是民事基础权利,它是民事救济权的基础,在民事基础法律状态正常实现的情况下,不发生民事救济权问题,在民事基础权利实现发生障碍时,便产生民事救济权,民事救济权是民事基础权利的保障。民事救济权有具体的实体内容,根据不同类型的救济权,救济权人为恢复合法权利状态或法律状态,享有形成、请求或抗辩的权能,相对人则必须承担相应后果,甚至相应承担作为或不作为的义务。然而,民事救济权是在派生的意义上产生的,它是在基础法律状态受到不法或者不当侵害、危险时的一种可据自主行动的法律援助授权装置。民事救济权可以存在于任何民事基础法律状态的派生领域,它可以体现为对于物权关系的救济权,也可以体现为对其他法律关系或权利的救济权,包括对于基础债权的救济权。从这个意义上说,民事救济权具有媒介性质,是在民事基础关系和民事救济之间架起的桥梁。正是这种媒介的性质,民事救济权一方面作为民事基础法律状态(民事基础权利)的派生关系,另一方面却成为民事责任的直接根据。

民事救济权作为民事责任的媒介,由于其权利构造的技术特点,起到的是一种柔性媒介的作用:通过当事人的自主决定而启动法律责任的强制机制。责任,顾名思义,是一种归咎承担,旨在惩罚、赎过和弥补。民事责任,因此指民法上的归咎承担,自罗马法以来,基于民法的平等追求,民事责任被限定在同质救济的水平上。民事责任在本质上是法律强制力的体现,是在对民事主体存在私法归咎情况下的一种同质救济的强制。然而,民事责任的强制,又绝对不同于刑事责任或行政责任的强制,由于尊重民事事务的自主性,即使在责任领域,民法也依旧采取了自主的立场:是否追究民事责任,并不由法律直接决定,也不由公力机构或法院代为强制,而是取决于基础法律关系的受害人或利益相关人是否愿意发动追究。换言之,如果民事救济权人不追究、放弃追究,那么民事责任机制就无从发动,民事责任强制就无从发生。

总之,民事救济权是连接民事权利和民事责任的纽带。民事责任旨在解决民法上的归咎承担问题,它产生于对于以民事基础权利为中心的民事基础法律状态的保障要求,体现为一种民事上的法律强制,但主要经由救济权来发动。

(二) 债与民事责任的关系内涵

通过对民事救济权的媒介认识,我们对于债与民事责任的关系也豁然开朗。在民法上,债的概念使用,在此种本意上因而无关乎民事基础权利和民事责任的区分。债是一种与物权关系并行的表达,在技术上囊括一切以承担作为和不作为为负担的法律关系。[①] 民事责任,作为一种与民事基础法律状态对立的派生法律关系的表达,指称一种法律归咎意义上的承担,归咎承担的意义在于恢复或弥补受损害的基础法律关系,归咎承担的极限标准限于同质水平。[②] 在债的关系领域,既有基础法律状态,又有派生法律状态。在前一状态,债权体现为基础债权,例如合同债权;在后一状态,债权则体现为派生的救济权利,例如违约救济的权利。在民事责任的领域,具有归咎承担意味的派生法律关系,在民法上包括侵权责任,也包括违约责任,还有其他一些类型的责任,比如物上责任。可见,债与民事责任是奔跑在民法内部不同概念轨道上的火车。债与民事责任在如下部分交叉的意义上交集:债在范畴上包括一切形式的以行为负担为内容的民事法律关系,因此也就包括一切以行

---

① 罗马法上有关债的定义,如《法学汇纂》定义,"债的本质不在于我们取得某物的所有权或者获得役权,而在于其他人必须给我们某物或者做或履行某事";以及《法学阶梯》定义,"债是一种迫使我们必须根据我们城邦的法律制度履行某种给付义务的法律拘束"。参见 J. 3,13;〔古罗马〕查士丁尼:《法学总论——法学阶梯》,张企泰译,商务印书馆1989年12月第1版,第158页;〔意〕彭梵得:《罗马法教科书》,黄风译,中国政法大学出版社1992年版,第283—284页。

② 在罗马法,债务观念包含"责任"意味,不过此谓责任,非"归咎承担"的责任,而是指是保全的责任(财产保障责任)而已。罗马法早期债的形式中,含义一分为二,给付拘束及强制分开,即为给付约束人和受强制人是不同的人,如原始誓约(sponsio)债务。履行给付者是一人,不履行给付是受法律强制(人身拘束甚至沦为债务奴隶)的是另一人,所以承担债务的其实是两个主体;罗马法后来,发展到给付拘束和受强制合二为一,统一于债务人一身,承担债务的完全是债务人一人,债务概念在形式上取得主体归属的统一,对债务人的强制,也由人身强制演进为财产强制。德国法学在日耳曼时期也将债务(schuldhaftung)截然区分为狭义债务(schuld)与责任(haftung)两部分,此谓债务,仅指承担给付但不包括受强制而言,此谓责任,也仅指财产强制保全(Einstehen)而言,债务只是直接请求和受领的依据,责任是债权人依强制执行实现债权的依据,二者可分可合,各有主体和内容。参见〔意〕格罗索:《罗马法史》,黄风译,中国政法大学出版社1994年版,第115页;史尚宽:《债法总论》,中国政法大学出版社1997年版,第3页。

为负担为内容特点的民事责任,例如违约责任、侵权责任等;民事责任在范畴上包括一切以归咎承担为性质的民事法律关系,因此除了其他归咎承担之外,也与债的关系存在部分重合,即侵权行为之债、违约救济之债等。仅在债的领域而言,债与民事责任的关系可系于民事救济权媒介,基础债权关系受到不法侵害时,经由民事救济权发动可转为民事责任强制。

五、民事救济权竞合与民事救济程序

一项侵害或危险,可能产生数个救济权,称救济权竞合,有两种情形:(1)一项侵害或危险,同时加害几个基础权利,从而相应发生数个救济权。(2)一项侵害或危险,加害一项基础权利,由于救济权具有多种形式,也可能发生数个具体的救济权。例如,因显失公平而承担债务人,便可同时享有撤销权、变更权、废止债权请求权、损害赔偿请求权、拒绝履行抗辩权。

救济权竞合时,救济权人以完全恢复或补救基础法律状态,消灭不法或不公平状态为原则,选择使用或合并使用。在一些国家,例如法国,选择本身通常意味着排斥。而在多数国家,选择一救济权,并不丧失其他救济权;在选择的救济权行使未能达到完全恢复基础权利的目的时,仍可运用其他救济权;选择的救济权的行使达到完全恢复的目的时,其他救济权便自动消灭;一救济权因时效等原因而消灭,不影响他救济权的行使。但无论选择行使或合并行使,都以完全恢复基础权利为目的,不得超过此限。[①]

民事救济有两种程序:

(1)自力救济,即民法许可救济权人依靠本身力量行使救济权的一种程序。自力救济主要是救济权人直接向相对人行使救济权,加害人承认、接受效果,或者履行义务,使基础权利得到恢复。

自力救济还包括特殊情况下的自卫权、自助权的行使,称自卫行为、自助行为。自卫行为包括正当防卫和紧急避险。自助行为是为了保护自己的权利,对于加害人的自由加以拘束,或者对其财产实施押收、毁损的行为。自助行为限于急迫场合,来不及求助公力,如不采取自助,必受侵害,因此允许自助以补公力的不足,有助于权利人及时、有效地保护其权利。实施自助行为后,行为人必须及时请求国家主管机关依法处理。我国没有自助权的明文规定,但许多国家都规定了自助权。自卫和自助,仅属例外,是特殊的自力救

---

① 中国法律上对此并无法律明确立场。但1999年《合同法》第122条对因违约引起的救济请求权,采取了选择即排斥的做法:"因当事人一方的违约行为,侵害对方人身、财产权益的,受损害方有权选择依照本法要求其承担违约责任或者依照其他法律要求其承担侵权责任。"

济,其行使具有极强的破坏性,极易因被害人感情用事或判断失当而超出限度,导致滥用现象。因此,各国有严格限制的趋势。

(2) 公力救济,即救济权人通过国家的专门帮助行使救济权的一种程序。公力救济的主要内容是民事诉讼和强制执行。公力救济是救济权实现的主要途径,发生民事责任强制的效果。

六、结语:深化民法的自我实现功能

民法自发生的那一刻起,就开始在法律目的和法律技术上努力与公法作出恰如其分的区分,这种区分的努力按照法律功能论者的表达,是要使之主要不是成为"威吓"的手段(刑法规范如此),而是成为"鼓励"的制度。罗马人希望"在教导人们行善时不仅借助刑罚的威吓,而且也利用奖赏的鼓励"[1]。人类精神的精密性在民法的规范方式上体现了出来,这就是对权利规范技术的运用。两千多年以来民法的发展经验表明,使得民法在规范上成为"鼓励"的可能的基本工具就是民事权利或以此为本质的法律关系的调整方式。它们作为民事法律秩序的基本构建方式,以法律授权、授信民事主体自主决定的奥秘,达成了这种鼓励可能:通过权利方式,法律规范化成了对于民事主体的特定利益范畴的行为授信——此可谓鼓励。也就是说,在以民事权利作为基本工具架构的基点上,民法规范体系充分取得了自我实现的功能。

我们可以看一看民法是如何通过民事权利的规范手段来达成自我实现的。民事权利规范的运用意味着民法的主观化,客观意义的法律规范同时也成为主观意义上的归属主体的利益单元体系——权利体系的授予体现。这样,民法就获得了一种在内部主动自我实现的有效装置:权利主体基于授权规范获得了自主决定行动的授权,由于其本身就是法律规范实现的受益者,自然而然乐于主动行使权利、维护权利甚至耗尽权利,由此,权利主体积极主动地担当了民法功能实现者的角色。这与刑法和行政法正好区别开来,后面这些法律主要以纯粹客观法的形态出现,因为其法律的规范方式,不是采取权利自主,而是以威慑规范来达成,但是这些威吓规范体系本身不能保障自动实现,必须借助一个集执行权力和义务为一身的机构来推动和保障实现,这些机构本身不是法律利益的主体,但是其肩负推动法律完满实现的职责。例如,对于刑法,宪法设定国家公诉机关来推动它的威吓体系的实现就是如

---

[1] 〔意〕斯奇巴尼选编:《民法大全选译:正义与法》,黄风译,D.1.1.1.1,中国政法大学出版社1992年版,第34页。

此,是一种被动的实现机理。①

就此而言,民事救济的权利化设计意义深远,在民法的保障环节,民事救济权制度的发达,符合了民法的自我实现机理的深度要求。在民法的世界里,个体的自由实现问题是个贯彻始终的命题,民事救济权制度是这个命题的自然表达而已。在民事基础法律秩序的环节,可以充分信任民事主体的自主,而在基础法律秩序受到侵害、发生障碍,进而需要对有关民事权利、有关民事主体的正当利益作出保障时,是否仍然应该而且可以信任民事主体的自主呢?民法上,民事救济权制度的广泛运用,给出了一种肯定的回答:即使在私法保障的环节,还应该继续坚持民事主体的自主性,民事责任仍然应该是民事主体的自主意志的作用产物。

由此启发,我国民法在权利制度上,当前不仅应致力于权利类型和范围的基础层面的扩张,更应赋予各类权利以强大的自主保障功能——即建立完备的救济权制度。只有实现基础权利和救济权利的结构统一,民事权利制度才具备更为充分的意义,民法规范体系才可谓周备。

---

① 读者可以考察罗马法诉权的起始和发展,这样更易于理解权利规范技术具有的作为私法特定技术的深远意义。

叁 罗马法的传统性和法律方法
——兼论中国民法新传统[①]

不同时代、不同国家的学者已经或仍在对罗马法作出大量的研究,这些研究成果让我们深感罗马法研究不但在中国而且在世界都是一项意义深远的事业。对于任何一个要致力于建设一个公正高效的法律制度的国家而言,罗马法研究不但从比较意义上,而且在追溯法治根源上都有重要的历史价值。

一、罗马法的传统性重述

研究罗马法的首要问题,是罗马法的私法地位问题。罗马法对于民法(私法)制度的形成及发展,有过重大影响,但是这种影响是决定性的还是因素性的,对此学者并没有完全一致的意见。尽管大多数人赞成把罗马法视为私法传统,但是反对的声音也是不可忽略的。例如,起源于16世纪法国的法学人本主义和派生的属地法学历来坚持认为罗马法与后世私法存在重大差距,他们倾向于否定罗马法是世界法律传统或民法传统的理念,呼吁去学习和完善适合地方条件的法律,仅仅将罗马法视为一种特定时间特定人的法律。的确,有很多值得注意的疑问直接指向罗马法传统论。例如,后世私法中设定了许多制度,如婚姻财产制,而罗马法中没有;罗马法在商法、公法和社会福利法这些领域影响微乎其微;等等。这些问题说明了什么?罗马法在后世究竟是被灵活运用,还是被彻底改造?

有必要加以说明的是,对于罗马法传统性的认识,有时候被理解为罗马法为人类社会提供了一个文明的常识:"罗马法对世界文明最伟大的贡献就在于,它向世人表明,以不同民族及其不同发展阶段都能够接受的常识为基

---

① 原载《中国法学》1995年第1期。曾在首届"罗马法 中国法 法典化"国际研讨会上提交作为主题发言报告。系与杨振山教授合著。

础,建立一套法律体系是完全可能的。"①

关于罗马法传统论的依据,主要可以归结为五条:

其一,今天罗马私法制度仍从整体上受罗马法影响,现代民法典在结构上和内容安排上直接与罗马时代的《民法大全》一脉相承。

其二,至关重要的是,今天民法法系国家普遍接受了私法概念,后世承袭了罗马法中关于法律划分为公法和私法的传统,"公法涉及罗马帝国的政体,私法则涉及个人利益"②。这种对法律及私法的一致理解,表明罗马法创造了后世基本的法律及私法的模式和理念。

其三,普通法系与民法法系之间的真正悬殊差别,据许多学者看来,仅在于固有的立法形式、司法方法的一些差异,例如法律创制、司法职业结构和司法判决书的不同,但两大法系对法律的理解和对私法的范畴、本质的理解却并无重大区别,两大法系都赞成将个人利益的维护作为私法乃至整个法律的立足点。③

其四,我们看到许多法学原理和私法制度变化了,但始终未走出对个人利益或权利保护的范畴。今天西方商法、公法乃至社会福利法的变化也无法脱离个人利益这一中心。

其五,从对罗马法的具体剖析更是可以说明罗马法的传统性。在法学研究者中,依其方法分裂为两大阵营:价值法学派和实证法学派。价值法学关注法律的价值或目的,实证法学迷恋于实定法的形式。对于罗马法而言,历史上的研究证明,它经受住了各种研究方法的考验。罗马法在形式和内部结构上极为迷人,尽管后世将私法的系统性和抽象性作了令人瞩目的完善,但是罗马法已经创造了基本的概念和制度结构。因此,对于实证分析者而言,罗马法总有丰富充足的素材。另一方面,价值法学者在罗马法上找到了自然法光环,而且,又发现罗马法具备合理地解决现实问题的能力。今天看罗马法,它应付社会问题的能力仍是相当全面的,它的宽广与私法冲突问题是相适应的。人类社会所有的私法关系及冲突,基本上都可以在罗马法中找到调整手段和解决方法。今天所面临的主要私法关系和私法冲突反映为人身权、物权、债权几个方面,罗马法对之都作了准确归纳。对于许多价值法学者所关心的罗马法的实践效果,我们从许多具体制度的产生过程可以证明。例如,

---

① 〔英〕劳森:《罗马法对西方文明的贡献》,载《比较法研究》1988年第2期,第76页。
② 〔古罗马〕查士丁尼:《法学总论——法学阶梯》,张企泰译,商务印书馆1989年版,第5—6页。
③ 如《法国民法典》第9条:"任何人有权使其个人生活不受侵犯。"美国法学家伯纳德·施瓦茨在《美国法律史》(王军等译)中指出,美国法律的目标是最大限度地扩展个人所固有的权利范围。

罗马法早期有市民法上的完全所有权,这种所有权在主体、客体及程序上有很大限制,如客体限于"罗马对象"即要式转移物,但随着罗马社会发展,为促进当时的经济流转、适应频繁交易的需要,罗马裁判官创制了新的所有权形式,称裁判官法所有权,对事实所有人予以保护,实际上突破了完全所有权有关主体、客体、程序的局限。① 总之,罗马法在内容上和形式上都达到了相当的高度和深度。

二、罗马法的主要创造:成熟的法治传统

我们认为,罗马法的确是人类理性的创造,因为罗马人运用了正确理性并且取得了成功创造。罗马法众多的创造,足以决定罗马法的传统地位,而其中的主要创造——法治理念和设计,可以视为罗马法的灵魂和核心。

罗马法中,蕴涵了众多学者所赞叹的自然法思想,但是,罗马法的主要创造,却不应被简单地理解为这种自然法精神或某种抽象的正义观,而是罗马法在世俗社会中所推行的法治的理念和成功设计。

作为一种哲学观的自然法,与作为一种法律观的自然法不同,后者已经代表了一股世俗化的力量,但是,法律观的自然法,仍不是罗马法律的灵魂,它只是一个原理,而实定法建设才是罗马法的目标。

西塞罗代表了罗马法治思想的典型,他曾是罗马共和国历史上的一位执政官,因而在法学思想上能够达到一种务实的理解,对于理性的认识,西塞罗承袭了斯多葛学派的自然与理性的观点,"依自然生活就是理性"②。西塞罗将这种观点吸收到他对罗马社会的思考中,他试图寻找某种保持和完善罗马共和传统的途径,为此提出了自然法与人定法的建设问题。西塞罗关注的是人定法,他对以人定法维持共和传统寄予高度期望,他把哲学上的自然观变成了法律上的自然法,将之服务于世俗法治。他明确说出了法治思想:"行政官的义务就是根据法律,监督和规定所有正当和有利的事。法律的地位高于行政官,尽管行政官在人民之上。完全可以这样说,'行政官是说话的法律,法律是无声的行政官!'"③显而易见,对西塞罗来说,最重要的还不只是自然

---

① 参见江平、米健:《罗马法基础》,中国政法大学出版社1987年版,第134页;〔意〕朱塞佩·格罗索:《罗马法史》,黄风译,中国政法大学出版社1994年版,对于罗马法的精妙发展作出了考据,可供参考。

② 〔英〕罗素:《西方哲学史》(上卷),何兆武、李约瑟译,商务印书馆1982年版,第319—325页;另参见 Bodenheimer, *Jurisprudence*, p.13,载张乃根:《西方哲学史纲》,中国政法大学出版社1993年版,第51—52页。

③ 参见 Cicero, *on the laws*, pp.461—462,载张乃根:《西方哲学史纲》,第66页。

法理论,而是人类(罗马社会)如何运用正确理性来制定和推行人定法——即在世俗社会实现法治。

尽管自然法思想深刻影响着罗马法,但是自然法理论试图产生实际效应——树立实定法的权威。① 一方面罗马人把自然法理解为一种可以把握的正确理性而非玄奥的东西;另一方面罗马人还进一步将之世俗化,揉入实定法的建设中,从而建立了有效的法治模式。

具体而言,罗马法从三个层次构建了这一法治模式。

(一)法律的权威至高无上

法治是一个远远超出实定法之外的主题。法律权威与统治者之间的关系是法治必须解决的首要问题。对于罗马社会的统治者和法律权威的关系,罗马社会作出了选择,赛维尔帝和安多宁帝批复说:"虽然朕不受法律束缚,可是朕是遵照法律而生活的。"②这一批复被编入查士丁尼《法学阶梯》。在其序言中还明确宣称:"皇帝的威严光荣不但依靠兵器,而且须用法律来巩固。"③罗马人为什么能够将法律推崇到这种权威地位,这肯定不只是法学家的功绩,更应该是罗马历史的功绩。罗马社会经历了王政到共和再到帝政的三个时期,其中王政、共和时期极为漫长,其政体具有浓厚的民主性。罗马的共和政体与后世的宪政体制有许多相近之处,深得罗马人心,其影响渗透到后时期罗马社会乃至后世欧洲大陆。西塞罗就是怀着对共和体制的崇高理想,写下了《论共和国》、《论法律》等传世之作。

(二)私法治法

罗马法之所以成为"文明常识",更在于它把法律真正作为一个体系、一个具有完整性的理性制度来理解。

首先,罗马人认为,法律不只是"不应如何",更应当是"应该如何、可以如何","法是善良而公正的艺术","我们希望在教导人们行善时不仅借助刑罚的威吓,而且也利用奖赏的鼓励"④;"法律的基本原则是:为人诚实,不损害别人,给予每人他应得的部分"⑤。这样,罗马人的法律观念,不同于古代法时期重刑轻民的思想。

---

① 《民法大全》有一处暗示,实定法与自然法冲突时,维护实定法,即"法学阶梯"的"1.2.2",说明奴役违背了自然法,但罗马法中却维护了奴役制度。

② 〔古罗马〕查士丁尼:《法学总论——法学阶梯》,张企泰译,商务印书馆1989年版,第97页。

③ 同上注,"序言"第1页。

④ 〔意〕斯奇巴尼选编:《民法大全选译:正义与法》,黄风译,D.1.1.1.1,中国政法大学出版社1992年版,第34页。

⑤ 〔古罗马〕查士丁尼:《法学总论——法学阶梯》,张企泰译,商务印书馆1989年版,1.3,第5页。

其次，罗马法表现出重私法薄公法的思想和设计。在对法律的全面理解上，罗马人明确创造了私法概念，并以之为重心。《法学阶梯》、《学说汇纂》都明确将法律分为两部分：公法和私法，私法概念的创造是了不起的创造，它完整地把握了法律的宽度，罗马人不再只简单考虑政体的稳定，而是更开阔地看到维护个人利益的重要性，将私法问题提到法治的重心——把法律看成是公正的艺术、诚实的原则，而不单是惩罚的工具。后世许多学者认为公、私法之划分未必准确，但是，笔者认为，仅从法律的完整性看，这种划分是必要的。它可以强调我们关注人类的全部生活以及我们法律的主要目标。

公法私法的重心问题在罗马法体系设计中是明显的，《法学阶梯》只论述私法，附加一些刑法和程序性的媒介性主题，《学说汇纂》也基本如此，尽管在第1卷里有一些非特征性的简短题目，不成系统地讨论了一些官员的职责，在最后1卷里才比较多地涉及公法。《法典》共有12卷，最后3卷是公法的内容，但没有作出完整或系统的叙述。①

当我们今天来看待和借鉴罗马法的成功时，便理所当然要理解罗马法私法治法的这一设计，将认识由法律权威向私法治法进一步深化。

（三）私法制度中的权利本位和行为自治

罗马法的成功也来自于其私法的深度和合理设计，因此接受住了实证价值的考验。

罗马法以个人利益为基点，个人利益是可以把握和确定的，罗马私法将个人利益单元化，建立了权利单元这一细胞单元。罗马私法上，规定了一系列具体的指导规范，这些规范的具体内容表现为主体明确地可以做什么及如何做什么。这就是"权利"，微观但精确地反映了各种关系下的以授权行动为内容的个人利益。这种权利单元化，使得人与物、人与人的关系量化为具体可以把握的行为可能性，为个人利益的主体确定了一个可以理解和灵活掌握的空间。这种权利设计还有革命意义，它一反责任本位，使法律不是限制而是鼓励个人去明确追求他的正当利益。根据近代法治理论，作为一种社会组织和社会治理手段的法被当做目的本身，这种观念和理论的现实依据应在它能够确定和保障权利的特质中求得。法由工具转为目的，是法治的深刻内涵。

罗马法发展之中，在私法中发现了权利单元，获得了治法的深度和确定性。真正意义上的公法，尤其是近现代的宪法，深受私法权利的影响，可以说，公法及自由的理解来自于权利观。孟德斯鸠说过："自由是做法律所许可

---

① 参见〔美〕艾伦·沃森：《民法法系的演变及形成》，李静冰等译，中国政法大学出版社1992年版，第186—188页。

容纳一切事物的权利;如果一个公民能够做法律所禁止的事情,他就不再有自由了,因为其他的人也同样会有这个权利。"①近代每一部宪法,都要涉及权利与权力关系,并最终要求以权利制约权力。某种程度上,宪法可以说是私法上的一块界碑,它巩固和发展了私法。罗马社会还未能走到宪政时代,但它的权利观却是后世宪政的胚胎。

罗马私法在权利支点上,又发现并设计了"行为"这一权利实现手段。"法律行为"的概念乃《德国民法典》独创,但它的内容在罗马法上已有了。《查士丁尼法典》中,甚至出现了"适法行为"这一抽象的概念。罗马法在物权中,已经规定了赠与、让与等有法律意义的行为,在债务篇节中,对于契约行为、准契约行为、不法行为、准不法行为作出了相当复杂的规定,尤其是对合意契约行为的规定,具有深远意义,直接成为后世契约理论及"意思自治"原则的起源。可见,今天私法中的民事法律行为的基本内容在罗马法上已经确立。

"行为"观念的创造及制度设计,使人与人之间的关系,不再主要地由人们与生俱来的身份所决定,而是更多的由人们的自主自愿的行为来联结,行为代替身份,一跃而为主要的法律事实。权利是为平等而存在的,同时,在利益有限、资源有限的阶段,任何平等只能是机会平等而非结果均等。行为法正是机会均等的保证,根据行为法,主体取得或实现权利必须依行为而非身份,必须依主体自治而不是相反。罗马法的行为法在相当程度上创造了权利平等的法律环境,使当事人的法律生活有很好的预期性和积极性,法律生活成为有作为的生活。

罗马私法的具体设计尚有很多成功的地方,但权利、行为这两大制度是最值得称颂的,它们构建了一个富有活力的私法的主要基础。当然,罗马私法的中心始终是个人利益,罗马法本质上是人法,《法学阶梯》第 1 卷是关于人的规定,明确了人是私法主体。权利和行为只能以人为主体而展开,它们维护了一种较普遍的、较平等的个人利益。当然,罗马法关于人的认识与现代法律相比是不足的,例如,奴隶被视为物,而且,所有的自由人的权利并非同等,尽管如此,罗马法已经将人放到中心位置,并且在当时可能理解的范围内(包含认识及条件的限制),维护"普遍的"个人利益——有限的"普遍"个人利益也是一种普通的个人利益——主体范围的扩展是靠认识深化和社会进步来逐渐完成的,罗马法已提供了基础设计。

总之,罗马法不是以理性和自然法为最终目的的,而是以之为原理,以在世俗社会推行法治为最终目的,从而作出了成功的创造。这种从法律权威到

---

① 〔法〕孟德斯鸠:《论法的精神》,张雁深译,商务印书馆 1982 年版,第 154 页。

私法治法再到权利本位、行为自治的层次设计,表明罗马人是理想主义者,更是成功的行动者和现实主义者。

三、罗马法时代创造的法律方法

罗马人高明的地方,还表现于对法律与社会的关系的关注,以及对于彻底、适时实现法治的各种合理方法的运用,从而将罗马法建设成有现实生命力的法律。罗马人及其法律发展过程创造了一套特殊的方法,这些方法表现为立法技术、法律具体设计技术、司法技术诸方面,使法律与变化的复杂的社会实际切合为统一的有机整体。罗马人及法学家看重法律的理性自律,同时关注全部社会关系发展中的共同性或一般要求。

(一)衡平创法的方法

罗马人在创制法律中,主要地运用了一种我们可以称之为"衡平创法"的方法,这一方法是罗马法得以适时地从深度与社会结合的基本前提。后世民法法系的后继者或多或少忽略了这一方法,过于迷恋查士丁尼法典化的精密,而失于去深察罗马法历史上有意义的创制方法。①

我们通常所谓的"衡平",是一种司法方法,它与自由裁量具有同语性,英美法系极为乐于运用这种司法方法。罗马法上的"衡平创法"与英美法系的"衡平"并不等同,它不是个案的司法手段和结果,而是一种一般意义上的创法形式。

"衡平创法"有三个基本特点:其一,周期短。与法典技术不同,衡平创法方法是对短期内出现的新法律问题的及时的立法解决,具有灵活性和快捷性。其二,立法者的衡平的客观标准。立法者对一定时期的问题加以衡平,是要把握一定时期社会生活的一般要求或普遍趋势,因此具有全面性和客观性。其三,创制的法律规则的确定性。衡平创法就是一次立法,它创制今后一定时期内确定的一些规则。我们以裁判官法为例,裁判官在年初制定"告示",随后依"告示"公布应适用的法律规定并将纠纷送给裁判法官处解决。它的"告示"就像一个"年法",目的是为解决前一时期法官或民众已面临的而现有的法律不能或不适宜解决的新问题或冲突。可见,裁判官发布告示是一个司法总结和法律修正的立法行为,而非裁判官的个人裁量行为。罗马法的其他渊源也大抵如此,具有这种衡平创法性质。罗马法发展历史上,我们随时可以发现,优秀的制度大都归功于这一衡平创法的方法。衡平创法方

---

① 参见〔美〕格伦顿、戈登、奥萨魁:《比较法律传统》,米健、贺卫方、高鸿钧译,中国政法大学出版社1993年版,有关章节对后世法典编纂的分析,可供参考。

法,一直是罗马法富有生机地发展的保证,后来,由于统一法的进程,法律发展走向一元化,最后导致这种创法方法为《民法大全》所消灭,未能延伸和发展下去。

(二) 法律具体设计中的单元化和系统化方法

罗马法律具体设计中,尤其在法典化时,采取了单元化设计方法,将私法分解为一个个单元制度,并呈层次结构。罗马法的单元化是以不同特点的私法关系为反映的,一个单元反映一类特殊的私法关系或冲突。例如,《法学阶梯》划分为人法、物法、诉讼法三部分,其中人法又具体划分为人、婚姻、家庭亲属、监护,物法具体划分为物、物权、债、继承等。单元化的最低层次为权利单元,权利单元成为罗马私法的细胞。单元化方法使罗马私法准确地反映复杂的私法关系,从而成为可以具体把握的有实际意义的规则,尤其是权利单元,它恰当地界定了个人利益的具体情形。正是单元化,使罗马私法与社会现实的生活关系精确发生精密的对应。

与单元化相适应,罗马法上也运用了系统化方法,将单元体有机组合成不同层次的制度。单元的层次性一定程度上就是这种系统化的反映。在罗马法法典化之前,这种系统化可能不明显,但在法律渊源中许多种概念、属概念及规范群的存在多少显示了这一特点。《民法大全》比较清楚地反映了系统化特点,从具体权利规范往上直到私法总题,全部私法构成一个多层次的体系。系统化使每个单元协调组合,整体上服务于一个统一的、适宜的发展要求。艾伦·沃森认为,"西方民法制度极具形式理性,是尊奉《民法大全》的结果……现代民法制度的形式与实体内容的形式理性,可以从《民法大全》方面的历史材料中得到灵活性解释。……"[①]体系化方法,说明罗马人对私法关系有了比较完整且深入细致的认识。系统化方法的统一运用,使罗马私法在反映私法关系上,不仅准确,而且完整、统一、协调。

(三) 救济辅助的方法

罗马私法将基点放在个人利益上,因而,最终将重心定在个人利益的具体载体——权利之上。罗马私法不仅关心权利的取得,也关心权利的保持和实现,在权利受到侵犯或危险时,给予充分救济,直到恢复。罗马法上有许多值得研究的救济方法,其中包括诉讼程序救济方法、救济权救济方法等。

(1) 诉讼程序救济。在罗马私法上,诉讼法成为实体法的自然延续。罗马法的诉讼程序制度相当复杂,按照诉讼形式不同,可将罗马诉讼制度的历

---

① 〔美〕艾伦·沃森:《民法法系的演变及形成》,李静冰等译,中国政法大学出版社1992年版,第30页。

史沿革大体上分为三个时期:法定诉讼时期,程序诉讼时期和非常程序时期。① 尽管早期程序有所僵化,但是从诉讼程序的后果发展和全部内容看,罗马人相当重视司法保护问题,并在程序设计上取得了成功。

试以成熟的非常程序为例就足以说明罗马法为权利救济所作的程序上的精心设计。在非常诉讼中,诉讼分为普通诉讼与特别诉讼两类,前者适用于一般诉讼而不限于特定事项,后者仅能用以保护特定的权利:诉讼程序依次分为传唤、审判、上诉和执行四个过程,每一过程又由数个具体环节构成,如审判过程,其构成环节为"开庭——诉讼——双方辩论——法官决定(判决)"四个相联结的环节。罗马诉讼法上同时建立了一套适宜的方法和原则,方法方面如公示传达方法(后期代之为法院传唤法)、对物执行及对人执行方法等,原则方面如"一人证言不足为证"、"双方充分辩论"、"三审终判"等。我们今天的诉讼法,可以说,仍然是以这一诉讼程序和制度为基础而演变成的。

罗马人这种对诉讼程序的注重是其完整的法律体系观的理性表现:即私法关系不仅需要权利规范引导,还需要严密而慎重的程序保障。程序保护和过程具有理性构成的特点,权利救济必须经过一个程序处理过程,这个过程以具体纠纷的查明、利害权衡为轴心而布置,使权利保障与实用的操作技术结合起来,防止随意性和不适宜的弹性。在诉讼程序中,当事人的主张和异议可以充分表达,中间人(法官)可以凭良好素质和缜密的程序来判断事实、权衡考虑各个层次的利害关系、具体理解法律的运用。② 在讨论程序的意义时,并不是说罗马法的程序就是最科学的,但我们认为罗马法提供了一个观念,即程序设计同样重要,程序是为权利保护而服务的,只有程序尤其是诉讼程序的合理设计,权利在受其侵害时,才仍可以最终得以实现。

(2)救济权保护。罗马法还创造了一种实体意义的救济方法,保障权利,并引导程序的运用,这就是可称之为"救济权"的保护手段。

救济权是一般的民事权利(称原权利)派生的实体权利,它发生于民事原权利实现过程,它以恢复权利为实体内容。当民事原权利被侵害或受有危险,即其"可能性"受到妨碍或破坏,这时,原权利能否实现,就需借助特殊的手段,以清除妨碍,弥补受害,法律为此赋予原权利人行使恢复行为予以救济的可能性,此即救济权。各种原权利特点不一,其受侵害或受危险的状态也

---

① 参见周枬:《罗马法原论》(下册),商务印书馆1994年版,第857页;〔意〕朱塞佩·格罗索:《罗马法史》,黄风译,中国政法大学出版社1994年版,第121、241、366页。

② 关于程序的意义,我国青年学者季卫东《程序比较论》(《比较法研究》,1993年第2期)一文中有很有价值的见解,可参考。

相差异,因而具体恢复的形式或要求是不同的,救济权在实际上相当复杂。

罗马法上没有明确的救济权概念,救济权制度主要表现在极有特色的"诉权"规范中。"诉权"与原权利是对应的,但一权利常有数个诉权,权利人可选择其一而提起;而一权利受侵害,权利人也往往要运用数个诉权才能达到保全其权益的目的。① 罗马法成熟时期十分重视公力救济,其"诉权"行使,必须付诸公力程序。不过,"诉权"是一种实体权利,因而也可以放弃。"这一诉权因被害人放弃或不考虑他所蒙受的侵害而消灭……"②

罗马法上的救济权,大体上,可以归纳为三个类型。第一类,形成救济权。根据这类救济权,原权利人可依单方意思表示便使自己的原权利恢复的权利,如罗马法上的提存权、变更权、解除权、抵消权、撤销权等。第二类,请求救济权。原权利人请求不法加害人或不当受益人为一定行为(如给付)而恢复自己的原权利,如罗马法上的请求回复原物(对物之诉、请求返还之诉等)、请求损害赔偿(不法损害赔偿的诉权、侵害之诉等)、请求加倍给付(盗窃诉权、腐蚀奴隶诉权、事实之诉)等。③ 许多请求救济权是混合式的,含有多项请求内容。第三类,抗辩权。此类救济权人在相对人根据请求救济权要求其负担某项救济义务时,可据抗辩权对抗相对人的请求而拒不为之,从而避免自己的合法权利受损。抗辩权在罗马法上已有很多种类,如欺诈抗辩权④、消灭时效抗辩权、未付借款抗辩权、宣誓抗辩权、既成约定抗辩权、基于确定判决抗辩权等。⑤

救济权设计,将罗马私法更牢固地建构在个人权利或个人利益的中心上。现代民法都承认权利与救济的统一性,但是不能不承认罗马法是这一观念和实践的创造者。当今天我们看待民法救济制度的发展时,从罗马法中可以得到一个启示,如果尊重权利本位,则在救济上必然要以充分恢复权利为目的,而不仅以惩罚不法为目的,后一做法是责任本位思想的反映,偏离了民法制度尤其是权利制度的本源。

总之,罗马法因特有的法律方法而保持了伟大理性和现实结合的巨大魅力,加之其传统地位,罗马人创造了真正的私法和法律。

---

① 参见周枏:《罗马法原论》(下册),商务印书馆1994年版,第855—857页。

② 〔古罗马〕查士丁尼:《法学总论——法学阶梯》,张企泰译,商务印书馆1989年版,第4卷。

③ 参见〔古罗马〕查士丁尼:《法学总论——法学阶梯》,张企泰译,商务印书馆1989年版,第203页。

④ 指根据原告请求,审判员应判决被告对原告负担一定支付,但如果原告之债存在欺诈,被告就应享有欺诈抗辩权,主张驳回并拒绝为支付。

⑤ 参见〔古罗马〕查士丁尼:《法学总论——法学阶梯》,张企泰译,商务印书馆1989年版,第4卷第13篇"抗辩",第227页。

四、中国民法新传统

中国从晚清开始,逐渐向民法法系靠近,近百年来,以《大清民律草案》、《中华民国民法》、《中华人民共和国民法通则》为表征,表现了一个文明古国力图建立私法体系,走向法治化的艰苦努力。建构这一宏伟工程,最令我国法学者们关注的莫过于对于私法传统的理解:中华民族的文明史上,是否已创造了足够的私法传统为今世法律建设者们遵循?私法大厦的基本框架模式是什么?

(一)法律伦理化障碍

"五四"时代以来的思想主流趋向否定中国有真正的私法传统,早在晚清开始的以西方模式建构私法的历史便是明证。很多近现代学者认识到,我国古代法律没有形成独立发展格局,而是模糊于伦理化之中。晚清沈家本曾怀着"变法自强"的壮志投身法律变革事业,他敏锐地提出:"大抵中学多出于经验,西学多出于学理。不明学理,则经验无以会其通;不习经验,则学理亦无以证其是。"[①]他看到了中国法律变革的本质所在,即缺乏西人之"学理",但他终究未能名言此"学理"根本上就是法治原理——中国古代始终以"治国之道以仁政为先",破坏了法律的独立性。法律尚不能独立成道,何谈法治,更谈不上建构私法体系。

要体会伦理化法律思想对法律的致命危害和对法治的阻碍是很艰难的。在考察世界法律发展时,我们有时会习惯于推崇中华法系的所谓"伦理化"色彩,认为它也是巨大的历史资源。伦理化,看起来似乎是一种特色,但它对法治造成的危害是破坏了法律的机制,使法律丧失了自己的价值、标准和特性,并失去了作为法律的功能,最终沦为伦理学的一个分支。法律伦理化更为可怕的是,伦理化本身的取向将可能导致把法律设计为一种扼杀人性的工具。从历史中可鉴,我国古代所谓正统伦理的最高理想是"仁政",其途径为"礼治",个体的人完全淹没在王权、族权、夫权、父权之下,个人利益服从于王权大统。中国古代法律赤裸裸地体现这种伦理要求,以王权大统个体的利益,被视为法律的原则。在这种观念支配下,个人从法律上获得的利益只能是被"怜悯"的结果。当今天我们理解法律是什么时,再看看伦理化的所谓"法律",应该认识到它在根本上是反法律、反人性的,不足为依赖的传统。

法律要从根本上独立于任何一种伦理,它只扎根于世俗社会,以合乎实

[①] 参见《寄簃文存·王穆伯新注〈无冤录〉序》,第19页;转引自江必新:《沈家本法制改革述论》,载《比较法研究》1988年第2期。

际之理的治理需要为面向。法律与伦理有界限,两者之间永远存在疆界的斗争。中国古代以淹没面向个人利益的伦理来设计法律不足取,但是,如果今天我们试图以一个高道德标准来设计法律,也同样不会取得成功,现实中的人类的特性和要求以及生活手段的局限性永远是高道德化的障碍,将一个不现实的标准契入今天的法律生活势将毁坏合理秩序。例如,以一个利他的道德原则来设计我国现行私法,必然要求摒弃所有权、债权这些互利性的制度,最终取消私法。法律中的适宜标准永远不应被称作伦理标准以被混淆。①

(二) 中国私法展望

我国私法建设更进一步的障碍,是对法治及私法内涵的准确把握的不够。我国《民法通则》标志着我们致力于建构现代私法体系的开始,但这一工程的完成是艰巨的,它从根本上依赖于一个完整的法治观和私法观的确立。

罗马法模式为西方法律的传统,但对于今日的中国私法建设将起多大影响,是我们将深入研究的课题。西方学者关于法律移植的争论历史悠长,关于西方私法对罗马法的继受,我们认为,还不能简单地套用借鉴或移植的概念,罗马法的继受问题超出了移植论的领域。后世私法以罗马法为传统的继受,蕴涵了一个至关重要的事实:即罗马法是一个"文明常识",它提出了具有一定普遍原理的法律观,并将法律作为独立的世俗生活的权威手段作了成功设计。罗马人最先认识了世俗社会合理安排的需要,并且正确运用了理性,后世之继受不过是重复这种正确理性罢了,正确理性对人类来说是共通的。罗马法上的观念、概念、体系乃至具体规范,因其理性内涵可以逾越漫长的时代。当然,罗马人并未解决人类全部历史、全部地域、全部情形的问题,并未穷尽一切理性,并未达到尽善尽美,法律的发展将是永远的,这是其他国家其他时代人的任务。

对于我们而言,今天无法不尊重罗马法传统,当我们需要建构一个现代私法体系时,更要用理性的眼光理解私法。这意味着:理解法治权威和法律的独立个性,理解私法的重心位置,理解私法特有的体系和单元,理解私法的基点是个体利益,理解私法上权利本位与行为自治的深度,理解用理性创造合理的法律方法对保持私法生命力的重要性——一个有强大生命力的私法体系必重理性,并反对简单的属地主义,尽管它必须关注本域的实际。

当前,我国民事立法呈现单行法趋势,其中不少单行法是各部门起草制定或颁布的,从现有的立法看,烦琐、冲突比较普通,一些规则甚至有部门利

---

① 最近学者徐国栋博士有关"市民社会与市民"的演讲及有关著述中,在反法伦理化和澄清法律观方面,颇有深意。

益化倾向,对于要建立一个私法体系的目标来说,这种现象是不适宜的。从大势而言,形成一个统一的私法观念有助于我国完备的私法体系的确立。我们认为,法典化对于我国统一私法观及私法体系的形成有巨大作用和现实意义:其一,以法典体系的方法在整体上贯彻一个私法观,可以加速我国社会私法观的形成和理解;其二,可以及时借鉴世界各国的私法文明;其三,法律总是要为实际生活服务,当我们进行法典化,便可以用理性全盘思考现实生活的私法要求,并予以适时立法解决;其四,法典化有助于增强法律的透明度,尤其对于我们这样一个私法观念尚为薄弱的社会,法典化有助于人们认识并掌握私法。法典化不等于法律发展的停止,我们应在法典化同时,合理设计创法的方法,及时修正和补充法典的不足,以符合社会发展的需要。

肆 民法典体系问题探讨[①]

一、当下探讨民法典体系问题的意义

目前,我国立法机关正在着手中国民法典的制订。其目标,当然是要达至世界先进水平,依据参与起草学者的表述应该是"适应20世纪以来的社会生活的新发展,借鉴20世纪以来的最新立法经验"[②]。所以,这部民法典制订志在成功实现中国民事法律制度建构的飞跃。基于此,中国民法学者踊跃参与其中,积极展开理论思考。其热点论题,既有法律内容的,例如应确立哪些类型的物权,也有形式方面的,例如应否采取民法典形式以及采取什么样的具体形式。[③]

本文打算探讨其形式问题中的法典体系问题。所谓民法典体系问题,是指民法规定或者法条在采取法典外在形式时以什么方式组合在一起,即依法典外在表现的整体结构问题。我国学者目前一定程度上探讨了这一问题,提供了不少有益建议。但仍有两个方面的不足:一是研究重点还只停留在更粗略的问题上,例如,还只探讨民法典的编章结构问题,即探讨民法典是采用五编制(总则、债权、物权、亲属、继承)还是七编制(总则、债权、物权、合同、侵权、亲属、继承)或者其他结构问题,以及在人法与财产法体例次序上如何处理问题;二是对民法典体系的现代转向的信息和理论方面,考察不多。这样,可能导致忽视体系问题处理中更多精神层面,也是更为基础的一些东西。这些东西,仅仅从我国现有的有关体系的制度和理论的历史遗产中还不能直接获得,只有通过悉心考察域外基于长期体系实践所形成的理论思考,才能受到启发。

[①] 原载《法制日报》,2002年6月30日,第3版。
[②] 梁慧星:《关于制定中国民法典的思考》,载《人民法院报》,2000年2月5日,第12版。
[③] 1998年9月3日,中国民法起草工作小组召开专题会议,讨论中国民法典的编纂问题,核心争论之一,就是民法典的体系。参见梁慧星主编:《民商法论丛》第13卷,卷首语,第3页。

二、历史遗产中的民法体系知识

我国在清末变法之后,曾沿袭 1900 年德国民法的形式逻辑体系。1911 年起草的《大清民律草案》、1926 起草的《北洋政府民法典草案》及 1929 年正式制定实施的《中华民国民法典》,不只是在体例结构上直接吸收德国的民法体系,分总则、债权、物权、亲属、继承五编,而且是在体系的更内在的细微的方面基本上遵循了概念化体系的路线,即首先形成类别法律概念,然后借着不同层次的类型化形成不同抽象程度的概念并因此构成体系。1949 年以后,新中国废除了《中华民国民法典》,并未再制定民法典,这种概念化体系知识,成为我们法律界的历史遗产。1979 年法制建设开始恢复后,这一遗产的继受问题也就出现了,即我国民法主流学界应如何继受这份形式遗产也就成为问题。

我国民法体系知识遗产所根基的德国法学理论,为德国早期概念法学的民法体系观。19 世纪初,德国法学家萨维尼认为,法学是"彻底的历史及彻底的哲学性"之学,于此他将"哲学性"的因素与"体系性"的因素等视同观,提出在历史中逐渐成型的实证法有一种内在的理性,它促成实证法的统一及关联性,体系地建构法学也是透过它才被发现的。这样,萨维尼将体系思想引入了德国法学,提出了实证法具有体系化的可能。① 萨维尼的学生普夫塔(Puchta)立即接受了这种体系思想,但是他将这种体系解释为形式体系——抽象概念的逻辑体系,并由此开创概念法学。② 根据概念法学的体系思想,应将作为法律规定的客体的构成要件分离出若干要素,并将这些要素一般化,形成类别概念,并借着不同层次地类型化,形成不同抽象程度的概念,并因此构成体系。③ 所以,民法体系是通过概念的划分和逻辑组合来完成的,它不仅能指示概念在整个体系中的位置,而且也能将具体的案件事实涵摄到法律规范的构成要件之下。④ 概念的划分,同层次的例如公法与私法的区分,绝对权与相对权的区分,对人的效力与对世的效力,法律行为的有效和无效等;不同层次的,如物权和所有权,法律行为和契约,债与侵权行为之债等。

---

① 参见〔德〕拉伦茨:《法学方法论》,陈爱娥译,台北五南图书出版公司 1996 年版,第 53 页。
② Dazu das Kap. 2, Nr, 1 des ersten Teils der vollstaendigen Ausgabe, S. 19ff. 转引自〔德〕拉伦茨:《法学方法论》,第 53 页。
③ 参见〔德〕拉伦茨:《法学方法论》,第 356 页。
④ Badura, Grenzen und Moeglichkeiten des Richterrechts, in: Schriftenreihe des deutschen Sozialgerichtsverbandes, Bd. X, 1973; Krey, Studien zum Gesetzesvorbehalt im Strafrecht, 1977; JZ 78, S. 361,428,465; Wank, Grenzen richterlicher Rechtsfortbildung, 1978. 转引自〔德〕拉伦茨:《法学方法论》,第 46 页。

概念法学的体系观点,由于采取法律概念下位的隶属于适用范围较广的上位概念的方式,所以,是外在的,表现在法律的外在规定形式。所以,学者也称之为"外部的体系"。①

概念体系观念采取了封闭的形式从事体系建构,认为一切法律问题,都可在法律中找到对应的概念,借助逻辑思考的办法处理掉。之所以产生这样的观念,在于概念法学家们受当时的绝对理性主义和自然科学神话影响,相信可以发现一个封闭完结的概念群,像精确可计算的科学那样,演绎成一个严格的公理式的体系。由纯粹的基本概念所建立的体系,取向的目标,为纯粹的基本概念,具有"价值中立"的形式特点,因此不能考虑到法律规范所具有的价值的实质因素。② D. M. 特鲁伯克(D. M. Trubek)认为:"法律的理性建立在超越具体问题的合理性之上,形式上达到那么一种程度,法律制度的内在因素是决定性尺度;其逻辑性也达到那么一种程度,法律具体规范和原则被有意识地建造在法学思维模式里,那种思维富有极高的逻辑系统性,因而只有从预先说定的法律规范或原则的特殊逻辑演绎程序里,才能得出对具体问题的判断。"③

概念法学的意义毋庸置疑,对其于法学及法律制度的历史贡献,很多文献作出了回答,归结起来为"结构严谨并富有表达力",因而使法律制定成为一件精确逻辑的表述事业,提供了规范精确性途径。但是,我们知道,存在是历史的,历史是我们既不能逃避又可以依存的本体性事物。概念化知识传统本身作为一定时期内暂时合理的东西,在经历长期实践之后,本身不可避免受到更合理需要的挑战。民法典的历史实践已经在许多方面对概念法学提出了发展要求。

三、德国现代法学的民法体系观

贯彻概念法学体系的德国自耶林转变法学立场创建利益法学以来,就不乏概念体系的批评者。这些批评主要表现在两个方面:其一,质疑概念体系所主张的完整性、逻辑上的封闭性;其二,质疑其是否适合于获取正当的法律知识并用于裁判。

现代以来,更多德国法学家提出,作为法律基础的法学不过是理解性的

---

① 参见〔德〕拉伦茨:《法学方法论》,第356页。

② Stammler, Rechtsphilosophie, 1928, S. 278f. 转引自黄茂荣:《法学方法与现代民法》,中国政法大学出版社2001年版,第461页。

③ See Max weber on law and the rise of capitalim, *Wisconsin law review*, 1972, p. 730.

学术,是有限的学问,并不是那种所谓"精确"的不可动摇的学术,所以,用形式逻辑完全取代法伦理的实际存在是有问题的。与其对法律建以抽象概念的外在体系,毋宁同时也应用规定功能的概念和原则,形成一个由法律价值所协调的内部体系。①

法学家恩吉斯(Engisch)是首先对概念体系作批评讨论的学者之一,他反对法律可以有所谓"公理式体系"。他认为,概念数量之多,会一如自然及社会的世界所能提供给我们的一样,所以,封闭的概念群是不可能的,法律不能是一个封闭的形式体系,而应该是一个以法律指导原则所构成的体系。现存秩序多少是学术所强加的,任何时候都不能主张法秩序已经完足,总还会有一些不一致的情况、尚未考虑的情况或有意突破体系关联的情况。②

阿瑟(Esser)倾向于判例法和"问题思考",提出"开放的体系"的概念,认为早期法典化理念主张的是"封闭的体系"。他认为,法律是在历史中以借助一个既有的推理体系的方式逐案发展的,是一个"发现问题、形成原则和巩固体系三者间的循环"的过程。因此,法律体系应该是:将价值用一个体系排列起来,为解决具体个案提供一个法秩序整体的标准。这些标准也用概念加以掌握,但不是那种穷尽定义用以单纯涵摄的概念,而是有些尚需司法裁判予以填补的"框架概念"。③

科因(Coing)也主张法体系必须保持开放,是透过研究个别问题所获取的认识状况的概括总结,它包括:被认识的法律原则及其之间的相互关系,以及我们在个案、在规定的客体中所认识的事物结构。没有一种体系可以演绎地支配全部问题,每一个现有体系都只是暂时的总结。④

一些法学家在民法概念体系中,主张引入评价机制,以使法律在形式之下也可以保持其伦理功能。

卡那里斯(Canaris)认为,逻辑上的公理式的演绎体系不适合法律,由于作为法秩序的法律评价原则作用,法律体系不可能是逻辑的,而是评价上的。他还指出法律原则具有历史的可变性,不是静止不动的,而是"只能借着与特定历史情境相联结,并借助当时一般法意识的中介,才能获得其具体内容。"⑤

---

① 参见〔德〕拉伦茨:《法学方法论》,第356—357页。
② Engisch, Die Einheit der Rechtsordnung, S. 83. 转引自〔德〕拉伦茨:《法学方法论》,第47—48页。
③ Esser, Grundsatz und Norm, S. 44, 239, 7. 转引自〔德〕拉伦茨:《法学方法论》,第48—49页。
④ 参见〔德〕拉伦茨:《法学方法论》,第49页。
⑤ Canaris, Systemdenken und Systembegriff in der Jurisprudenz, 2. Aufl. 1983. 转引自〔德〕拉伦茨:《法学方法论》,第51页。

荷克(Heck)也指出,概念发挥涵摄作用,是有评价基础的,具有目的性,在有疑问时必须回到包含其中的评价,即回到法律原则中去寻找。①

朴罗斯基(Pawlowski)也将规范所构成的体系与原则构成的体系加以区分,并赞成体系只能是开放的,而且只能是部分的。②

克里尔勒(Kriele)反对严格区分法规范和法伦理的做法,认为它切断了法规范与正当性根据之间的联系,使法规范不须作伦理上的说明。他的目标是要论证在法律适用中,如何融法规范与法伦理为一体而加以思考。③

拉伦茨认为,严格区分法规范与伦理的立场,实在不能维持。他主张,法律体系是二者交互作用的关系,根据这种体系观点,法官不能单纯通过解释规则,以形式逻辑的结论,推得裁判,也不可以采取可疑的直接诉诸最终最一般的原则的方法,以寻求正当决定,反之,他必须采取循序渐进的方式:他必须同时努力确定有关的法律规定,以及隐含于规定之中的法律思想的正确意思,以便能够对待判案件作进一步的彻底思考。④

另外一些德国法学家甚至否定法律体系存在的可能性。裴那(Peine)就对将法秩序解释为统一的体系表示怀疑,他认为,被寻求的法体系,其构成要素为法价值以及被法价值所确定的法规范,但是实际上法规范追求的目的不是除最高目的之外,每一个目的均由另一目的推论出来,所以,法秩序并非体系,至多可想象为多数的部分体系。⑤ 费威格(Viehweg)在其1952年的著作中提出了类观点学,他认为概念法学的做法根本是误入歧途,主张应完全放弃建立法律体系的方法。类观点学的思考方式是问题,而不是某种抽象的事物关联观念。依类观点学的理解,生活世界是多元的,解决问题的法律思考也应该是多元的,所以无法形成统一的体系,法律只能以类观点的方式呈现,法律人也只能以类观点的方式进行论证。⑥

四、制定中的中国民法典体系思考

上述德国现代法学关于民法制定体系的反思,表明关于民法体系问题的

---

① 参见〔德〕拉伦茨:《法学方法论》,第49—50页。
② 同上注,第51页。
③ Martin Kriele, Theorie der Rechtgewinnung, 2. Aufl. 1976, S. 167. 转引自〔德〕拉伦茨:《法学方法论》,第29—30页。
④ 参见〔德〕拉伦茨:《法学方法论》,第31—32页。
⑤ Franz Joseph Peine, Das Recht als System, 1983.
⑥ Viehweg, Topik und Jurisprudenz,. Aufl. 1974(1. Auflage 1953). 转引自〔德〕拉伦茨:《法学方法论》,第27—29页。

法学理论已经进入了新的时代。德国19世纪的主流学说，对民法持外在体系的观点，提出以抽象概念为基础的演绎体系主张，但20世纪以来的现代法学因为实践理性的启发，更强调民法的内在体系和实践空间。过去那种迷恋绝对概念体系的做法，在滋生传统概念法学的德国已经基本上被抛弃。撇开极端的完全否定法律体系性的观点不算，主流学界学者已经从精确主义转向，主张应以法理念为基础，将法律概念框架化，建立开放性的体系。英美法系无独有偶，它通过特有的判例法的实践历史，通过强化司法论证功能，实现了法律的开放体系。

所以，在今天，我们如果仍然固守传统的概念体系，显然有刻舟求剑之嫌。我们有理由质疑：1900年时期的《德国民法典》旧有的绝对概念化体系，是否还可以不加变化地适用于未来的中国民法典？中国民法典的体系是否应在历史的经验中与时俱进？回答当然是肯定的：中国未来民法典的体系的确没有必要继续陷入绝对概念化之中，而应在追求民法体系结构的形式逻辑化同时，也为内在的法律目的体系及实践理性广开道路。我们这部立法，体系化和概念明晰是必要的，中国过去习惯于政策而轻视于法制，现在要推行法治。形式主义有它的好处，但是我们今天所要走的过程，不应是去简单重复西方国家的法治路径，而是要两步做一步走。我们在制定民法典时要同时考虑法规定和法伦理的关系，即在适度以概念化搭建民法典编章结构同时，应同时构建一个开放式的有机体系，预留实践理性空间。总的来说，达到形式体系和价值体系互补，规范假定与实践灵活相谐。

后面一点，即体系的实践理性空间预留问题需要引起特别注意。我们过去在思考法律制度建设问题时，往往是在静态的规则意义上加以关注，但是我们现在已经清楚地意识到法律的确不是到规则为止，它有规则内的，也有规则外的，有规则前的，也有规则后的。所以，麦考密克和魏因贝格尔在思考英美分析法学相似的处境时，提出了制度法论观点，对分析法学作出发展，他们认为那种只把法律能动性看成是规范性体系的远离社会过程的一个内在过程的思想是不对的，社会上存在的规范与社会生活的看得见的特点具有相互关系并构成法律能动性的基础。① 换言之，法律不是简单的假定要求，而是一个在实现中的制度事实，是实际存在于社会现实中的事物。从这样的实践理性视角，我们对中国当代民法规范体系的追求应该是：从精确开始，到开放为止。

---

① 参见〔英〕麦考密克、〔奥〕魏因贝格尔：《制度法论》，周叶谦译，中国政法大学出版社1994年版，第29页。

第二部分　民法发展

伍　法治进程中的中国民法
　　——纪念《民法通则》施行20周年

陆　中国市场经济法30年:规则嬗变与市场经济

伍　法治进程中的中国民法

——纪念《民法通则》施行20周年[①]

当今中国气势磅礴的现代法治进程,既可将1979年启动的改革开放、恢复民主与法制建设视为开端,也可将1982年宪法作为起点。然而,在某种程度上说,1986年4月12日通过和公布、1987年1月1日正式施行的《民法通则》必定是其中的一个里程碑,这是因为,民法的"出席"对于中国这场法治进程具有独特的实质意义。按照康德的说法,民法是那种"不需要向外公布的法律的体系"[②],因而是全部法律的内在基础,由此推导,民事立法便是对法律内在体系或者说法律内在意识的觉醒。所以,今天来回顾一下《民法通则》所开启的法治新历程及民法在中国这20年法治建设中的独特贡献,是有必要的。我们也可以进一步思考一下民法和法治发展的未来取向。

一、"法治"的两个层面:形式的和实质的

1979年之后的中国,进入以改革开放为主旋律的转型时期,也是逐渐将法治奉行为国家政制原则的新时期。1982年《中华人民共和国宪法》第5条在"法律至上"的意义上初步承认了法治原则,其中,第3款规定:"一切国家机关和武装力量、各政党和各社会团体、各企业事业组织都必须遵守宪法和法律。一切违反宪法和法律的行为,必须予以追究。"以及第4款规定:"任何组织或者个人都不得有超越宪法和法律的特权。"1999年《宪法修正案》第13条进一步全面宣示法治原则:"宪法第五条增加一款,作为第一款,规定:'中

---

① 原载《比较法研究》2007年第1期。本文系以2006年11月9日在哈尔滨工业大学法学院和2006年12月29日在南昌大学法学院的讲演稿为基础整理而成,在此特别致谢上述单位的邀请。

② 参见〔德〕康德:《法的形而上学原理——权利的科学》,沈叔平译,商务印书馆1991年版,第53页。

华人民共和国实行依法治国,建设社会主义法治国家。'"

但是,关于法治的理解,或者说关于什么是"依法治国"的理解,对于我们这个历史上长期以来习惯于人治,或者说,即使重视法律的作用,也只是习惯于在工具的意义上加以使用的国家来说,不是一件可以一挥而就的事情。然而,由于1986年《民法通则》的出台和施行,中国社会在法治的观念上开始深化。我们逐渐意识到,法治至少具有两个方面的含义。

一个是形式意义的,即法律至上,或者说法律应该具有无上的权威。实现这一目标的关键在于司法与行政分离、行政节制及司法权的独立。法治的对立面,既包括"人治",也包括"依力而治",其实在西方早期政治家那里就已经得到阐明。法治思想最初由亚里士多德提倡,后由中世纪的马西利乌斯和启蒙时期的孟德斯鸠发展,成为当今主流政治文化。亚里士多德(公元前384—公元前322年)首先提出"法律主治"的思想,区别于人治或者说柏拉图的哲学王主治。他认为,城邦必须预先有某种安排,以载明什么时候由谁来作什么决定;城邦的决定,出于法律的形式才是合宜的,因为法律主治是一种通过累积智慧来决定未来的良好方式,是一种实践智能之治,而非激情之治。他还认为,就是睿智而知节制的统治者,如果手握行政权,也不值得信任。①孟德斯鸠进一步认为,法治即依照我们所说的宪法法律及有秩序的一般法律程序而统治是有正当性的,而且广大公民会承认其正当性,而权力分立尤其是存在与君主权力相分离的独立司法权力是法治得以维护的原因。一个君主政体是否正在沦为专制,一个很好的检验标准是君主是否承认这个国家有不可更易的我们今天所说的法律,或者有君主不得视若无睹的法律。② 这种理解正是我们今天关于法治的形式意义方面的理解,也是西方法治传统的重要见解之一。③ 这些年来,我国社会关于这方面的努力和呼吁有目共睹。

另一个是实质意义的,这是由民法发展所启示的,即法治必须是一种"依

---

① 参见〔古希腊〕亚里士多德:《政治学》,吴寿彭译,商务印书馆1965年版,第1卷。
② 参见〔法〕孟德斯鸠:《论法的精神》,张雁深译,商务印书馆1963年版,第1、2卷。
③ 罗马人确立了法律至上的权威,罗马元老院和保民官成功地节制了执政官或皇帝。在《法学阶梯》的序言中,优士丁尼称:"皇帝的威严光荣不丹依靠兵器,而且须用法律来巩固,这样,无论在战时或平时,总是可以将法律治理得很好。皇帝既是虔诚的法纪的申张者,又是征服敌人的胜利者。"我们今天说西方社会维持了这种法治传统,首先是基于这种形式意义而言。伯尔曼在描述中世以降西方法律传统具有的10个突出要点时,其中第8点即为法律至上,"法律具有高于政治权威的至高性。自12世纪起所有西方国家甚至在君主立宪时也承认法律高于政治,君主可以制定法律,但不能专断制定。他应受法律约束,除非他合法修改。"(参见〔美〕伯尔曼:《法律与革命》,贺卫方等译,中国大百科全书出版社1993年版,第11、46页);昂格尔也称,西方法律传统即所谓法治传统,包含了自主性的法律体系,普通适用性(平等)和法律至上三个要点(参见〔美〕昂格尔:《现代社会中的法律》,译林出版社2001年版)。

理之治",这种理,就是市民社会的内在机理或曰市民法——民法是法律的内在体系或者说内在基础。亚里士多德特别提出,法治内涵还不仅仅是法律主治,还包括"依理而治",应提防法治沦为"依力而治"。在此,他注意到了法治的实质要求。亚氏认为,法律公正合理的话,才能要求理性的人服从,而公正合理来自它能公开接受检验。城邦公民是统治的产生者,同时也是消费者,因此法律应有节制,法律应倾向于消极性,这样的法律可为公民生活提供"消费"的架构,使人为人生作好准备。否则,如果忽视公民的合理要求,法律便难以运作,更难以在懂得自我肯定的人民之间持久。① 罗马人在自然法思想的启发下,以其伟大的实用主义精神,以独特的开放的社会实践,推动了这种实质法治的形成。罗马法在公私分立的观念上,通过确立和发展私法并将之设定为全部法律的内在基础,把法律权威理解为一种以鼓励为主的安排而不是简单的威吓,其对法的正义解为"给予每个人他应得的部分的这种坚定而恒久的愿望",推动了一个自由式市民社会的成型和发展。通过发展民法,罗马法找到了一种它本身被人民尊重的方式,即确保了公民的私人生活、生命和财产的自由。罗马私法是罗马法的历史价值所在,也是罗马法最终区别于其他法律传统得以延续并成为当今法律文明共同起源的重要原因。② 可见,如果说法律主治是法治的形式要素,那么私法主法则是法治的本质要素或内在基础。正是在这一意义上,美国伯克利学派称,西方的法律不是压制型的而是自治型的。③

中国古代以来虽然也重视法律,然而由于特殊的政治、社会和文化原因,

---

① 参见〔古希腊〕亚里士多德:《政治学》,第 2 卷、第 7 卷。
② 罗马人之所以能够产生私法,是有很多得天独厚的原因的。巴洛(R. H. Barrow)将之归功于罗马人的禀赋(genius),认为应注意作为罗马精神之标志的自我服从意识,罗马人因而是一个"有法律自觉的民族"(a law-inspired nation)(参见巴洛:《罗马人》,黄韬译,上海人民出版社 2000 年版)。这种说法有一定道理,我们发现正是崇尚"罗马式和平"的实用主义,自然法理论,善与正义的超越性的三位一体,使得罗马人得以接受罗马私法。但马基亚维利和孟德斯鸠又给了一种现实的解释:罗马的阶级区分以及相互节制是罗马的美德之源,在罗马,没有驯顺屈从的百姓,只有懂得自我肯定的平民,因此在贵族和平民的对立合作之间产生了温和而有节制的政治[参见约翰·麦克兰朵(J. S. McClelland):《西方政治思想史》,彭淮栋译,海南出版社 2003 年版,第 368 页以下]。应该说,这种说法也有其合理性,我们看到,罗马法的一个重要形成事件是公元前 450 年的《十二铜表法》,它是在平民斗争和贵族妥协中产生的。一方面为成文法的开始,宣示了法律的明确存在和对法律威权的尊重,另一方面肯定民权的要求——首次肯定了私人生活的意义和私的保护方式。
③ 参见〔美〕诺内特、〔美〕塞尔兹尼克:《转变的法律与社会:迈向回应型法》,张志铭译,中国政法大学出版社 1994 年版。

终究未成法治局面。① 一方面,没有将法律确定为至上的权威,而是以法家的法律工具主义的做法,将法律仅仅视为统治的工具②;另一方面,私法缺乏也是中国为什么没有形成法治的重要原因之一,中国古代法律几乎无一例外都体现为压制型的,是一种以行政命令为特点的官僚法。那么,今天要实现法治,显然存在历史资源的短缺。尤其在新中国建立以来头 30 年,实行计划经济和国家各方面的控制,更导致法治现实资源的匮乏。因此,《民法通则》的出台和施行,对我们今天的法治进程具有不可替代的意义,因为法治进程在完整意义上必须体现为两个层面的齐头并进:一方面是法律威权的树立;另一方面是法治内在基础的确立,即民法的制定和完善,这是法治的实质工程。

二、20 年来中国的民事立法

中国这 20 年来,每一次民事立法总是声势浩大,每一次民事立法都成为法治事件,引发激烈的社会讨论。这也不难理解,因为民法的发展涉及的是法治的实质进程,难免一波多折。

回顾起来,发生重要影响的民事立法至少有四次。

第一次,是 1986 年《民法通则》。该次立法经历的争论,可谓惊心动魄,争论论题表现为"经济法与民法之争",实质是要不要民法的问题。民法学者发出要"认真对待民法"的呼声③,促使《民法通则》在艰难的妥协中顺利出台,以第 1 条宣示"保障公民、法人的合法的民事权益"和第 2 条"调整平等主体的财产关系和人身关系",在世界民法之林显得十分独特,成就了其"民法宣言书"的名声。如果说《民法通则》的制定是一场法治启蒙——民法意识作为法制度条件的法治启蒙,并不为过。在某种意义上,《民法通则》也主要是启蒙而已,但是,不要小瞧了这点启蒙,它已经点燃了实质法治的火炬,为

---

① 按照社会学家韦伯的观点,中国不能形成法治的原因,是因为就资本主义的发展特性而言,存在精神条件的问题,儒家的价值体系缺乏应有的动因(参见〔德〕韦伯:《新教伦理与资本主义精神》和《儒教与道教》)。昂格尔则认为,中国不能形成法治,主要原因在于中国缺乏形成现代型法秩序的历史条件,这些包括集团的多元主义、自然法理论及其超越性宗教的基础。就最后一点而言,昂格尔解释说,中国只有避世宗教而没有超越性宗教,而儒家和法家都是某种现实思维且在历史上没有完成统合,儒家使得权力的效用过分仰仗传统,以礼入法导致德治和人治,而法家看重权势,无视权力和法律组织的正统性(参见〔英〕昂格尔:《现代社会中的法律》)。

② 到今天为止,这个问题仍然不容忽视,这正是法律界有识之士如贺卫方、季卫东等关注"司法独立",积极推动司法改革的原因,因为在宪法上权力分立,尤其是司法权的独立还未得到明确宣示,在实践中更是存在缺失。

③ 参见谢怀栻:《谢怀栻法学文选》,中国法制出版社 2002 年版,第 66 页及第 67 页以下。

中国民法和法治的迅速成长埋下了种子。

第二次，是1993年12月29日出台、1994年7月1日施行的《公司法》。该次立法争论也是"盛况空前"，核心议题之一是"公司法和企业法的关系"，即公司法能否在一般意义上取代企业法，其涉及的实质，是经济领域的经营组织是否将主要采取民事主体即私法人的组织形态，大多数国有企业、集体企业是否应该在实质上改制为公司法人。① 这是一次对于经济组织在多大程度纳入市民生活范畴、纳入自由竞争的问题。最后借助1992年邓小平南巡讲话的政治气候，《公司法》也在妥协中顺利出台，确立了现代企业制度——公司制度。当然，也相当程度地容忍了企业法的体制限制，并且相当程度地迁就了国有企业改制过渡的需要。2005年《公司法》发生大幅度修改的原因也正在于此，当中国的市场经济发展到今天，经营组织应从传统的企业法体制更彻底地解放出来，已经不容滞缓了。

第三次，是1999年3月15日出台、同年9月1日施行的《合同法》。这次立法的首要争论点是合同法所应体现的时代性问题，亦即合同法是应着眼于由计划经济向市场经济转轨过程中的经济生活，还是应着眼于调整21世纪中国建成比较发达的社会主义市场经济后的经济生活。② 最后出台的《合同法》不仅在形式上统一了过去三个计划经济色彩比较浓厚的单行合同法，而且"更多地着眼于反映市场经济本质的经济现象和经济关系"，例如，比较全面地贯彻了合同自由原则，相当程度清除了过去合同法里对于合同的行政监管权力。同时，广泛借鉴吸收了发达国家和地区的经验和国际公约的成果，成为比较充分的与国际接轨的自由市场交易法。

第四次，是《物权法》的起草。《物权法》的起草，从1999年至今已经有八个年头，已经有了七个审议稿。期间发生争论之激烈，与历次民事立法相比有过之而无不及，最激烈的议题是私产的平等保护问题，或者说《物权法》的合宪性问题，实质上是《物权法》是否应该着力于去确认或者构建市场化的财产权基础。③ 最后民法派或者说市场派一如既往地取得胜利，这是法治进程的实质要求。

---

① 参见江平主编：《新编公司法教程》，法律出版社1994年版，第18页。
② 参见梁慧星：《中国合同法起草过程中的争论点》，载《法学》1996年第2期。
③ 参见龙卫球：《物权法政策之辨：市场经济体的法权基础——略评〈物权法（草案）〉》，载《中国法律》2005年第8期；以及作者2006年3月16日在中国人民大学的学术讲座《物权立法的合宪性问题》。

三、20年民事立法对法治进程的意义

那么,这二十年来在论争中前行的民事立法及民法实践有什么意义呢?从这些民事立法的制度内涵、解决的法治实质问题来看,至少存在四个方面的意义。

其一,有利于促进减少政府主导的治理模式的形成。民法的立法发展,意味着我们的法律体系对于法治内在体系的逐渐认知和尊重,这样的法律不再是简单的统治法,而是逐渐成为可消费的法、公民自治生活的法。

其二,有利于促进自由竞争的市场模式的形成。无论是《民法通则》、《公司法》《担保法》,还是《合同法》,都为经济生活中的经济行为、经济组织提供了自由决定、自由组织、自建信用机制的授信和保障。

其三,有利于缓解法治的正统性危机。民法的扩展,使得国家制定法得以"由圣入凡",在国法中通过对公民主体的确立使得公民本身成为法律的消费者,法治获得了目的合理性,所谓"守法",在私法而言就等于"维护自己的权利和尊重别人的权利",或者如耶林所说"为权利而斗争"。

其四,有利于适应全球化进程。美国当代畅销书作家托马斯·弗里德曼先生说"世界是平的",在今天这个世界的关键,"不是你要不要全球化的问题,而是你如何全球化的问题"。① 在这种背景下,一国的法律如果不想在全球化时代螳臂挡车,就必须考虑如何适应全球化。民法是法律中最容易取得一致的领域,因为它一开始就是与商品经济(市场经济)相关的。通过推进民事立法,一方面促进"小政府、大社会"的形成,减少国际化中的行政障碍;另一方面可以大为缩减与他国法律的鸿沟,使法与社会的差异容易在深层结构上得到和解。这也是正是联合国的国际政治体系、WTO的国际经贸体系的精髓。

四、中国民法的前景与展望

只要继续走法治之路,民事立法就不会停滞不前。从私法发展趋势来看,我们似乎可以预计,中国民法建设不可避免会面临以下挑战。

(一)如何步入制度化和生活化

研究法制现代化的法学家,如川岛武宜、昂格尔等,都注意到了法意识与

---

① 弗里德曼在《理解全球化:"凌志汽车"和"橄榄树"的视角》和《世界是平的:21世纪简史》两部畅销书中,精彩地阐述了全球化及如何对待的问题。

制度的相互依存关系。法意识是法治的先决条件,舍之法治寸步难行,在法律后发国家贯彻法治,首要的难题便是法意识的缺失,或者说传统文化意识的不协调;但是,空有法意识而无制度改进、法运用,法治仍然无从落实。①

《民法通则》及之后的数次民事立法开启了民法意识的启蒙之门,这应该是民法建设或者说法制现代化建设的第一步。然而,民法的发展由此只是刚刚起步,往下只有完成制度化和生活化,才能算是大功告成。首先,须经由启蒙而制度。通过更为完备的民事立法,完成相关民法制度的继受和发展,使民法观念、价值和思想得以达成制度的落实,如此可以避免,在空有法观念的情况下防御无据,落入所谓的"旧势力容易与反法治的合谋复辟"(依稀记得似为季卫东教授语)。其次,须经由制度而生活。王泽鉴教授谓之"判例层面的继受",应是此项民法生活化的重要部分。② 民法"守法"具有特殊性,就是应该使民法制度变成生活事实,唯有如此,民法才有实际意义。

(二)如何转向"软性法治"

我们已经注意到,法学方法论在当今炙手可热,度其原因,正是民法的特殊实践造就的。这种对包括评价、权衡因素在内的方法论的注重,塑造了民法适用的一种"软性法治"的特性,与传统的"刚性法治"发生区别,后者是一种严格固守文本的实践。③

民法的"软性法治"在今天尤其具有必要性,这是因为,当其采取制定法形式时,由于表达的抽象性和经济性,有关规则不免过于刚性,而当今世界已经到了复杂无比的程度,资源紧缺、社会信仰的多样、贫富分化、环境污染、城市拥堵等,必然要求民法适用的灵活性。伯克利学派的诺内特、塞尔兹尼克在其著作中提出"回应型法治",大概也正是为此,这种法治模式,具有以下特点:法律实践由目的引导;要求法制具有开放性和弹性,参与者必须遵守法律但又允许参与者变革法律;法律设计更注重效率。④

(三)如何推进宪法改革

民法的发展,应以现代化的民主、自由法治的整体配套为保障,这首先体现在全部法律体系应从内在基础的意义上为民法正位,或谓民法优位。所以,在以宪法作为上级法的情形,应该将民法的基本制度、原则提升为宪法规范,使之成为全部法律体系的基础,成为节制立法和行政权力的实质根据。

---

① 参见季卫东:《法治秩序的建构》,中国政法大学出版社1999年版,第308页以下。
② 王泽鉴教授关于民法继受的观点,参见氏著:《德国民法的继受与台湾民法的发展》,载《比较法研究》2006年第6期。
③ 当今具代表意义的法学方法论著作,当推德国民法学家拉伦茨的《法学方法论》,此书正是以《德国民法典》司法实践作为基点。中译本参见陈爱娥译,台北五南图书出版公司1996年出版。
④ 参见〔美〕诺内特、〔美〕塞尔兹尼克:《转变的法律与社会》一书的相关观点。

然而,现行1982年《宪法》,虽然在形式上开启了法治,但是在实质上并没有确立私法主法,因为其制定之时并非市场经济目标确定之际,而是公有化进程的最后阶段,可谓公有化的尾声。其中,第6条确立公有制为基础;第7条确立国营经济为主体;第8条确立合作经济是农村集体经济的形态;尤其是第9条和第10条确立自然资源、土地一律属于国有或者集体所有,从而在宪法角度确认了自然资源和土地的全面公有化;第15条确立实行计划经济。①这些说明,1982年《宪法》的框架在根本上难以容纳之后国家提出的市场经济目标,尽管此后发生1988年、1993年、1999年和2004年四次修宪,但这一框架使其在许多基本的问题上无法突破局限,给市场松绑。从这种意义上说,1986年出台的《民法通则》是民法的开始,也是与1982年《宪法》的基本框架冲突的开始,后来的民事立法越走向深入,也就意味着与1982年《宪法》的裂痕越深。现在看来,应该考虑在宪法上主动打开局面,将民法上的私人生命、财产(包含所有权、契约自由)自由和私生活安全等在更大程度上提升为宪法基本规范。

(四) 如何适度社会软化

对传统民法制度进行适度社会软化,以完善社会合作,已经迫在眉睫。传统的民法主要是以完全个体化的权利或者义务作为技术建立其规则的,这种技术虽然可以凸现公民的法律主体性地位,激发其主体性意识,但是也容

---

① 参见1982年《宪法》以下条文,第1条:"中华人民共和国是工人阶级领导的、以工农联盟为基础的人民民主专政的社会主义国家。社会主义制度是中华人民共和国的根本制度。禁止任何组织或者个人破坏社会主义制度。"第6条:"中华人民共和国的社会主义经济制度的基础是生产资料的社会主义公有制,即全民所有制和劳动群众集体所有制。社会主义公有制消灭人剥削人的制度,实行各尽所能,按劳分配的原则。"第7条:"国营经济是社会主义全民所有制经济,是国民经济中的主导力量。国家保障国营经济的巩固和发展。"第8条:"农村人民公社、农业生产合作社和其他生产、供销、信用、消费等各种形式的合作经济,是社会主义劳动群众集体所有制经济。参加农村集体经济组织的劳动者,有权在法律规定的范围内经营自留地、自留山、家庭副业和饲养自留畜。城镇中的手工业、工业、建筑业、运输业、商业、服务业等行业的各种形式的合作经济,都是社会主义劳动群众集体所有制经济。国家保护城乡集体经济组织的合法的权利和利益,鼓励、指导和帮助集体经济的发展。"第9条:"矿藏、水流、森林、山岭、草原、荒地、滩涂等自然资源,都属于国家所有,即全民所有;由法律规定属于集体所有的森林和山岭、草原、荒地、滩涂除外。国家保障自然资源的合理利用,保护珍贵的动物和植物。禁止任何组织或者个人用任何手段侵占或者破坏自然资源。"第10条:"城市的土地属于国家所有。农村和城市郊区的土地,除由法律规定属于国家所有的以外,属于集体所有;宅基地和自留地、自留山,也属于集体所有。国家为了公共利益的需要,可以依照法律规定对土地实行征用。任何组织或者个人不得侵占、买卖、出租或者以其他形式非法转让土地。一切使用土地的组织和个人必须合理地利用土地。"第11条:"在法律规定范围内的城乡劳动者个体经济,是社会主义公有制经济的补充。国家保护个体经济的合法的权利和利益。国家通过行政管理,指导、帮助和监督个体经济。"第12条:"社会主义的公共财产神圣不可侵犯。国家保护社会主义的公共财产。禁止任何组织或者个人用任何手段侵占或者破坏国家的和集体的财产。"第15条:"国家在社会主义公有制基础上实行计划经济。国家通过经济计划的综合平衡和市场调节的辅助作用,保证国民经济按比例地协调发展。禁止任何组织或者个人扰乱社会经济秩序,破坏国家经济计划。"

易造成主体之间的疏离和对社会合作的不自觉。同时,一些社会性很强的资源在民法规则的纯私化分配体系中容易迷失其社会性。① 现代的社群形态,现代生产、生活的合作状态又恰恰强化了社会合作的必要。如罗蒂所言,我们都有一项道德义务(不是康德所说的那种理性道德义务,而是社群义务或者说主体交互有效性义务),去感受我们和所有其他人类之间的团结感。② 我们今天在私法上广泛承认相邻关系,在公法上适度承认征收、征用,均是此理。③

---

① 昂格尔认为,为达成社会生活的可变性、控制社会资本的市场、个人与社会结合,我们必须要承认对社会资本或资源提出分配要求的市场权和在法律上满足共同体生活需要的团结权(参见〔美〕昂格尔:《现代社会中的法律》;季卫东:《法治秩序的建构》,第324页)。
② 参见〔美〕罗蒂:《偶然、反讽与团结》,徐文瑞译,商务印书馆2003年版,第270页。
③ 美国19世纪中叶对于土地所有权的松动,可称为私法社会软化的先声,18世纪土地所有权可谓绝对支配权,但从19世纪开始一定程度上让位于水利开发权,因为在当时的技术条件下修建水坝已经可以带来更大的社会利益,过去视为"侵权"的使用现在转化为"合理利用",技术造就公共性,从而导致私权软化。参见〔美〕霍维茨:《美国法的变迁》(1780—1860),谢鸿飞译,中国政法大学出版社2004年版,第2章。

陆　中国市场经济法 30 年：
规则嬗变与市场经济①

一、30 年来中国市场经济法的发展及其特点

(一) 中国法制建设与市场经济法

市场经济法,顾名思义,是一种确立市场基础和条件、维持市场健全运行的法律体系,其原则是主体平等、财产自主、交易自由、竞争充分与交易公平等,既包括涉及确立市场基础条件的民商法,也包括确立市场竞争秩序与公平环境的经济法。因此,它的存在与发达,是一个国家经济是否自由、社会是否发达的法律标志。其中,民商法尤其是民法由于其基础性,其有无或发达不发达便成为衡量市场经济法的存在与发达与否最为关键的因素。

中国在古代是一个民法不发达的国家,无论认为中国古代法制有无民法②,或者说是否属于诸法合体,在中国古代历来重视刑法而轻视民法这一点上,人们至少持有最低共识。③ 晚清法制变革,师法西方一个主要取向,便是试图改变这一点,明确区分公法、私法,仿照西方民法典的独立范式,在区分刑法典的意义上,起草独立意义的《大清民律草案》。虽然清廷旋即覆灭,未及颁行,但在观念上分立意义的民法开始植根民心。1929—1930 年,当时的国民党政府制定了中国历史上第一部民法典,市场经济法律体系首次获得正名。

---

①　本文收录于《中国法治建设 30 年》(社会科学文献出版社 2008 年版,王晨光、蔡定剑主编)一书,系福特基金会同名项目的子课题,特别致谢该课题的资助。写作期间,在 2008 年 7 月 9—10 日九华山庄举办的"中国法治建设 30 年审稿及研讨会"上,江平教授、姚辉教授及其他专家不吝评论,深受启发,在此特别致谢。本文第四部分,还得到朱虎博士的协助,一并致谢。

②　梁启超先生干脆认为中国古代没有民法,他说:"我国法律界最不幸者,则私法部分全体付诸阙如也……我国法律之发达,垂三千年……而关于私法之规定,殆绝无之……此实咄咄怪事也。"见《梁启超法学文集》,中国政法大学出版社 2000 年版,第 175 页。

③　参见叶孝信:《中国民法史》,上海人民出版社 1993 年版,第 5 页。

不过,1949年新中国成立后,即以革命胜利者新政需要,废除《六法全书》,以民法典为中心的市场经济法律从此长期遭到放逐。从1949年开始直至1978年之前的新中国,在政治上,"市民"不复存在,而是取代为身份化的工人、农民等;与之相应,在经济基础上根本缺少市场经济法律发展的土壤。合同法消失了,合同交易已经为计划分配所取代;物权法也消失了,物权的要求蜕化为简单的所有权要求,而且还主要是统一的国家所有权和集体所有权,出现物权便等于所有权尤其是公有权的结果。所以,新中国开始的30年里面,虽然有过所谓起草民法的努力,但是由于在政治及在经济追求上都与市民化社会或者说商品经济社会的截然不同,因此以市场为调整对象的民商法、经济法实际已无基础,"民法的起草工作自然也随之夭折"。①

新中国法制建设及其市场经济法律体系的兴衰,与新中国的政治经济运动紧密相连。新中国政治经济运动进程,大体可以分四个阶段:建国初期(1949—1954年)、社会主义改造和建设时期(1954—1966年)、"文化大革命"时期(1966—1978年)和新历史时期(1978至今)②,其中,"文化大革命"时期与新历史时期的分界,形式上本应是1976年,但是从政治实际而言,其真正的分界,应在1978年底召开的中国共产党十一届三中全会"拨乱反正,把党和国家工作重点转移到经济建设上来,作出了实行改革开放的决策"之际,所以我们一般将新历史时期起始定为1978年,至今正好30周年。

建国初期,在政治经济上是新民主主义革命胜利后的肃清残余和社会改革时期,在法制建设上为革命胜利之后推翻旧法、构建新法时期。这一时期的法制建设目标,根据正式文件的提法,是要彻底废除国民党统治时期的《六法全书》,开始建立"人民的法制"。③ 这一时期的立法,是应急式的、逐步的

---

① 参见江平:《中华人民共和国民法通则剖析》,载《政法论坛》1986年第1期。据历史资料介绍,新中国在1979年前有过两次民法典起草:1954年开始进行新中国成立后的第一次民法典起草工作,1956年成稿,共500余条,该次起草工作被迫中断;1962年开始第二次民法典起草工作,到1964年7月完成《中华人民共和国民法(试拟稿)》,"文化大革命"使起草工作又一次中断。

② 参见顾昂然:《新中国立法概述》,法律出版社1995年版,第17页。

③ 1949年2月,中共中央《关于废除国民党的六法全书与确定解放区的司法原则的指示》,确立了这一目标:"在无产阶级领导的工农联盟为主体的人民民主专政的政权下,国民党的六法全书应该废除,人民的司法工作不能再以国民党的六法全书为依据,而应该以人民的新的法律为依据。"1949年9月《中国人民政治协商会议共同纲领》作为宪法性文件确认了这一目标,其第17条宣示:"废除国民党反动政府一切压迫人民的法律、法令和司法制度,制定保护人民的法律、法令,建立人民的司法制度。"

和非系统的①,先后出台了一批单行法、条例和法规,像《中央人民政府组织法》、《惩治反革命条例》等,其中民事方面的有《婚姻法》、《土地改革法》、《私营企业暂行条例》、《公私合营工业企业暂行条例》等。应该说,这一时期重在新民主主义革命胜利后的肃清残余和社会改革,市场经济及其法律失去了现实土壤,因此不可能存在和发展。

社会主义改造和建设时期,为从1954年宪法颁布到"文化大革命"开始的时期,在政治、经济上,是有计划的经济建设、社会主义改造时期和法制建设上所谓的"人民的法制"逐渐完备时期。这一时期的法制建设目标,是要"健全人民民主的法律,保障有计划的经济建设和社会主义改造的顺利进行"②,力争"逐步地系统地制定完备的法律",因此进入了一个立法忙碌时期。首先是制定和颁行1954年《宪法》,接着是《全国人大组织法》、《人民法院组织法》、《人民检察院组织法》、《地方各级人大与地方各级人民委员会组织法》、《逮捕拘留条例》、《农村产生合作社示范章程》、《高级生产合作社示范章程》等。1956年中共八大之后,国家立法工作一度热情高涨,不仅制定了《人民警察条例》、《治安管理处罚条例》等,而且在"说法"上,不仅将《刑法》、《刑事诉讼法》,而且也将《民法》提上起草议程。但是,这一时期的民商、经济立法,显然是"雷声大,雨点小",因为从根本上说,民商法和经济法既不合政治时宜,也缺乏实际的经济基础:政治上,先后出现了1957年的"反右",1958年的"大跃进",1959年的"反右倾",1963年的"四清",1965年的"两条路线的斗争"等;经济上,中国则越来越公有化和计划经济化。

开始于1966年的"文化大革命"时期,形式上结束于1976年"江青集团"垮台,实际结束于1978年12月十一届三中全会的召开。这一时期,由于在政治上宣布"无产阶级专政条件下继续革命理论"、"横扫一切牛鬼蛇神",把斗争的矛头指向"资产阶级在党内的代理人"、"反革命修正主义分子"、"走

---

① 按照彭真在1951年所作《关于政法工作的情况和目前任务》中的说法,这一时期的立法方针是:"按照当前的中心任务和人民急需解决的问题,根据可能与必要,把成熟的经验定型化,由通报典型经验并综合各地经验逐渐形成制度和法律条文,逐步由简而繁,由通则而细则,由单行法规而形成整套的刑法、民法。"

② 彭真1954年所作的《关于政治法律工作的报告》说:"以肃清残余为特点的社会改革运动已经基本完成,今后要逐步实行比较完备的人民民主法制,以保障经济建设和各种社会主义改造事业的顺利进行,保护人民群众的民主权利便之不受侵犯。"1956年,中国共产党第八次代表大会关于政治报告的决议正式确认了这一目标,并要求"国家必须根据需要,逐步地系统地制定完备的法律"。

资派"等①,不但立法处于停顿,而且既有法制也遭到了彻底破坏,司法机构也被"砸烂"。其间虽然出现过立法,甚至包括1975年《宪法》,但实际上都不过是当时政治的道具而已。这一时期,中国实际成为法律废墟,更勿谈市场经济法律。

新历史时期,从1978年底中国在政治上决定改革开放开始,至今历经30周年,并且还在持续中。1978年12月召开的十一届三中全会,总结了"文化大革命"的教训,结束"政治挂帅",作出了把工作重心转移到社会主义现代化建设上的战略决策,同时提出了改革开放的总方针,以及发展社会主义民主和加强社会主义法制的任务。② 由此,改革开放成为社会主义现代化建设的总方针。新中国进入了改革开放和社会主义现代化建设的新时期,同时也进入了恢复法制、加强法制建设的新时期。③

由于改革开放和社会主义现代化建设,新历史时期在经济上提出了发展商品经济或市场经济的要求,因此,新历史时期的法制建设从一开始就与新中国以往时期不同,对市场经济法律的形成和发展提出了要求。由此,市场经济法律体系在新中国才真正获得了形成与发展的空间和条件。也正是因为市场经济法律的内在支持,新历史时期法制建设呈现了持续性和稳定性的特点,并且随着市场观念的深化和法治理念的日益普及,逐渐由"法制"到"法治",走上了一条步向经济市场化、政治民主化的"法治国"道路。

总体上来说,30年以来市场经济法律的形成与发展历程,是一个逐步深入、逐步发展的过程。这一进程一开始系于政治主导的改革开放政策,接着受到改革实践形成的市场力量自身的推动,最后又从市场经济就是法治经济的认识中升华出现代法治理念,由此获得理论支撑,进入到一个自觉的以经济市场化、政治民主化为吁求的全面法治建设时期。这一进程大致上可以分为三个阶段:改革开放初始阶段(1978—1992年)、改革深化阶段或称市场化推进阶段(1993—1996年)和法治建设阶段(1997年—至今)。

1. 改革开放初始阶段(1978—1992年)

这一时期以中共十一届六中全会召开为开端,到邓小平"南巡讲话"为

---

① "文化大革命"发动的两个标志性文件为:1966年5月16日中共中央政治局扩大会议通过的由毛泽东主持制定的"中共中央通知"(即《五·一六通知》),以及8月12日八届十一中全会通过的《中共中央关于无产阶级文化大革命的决定》(即《十六条》)。"文革"的总指挥部,是"中共中央文革小组"。

② 参见顾昂然:《新中国立法概述》,第23页。十一届三中全会决议指出:"为了保障人民民主,必须加强社会主义法制,使民主制度化、法律化,使这种制度和法律具有稳定性、连续性和极大的权威,做到有法可依,有法必依,执法必严,违法必究。"

③ 参见张学兵:《改革开放决策的提出》,载《人民日报》2007年10月8日版。

终点。1978年12月,十一届三中全会召开,在总结"文化大革命"教训的基础上,全会作出了把工作重心转移社会主义现代化建设上的战略决策,同时根据新的历史条件和实践经验,作出了改革开放的新决策。该次全会提出,实现现代化是一场广泛、深刻的革命,要求大幅度提高生产力,多方面改变同生产力发展不相适应的生产关系和上层建筑,改变一切不适应的管理方式、活动方式和思想方式。由此,中国经济体制改革拉开序幕,尽管公有制和计划经济在政治经济上仍然占据绝对优势,市场化所有形式以及商品经济逐渐获得越来越多的承认。①

1978年底开启的改革开放,在经济上重要的表达就是要搞活经济,具体包括对内进行经济体制改革和对外开放。其中,经济体制的改革,一方面要改进企业经营管理体制,塑造企业自主机制,另一方面,允许多种经济成分并存;对外开放,则要求改善环境,尤其是为外商在中国开办合资、合作企业提供法律保障,吸引外商资金和技术。这些都直接对具有调整商品关系或平等关系功能的市场经济法律提出立法吁求,因为只有制定了这种法律尤其是作为市场经济法律核心的民商法,国有企业、集体企业才能获得自主,私营成分才能获得并存,外商在中国的投资和合作,才能获得主体平等和交易自由的制度保障。

围绕改革开放这一初始阶段拨乱反正、恢复秩序和搞活经济的政治与经济需要,中国立即恢复了立法机构的正常运行,同时以应付急需的方式,陆续出台了一系列基本法律。新历史时期法制建设,一方面吸取"文革"期间不尊重民主与公民权利的教训,认识到保障公民的基本权利是所谓发展社会主义民主的最起码的前提,强调要用法制来保障公民权利和"发展社会主义民主"②;另外一方面,则与优先发展经济,迅速把重心转移到经济建设上来的战略决策联系在一起,把民商法、经济法提到极其重要的位置。1982年11月,五届全国人大五次会议制定了新《宪法》,即现行1982年《宪法》,用宪法条文形式确立了"坚持以经济建设为中心","坚持改革开放","坚持法律权威",为新的历史时期奠定了发展民商法、经济法的宪法基础。所以,这一阶段,出台的法律,除了恢复法制秩序必需的刑事的、行政的法律之外,重要的主要是民事的、经济方面的基本法律。③

在民事的、经济的立法方面,由于当时对外开放比改革还要急迫,因为外

---

① 1981年6月27日至29日,中共十一届六中全会在北京举行,会议一致通过了《关于建国以来党的若干历史问题的决议》,在政治上为拨乱反正和改革开放提供了定心丸。
② 参见顾昂然:《新中国立法概述》,法律出版社1995年版,第9页。
③ 同上注,第27页。

资和技术被认为是搞活经济的第一砖,于是首先在涉外领域着手,确立法律保障。1979年,急忙出台了《中外合资企业法》。1982年《商标法》、1984年《专利法》、1985年《经济合同法》,也具有明显的改善法律环境,鼓励外资、外国技术引进的动因。从1979年11月开始,最高立法机关就开始将普通民事立法提上日程,组织起草民法典(史称第三次民法典起草),其间四易其稿,于1982年5月提出了《中华人民共和国民法草案(四稿)》,但最后当时主持最高立法机关的彭真委员长认为时机不成熟,搞一部无所不包的《民法典》,可能是不切合实际的,甚至是束缚改革的,于是放弃了民法典计划,最终采取了"宜粗不宜细"的立法思路。① 1985年6月开始酝酿制定只包括一些原则性民事基本规范的总则,7月26日形成了征求意见稿,起草组同意更名为《民法通则》,1986年4月12日由六届全国人大四次会议通过。至于具体的民事立法,则走"变批发为零售"的路子,"随着改革的实践发展,成熟一个,制定一个"。②

从1979到1993年之间,在民商法和经济法领域,除了《中外合资企业法》和《民法通则》这两部具有标志性的法律之外,还出台了其他一系列涉及民事和经济的单行法,这些包括1980年《婚姻法》、1981年《经济合同法》、1982年《商标法》、1984年《专利法》、1985年《涉外经济合同法》、1985年《继承法》、1986年《外资企业法》、1987年《技术合同法》、1988年《全民所有制工业企业法》、1988年《中外合作经营企业法》、1990年《著作权法》、1991年《收养法》、1992年《海商法》等。然而,到此阶段为止,民事的立法也好,经济的立法也好,还存在一个"市场化"程度的瓶颈,无论从宪法规范表述还是实际观念来说,社会主义公有制为主体的思想发挥着极大的紧箍咒作用。所以,从发生学的意义上讲,市场经济法律在这一阶段是以一种实用的而且是很挤压的方式面世。

2. 改革深化阶段或称市场化推进阶段(1993—1996年)

这一时期在政治上以邓小平"南巡讲话"开始,到1997年中共十五大正

---

① 据江平教授介绍,当时全国人大常委会委员长彭真的讲话改变了进程。他说:"农村的改革我们大体已经知道了走什么方向,但是城市里面究竟怎么搞? 国有企业走什么路? 经济将来到底是计划呢还是市场? 都没有一个最后的定论,或者说明确的方向。在城市改革还没有明确方向的情况下,搞一套完整的、系统的、无所不包的《民法典》,符合不符合实际?"参见江平:《中国法治三十年》,载《经济观察报》2008年5月25日版。

② 参见赵蕾:《限制公权力滥用是30年立法的大思想:专访原全国人大法工委副主任张春生》,载《南方周末》2008年7月24日版。

式将"依法治国"作为基本治国方略写入最高政治文件①为止。1992—1993年间,邓小平到南方视察,发表了重要讲话,重申改革是发展必由之路,并提出要加快改革开放的步伐,计划和市场不是社会主义和资本主义的本质区别。这一讲话对于中国政治和法律发生重大影响。1993年,八届人大第一次会议通过的《宪法修正案》第7条明确规定:"国家实行社会主义市场经济。""国家加强经济立法,完善宏观调控。"1994年,中国共产党的十四大确定,中国经济体制改革目标是实现社会主义市场经济。由此,社会主义市场经济的概念正式写入中国法律与政治词典。由此中国民事和经济立法所遭遇的计划与市场的观念矛盾在政治和宪法层面逐渐化解。

从1993年开始,民事、商事和经济立法朝市场化方向迈进了一大步,特别是在2001年11月10日中国被批准加入WTO之后②,这一趋向更为明显。1993年,久拖不决的《公司法》终于出台,这是一个重要的立法发展迹象,说明在市场主体方面,中国立法向市场化走出了重要一步。公司法的制定,对于建立现代企业制度,促进和规范市场经济体的组织行为,具有重要意义。同年,中国还出台了《反不正当竞争法》和《消费者权益保护法》两部十分重要的市场管理法,首次在企业关系上引入市场化管理思维,取代简单的行政管制思维,为经营者在市场上公平竞争,保护企业正当竞争利益和消费者市场权益,提供了规范基础和保障。中国的民商法、经济法从此时起,才开始可以称之为"市场经济法律",而此前的民事、经济立法虽冠以其名,但都不免具有十分浓厚的公有制和计划经济印记。这一阶段的其他市场经济立法,重要的还有1995年《商业银行法》、1995年《票据法》、1995年《担保法》、1995年《保险法》、1996年《拍卖法》、1997年《合伙企业法》等。

3. 法治建设阶段(1997年至今)

这一阶段始于1997年中共十五大正式将"依法治国"作为基本治国方略写入报告,至今仍在持续中。1997年,中共十五大将"依法治国,建设社会主义法治国家"写进最高政治文件,首次在政治上明确将"依法治国"作为基本治国方略。1999年,《宪法修正案》正式把"依法治国"写入宪法文本。2002

---

① 依法治国、建设社会主义法制国家,作为总的口号和目标早在1996年就写进了全国人大八届四次会议的一系列文件,包括政府工作报告、人大常委会报告、委员长闭幕词及当时通过的《国民经济和社会发展"九五"计划和2010年远景目标纲要》等,但是在中国现实政治上,最具有政治权威的文件还是党的文件。

② 中国自1986年7月10日申请恢复其GATT创始缔约国地位开始谈判,经过15年的努力,2001年11月10日晚6时38分(卡塔尔首都多哈当地时间),在多哈举行的世界贸易组织(WTO)第四次部长级会议,终于审议并批准了中国加入世贸组织。此后,中国随即递交了全国人大常委会批准中国加入世贸组织议定书的通知书。

年,中共十六大对全面贯彻依法治国基本方略作出新部署。2004 年 3 月 22 日,国务院《全面推进依法行政实施纲要》对于自己的行政权力纳入法律之下作出了全面的承诺。这些都意味着中国开始在政治上力求进入一个法治化的阶段。"依法治国"作为基本治国方略或宪法原则的意义在于,中国法制建设应该成为"法治建设",法作为工具应该上升为法作为目的。

中共十五大和十六大都提出了到 2010 年形成有中国特色社会主义法律体系的总体目标和要求。从八届全国人大开始,全国人大及其常务委员会都把在依法治国方略下建立适应社会主义市场经济的法律体系作为第一任务。1999 年出台的《合同法》,是一次重要的现代法治化和市场化并轨的立法,它不仅形式上统一了以前的三部分散的合同法,即 1981 年《经济合同法》、1985 年《涉外合同法》和 1987 年《技术合同法》,更为重要的是,它以国际领域的合同公约和惯例为准据,以追求合同自由为原则,褪去了既有三部合同法,特别是《经济合同法》中的计划印记,包括行政可强力干预合同的权力,在法治和市场化高度伸张交易自由。2003 年 3 月,十届全国人大常委会一次会议再次提出了本届全国人大及其常委会要争取基本形成中国特色社会主义法律体系的立法工作目标。2007 年 3 月 16 日,《物权法》顺利出台,更是把中国市场经济立法的法治化、市场化程度推到一个高潮。这部立法虽然体现了一定妥协性,但是由于明确宣示了"物权平等保护"原则,以及明确限制了国家的征收、征用权力,在保护私人财产和维护市场基础方面,在极大程度地限制国家权力滥用方面,为私人物权和市场利用提供了较为系统的法律确权和保障。在这个意义上说,民商法进一步名符其实地成为规范市场经济意义的基本法律。

除了《合同法》和《物权法》,这一阶段其他重要的市场经济法律,还有 1998 年《证券法》、1999 年《个人独资企业法》、《招标投标法》、2001 年《信托法》、2002 年《农村土地承包法》、2003 年《证券投资基金法》、2004 年《电子签名法》、2006 年《企业破产法》、2006 年《农民专业合作社法》、2007 年《反垄断法》、2007 年《劳动合同法》等。2008 年 3 月 8 日,现任全国人大常委会委员长吴邦国在其报告中认为,到目前为止,以宪法为核心,以法律为主干,包括行政法规、地方性法规等规范性文件在内的,由七个法律部门、三个层次法律规范构成的中国特色社会主义法律体系已经基本形成。①

---

① 参见吴邦国报告:《中国特色社会主义法律体系已经基本形成》,http://news.xinhuanet.com/video/2008-03/08/content_7745975.htm. 报告还说:"五年来,本届全国人大及其常委会共审议宪法修正案草案、法律草案、法律解释草案和有关法律问题的决定草案 106 件,通过了其中的 100 件。到目前为止,我国现行有效的法律共 229 件,涵盖宪法及宪法相关法、民商法、行政法、经济法、社会法、刑法、诉讼及非诉讼程序法等七个法律部门;现行有效的行政法规近 600 件,地方性法规 7000 多件。"

（二）新历史时期几次重要市场经济立法

30年来,中国在政治生活中,走了一条经济体制改革先行、政治体制改革后行的路子,在法制建设上与之相应,走了一条市场经济法制先行的路子。但是,市场经济立法绝对不是和风细雨式的,由于涉及的是改革开放或者说社会重大转型,因此充满了争论。每个重要的民商立法出台之前,都要经历激烈的立法论争。

1. 1986年《民法通则》:民法宣言书

1979年至1986年的七年期间,伴随第三次民法典及后来的《民法通则》的起草,出现了一场异常激烈的立法论争,称"民法与经济法之争"。民法学派赞成进行更深远的经济体制改革,发出要"认真对待民法"的呼声,主张广泛承认平等主体法律关系;而经济法学派则主张中国有必要长期保持公有制和计划经济,没有着手制定民法的必要,应该主要考虑制定体现国家管理意志的经济法。① 民法经济法论争的关键问题是,企业之间的经济关系究竟归民法调整还是归经济法调整,究竟有无必要制定民法,因此其论争实质,是对社会主义经济性质的不同认识。②《民法通则》成功出台,标志民法经济法论争以大民法观点的胜利而在形式上暂告结束,并且以第1条宣示"保障公民、法人的合法的民事权益"和第2条宣示民法"调整平等主体的财产关系和人身关系"而显得十分独特,成就了其"民法宣言书"的名声。《民法通则》的制定,在中国可算是一次民法启蒙——即民法意识作为法制度条件的法治启蒙。在中国新历史时期法制建设的早期进程中,1986年4月12日《民法通则》的出台,因此也是一个里程碑式的事件。因为民法的出席对于新历史时期中国法制建设进程具有独特的实质意义,按照康德的说法,民法是那种"不需要向外公布的法律体系"③或者说是法律体系的内在基础,因此《民法通则》的出台可谓是中国内在法律体系的意识觉醒。1986年《民法通则》的出台,意味着中国开始把民法这种内在法律体系纳入法制建设之中,这为中国此后市场经济法律的形成和发展,为中国法制建设迈向市场化法治打下了观念和框架基础。不过,《民法通则》只是民法建设的开始而已,具体制度建设的任务有待后续立法努力。

---

① 参见谢怀栻:《谢怀栻法学文选》,中国法制出版社2002年版,第66、67页。
② 参见梁慧星:《中国民法学的历史回顾与展望》(2007年5月15日在为庆贺中国社会科学院成立30周年的学术讲演稿),载法学时评网(http://www.law-times.net,访问日期:2008年8月1日)。
③ 参见〔德〕康德:《法的形而上学原理——权利的科学》,沈叔平译,商务印书馆1991年版,第54页。

2. 1993年《公司法》:建立市场主体制度

1993年12月29日出台、1994年7月1日施行的《公司法》引发的立法争论也是"盛况空前",这是一次对于经济组织在多大程度纳入市民生活范畴、纳入自由竞争范畴的争论,核心议题之一是"公司法和企业法的关系",即在中国,是否有必要推行以股份制为基础的公司制度,公司法能否在一般意义上取代以所有制为基础的企业法的问题,其涉及的实际问题是,经济领域的经营组织是否将主要采取作为私法人的公司组织形态,大多数国有企业、集体企业应否改制为公司法人。① 1992年之前,股份制改革还是一种有争议的实践。② 1992年初,针对股份制问题的争论,邓小平在"南巡讲话"中指出:"允许看,但要坚决地试。"1992年4月18日,国务院批转国家体改委、国务院生产办《关于股份制企业试点工作座谈会情况报告》,确定下一步进行股份制试点的指导思想是:坚决试,不求多,务求好,不能乱。1992年5月15日,国家经济体制改革委员会印发《股份有限公司规范意见》和《有限责任公司规范意见》。1992年5月15日,国家经济体制改革委员会、国家计划委员会、财政部、中国人民银行、国务院生产办公室发布《股份制企业试点办法》,对已经试点的股份制企业,要求严格按《股份有限公司规范意见》、《有限责任公司规范意见》进行规范。1992年10月,中共十四大报告正式确立了社会主义市场经济体制的改革目标,加速了中国股份制改造的步伐。1992年,全国各城市经批准建立了近400家股份制试点企业,使全国股份制企业达到3700多家。同时,国务院还批准9家国有企业改组为股份公司,并到香港和境外上市。1993年,中共十四届三中全会《关于建立社会主义市场经济体制的若干问题决定》,提出了国企必须进行制度创新,即"深化国企改革,必须解决深层次问题,着力进行制度创新,建立现代企业制度",并提出"公司制股份制是建立现代企业制度的有益探索"。1993年,《公司法》顺利出台,最终在法律层面巩固股份制改革主张,确立了公司制度,并以此作为中国现代企业制度的建设方向。但也有所妥协,很大程度容忍了企业法的所有制体制限制,相当程度地迁就了国有企业改制的过渡需要。此后随着市场化程

---

① 参见江平主编:《新编公司法教程》,法律出版社1994年版,第18页。
② 1980年,中国股份制改革理论奠基者、北京大学教授厉以宁在一次劳动就业座谈会上,为了应对知识青年回城就业问题,第一次提出了股份制改革的设想,他建议可以号召大家集资兴办企业,企业也可以通过发行股票扩大经营,以此来解决就业问题,但当时厉教授的建议并没有引起多少回应。从1979年到1992年,中国为寻找适合中国的改革之路,频频推出各种形式的制度创新,希望在坚持全民所有制或集体所有制的前提下改革国有企业,发展国民经济。但到了1992年,政府和社会各界终于认识到,要想搞活国有企业,必须从产权制度入手,从所有制入手,而股份制是最可行的一种制度,由此股份制改革开始从理论探讨真正进入大规模实施阶段。参见黄泽华:《中国股份制改革三十年回眸》,载《中国报道》2008年第7期。

度的提高,《公司法》历经三次修改,特别是在 2005 年发生大幅度修改,因为当中国的市场经济发展到一个阶段之后,经营组织应从传统的企业法体制更彻底地解放出来已经不容滞缓了。

3. 1999 年《合同法》:交易自由化

1999 年《合同法》出台之前,中国合同制度在规则系统上是分离的,由三部合同法调整各自的领域,其观念基础则是具有计划色彩的所谓"经济合同"理念。① 《经济合同法》第 1 条规定,法律的目的之一是"保障国家计划的执行";此外,赋予合同管理机关强大的包括确认合同无效在内的合同干预权力,而且还设有关于合同的行政仲裁的规定。1987 年启动《经济合同法》修改,讨论过程很长,但对于计划性的、行政干预的条文,没有人敢明确提出异议。1992 年下半年邓小平"南巡讲话",提出搞市场经济体制,这时《经济合同法》修改到最后一个草案,才在 1993 年修改通过时决定删掉合同计划性、删掉行政部门主动确认无效的制度。但是其他具体制度没有修改。② 所以《经济合同法》修改刚公布,就有学者立即提出,基于市场经济的要求,应制定统一合同法。③ 1993 年 10 月份立法的工作机构召开会议,讨论起草统一合同法的问题,统一合同法由此提上日程。期间,又出现市场派与过渡派的争论。最后,市场经济体制观念取得胜利,《合同法》1999 年顺利出台,不仅在形式上统一了过去三个单行合同法,而且广泛借鉴、吸收了发达国家和地区的经验及国际公约与惯例的成果,"更多地着眼于反映市场经济本质的经济现象和经济关系",一方面全面确立合同自由原则,相当程度清除了过去合同法里的对于合同的行政监管权力,另一方面,立法技术表现精湛,建立了一个总则与分则结合体例的相当细致完备的规则体系。因此,1999 年《合同法》的颁布,被认为是新中国民商法律发展史上的一个创举,从立法指导思想到法律基本原则再到具体的制度设计,无不体现了市场经济交易的精髓。④

---

① 但是三部合同法在观念上已有差异。1981 年颁布的《经济合同法》,是由与"民法起草小组"同时成立的、主要由经济法学者组成的"经济合同法起草小组"起草,深受苏联经济法学理论的影响。1985 年,由外经贸部牵头组织起草,制定了《涉外经济合同法》,专门用来调整对外经济贸易合同关系,为了适应对外开放和发展国际商事贸易的需要,该法除法律名称保留了"经济合同"概念,留有一点计划合同的痕迹外,整部法律的结构、基本原则和内容,主要是参考英美契约法和《联合国国际货物销售合同公约》(CISG),是中国合同立法继受英美法和国际公约的滥觞。1987 年的《技术合同法》则更进一步,体现了更多的市场化合同的法律属性。参见梁慧星:《中国民法学的历史回顾与展望》。

② 参见梁慧星:《中国合同法起草过程中的争论点》,载《法学》1996 年第 2 期;及《合同法的成功与不足》,载《中外法学》2000 年第 1 期。

③ 参见谢怀栻:《论制定适应社会主义市场经济的合同法问题》,载《中国法学》1993 年第 2 期。

④ 参见梁慧星:《合同法的成功与不足》,载《中外法学》2000 年第 1 期。

4. 2007年《物权法》：平等保护

2007年出台的《物权法》，对于推进经济改革和建设法治国家都有着重大意义，标志着社会主义市场经济进一步完善，政治文明迈出了重要一步。但是，从2002年提上正式审议日程，到最后提交十届人大五次会议通过，中间经历了七次审议，可谓曲折。① 在三审稿征求公开意见中，2005年8月，北京大学巩献田教授发表了一封"致吴邦国委员长并转全国人大常委会的《公开信》"，质疑全国人大常委会办公厅公布的《中华人民共和国物权法（草案）》，认为该草案由于确立了对私人物权的平等保护因而涉嫌违宪，从而引发了一场激烈的争论。这一争论名义上是对于私人物权保护的立场问题，即是否应当提供平等保护，其实质仍然是应否在财产法基础上更进一步市场化的问题，即拟出台的《物权法》是否应该着力于去确认或者构建更具市场化意义的财产权基础。最后一如既往，市场派取得胜利。《物权法》的顺利出台，不仅明确宣示私人物权平等受法律保护，而且，在借鉴其他国家和地区先进立法和司法经验，以及总结自己立法和司法经验的基础上，统一既有的物权法律，巩固改革成果，并朝市场化的方向迈进一大步，更为深刻地确立了社会主义市场经济的法权基础。②

（三）新历史时期市场经济立法与法律实施的特点

新历史时期市场经济立法和法律实施工作，是在吸取"文化大革命"的历史教训中启动的，在政治上反映了"拨乱反正"、恢复秩序的法制需求，在经济上则直接受惠于改革开放的政策与实践。总体上来说，新历史时期市场经济立法和法律实施，与其所处历史阶段相关，呈现四个显著的特点：

---

① 《物权法》起草过程如下：1998年1月13日，第八届全国人大常委会王汉斌副委员长邀请包括江平教授在内的五位民法教授座谈民法典起草，五位教授一致认为起草民法典的条件已经具备。1998年3月召开民法起草工作小组第一次会议，议定"三步走"的规划。1999年《合同法》完成制定后，因中国加入WTO，要求改善国内法制环境，第九届全国人大常委会李鹏委员长要求在2002年完成民法典草案并经常委会审议一次。2002年年初民法典起草正式开始，2002年12月，《民法典草案（审议稿）》提交人大常委会进行了第一次审议，审议后，作为"征求意见稿"发给地方人大、政府部门、法院和法律院系征求意见。此后，立法机关又决定采取了分步制定的方式，决定单独起草《物权法》。2004年8月3日，全国人大法工委形成《中华人民共和国物权法（草案）》修改稿。2004年10月15日，提交人大常委会进行第二次审议，形成委员长会议审议稿《中华人民共和国物权法（草案）》。2005年6月26日，十届全国人大常委会16次会议第三次审议物权法草案。经委员长会议研究决定，为立法民主化、科学化，会后将物权法草案向社会全文公布，广泛征求意见。2005年10月，人大常委会第四次审议。2006年8月，人大常委会第五次审议。2006年10月，人大常委会第六次审议。2006年12月，人大常委会第七次审议通过，决定提交2007年3月召开的十届人大五次会议审议表决。

② 参见龙卫球：《物权法政策之辨：市场经济体的法权基础——略评〈物权法〉（草案）》，载《中国法律》2005年第8期。

其一,"应急型法制"的实用主义特点。这一时期的市场经济立法与法律实施,受到现实变革的强烈驱动,呈现配合现实政治经济要求的实用性,首先是改革开放、搞活经济的急迫需要,接着是建设社会主义市场经济的需要,随后是建设社会主义法治国家的需要。越是改革开放初期的立法,其实用主义色彩就越为明显,例如1979年的《对外合资经营企业法》[①]、1981年《经济合同法》、1982年《商标法》、1984年《专利法》、1986年《民法通则》、1990年《著作权法》和1993年《公司法》,都具有浓厚的急用立法的特点,旨在促进改革有秩序地健康地顺利发展,以及为更好对外开放,吸引外资、引进先进技术,创造良好法律环境。由于急用先行,早期一些立法在程序上也非常简单,20世纪80年代初期为一审制,后来在彭真任委员长建议后改为两审制,从九届人大开始,才从法律上正式确立了三审制。[②]

其二,"建设型法制"的实践特点。即旨在通过立法及法律实施的方式,来促进和保障改革开放,促进市场化和法治化。在这里,民商法、经济立法的意义,在于为改革开放和社会主义现代化建设提供依据和法律保障[③],为市场化和法治化提供规范基础和制度依据。30年来,由市场经济法制推动的重大实践,包括农村产权改革,国有企业改制,私人权利的扩展和保护,市场机制的建立,以及市场秩序的完善等,可谓波澜壮阔。从正面而言,这些立法本身就是一种勇于推行改革的象征;但是从负面来说,作为一种建设型法制,也可能夸大现实立法的意义,而且在某种程度上,这种法制由于主观性强,往往缺少实际状态的支持,容易与实际脱节。在这个过程中,市场经济立法和实施主要靠两条腿走路,一是借鉴国外的法律,二是"摸着石头过河"。

其三,"转型期法制"的不稳定特点。这一时期的法制,因是改革时期,不可避免缺乏法治成熟国家的立法与法律实施的稳定性。一方面,由于经验和认识都存在严重不足,立法失误不断;另一方面,国家政治与社会观念、经济政策以及改革实践处于急剧变化发展之中,因此,法制自身也导致不断发生变化。这一时期的法律修改非常频繁,以《公司法》为例,1993年出台之后,在短暂的十几年里面,就发生1999年、2004年、2005年三次修改,最后一次修改幅度之大,据学者粗略统计,增、删、改条文总数达224条之多,其中新

[①] 对于早期对外开放经济立法的实用主义色彩,江平教授作了生动描述:"1978年我们想吸引外资到中国来投资,外商不来,他们会问,我的权利有哪些,我的权利怎么保障? 所以必须先有法律才来投资。委员长叶剑英很着急,要求国务院半年之内提交《中外合资企业法》。"参见江平:《中国法治三十年》,载《经济观察报》,2008年5月25日。

[②] 参见赵蕾:《限制公权力滥用是30年立法的大思想:专访原全国人大法工委副主任张春生》,载《南方周末》,2008年7月24日。

[③] 参见顾昂然:《新中国立法概述》,法律出版社1995年版,第8页。

增条文41条,删除条文46条,修改条文137条,没有任何改动的条文仅占原公司法条文总数不到10%,同时,许多修改不只是文字的简单改动,而是制度和规则的重新设计。

其四,体现了从"法制到法治"的发展过程。新历史时期市场经济立法的政治目标,一开始主要只与"健全社会主义法制"的观念联系在一起。① 在我国新历史时期很长时间里,对于健全法制的理解,在于"运用法制武器",贯彻"党对国家生活的政治领导",保证改革开放和社会主义现代化建设的顺利进行,保证国家的长治久安。这是一种将法律作为治理手段的定位,其经典表达为"有法可依,有法必依,执法必严,违法必究"。在这种意义上,法律实施本身不是以实现法律自身为目的,而是另有其目的。然而,由于法制[手段]论过分强调法律的工具性或者下位性,容易屈服于人治惯习,因此难为良法之治。② 随着改革开放的不断深入,随着市场自发秩序的形成和发展,随着社会进步和经济发展,以及由于受到全球化市场经济和民主政治的影响,中国法制建设定位逐渐发生转移,最终由"法制"走向"法治",立法不仅将"市场自由"、"人权"和"政治文明"等普世价值确立为自身目标,而且在其实施中,尊重这种法律本身也逐渐成为国家治理的目的,法律成为秩序的最终决定者。③

其五,突现了一个私权进步的历程。30年的市场经济法制建设,在本质上是一个由国家本位到个人与社会本位的转型过程,因此,在形式上体现为一个私人权利和社会权利不断成长的过程。在此之前,新中国初期的法制,深受苏联法制的影响,推崇一种强大的国家权力体制,否定私权利甚至社会权利的存在必要;1978年之后,在改革开放和发展社会主义市场经济的目标下,中国法制力求挣脱苏联的思维羁绊,向市场经济发达的国家和地区学习,继受和发展其私法思想、理论和制度,追求经济自由与私权尊严。首先,通过《婚姻法》和《继承法》恢复最低程度的法制,确立和维护公民的婚姻自由、合法婚姻家庭关系、遗嘱自由以及合法继承权。其次,1986年《民法通则》宣示

---

① 1982年《宪法》第一次将"健全社会主义法制"作为国家的一项重要任务写入宪法。
② 参见李步云:《转型时期的中国法治》,载《中国政法大学学报》2008年第2期。
③ 从法制到法治,经历了一个很长的认识过程。1979年12月2日,李步云等在《光明日报》发表《要实行社会主义法治》一文,第一次明确提出要在我国实行依法治国,开启了法学界法治问题大讨论的序幕,讨论的内容主要是"要人治还是要法治",形成了"法治论"、"结合论"、"取消论"三种观点。1997年9月,在学者和有关人士的推动下,中共十五大报告开始将"社会主义法制国家"改写为"社会主义法治国家"。1999年3月,九届全国人大第二次会议上,"依法治国,建设社会主义法治国家"正式写入了宪法修正案。参见李步云:《转型时期的中国法治》,载《中国政法大学学报》2008年第2期;以及杨悦新、凌锋《法学专家与依法治国基本方略》,载《法制日报》2008年6月9日。

了一个较为广泛的民事权利体系,包括人身权、财产权和知识产权等。在《民法通则》早期的实践中,随着公民人格尊严与私权意识的觉醒,司法实践对于公民人格权利的尊重和保护格外重视,人格权范围得到极大扩张。与此同时,知识产权等领域的法律发展,还将私权空间延伸到精神产品领域。20世纪90年代中期之后,随着市场经济目标的确立,私权在财产领域获得全面发展。1999年《合同法》全面确立了合同自由,私人参与市场交易的权利和机会得到充分肯认。2007年,《物权法》发展出了一个可供私人享有的丰富的物权体系,并在原则上确立私人物权受平等保护,还首次在私法上明确限制国家征收征用行为,从而极大程度确立了私人的财产自由。

二、30年来构建的中国市场经济法律体系

1978年改革开放以来,中国在经济上体现为从"社会主义计划经济体制"向"社会主义市场经济体制"转型的过程。与这一过程相适应,中国不断加强市场经济立法和相关立法,在借鉴西方国家法律和兼顾国情特色的基础上,30年来基本构建了一个自成特点的"社会主义市场经济法律体系"。

(一)民事法律体系

这一领域的基本法律,包括1980年《婚姻法》(2001年修正)、1985年《继承法》、1986年《民法通则》、1991年《收养法》(1998年修正)、1995年《担保法》、1999年《合同法》、2002年《农村土地承包法》、2007年《物权法》等。在1986年之前,民事领域的法律定位尚不清晰,但是在1986年《民法通则》出台之后,民事法律体系观念逐渐清晰起来,立法者有意识地以作为民事基本法的《民法通则》为核心,将此前此后有关民事立法连接起来,构建了一个基本的民事法律系统。不过,在这个民事法律系统化过程,由于社会经济转型急剧,法律修改、新旧法更替十分频繁,所以其体系认识起来也比较复杂。要把握30年来的民事法律体系,还必须注意国务院历年来制定的涉及民事规范的法规及一些地方性法规,这是因为中国宪法赋予了国务院和地方不同层次的立法权,在全国人大及其常委会未及立法的范围,这些机构往往主动使用立法权,制定一些应急民事规范,如国务院在1990年时发布的《中华人民共和国城镇国有土地使用权出让和转让暂行条例》等。此外,最高人民法院的司法解释,包括系统解释、批复、复函、指导性案例等,作为一种"活法",也不可忽视,它们本身不是法源,但却是关于法律适用的解释,特别是在制定法"宜粗不宜细"的改革开放初期,这些司法解释甚至实际起到了法律补充的作用。30年来司法解释可谓多如牛毛,其中重要的民事司法解释,如1988年最高人民法院《关于贯彻执行〈中华人民共和国民法通则〉若干问题的意

见(试行)》等。①

《婚姻法》②和《继承法》③致力亲属法私法化,在中国建立以婚姻自由、男女平等、家庭成员平等为原则的婚姻家庭关系,以及以遗嘱自由、保护合法继承权为原则的遗产继承制度。另外,也保留了若干独特的中国亲属文化传统及现实国情特色,例如敬老爱幼、互相扶助、计划生育、遗赠扶养协议等。《收养法》则从遵循平等自愿、有利于被收养的未成年人的抚养、成长,保障被收养人和收养人的合法权益等角度,保护合法的收养关系,维护收养关系当事人的权利。

《民法通则》于1986年4月12日由六届人大四次会议通过,1987年1月1日施行。《民法通则》是新历史时期法制建设中一个里程碑式立法,由于它宣告了民法作为独立法律部门的地位,"民法地位得到最终的肯定","改变了我国[新中国]没有民法的历史",预示着中国民法时代的到来。④《民法通则》总计156条,分基本原则、公民(自然人)、法人、民事法律行为和代理、民

---

① 其他重要的民事司法解释,还有1985年《关于贯彻执行〈中华人民共和国继承法〉若干问题的意见》,1998年《关于审理名誉权案件若干问题的解释》,1999年《关于适用〈中华人民共和国合同法〉若干问题的解释(一)》、1999年《关于审理农业承包合同纠纷案件若干问题的规定(试行)》,2000年《关于适用〈中华人民共和国担保法〉若干问题的解释》,2001年《关于确定民事侵权精神损害赔偿责任若干问题的解释》,2001年《关于以侵犯姓名权的手段侵犯宪法保护的公民受教育的基本权利是否应承担民事责任的批复》,2001年《关于适用〈中华人民共和国婚姻法〉若干问题的解释(一)》,2002年《关于涉及担保纠纷案件的司法解释的适用和保证责任方式认定问题的批复》,2003年《关于审理商品房买卖合同纠纷案件适用法律若干问题的解释》,2003年《关于审理人身损害赔偿案件适用法律若干问题的解释》,2004年《适用〈中华人民共和国婚姻法〉若干问题的解释(二)》,2005年《关于审理涉及农村土地承包纠纷案件适用法律问题的解释》,2005年《关于审理涉及国有土地使用权合同纠纷案件适用法律问题的解释》等。

② 《婚姻法》在1980年9月8日由五届人大三次会议通过,是新历史时期通过的第一部民事单行法,旨在配合迅速恢复法制秩序的目的,恢复为"文革"所破坏的正常婚姻家庭秩序,以婚姻自由、一夫一妻,男女平等,实行婚姻登记,照顾妇女、儿童与老人,计划生育,禁止包办婚姻,家庭成员平等和相互扶持,不得歧视非婚生子女等为原则,确立新历史时期婚姻家庭关系的基本准则。这部法律在2001年4月28日由九届人大常委会第二十一次会议修改,旨在针对婚姻家庭关系方面出现的新问题,尽可能作出补充规定,以更好地维护平等、和睦、文明的婚姻家庭关系,保护妇女、儿童和老人的合法权益。其重要修改,涉及重婚问题、家庭暴力、离婚,其他还有结婚条件、无效婚姻、夫妻财产制、保障老年人的权益、法律责任等诸多方面;其中,关于离婚,在离婚条件、离异家庭子女的抚养教育和离婚时的财产分割等方面增加了多项规定,还规定了过错离婚损害赔偿制度。

③ 《继承法》于1985年4月10日由六届人大三次会议通过,以保护公民的私有财产的继承权为宗旨,确认了公民的遗嘱处分权以及建立在遗嘱基础上的遗嘱继承和遗赠制度,同时在没有遗嘱或遗嘱无效的情况下,确立法定继承,在法定继承,确立了继承权男女平等、不得歧视非婚生子女、适当照顾生活特殊困难者、权利与义务相统一、依据亲等顺序继承的准则。

④ 参见谢怀栻:《正确阐述〈民法通则〉以建立我国民法学》,载《谢怀栻法学文集》,中国法制出版社2002年版,第93页。

事权利、民事责任、诉讼时效、涉外法律关系和附则九章,其核心为关于基本原则、民事主体、民事法律行为和民事权利的基本规定。在基本原则部分,确立了主体平等,民事活动自愿、公平、等价有偿、诚实信用,尊重社会公德和社会公共利益的原则;在民事主体制度部分,承认公民和法人是平等民事主体,具有权利能力和行为能力;在民事法律行为部分,将法律行为确认为民法主要法律事实,把意思自治引入中国民法,同时将之延伸到代理领域;在民事权利部分,确立了物权(财产所有权和与财产所有权有关的财产权)、债权、知识产权、人身权的广泛民事权利体系,这在新中国历史上具有开天辟地的意义,《民法通则》也因此被誉为"权利宣言书"。《民法通则》虽然没有囊括民法的全部内容,但是对于公民、法人民事权益在原则上作出了正式确认和保护,并通过宣示民法的调整范围及民事活动的原则,确立民事主体制度和民事法律行为制度,规定民事权利体系及确立其他有关基本民事准则,成为一部相当重要的民事基本法,成为之后民事活动、民事裁判的主要依据及制定具体民事单行法的原则基础。当然,由于立法时机和立法水平的限制,这部法律的缺陷也很明显,观念上保留有苏联民法的印记,技术上也比较粗略。

1999年《合同法》是一部非常重要的民事普通交易法。它是在"民法典"的总体起草思路下起草的。① 在此之前,关于合同交易的法律,有1981年的《经济合同法》(1993年修正)、1985年的《涉外经济合同法》、1987年《技术合同法》三个合同法。三部合同法的存在,意味着合同交易规则是不统一的。② 此

---

① 1998年第八届全国人大常委会副委员长王汉斌委托包括江平教授在内的一些专家学者成立民法起草工作小组,任务是为《民法典》的制定和《物权法》的制定准备草案。3月,民法起草小组第一次开会,讨论了制定《民法典》分三步走:第一步,1999年通过制定统一《合同法》,实现交易规则的完善、统一和世界接轨;第二步,制定《物权法》,实现财产关系基本规则的统一、完善和世界接轨,当时决定从1998年开始,用4—5年时间完成;第三步,制定科学、完善的《民法典》,计划2010年完成。

② 参见梁慧星:《合同法的成功与不足》,载《中外法学》2000年第1期。梁慧星教授认为,其不统一体现在六个方面:(1)三个合同法调整的社会关系不一样。《经济合同法》规定国内所谓的经济合同;《技术合同法》是专门规定国内的技术合同;《涉外经济合同法》规定涉外经济合同关系。(2)法律主体不统一。《经济合同法》中的合同主体只限于法人、农村承包经营户和个体工商户,不包括自然人;《技术合同法》的合同主体既包括法人也包括自然人;《涉外经济合同法》的合同主体包括中国的企业和其他经济组织与外国的企业、其他经济组织和外国的个人。(3)违约责任的归责原则不统一。《经济合同法》规定的是过错责任;《技术合同法》和《涉外经济合同法》规定,不履行合同或者履行合同不符合约定的条件,应当承担违约责任。(4)合同法的基本原则表述上不一致。经济合同法将合同法的基本原则表述为平等互利、协商一致;技术合同法则表述为自愿平等、互利有偿。(5)合同形式不一致。经济合同法承认口头合同,即时清结的合同可以采取口头形式,不是即时清结的采取书面形式;而技术合同法和涉外经济合同法严格要求必须采用书面形式。(6)结构风格不一致。《经济合同法》是大陆法的风格,总则加分则,规定了十种典型合同;《技术合同法》也是总则加分则;《涉外经济合同法》全是总则,根本没有规定分则,是英美法的风格。

外,三部合同法还有不少漏缺,例如对于现实生活中发生的很多合同关系未作规定,像中介合同、融资租赁合同、储蓄合同、结算合同等。① 但是,最重要的缺陷是,由于这些合同法是在改革开放初期计划经济体制基本上还原封未动的时候制定的,带有很强的计划经济的属性,例如它们将合同称之为"经济合同",本身就是计划经济体制的反映。② 1999年《合同法》以市场经济观念为出发点,一举废除三部既不统一又具有浓厚计划经济色彩的合同法,在广泛参考发达国家和地区成功立法经验和判例、学说,并力求与国际公约和国际惯例协调一致的基础上,兼顾中国实际,总结中国改革开放以来合同立法与合同司法经验(前者例如制定的《民法通则》、三个合同法及各个合同条例和一系列实施条例,后者例如最高法院关于《民法通则》、《经济合同法》、《技术合同法》、《涉外合同法》的意见、适用解答、批复及公报指导性案例等),建立了统一的市场化的中国合同交易规则。总体上而言,1999年《合同法》突破有五:其一,在立法定位上,实现了从执行国家计划的经济形式到市场交易的法律形式的转变。一方面,市场化程度较高,全面确立意思自治,尽力消除合同行政干预,另一方面,又具有相当的前瞻性,因此成为反映现代市场经济客观规律的共同规则。其二,在立法技术上,实现了"从宜粗不宜细"到"原则与具体相结合"的突破。这部合同法在体例上采取大陆法系的做法,区分总则和分则,但在规则上广泛吸收了英美合同法和国际公约、国际惯例的规则。1999年《合同法》是新中国历史上条款最多的一部法律,共428条。改革开放初期,我国立法技术体现的是"宜粗不宜细",主要理由是经验不足,条件不成熟。《经济合同法》(1993年修改)、《技术合同法》和《涉外经济合同法》,总共只有145条,所以,为解决实际问题,有关机构不得不制定了一系列合同条例、实施细则。新颁布的《合同法》是原有三个合同法条文总数的三倍,而且体例上原则与具体相结合,总则有八章129条,分则有15章298条,具体规定的典型合同有15种,可操作性强。其三,新《合同法》富有现代内涵。例如,进行了合同义务的扩张,第42条规定了前合同义务,第60条规定了附随义务,第92条规定了后合同义务,反映了"二战"以来国际上合同法最新的发展;又例如,对格式合同进行了规制,在关于合同成立的一章,第39条到第41条,规定了格式条款使用人在决定合同内容时应该遵循诚实信用、公平的原则,否则对方当事人可以要求变更、撤销,规定了格式条

---

① 参见梁慧星:《合同法的成功与不足》,载《中外法学》2000年第1期。
② "经济合同"是20世纪40年代的苏联法学家在斯大林计划经济体制的基础上提出的概念,有两个特征:一个是主体的特殊性,它的主体都是社会主义组织,不包括私有企业、公民个人;一个是计划性,经济合同是严格按照指令性计划签订的。参见梁慧星:《合同法的成功与不足》,载《中外法学》2000年第1期。

款使用人对格式合同中的免责条款、加重对方义务的条款,负有提示义务,否则不生效力,规定免除人身伤害责任的条款、免除故意或者重大过失伤害责任的条款无效,规定格式合同某个条款的理解有争议时要本着对使用者不利的含义进行解释;再例如,将违约责任由过去《经济合同法》中的过错责任改为无过错责任(严格责任),主要是参考了《联合国国际销售合同公约》和《国际商事合同通则》的经验。其四,在价值上兼顾经济效率和社会正义。在租赁合同等结构性合同中,注重了弱者保护。其五,兼顾中国转轨时期的一些特殊问题,设计了对策。例如对于三角债设计了代位权制度,对赖账设计了撤销权制度,对于建设工程合同中存在的问题进行了特别周全、细致的规定等。① 当然,1999年《合同法》受现实市场经济不够成熟、立法观念和水平局限,也有许多不足。这些不足包括:最后时刻对于一些现实问题放弃了制定规范,例如对订约受"不当影响"的可撤销问题、"有奖合同"问题、第三人侵害债权问题、过失相抵问题、损益相抵问题;分则遗漏了一些实践中重要的具体合同,包括雇用、合伙、服务、旅游、咨询、借用、储蓄、结算、医疗服务、培训、饮食住宿服务、出版合同等;有些条文存在逻辑上的混乱,为学者诟病,第6章以合同终止代替合同消灭的概念,以及第36条、第37条、第40条、第97条等都存在逻辑混乱,而像第268条等规定,甚至严重破坏了社会公平;没有明确引入情势变更规则。②

2007年《物权法》是在中国最高立法机关启动民法典工程之后制定出来的一部重要民事法律。2007年3月16日,《物权法》最终在经过八次审议的基础上,由十届全国人大五次会议以高票获得通过,于2007年10月1日起施行。《物权法》是一部规范财产归属与利用关系的民事基本法律,分为总则、所有权、用益物权、担保物权、占有等五编,共247条。《物权法》的通过,奠定了中国当今市场经济中的财产关系的法权基础,在制度上弥补了民法组成部分的缺失,在民法法典化的进程中迈出了极为重要的一步,极大地推进了社会主义市场经济法律体系的形成进程。此前,物权法主要零散分布在《民法通则》、《担保法》、《农村土地承包法》等法律法规及一些政策和司法解释中,立法层次不一、规则矛盾较多。《物权法》的主要制度贡献包括:(1)《物权法》确立了物权法的诸项原则,建立了统一的物权交易公示制度尤其是不动产交易登记制度,设立了物权的特殊保护制度。(2)确立了以国有、集体所有和私人所有为区分基础的所有权制度。在这一部分,特别针对公权力,确

---

① 参见魏振瀛:《合同法是民事立法中的一部佳作》,载《中国法学》1999年第3期;梁慧星:《合同法的成功与不足》,载《中外法学》2000年第1期。
② 参见梁慧星:《合同法的成功与不足》,载《中外法学》2000年第1期。

立私权本位,限制征收征用,对征收征用条件及其补偿原则和内容作了明确规定;对国有财产作了明确规定并从五个方面强化了对国有财产的保护;对集体财产也作了明确规定,并特别就其行使如何尊重集体和成员的意志和利益进行了规范。此外,在这一部分,具体制度方面,一方面力求细化,例如完善相邻制度、共有制度等,另一方面力求现代化、市场化,例如建筑物区分所有制度、所有权取得制度等。(3)在他物权部分,确认了广泛的他物权形式,并力求市场化。用益物权,有土地承包经营权、宅基地使用权、建设用地使用权、地役权等,其中地役权为新设,在建设用地使用权,作了若干具有重要市场意义或民生意义的突破,例如对于空间分层设立使用权的认许,对于住宅土地使用权自动延续的规定。担保物权,有抵押权、质权、留置权等,项下品种丰富,例如最高额抵押、最高额质押的规定,权利质押的发展等。(4)还首次确立了占有保护制度,将财产和平制度推向一个新的广度。当然,这部《物权法》无论是从财产自由、市场化程度、经济效率的角度,还是从物权形式丰富性方面,依旧存在因观念瓶颈导致的一些局限。例如,在所有权制度,其基础框架尤其是其类型区分,还是政治意味大于市场意味;集体所有权的主体虚化问题依旧存在;农村物权的流动性差;等等。①

(二)商事法律体系

总体上来说,中国立法观念上采取了民商合一的发展思路,但是由于民事立法本身的滞后,商法以单行法为基础得到发展,并且形成一定的独立性。主要体现为商事主体法和商事行为法两部分。前者,即商事主体法,经历了以所有制组织为导向朝以市场化组织为导向的立法的转变,在这个过程,传统的以所有制为基础的企业法逐渐淡出活跃舞台,像1988年《全民所有制工业企业法》等,而形成了以1993年《公司法》(1999、2004、2005年修改)、1997年《合伙企业法》(2006年修改)、1999年《个人独资企业法》为主,以1996年《乡镇企业法》、1999年《商业银行法》(2003年修改)、2006年《农民专业合作社法》等为辅的中国市场化特点的商事组织法体系,塑造了各类市场主体,确认各类市场主体的合法地位,保障其公平参与市场竞争,适应了市场经济对市场主体的基本要求。后者,商事行为法,也经历了一个限制到开放的转变,通过一系列的单行法,开放了商事活动领域,这些包括1992年《海商法》、1995年《票据法》(2004年修正)、1995年《保险法》(2002年修正)、1996年《拍卖法》(2004年修正)、1998年《证券法》(2004年修正、2005年修订)、1999年《招标投标法》、2001年《信托法》、2003年《证券投资基金法》、2004年《电子签名法》、2006年《企业破

---

① 参见龙卫球:《中国物权法法制的变迁与展望——以立法检讨为视角》,载《月旦民商法杂志》2007年第8期。

产法》等。中国还建立了法律、财务、信息咨询等大批市场服务组织,完善了市场中介组织法律制度。广义商事法律,还应包括国务院制定的涉及商事的法规①和一些地方性法规,甚至包括特种商事监管部门例如证监会制定的一些重要规章②。最高人民法院有关司法解释也在推进中国商事法律的发展和实践中起到重要作用,其中重要的,例如2000年《关于审理票据纠纷案件若干问题的规定》,2002年《关于审理与企业改制相关的民事纠纷案件若干问题的规定》,2003年《关于审理期货纠纷案件若干问题的规定》、《关于审理证券市场因虚假陈述引发的民事赔偿案件的若干规定》,2006年《关于适用〈中华人民共和国公司法〉若干问题的规定(一)》,2008年《关于适用〈中华人民共和国公司法〉若干问题的规定(二)》的规定等。

在商事法市场化建构过程中,有几部法律的发展值得特别介绍,即《公司法》、《证券法》、《企业破产法》,它们是民商事方面的最为重要的法律。这几部法律的制定、修改,对于健全市场主体法律制度,规范市场主体行为,推动现代企业制度建设,发展社会主义市场经济,具有重要作用。③ 这些法律在改革开放初期虽然有所发展,但由于当时市场化程度不高、立法局限明显,因此随着形势的发展,都经历了全面修改甚至重新立法以适应现实需要的过程。

首先是《公司法》。《公司法》确立了有限责任公司和股份有限公司等基本制度,完善了公司治理结构,为建立现代企业制度、保障公司投资者和利益相关人的合法权益奠定了制度基础。但是《公司法》与中国改革开放和市场化建设的过程性相适应,经历了一个不断完善的过程。1993年,《公司法》出台,首次在法律上明确了现代企业制度是中国企业制度的建设方向,但由于当时在理论上对于公司制度还不够熟悉,实践又刚刚推行,所以立法缺漏颇多,而且为迁就国企转制的过渡需要,具有强烈的现实功利主义色彩。20世纪90年代后期,在国企转制普遍化之后,立法者开始更多地关注公司组织的市场化问题及如何更成熟地予以规范问题,于是在1999年、2004年、2005年先后进行公司法修改,其中2005年10月27日第十届全国人大十八次会议的修订(2006年1月1日起正式实施),幅度极大,几乎构成一次重新立法。

---

① 国务院在不同时期出台了一系列重要法规,例如1993年《股票发行与交易管理暂行条例》、《企业债券管理条例》,1994年《中华人民共和国公司登记管理条例》,1995年《国务院关于股份有限公司境内上市外资股的规定》,2007年《期货交易管理条例》,2008年《证券公司监督管理条例》、《证券公司风险处置条例》等。

② 例如《上市公司与投资者关系工作指引》(2005)、《上市公司股权分置改革管理办法》(2005)、《上市公司章程指引》(2006年修订)、《上市公司收购管理办法》(2006)、《上市公司信息披露管理办法》(2007)、《国有股东转让所持上市公司股份管理暂行办法》(2007)等。

③ 参见《十届全国人大及其常委会五年立法工作简述》。

新《公司法》一共219条、13章,包括总则,有限责任公司的设立和组织机构,有限责任公司的股权转让,股份有限公司的设立和组织机构,股份有限公司的股份发行和转让,公司董事、监事、高级管理人员的资格和义务,公司债券,公司财务、会计,公司合并、分立、增资、减资,公司解散和清算,外国公司的分支机构,法律责任,附则。公司法的修改为:(1)下调公司注册资本最低限额,扩大股东出资财产的范围,鼓励投资创业;(2)充实职工民主管理和保护职工权益的规定,明确公司监事会职工代表比例不得低于1/3,职工的法定补偿金列入公司清算优先清偿的范围;(3)修改公司股东大会、股东会、董事会、监事会和经理的职责等规定,强化内部监督与制约,进一步完善了公司法人治理结构;(4)从知情权、投票权和退出机制等方面,加强对中小股东利益的保护。① 2005年修改后的《公司法》被誉为是鼓励公司自治的市场型公司法、鼓励投资兴业的服务型公司法、强调公司社会责任的人本型公司法、立法技术娴熟的可操作型公司法。

其次是《证券法》。《证券法》是规范股票、公司债券等证券发行和交易行为,保护投资者的合法权益,维护公司资本市场经济秩序和社会公共利益的重要制度。《证券法》一开始在立法上遇到很多困难。难以出台,主要的原因是资本市场的发展程度问题,改革开放初期尚未形成发达的公司资本市场的概念。② 1998年12月29日,随着中国市场经济目标的确定和立法条件

---

① 参见《十届全国人大及其常委会五年立法工作简述》。具体而言,重要的修改:包括允许设立一人有限责任公司但建立严密的风险防范制度;删去公司对外投资占公司净资产一定比例的限制;完善股东了解公司有关事务的措施和办法,例如有限责任公司的股东可以查阅公司财务会计账簿;股东享有请求公司回购其股权的权利;增加股东诉讼的规定;规定有限责任公司中小股东在特定条件下的退出机制,特殊情况下股东可申请法院解散公司;限制关联股东及其董事的表决权;明确公司董事、监事、高级管理人员的资格和义务;增加公司依法与职工签订劳动合同的规定;职工代表在监事会中的比例不得低于1/3;公司不再为购建职工住房提取公益金;从制度上保障会计师事务所的独立性;中介机构弄虚作假将承担赔偿责任;设专节完善上市公司治理结构;为国有独资公司深入改革提供制度支持等。此外,对有限责任公司的设立和组织机构,股份有限公司的设立和组织机构,公司合并、分立、增资、减资,公司(取消了"破产")解散和清算等也作出修改。

② 20世纪80年代后期,针对当时开始的股份制实践,在上海和深圳设置了很多银行里的柜台,可以进行柜台交易。1987年,国务院颁布《企业债券管理条例》和《关于加强股票、债券管理的通知》。20世纪90年代初期,中央想在上海和深圳进行证券集中竞价交易试点,参照境外的市场来设置证券交易场所,上海证交所产生于1990年12月19日,深圳证交所试营业的时间是1990年11月7日。1992年颁发《关于进一步加强证券市场宏观管理的通知》,同年设置国务院证券委员会,1993年,在证券委下设立了中国证监会。1993年,国务院发布《股票发行交易管理条例》,在法规层面统一了两个市场的证券发行和交易制度的基本要求。1995年12月,开始外资股上市试点,发布了《国务院关于股份有限公司境内上市外资股的规定》。1996年,中央撤销证券委,证监会正式成为独立的国务院直属事业单位,开始负责全面监管证券市场。1997年,中央将证交所收归证监会直接主管,标志着证券市场进入完全由中央主导的时代。

的成熟,九届全国人大六次会议通过了《中华人民共和国证券法》(1999年7月1日施行),标志着首次在法律层面上完成对于公司证券发行与交易的规范。但是,这部《证券法》由于受观念和立法水平局限,依旧存在包括调整范围过窄、对中小投资者保护不足、监管不力等市场化程度不足的缺陷。①2004年8月28日第十届全国人民代表大会常务委员会第十一次会议,对《证券法》进行了只涉及溢价发行价格和公司申请其发行的公司债券上市交易程序的一次小幅度的修改。2005年10月27日,第十届全国人民代表大会常务委员会第十八次会议对《证券法》再次修改,此次为重大修订,共修改了146条,增加了53条新条文,删除了27条旧条文。修订后的《证券法》计204条、12章,包括总则、证券发行、证券交易、上市公司的收购、证券交易所、证券公司、证券登记结算机构、证券服务机构、证券业协会、证券监督管理机构、法律责任、附则。从大背景而言,此次修订体现了中共十六届三中全会和"国九条"的大力发展资本市场的思路,被认为标志着整个证券立法体系坐标体系的改变,即从限制到大力发展。证券法的修改,主要是完善证券发行和交易制度,开辟证券市场发展的新空间;加强对中小投资者权益的保护,强化证券监管措施和手段,加大对违法行为的处罚力度。②

最后是《企业破产法》。《企业破产法》建立了规范市场主体资不抵债时的特别清退制度,体现了中国市场化法制的一个深度发展。1986年12月,为正在进行企业经营改制的国有企业资不抵债时得以市场化清退,颁布了《全

---

① 这些缺陷包括:调整范围过窄,设定了许多限制性规定,诸如分业经营与分业管理、现货交易、融资融卷,国企炒股、银行资金入市等;上市公司的治理结构不健全,质量不高,信息披露制度不完善;对董事、监事和高级管理人员缺乏明确的诚信义务和法律责任的规定;证券公司内部控制机制不严、经营活动不规范、外部监管手段不足;对投资者,特别是中小投资者的合法权益的保护机制不完善,对损害投资者权益的行为缺乏民事责任的规定;证券发行、交易、登记结算制度等不够完备,没有为建立多层次资本市场留下法律空间;有关法律责任的规定过于原则,难以操作,且以行政处罚为主,内幕交易、操纵市场、欺诈客户三大违法行为,不用承担民事责任;给证监会的监管权限有限,对资本市场监管中出现的新情况、新问题缺乏有效的应对手段,不利于打击违法、违规行为,维护资本市场的秩序;等等。

② 参见《十届全国人大及其常委会五年立法工作简述》。新的修订主要包括七个方面的内容:修改了限制性的条款,打破了原来的体系,对分业经营和管理、现货交易、融资融券、禁止国企炒股和银行资金违规进入股市等五个对于进一步发展资本市场很重要又被社会普遍关注的问题进行修订,新的法律规定不但可以从事现货交易还可以从事衍生品交易;完善上市公司的监管制度,如完善信息披露制度,提高上市公司质量;加强对证券公司监管,如建立保证金管理制度,防范和化解证券市场风险;加强对投资者特别是中小投资者权益的保护力度,例如建立董事与经营人员诚信机制,有罪推定等;完善证券发行、证券交易和证券登记结算制度,规范市场秩序;完善证券监督管理制度,增强对证券市场的监管力度,赋予证券监管机构以准司法权,明确其相关责任;强化证券违法行为的法律责任,重视与民事责任的结合,形成了"行政处罚、承担民事责任、刑事处罚"的责任体系,与《民法》、《刑法》作了很好的衔接,打击违法犯罪行为。

民所有制企业破产法(试行)》,后在1991年修改《民事诉讼法》时,补充增加了"企业法人破产还债程序"一章。但是,由于时代观念和立法条件的局限,这些法律远不能够适应我国建立社会主义市场经济体制的客观需求。八届全国人大常委会立法规划正式提出重新制定破产法,历经十年,2004年6月21日,《企业破产法草案》首次提请十届全国人大常委会第十次会议审议,经过全国人大常委会三次审议,十届全国人大常委会第二十三次会议27日表决通过了《中华人民共和国企业破产法》。《企业破产法》的制定,健全了市场主体破产退出机制,增设了企业重整制度和破产管理人制度,完善了企业破产程序和破产当事人有关实体权利的规定,有利于各类企业公平清理债权债务,有利于保护债权人和债务人的合法权益,有利于维护社会主义市场经济秩序。当然,这部法律也体现了一些民生思想,例如更加突出保障破产企业职工的基本生活需要。

(三)经济法律体系

30年来,经济法在中国出现了重要转型。改革开放之前及初期,由于计划经济的观念居于主导地位,在经济领域主要还是计划色彩浓厚的强调统管统领的管理经济法居于统领地位。随着改革开放和市场化的深入,中国经济领域逐渐发展转型为市场经济,于是反映市场经济规范要求的民商法得到发展,逐渐占据了主要的规范地位。这种背景下,经济法出现转型,在经济领域以辅助配合民商法的面目出现,以提供必要的管理为前提,逐渐形成了一套以市场化管理为取向但在很大范围依旧保留中央宏观调控手段的中国特色的经济法律体系。到目前为止,中国市场经济法可区分为市场管理法律制度和宏观经济调控制度两大部分,前者为目前中国经济法的一般法,后者为特别法。

市场管理法律制度,主要是指以市场手段维护市场经济秩序的经济法律。1993年《反不正当竞争法》和《消费者权益保护法》的出台是中国市场化意义的经济法形成的重要迹象,这两部法律都是在市场化意义上,力求主要以民事手段,促进市场竞争和消费者保护,维护市场经济秩序。1993年的《产品质量法》(2000年修正),也在保护消费者利益立场建立保证产品质量管理的法律制度。1994年,《城市房地产管理法》建立了以国有土地有偿使用为主、保障房地产权利人的合法权益、维护房地产市场秩序、促进房地产业的健康发展的城市房地产管理制度。《保险法》、《证券法》在很大程度上也包含市场管理规定。此外,如《银行业监督管理法》和《外汇管理条例》等法律法规,均以市场健康为方向,确立了以公开、公平、公正为价值取向的行业监督管理制度,以有效防范和化解金融风险。《直销管理条例》、《商业特许经营管理条例》等法规也有效规范了市场行为。2007年《反垄断法》(2008

年8月1日施行),是一部更具市场化深度的市场管理立法,确立了民事赔偿和行政赔偿并存的法律救济制度,旨在预防和制止垄断行为,保护市场公平竞争,提高经济运行效率,维护消费者利益和社会公共利益。不过这部法律在对付行政型垄断方面有所保留,也并不反对垄断企业客观存在本身。

宏观调控法律制度,指以宏观调控为主要手段的经济管理法。中国30年来的经济立法,市场管理与政府调控双管齐下,在很多方面保留宏观调控经济的法律手段,强调发挥政府在转型时期的干预权力,以优化资源配置,体现国家发展规划和产业政策的导向作用。这些法律:首先,集中在财税领域和金融领域。前者,包括1994年《预算法》、1994年《审计法》(2006年修正)、2002年《政府采购法》、1997年《价格法》、1980年《个人所得税法》(1993年修正、1999年修正、2005年修正、2007年两次修正)、1992年《税收征收管理法》(1995年修正、2001年修订)、2002年《中小企业促进法》、全国人民代表大会常务委员会1993年《关于外商投资企业和外国企业适用增值税、消费税、营业税等税收暂行条例的决定》、2007年《企业所得税法》等,对相关领域进行宏观调控依法作出规定;后者,最重要的是1995年《中国人民银行法》(2003年修正)、2003年《银行业监督管理法》(2006年修正)、2006年《反洗钱法》等法律,它们为保持币值稳定、化解金融风险、保证金融安全提供了制度保障。其次,调控法还体现在特殊经济活动管理和重要资源管理方面,包括1983年《海上交通安全法》、1984年《森林法》(1998年修正)、1985年《草原法》(2002年修订)、1986年《渔业法》(2000年修正、2004年修正)、1986年《矿产资源法》(1996年修正)、1986年《土地管理法》(1988年修正、1998年修订、2004年修正)、1986年《邮政法》、1988年《水法》(2002年修订)、1988年《标准化法》、1989年《进出口商品检验法》(2002年修正)、1990年《铁路法》、1991年《烟草专卖法》、1991年《水土保持法》、1991年《进出境动植物检疫法》、1993年《农业技术推广法》、1993年《农业法》(2002年修订)、1993年《注册会计师法》、1994年《台湾同胞投资保护法》、1994年《对外贸易法》(2004年修订)、1994年《广告法》、1995年《民用航空法》、1995年《电力法》、1996年《煤炭法》、1997年《公路法》(1999年修正、2004年修正)、1997年《动物防疫法》(2007年修订)、1997年《防洪法》、1997年《节约能源法》(2007年修订)、1997年《建筑法》、2000年《种子法》(2004年修正)、2001年《海域使用管理法》、2003年《港口法》、2004年《农业机械化促进法》、2005年《可再生能源法》、2005年《畜牧法》、2006年《农产品质量安全法》等。此外,1983年《统计法》(1996年修正)、1985年《计量法》为国民经济和社会发展的科学决策、计量提供了法律基础;1985年《会计法》(1993年修正、1999年修订)为调整在社会经济活动中发生的会计核算、监督、管理及其他会计关系提供了统一准则。2008年,还出台了一部重要的国有资产管理法——《企业国有资产法》。

中国经济法律体系,还应包括有关环境保护和资源节约法律制度。中国已经将资源节约和环境保护确立为基本国策,强调宏观调控的作用,不断加强环境与资源保护法制建设,先后制定了《环境保护法》等17部资源节约和保护方面的法律和诸多行政规范。①

(四) 知识产权法律体系

中国自改革开放开始,就注意到知识产权保护的重要性,此后又形成了发展知识型经济、建设创新型国家的战略。30年来,中国先后通过制定1984年《专利法》(1992年、2000年修正)、1982年《商标法》(1993年、2001年修正)、1990年《著作权法》(2001年修正)和1993年《反不正当竞争法》等法律,以及《计算机软件保护条例》、《集成电路布图设计保护条例》、《著作权集体管理条例》、《信息网络传播权保护条例》、《知识产权海关保护条例》、《植物新品种保护条例》等行政法规,建立起一套比较完善的涉及专利权、商标权、著作权、集成电路布图设计权、植物新品种权等知识产权法律制度。此外,中国还采取了司法审判与行政执法"两条途径,协调运作"的知识产权执法保护机制,司法审判在知识产权执法保护中居于基础地位,发挥主导作用,执法机关也可依法主动查处和依当事人请求居间处理相结合,为当事人提供了可选择的途径。②

(五) 涉外民商法律体系

中国自改革开放开始,就确立了积极有效地利用外资的政策,因此一直重视外商投资法律环境的营建,逐渐建立和完善了一套对外经贸合作法律制度。通过1979年《中外合资经营企业法》(1990年、2001年修正)、1988年《中外合作经营企业法》(2000年修正)、1986年《外资企业法》(2000年修正)和1994年《对外贸易法》(2004年修订)、1994年《台湾同胞投资保护法》

---

① 中国出台了17部有关环境保护和资源节约的法律,包括《环境保护法》、《环境影响评价法》、《大气污染防治法》、《水污染防治法》、《环境噪声污染防治法》、《固体废物污染环境防治法》和《放射性污染防治法》等9部环境保护方面的法律,以及《可再生能源法》、《节约能源法》、《土地管理法》、《水法》、《森林法》、《草原法》、《矿产资源法》、《煤炭法》、《电力法》和《清洁生产促进法》等17部法律;此外,各级政府出台了与环境和资源保护相关的行政法规50余件,地方性法规、部门规章和政府规章660余项,国家标准800多项。由此,建立健全了环境影响评价、"三同时"、排污申报登记、排污收费、限期治理、总量控制和排污许可制度,以及自然资源的规划、权属、许可、有偿使用、能源节约评估等方面的法律制度。同时,中国也十分重视资源节约和环境保护领域的国际合作,缔结或参加了《联合国气候变化框架公约》、《京都议定书》、《生物多样性公约》、《联合国防治荒漠化公约》等30多项国际环境与资源保护条约,并积极履行所承担的条约义务。

② 参见国务院新闻办公室2008年2月28日发表的《中国的法治建设》白皮书。

等一系列法律和相关配套法规及《外商投资产业指导目录》为中心的利用外资法律法规和政策体系,为境外投资者在中国投资提供了多种模式或组织形式,充分保障了外国投资者在中国投资、开展经贸活动的合法权益。2001 年加入世界贸易组织后,中国通过修订《对外贸易法》,进一步规范对外贸易经营者的权利和义务,健全货物进出口、技术进出口和国际服务贸易管理制度,建立起符合中国特色的对外贸易调查制度和对外贸易促进体制,并根据世界贸易组织规则完善贸易救济制度,完善海关监管和进出口商品检验检疫制度,确立统一、透明的对外贸易制度。此外,按照发展社会主义市场经济的要求和入世承诺,中国对利用外资的有关法律法规进行了全面清理。6 年来,共对 887 件对外经贸领域内的部门规章和其他规范性文件进行了清理。① 2007 年《反垄断法》的出台,确立了市场竞争的基本规则,打击垄断行为,将会为中外投资者提供更好的投资环境,会更有利于吸引外资,有利于深化我国与各国的经济合作。

三、30 年中国市场经济法的观念和实践

(一) 30 年市场经济法的观念嬗变

30 年中国法制建设不是一个简单的法律规则建设过程,而是一场波澜壮阔的观念思想变革的过程。中国 30 年来的市场经济法制的建设,并非一种自下而上社会自发秩序的实践结果,而是系于一场自上而下安排的国家与社会的改革推动,因此其意图性、观念性非常明显,带有强烈的主观主义色彩,特点之一是呈现为建设型,即"立法主导,实践推行",或者说"立法先行,实践后行"。30 年来中国市场经济法制的观念基础,总体上是一个以市场化、法治化为方向的观念逐渐深入、逐渐清晰、逐渐成熟的过程。②

首先,是一个以市场化、法治化为方向的过程。在这一过程,对于法制建设的内涵,市场、法治的价值因素越来越具有导向的、决定性的意义。这也就决定了 30 年中国法制建设的过程,本身也是一个法制观念急剧变革的过程,因而"充满了观念斗争"。1978 年之前,新中国的法制经验主要是苏联的所谓"人民法制",这种法制形式上极端提倡阶级斗争、人民专政,实际上强调人治,强调国家权力高度集中的体制,强调经济计划和国家垄断,强调个人在

---

① 参见国务院新闻办公室 2008 年 2 月 28 日发表的《中国的法治建设》白皮书。
② 按照江平教授的说法,是一个"由法律经验主义上升为法律理念主义"的过程。参见江平:《中国法治三十年》,载《经济观察报》,2008 年 5 月 25 日。

法律上放弃主体地位和权利。1978年之后,在方向上则发生了根本转变,中国逐渐确立改革开放、社会主义市场经济及社会主义法治国家这些目标,意味着要较为彻底地摆脱苏联式的工具主义法制思维,转而向市场经济发达的国家和地区继受、学习,努力创建市场化体制和法治体系,核心是法律至上、人格尊严、经济自由、私权本位这些东西。

其次,是一个观念逐渐深入、逐渐清晰、逐渐成熟的进步过程。整个观念变迁的过程,既是继受学习的过程,也是边实践边摸索的过程,一开始并不清晰,到后来才逐渐丰富起来、成熟起来。越是在新历史时期早期,越具有明显的经验主义色彩,按照当时邓小平同志的话讲,就是"摸着石头过河",但是到了后来,目标则逐渐理论化,成为一种"法律理念主义"运动。从1978年到1993年的改革开放初期,支持当时法制建设的观念,是恢复法制和搞活经济的两个朴素的愿望,与其说是一套清晰的纲领,还不如说是一种改革的精神而已。这一阶段的法制建设,因为要避免"文革"无法无天的做法,所以要求迅速建立法制秩序,保护公民的基本权利和社会秩序,因为要搞活经济,所以要想办法快速改进和创造法律环境,以便对外吸引外资,对内改善企业经营。当时的立法主要是围绕这些经验层面的短期目标而展开,所以具有应急性,随着改革深入、认识深化,往往很快就变得不适应而需要修改。

1993年,中国政治上对前一阶段改革引起的"社资争论"作出了决定,明确"姓资姓社并不重要",并确立应以"社会主义市场经济"为建设目标,从而进入到市场化推进阶段,直至1997年,这一阶段由于在理论上提出了"市场经济"目标,比前一阶段更为系统、更为概念化。在这一阶段,市场经济法制得到突飞猛进的发展,特别是经济法得到改造,过去的统领经济法思维被根本抛弃,以1993年《反不正当竞争法》、《消费者权益保护法》为标志,中国开始转变国家与市场的关系,以尊重市场为前提,重构经济法,力求建立起一套相当完善的以市场化管理为基点的经济法体系。这一时期,市场化物权、债权也得到极大发展,1994年《房地产管理法》、1995年《担保法》等法律及相关法规、司法解释,对于1986年《民法通则》进行了重要突破。最重要的市场经济法律的发展,体现在商事法领域尤其是商主体领域,1993年《公司法》取代传统企业法,首次将公司在法律上确立为市场经济的一般法律主体。不过,这一阶段对市场经济的理解,与刻意强化经济改革淡化政治改革的现实对应,实践中多少有一种唯经济而经济的市场实用主义色调。

1997年之后,随着市场经济建设的深化,市场经济也是法治经济的观念在政治上得到呼应,中共十五大政治文件和1999年《宪法修正案》把"依法治国,建设社会主义法治国家"确立为基本治国方略,使得新历史时期法制建设上升到一个更为综合的观念层次,即应以"法治"为追求。所谓"法治",除了形式上要求法律至上、依法治国之外,在实质方面还包含法律及其实施还必须符合一套丰富的现代价值标准,例如宪政、人权、民主政治、经济自由、社会安全等。所以,这一时期的立法,除了两次《宪法修正案》(1999 年和 2004 年)特别将"国家鼓励、支持和引导非公有制经济的发展"、"公民的合法的私有财产不受侵犯"、"国家建立健全同经济发展水平相适应的社会保障制度"、"国家尊重和保障人权"等体现当今法治价值内涵的准则写入《宪法》外,重点便在于建构体现经济自由、私权尊严的具体市场经济法律体系,1999 年《合同法》,2006 年《企业破产法》,2007 年《物权法》、《劳动合同法》、《反垄断法》等都是建设社会主义法治国家目标的重点工程。

(二) 30 年市场经济法的重大实践

新历史时期是一个社会重大变革、社会重大转型的过程,30 年来的市场经济法制建设实践与这一过程密切配合,特别是围绕改革难点,形成了一批重大实践课题,用法律实践的方式配合改革、促进改革和巩固改革,从而取得了辉煌成就。

1. 农村土地承包经营

新历史时期改革首先在农村开始,而农村的改革又是以土地承包经营改革为主。改革开始,农村核心的问题是如何在集体所有制下给农民松绑的问题,如何发挥农民生产积极性的问题。在新历史时期,农村土地承包经营改革恐怕是为数不多由下而上而发动,它不是由法律制度先设计出来然后指导实践,而是安徽农民先自发进行了实践而后由中央文件加以肯定推广,之后再逐渐形成政策和法律加以发展和维护。

30 年来,市场经济法制的一个发展重点,就是努力在制度上用政策和法律的形式将农村土地承包的改革经验固定下来。最早,是用政策文件的方式来肯定土地承包经营。1982 年 1 月 1 日,中共中央批转《全国农村工作会议纪要》(俗称关于"三农"问题的"一号文件"),对迅速推开的农村改革进行了总结,指出目前农村实行的各种责任制,包括包产到户、到组,包干到户、到组等,都是社会主义集体经济的生产责任制,同时还说明它"不同于合作化以前的小私有的个体经济,而是社会主义农业经济的组成部分";1983 年 1 月,《中共中央关于当前农村经济政策的若干问题》正式颁布,从理论上说明了家庭联产承包责任制"是在党的领导下中国农民的伟大创造,是马克思主义农业合作化理论在我国实践中的新发展",由此在制度上启动了土地承包经营改革。① 1986年,《土地管理法》首次在法律上原则肯定可以进行土地承包经营,但并未明确土地承包经营法律关系的基本内涵。1993年《宪法修正案》(第6条)首次在宪法层面肯定,农村中的家庭联产承包为主的责任制和生产、供销、信用、消费等各种形式的合作经济一样,都是社会主义劳动群众集体所有制经济。② 1999年《宪法修正案》将家庭联产承包确立为农村集体经济的基本经营体制,即"农村集体经济组织实行家庭承包经营为基础、统分结合的双层经营体制"。2002年,《农村土地承包法》出台,共有5章、65条,首次用法律的形式对土地承包中涉及的重要问题作出了系统的规定,明确了土地承包经营法律关系的基本内涵,并在法律上首次为"土地承包经营权"的概念正名,还明确规定其可以依法采取转包、出租、互换、转让或者其他方式流转。③ 2007年《物权法》出台,以专章纳入了土地承包经营权的规定,并把它作为用益物权的一种重要类型,明确了其物权属性,这对于稳定农村土地承包经营,保障农民经营权益,促进农业发展,保持农村稳定,具有深远意义。

2. 国有企业改制

国企改革作为贯穿中国经济体制改革的主线,是30年经济改革的重中

---

① 三十年来中国农村改革改革的一个特点就是政策性非常强,中央出台了一系列所谓一号文件。这些文件包括:1982年1月1日,中共中央批转《全国农村工作会议纪要》,肯定土地承包经营;1983年1月中共中央发布《关于当前农村经济政策的若干问题》,将土地承包经营理论化;1984年1月1日,中共中央发出《关于一九八四年农村工作的通知》,强调要继续稳定和完善联产承包责任制,规定土地承包期一般应在15年以上,生产周期长的和开发性的项目,承包期应当更长一些;1985年1月,中共中央、国务院发出《关于进一步活跃农村经济的十项政策》,扩大市场调节力度,并将家庭联产承包责任制进一步系统化。其他重要的关于农村的中央政策文件,还有,例如:1986年1月1日,中共中央、国务院《关于一九八六年农村工作的部署》,明确发展国民经济以农业为基础;1993年11月中共中央、国务院《关于当前农业和农村经济发展的若干政策措施》;2004年1月,中共中央、国务院《关于促进农民增加收入若干政策的意见》,促进农民增收;2005年1月30日,中共中央、国务院《关于进一步加强农村工作提高农业综合生产能力若干政策的意见》,提高农业综合生产能力;2006年2月21日,中共中央、国务院《关于推进社会主义新农村建设的若干意见》,提出建设社会主义新农村;2007年1月29日,中共中央、国务院《关于积极发展现代农业扎实推进社会主义新农村建设的若干意见》,明确发展现代农业是社会主义新农村建设的首要任务;2008年1月30日,中共中央、国务院《关于切实加强农业基础建设进一步促进农业发展农民增收的若干意见》等。

② 1982年《宪法》中尚未肯定土地承包经营,第8条确定的是严格的集体所有制经济:"农村人民公社、农业生产合作社和其他生产、供销、信用、消费等各种形式的合作经济,是社会主义劳动群众集体所有制经济。参加农村集体经济组织的劳动者,有权在法律规定的范围内经营自留地、自留山、家庭副业和饲养自留畜。城镇中的手工业、工业、建筑业、运输业、商业、服务业等行业的各种形式的合作经济,都是社会主义劳动群众集体所有制经济。国家保护城乡集体经济组织的合法的权利和利益,鼓励、指导和帮助集体经济的发展。"

③ 1984年7月2日《中央书记处农村政策研究室解释有关土地承包的几个问题》,首次允许土地承包流转,即"允许社员自己协商转包土地",流转方式只限于转包一种。

之重,是所谓市场化改革的核心要素之一。国有企业改革是典型的由制度设计到实践推进的例子,有关法制建设以务实的精神,配合现实的改革任务,其间曲折复杂,30年来,通过"重点突破,整体推进;经过试点,全面推开"的方式,经历了一个不断突破的过程,不断试错,"摸着石头过河",实现了渐进式的制度变革,取得巨大的成就。①

1992年之前,国企改革是在严格坚持全民所有制的前提下以改革企业经营机制为特点的。这一时期的政策和法制,总体上是配合"放权让利"和"国有企业转换经营机制"而不断推出举措。1978年到1986年之间,国企改革思路是搞活,围绕如何搞活,提出来"扩权让利"的办法。这一时期,有关政策和法律法规,包括1979年国务院的《关于扩大国营企业经营管理自主权的若干规定》等,主要是围绕"放权让利"而出台改革措施,或者扩大企业经营管理自主权,或者促进向企业让利。② 从1986年至1992年,国企改革在之前数年不利的基础上,决定转入"转换企业经营机制"。这一阶段法律和政策的主要措施是推行"承包制"、"租赁制",并进一步下放企业自主经营权,以达成"国家所有权和企业经营权两权分离"。1986年12月5日,国务院在前期试点的基础上制定了《关于深化企业改革增强企业活力的若干规定》,决定全面推行经营承包责任制和厂长负责制。1988年2月27日,国务院发布《全民所有制工业企业承包经营责任制暂行条例》,推行承包经营责任制,在坚持企业的社会主义全民所有制的基础上,按照所有权与经营权分离的原则,以承包经营合同形式,确定国家与企业的责权利关系,旨在使企业做到自主经营、自负盈亏的经营管理。1988年4月13日,七届全国人大一次会议通

---

① 参见缪荣、胡迟:《建立现代企业制度是国企改革的方向》,载《中国经济时报》,2008年6月16日。

② 此间又分两个阶段:第一个阶段,从1978年到1983年,为"扩权"初期。1978年四川省宁江机床厂等6家企业的扩权试点揭开国有企业改革的序幕。1979年7月,国务院发布了《关于扩大国营企业经营管理自主权的若干规定》等5个文件,标志着以放权让利为重点的企业改革在全国范围内正式开始。这些文件,扩大了企业在生产销售、利润留成和人事任命上的权力,如允许企业生产和销售超计划产品,提取和使用利润留成,任命企业下级干部,这些措施显现一些成效,企业的积极性在利益的刺激下得到了释放,促进了企业产值和利润的增长,到了后期却出现严重的弊病,在这些措施的激励下,企业发放的奖金、补贴等越来越多,而完成国家下达的生产和财务计划的情况却越来越差。第二阶段,从1983至1986年,为"利改税"和"拨改贷"的政策出台。为了扭转企业与国家争利的现象,就必须用一种规范的方法来处理国家与企业之间的利益关系。有两项措施:一是涉及国有企业的财务分配体制,实施"利改税",把向国有企业征收利润的体制变为向国有企业征税的体制。企业向国家上交税收以后的利润全部归自己所有,这使得企业仍然有动力增产增收,也遏制了企业乱发奖金的倾向。由于利改税忽略了国有资产所有权对企业经营权的约束,导致了投资需求和消费需求盲目膨胀,实施效果和初衷背道而驰,1986年底利改税就以失败而告终。二是涉及国有企业的投资体制,实施"拨改贷"。财政不再无偿注资给国有企业,而是企业只能以贷款的形式向国有银行融资。

过《全民所有制工业企业法》，明确全民所有制工业企业是依法自主经营、自负盈亏、独立核算的社会主义商品生产和经营单位；国家依照所有权和经营权分离的原则授予企业经营管理；企业对国家授予其经营管理的财产享有占有、使用和依法处分的权利；企业依法取得法人资格，以国家授予其经营管理的财产承担民事责任；企业根据政府主管部门的决定，可以采取承包、租赁等经营责任制形式；企业实行厂长（经理）负责制。在开始的短时期内，承包制和厂长经理负责制对于促进企业增产增收有很强的刺激作用，但是，经过一段时间，问题逐渐暴露出来，刺激了短期行为，却不能使企业获得充分的自主经营权，也不可能实现政企分开和企业间的平等竞争。于是，1992年7月23日国务院发布《全民所有制工业企业转换经营机制条例》，决定更进一步下放企业自主经营权，使企业真正成为自主经营、自负盈亏、自我发展、自我约束的商品生产者和经营者。

1992年之后，国企改革在制度上发生重大突破，突破所有制思维，引入产权改革，体现为推行股份制改革或公司化。此前，股份制被带上私有化的"高帽子"加以批判。1992年初，针对股份制问题的争论，邓小平在"南巡讲话"中指出："允许看，但要坚决地试。"自此，政府和社会各界思想发生解放，认识到国有企业改革不能仅仅限于在维护全民所有制的框架里进行，而必须从改革产权制度入手，而股份制是其中最有效的一种制度。① 1992年以后，国有企业改革，主要以公司化为方向而展开，从所有制上对中小型国有企业进行非国有制改造，从企业产权上对大型企业进行现代企业产权制度改造，成为中国国有企业改革的核心内容。这一时期，为了促进国企产权改制和公司化，有关国企公司化改制的法律配套在最快速度得到完成。② 1992年5月15日，国家经济体制改革委员会、国家计划委员会、财政部、中国人民银行、国务院生产办公室发布《股份制企业试点办法》，以及《股份有限公司规范意见》和《有限责任公司规范意见》，在规章层面为建立现代企业制度提供应急规范。由此开始，公司化实践开始风起云涌，仅1992年，全国各城市经批准就建立了近400家股份制试点企业，使全国股份制企业达到3700多家。同时，国务院还批准9家国有企业改组为股份公司，并到香港和境外上市。1993年，《公司法》出台，首次在法律上系统建立公司制度，为正在进行的中

---

① 1992年10月，中共十四大报告正式确立了社会主义市场经济体制的改革目标。1993年，中共十四届三中全会《关于建立社会主义市场经济体制的若干问题决定》，提出了国企必须进行制度创新，即"深化国企改革，必须解决深层次问题，着力进行制度创新，建立现代企业制度"，并提出"公司制股份制是建立现代企业制度的有益探索"。此后，推行和深化国有企业公司制股份制改革，健全现代企业制度成为每次中共全会决议的基本要求。

② 参见黄泽华：《中国股份制改革三十年回眸》，载《中国报道》2008年第7期。

国公司化实践提供系统的法律依据,并且特别为国企改制提高了过渡规范。在国企基本完成公司化转制之后,又立即面临进一步市场化规范的需要,为此,《公司法》分别在1999年、2004年、2005年经过三次修改,发展完善为一套相当成熟的现代企业制度。此外,《证券法》等法律法规的制定和修改,也对于国企改革起到了不可或缺的规范配套作用,为公司证券发行和交易、资本市场的发育和形成提供了必要的及时的依据。

自1979年以来,国有企业通过不断改革和完善,逐步向纵深发展,现代企业制度步建立。根据2005年一项国企改制调查报告显示,在所调查的样本企业中,总体改制面为44%,未改制企业的比例为56%,其中中央企业改制面为25%,地方企业的改制面为56%。① 近年来,国资委又推动旗下一批央企整体改制上市,包括中国交通建设、中国中铁、中铁建等在内的一批央企都实现了集团整体上市。2007年8月,国资委提出要积极推进大型企业改制上市,具备条件的要加快整体改制、整体上市步伐,同时,鼓励、支持不具备整体上市条件的中央企业,把优良主营业务资产逐步注入上市公司,做优做强上市公司。②

3. 恢复和促进私有经济

30年来的市场经济法制建设中,恢复和发展私有经济也是其中贯彻其始终的一条线索,私有经济经历了一个逐渐的越来越受重视的过程,即从个体经济到私营经济,从不允许独立存在到"拾遗补缺"再到成为社会主义初级阶段的基本经济制度和社会主义市场经济的重要组成部分的发展历程。③

首先是对个体经济的法律接受和鼓励。"文革"结束时,我国的私营经济几近绝迹。1978年12月,中共十一届三中全会的两个农业文件,宣布解禁农村工商业、家庭副业和农村集贸市场得到认可;1979年2月,中共中央、国务院批转了第一个有关发展个体经济的报告,宣布"各地可根据市场需要,在取得有关业务主管部门同意后,批准一些有正式户口的闲散劳动力从事修理、服务和手工业者个体劳动"。由此个体经济开始恢复。1981年7月1日,国务院在《关于城镇非农业个体经济若干政策性规定》中进一步规定"必要

---

① 另据中国国企改制与产权交易高峰论坛上的有关数据,从全国看,在净资产占全国国有企业66.9%的2903家国有及国有控股大型骨干企业中,已有1464家改制为公司制企业,改制面达50.4%,国有中小企业也通过多种形式普遍进行了改制,目前改制面已达85%以上,其中县级已基本完成,地市级改制面达80%—90%。参见《各地国有企业改制进程及特征分析》(作者为刊物数据分析员),载《领导决策信息》2005年第34期。

② 参见索佩敏:《国资委:国企整体改制上市条件成熟》,载《上海证券报》,2008年7月26日。

③ 参见肖方扬、钱德关、肖蕾:《论个体私营经济立法取向》,载《中州学刊》2001年第2期。

时,经过工商行政管理部门批准,个体经营户可以请一至两个帮手;技术性强的或有特殊技艺的,可以带两三个最多不超过五个学徒",承认"个体户"有雇工的必要,但把"个体户"限制在小规模、边缘性、个体范围的经济活动中。1982年《宪法》,承认了个体经济的存在及其对于社会主义公有制经济的补充地位,规定在确立经济制度的基础是生产资料的社会主义公有制的同时,在法律规定范围内的城乡个体劳动者经济,是社会主义公有制经济的必要补充。

接着是对私营经济概念的接受和承认其补充地位的法律。1987年,在国务院召开的第一次关于私营经济立法问题的会议上,提出尽管没有成文规定,应允许对私营经济先试验。随后召开中共十三大,报告明确提出要鼓励发展私营经济,要求尽快制定有关私营经济的政策和法律,保护它们的合法权益,加强对它们的引导、监督和管理。1988年《宪法修正案》,第一次提出"私营经济"概念,在宪法上重新确立私营经济的法律地位,肯定了"私营经济是社会主义公有制经济的补充",国家允许私营经济在法律规定的范围内存在和发展,并保护私营经济的合法的权利和利益,对私营经济实行引导、监督和管理。1988年6月,国务院发布了《中华人民共和国私营企业暂行条例》,对私营企业的活动作了法律规范。由此,私营企业开始获得迅猛发展。

最后是私营经济作为"社会主义市场经济重要组成部分"在法律上获得与其他所有制经济并存的地位。1993年《宪法修正案》确立了建设社会主义市场经济的目标。1998年,十五大在政治提出,中国现阶段基本经济制度是以公有制为主体、多种所有制经济并存,非公有制经济是我国社会主义市场经济的重要组成部分。1999年《宪法修正案》立即在宪法层面确立了这一政治主张,提出"国家在社会主义初级阶段,坚持公有制为主体、多种所有制经济共同发展的基本经济制度,坚持按劳分配为主体、多种分配方式并存的分配制度",并肯定包括私营经济在内的非公有制经济在现阶段是社会主义市场经济的重要组成部分,对个体、私营等非公有制经济要继续鼓励、引导,使之健康发展。

私营经济的发展,给中国经济改革带来巨大成就,据有关部门测算,到2005年,非公有制经济占整个国民经济的比重已经超过1/3。①

4. 保护与发展私人权利

30年的改革开放和市场经济法制建设中,保护与发展私人权利也始终是其中一个核心问题,这是因为私人权利自来就在市民社会或者说市场经济中带有根本性的内涵,市场自由首先是以私权本位为前提的。1986年《民法

---

① 参见徐庆全:《私营经济是怎么获得准生证的》,载《北京日报》,2007年4月30日。

通则》作为民事权利宣言书,重点之一就是确立了一个包括人身权,也包括物权(称所有权及与所有权有关的财产权)、债权、知识产权的民事权利体系,为民事权利实践提供了法律依据。30年来,私人权利在中国以前所未有的速度得到发展,彰显出一个"走向权利的时代"的特点。其中,人格权和私人财产权的发展和保护最为显著,意义也最为深远。

首先是人格权的保护和发展。人格权是民事权利中最基本的最重要的一种,因为它直接与权利主体的存在和发展相联系,居于首位。① 《民法通则》基于"文革"任意践踏个人尊严的教训,特别强调人格权的保护,在"人身权"标题下,规定了个人的生命健康权、姓名权、肖像权、名誉权、荣誉权和婚姻自主权。30年来,随着社会发展和民商法实践的深入,也随着人权思想的接受和深化,司法实践不仅积极地保护这些具体的人格权,而且进行了扩张,用司法解释的方式,确认了许多法律上欠于规定的人格权利,包括隐私权、身体权、自由权等等,甚至将某些人格权保护扩张到未出生儿和死者,还广泛承认了精神损害赔偿。在这一领域,出台了大量重要的司法解释,例如1998年《关于审理名誉权案件若干问题的解释》、2001年《关于确定民事侵权精神损害赔偿责任若干问题的解释》、2003年《关于审理人身损害赔偿案件适用法律若干问题的解释》等。2001的"齐玉苓受教育权案"更是开创了所谓"宪法司法化"的先例,最高人民法院在《关于以侵犯姓名权的手段侵犯宪法保护的公民受教育的基本权利是否应承担民事责任的批复》中,直接依据《宪法》规定所享有的受教育的基本权利,对齐玉苓提供民事保护,认为"根据本案事实,陈晓琪等以侵犯姓名权的手段,侵犯了齐玉苓依据《宪法》规定所享有的受教育的基本权利,并造成了具体的损害后果,应承担相应的民事责任"。②

其次是私人财产权的保护和发展。30年来私人财产权在两个方面得到彰显:一方面,私人财产权范围的扩张,使得一个符合市场自由要求的私人财产权体系已经基本形成。1999年《合同法》确立了合同交易自由,2007年《物权法》确立了一个由所有权,包含建设用地使用权、土地承包经营权、宅基地使用权、地役权、探矿采矿权等在内的用益物权,包含抵押权、质权、留置权等在内的担保物权,以及占有等构成的物权体系,此外还有知识产权等的确立和发展。另一方面,维护私人财产权的本位性,限制国家权力的任意性。2004年《宪法修正案》,明确规定,国家在征收或征用个人财产时,应当依据法律规定,且必须补偿。2007年《物权法》在具体的民事规定层面,落实了这

---

① 参见谢怀栻:《论民事权利体系》,载《法学研究》1996年第2期。
② 参见黄松有:《宪法司法化及其意义——从最高人民法院今天的一个〈批复〉谈起》,载《人民法院报》,2001年8月13日。

一宪法规定,因此《物权法》出台,即成为实践中老百姓私产维权的护身符。2007年3月间"重庆钉子户事件",便是一个借助《物权法》在拆迁中维护私人财产权的典型例子。① 当然,私人财产权保护和发展,还存在很多不足,尤其是现实中滥用国家权力恶性拆迁、任意侵犯私权的情况十分严重,成为社会不和谐的一个诱因。

5. 建立和健全市场秩序

30年改革,在经济上,总体来说就是市场化建设的过程,因此也是市场机制建设过程。关于市场机制的建设,核心当然在于如何确立市场自由问题,对此,无论是市场主体机制改革,还是市场交易机制改革,都是围绕这个核心进行的,前者如《公司法》、《合伙企业法》、《个人独资企业法》、《企业破产法》等法律的制定和实施,以及由此推进的国企改革及公司化实践、私营经济的发展等,后者如《合同法》、《证券法》等法律制定和实施。但是在市场机制建设的过程中,尤其在1993年之后,随着市场化建设的深入,我们逐渐认识到,更为复杂的,是市场自由与市场秩序关系的处理问题,在形式上表现为市场权利与国家干预的关系,这一关系随着市场发育成熟显得越来越为关键。因为,除了市场自由,市场秩序也是建立市场经济的根本要素,从市场权利、市场自由来说,国家应该是更少干预,让市场主体享有更多的自由,但是,从市场秩序的角度出发,又必须进行必要的国家干预,因为秩序没有国家公权力作为后盾,是不可能得到完善的。②

在法律上来说,维护市场秩序的法律制度主要体现为经济法。30年来,中国经济法的发展经历了一个非常复杂的转型过程,取得了很多成绩。在计划经济时代,经济领域由国家全面统领,因此国家拥有干预经济的绝对权力,不过这种权力与市场无关,因为那一时代既没有市场,自然也就没有市场秩序之说。改革开放初期,由于仍然坚持计划经济为主,在这种体制下,市场空间极为狭窄,经济领域依然以国家干预为主,而且这种干预是与国家自身意志联系在一起的,体现国家对于经济生活的意愿。这一时期的经济法,带有强烈的计划管理印记。这一时期,1981年《经济合同法》甚至还将合同规范在观念上归入经济法范畴,行政部门甚至拥有确认合同无效的任意权力。随着市场化的深入,特别是1993年以后,中国在政治上将建设社会主义市场经

---

① 参见张悦:《重庆"史上最牛钉子户"事件内幕调查》,载《南方周末》,2007年3月30日。

② 参见江平:《中国改革开放的成功经验是市场+法治》(记者黄乐桢、许浩),载《中国经济周刊》,2007年10月8日。

济体制确立为总目标,1993年《宪法修正案》也确立"国家实行社会主义市场经济",同时提出"国家加强经济立法,完善宏观调控"之后,经济法发生转型,在定位上从立足计划管理转为立足于健全市场秩序,在方式上从主要立足行政命令和制裁转为主要立足民事责任与行政规范相结合。1993年《反不正当竞争法》、《消费者权益保护法》、《产品质量法》,2007年《反垄断法》、《劳动合同法》等,都具有十分重要的意义,标志着以市场管理为基础的中国经济法框架的基本形成。与此同时,中国还在涉及公共利益的经济管理领域,涉及资源与环境保护的经济领域等范围,制定了一系列重要的经济法律法规。当然,从总体上来说,中国市场秩序法律制度目前还远远落后于市场自由的法律制度,至少在实际效果上来说如此。有材料显示,中国目前经济发展速度位居全球前列,但是中国的市场秩序却只排在全世界120多位,反映中国市场秩序存在极大的不足。最严重的问题,为商业欺诈、商业贿赂、商业垄断三大问题。目前,市场上商业失信、信息虚假、药品食品质量问题已经到了相当严重的程度,商业贿赂成为市场秩序中一个很大的毒瘤,行业垄断也十分严重。① 2003年阜阳假奶粉中毒及死亡事件,2006年河北红心鸭蛋事件、黑龙江"齐二药"假药事件,2007年美国大规模召回中国产品事件,以及国家药监局原局长郑筱萸因受贿被判死刑案,2008年的"三鹿牌毒奶粉事件"等,都凸显了问题的严重性。究其原因,既有市场发育不够的原因,更主要还是制度规范不足及监管不力的原因。所以,中国市场秩序的法制建设,还任重而道远。

(三) 30年市场经济法建设的意义

30年来的市场经济法建设,对于中国改革进程本身具有深远意义,具体而言,由于其特殊的制度内涵,至少在法治内在基础建设、市场经济形成、政府治理方式转变以及全球化发展等方面,具有以下意义:

其一,确立中国走向法治的内在基础。法治具有形式和实质两面,其中实质面在于"依理而治"。罗马人在这种认识的基础上,创造了民法,因此把法律设计为一种以鼓励为主的安排而不是简单的威吓,以此确保市民的私人生活、生命和财产自由这个法律之"理",将之设定为全部法律的内在基础,推动了一个自由式的所谓市民社会的成型和发展。就是说,罗马找到了一种法律本身可被人民尊重的方式:以民商法作为法律的内在基础。正确认识法

---

① 参见江平:《中国改革开放的成功经验是市场+法治》(记者黄乐桢、许浩),载《中国经济周刊》,2007年10月8日。

治内涵,对于我们这个历史上长期以来习惯于人治,或者说即使重视法律的作用也只是习惯于在工具的意义上加以运用的国家来说,不是一件可以一蹴而就的事情。① 中国在 1978 年之后,积极发展市场经济法制,从 1986 年《民法通则》到之后的一部部重要的市场经济法律的出台和施行,都显示了中国 30 年来法制建设以民商法作为内在基础的决心,其法治意义显然不可限量:也就是说,通过市场经济法制建设的日益成熟,中国逐渐开启了通往法治的大门。

其二,促进自由竞争的市场经济模式的形成。《民法通则》也好、《公司法》也好、《担保法》也好、《合同法》也好,为经济生活中的经济行为、经济组织提供了自由决定、自由组织、自建信用机制的授信和保障,因此 30 年来的市场经济法律体系的形成和发展,为中国逐渐奠定了市场经济的法权基础,从而支持了中国由计划、管制向自由、自主的经济与社会转型。

其三,促进减少政府主导的政府治理模式的形成。市场经济法制的发展,意味着我们的法律体系对于市场主体自主的逐渐认知和尊重,这样的法律不再是简单的统治法,而是逐渐成为市场主体积极自主为自己创造财富、创造人生的法。"小政府,大社会"的治理格局日益形成,这种格局,缓解了国家治理的正统性危机,使得国家制定法得以"由圣入凡",在国法中通过对于公民的主体确立使得公民本身成为法律生活的创造者和消费者,国家依法治理因此获得了目的合理性,因为所谓"守法"在私法而言,就等于"维护自己的权利和尊重别人的权利"。

其四,有利于中国适应全球化进程。在今天这个世界的关键,如托马斯·弗里德曼先生言,"世界是平的","不是你要不要全球化的问题,而是你如何全球化的问题"。如果一国想要进入世界经济的循环圈,其法律如果不想在全球化时代螳臂挡车,那么就必须考虑如何适应全球化。市场经济法律是法律中最容易取得一致的领域,因为它一开始也是与商品经济(市场经济)相关的。通过推进市场经济立法,一方面促进"小政府、大社会"的形成,减少国际化中的行政障碍,另一方面可以大为缩减与他国法律的鸿沟,法与社会的差异容易在深层结构得到和解。这也是正是联合国的国际政治体系、WTO 的国际经贸体系的精髓所在。

---

① 参见江平:《中国改革开放的成功经验是市场+法治》。

四、WTO、全球化与中国市场经济法

(一) WTO 的市场经济规则标准

中国在 2001 年加入了体现经济全球化规则体系的 WTO,因此立即面临着使自己的国内法尤其是民商法、经济法迅速与 WTO 规则协调一致的任务。

经济全球化是 WTO 产生的经济基础,因此 WTO 的目标在于促进经济的全球化,实现国际贸易的自由化,建立公开和非歧视的国际市场。[①] 为实现这一目标,WTO 通过各种协定对成员方提出了各种要求和标准,这些要求和标准涵盖了货物贸易、服务贸易、知识产权、投资措施等各个领域,它们自然会对成员国内的市场规则产生重要的影响,国内政策和法律的制定必须与 WTO 规则体系保持一致。[②] 总体看来,这些要求可以分为两个层面:

第一个层面是贸易的自由化。WTO 通过最惠国待遇、国民待遇的原则要求来保障贸易的公开和非歧视,进而实现贸易的自由化。1994 年《关贸总协定》第 3 条要求实行国民待遇,《服务贸易总协定》第 2 条和《与贸易有关的知识产权协定》的第 3 条也提出了类似的要求[③],在《技术性贸易壁垒协定》、《实施卫生与植物卫生措施协定》及政府采购协定中也有关于国民待遇的规定。1994 年《关贸总协定》的第 1 条、《服务贸易总协定》的第 2 条及《与贸易有关的知识产权协定》的第 4 条规定了最惠国待遇原则。国民待遇原则的宗旨是使国内的经济主体与其他成员方的同类经济主体在市场竞争中处于平等地位,而最惠国待遇原则的宗旨是不同的外国成员方的经济主体在市场竞争中处于平等地位。[④] 经济主体的平等地位使得市场参与者可能取得公平和均等的商业机会,有利于完全竞争市场的目标实现,它恰恰是贸易自由化的基础。

第二个层面是市场的规则化。在国际争端解决这一方面,在作为 WTO 前身的 GATT 的规则体系中,"受实用主义驱动的具有政治外交风格的谈判

---

① 在 WTO 协定导言、GATT 1994 年导言、GATT 的第 2 条和第 8 条、TBT 协议的导言和第 2.2 条都提及了贸易自由化及类似语词。

② 1994 年《关于建立世界贸易组织的协定》第 1 条第 4 款规定,每个成员应当保证其法律、管理规定和行政程序与其根据本协定所附的有关协定规定的义务相一致;该条第 5 款规定,本协定的任何条款不得保留。

③ 需要注意的是,在知识产权领域,国民待遇原则已经在《与贸易有关的知识产权协定》之前的《巴黎公约》和《伯尔尼公约》中得到了规定。而在服务贸易领域,国民待遇原则并非是普遍适用和自动生效的原则,它需要成员方在谈判中作出具体的承诺。

④ 参见〔日〕松下满雄:《世界贸易组织的基本原则和竞争政策的作用》,朱中良译,载《环球法律评论》,2003 年春季号。

解决方法,占据着主导地位"。① 也就是说,在 GATT 的规则体系中,国际争端依照当事人的相对权力地位而加以解决。而在 WTO 的规则体系中,经过了乌拉圭回合谈判,WTO 的实体规则更加完善,同时《关于争端解决规则与程序的谅解备忘录》(DSU)建立了争端解决机制,国际争端依照事先制定的规则和规范而解决,从而避免了丛林法则的运用。② 并且这种争端解决要求具备程序合理性③,这一点非常明显地体现了 WTO 对于市场规则的注重:不仅要求具备规则,力图实现法律之治,而且要求"良法之治"。

还有许多 WTO 的规定也体现了这种规则化的导向。首先是透明度原则要求。它又包含两方面的内容:(1) 要求世界贸易组织成员在实施相关的法律、法规前正式公布它们;(2) 成员方有义务向世界贸易组织和其他成员方通知其政府的有关行为。1994 年《关贸总协定》第 10 条、《服务贸易总协定》的第 3 条、《与贸易有关的知识产权协定》第 63 条、《TBT 协议》第 7 条和第 10 条、《SPS 协议》的附件 B 都是这一原则的法律依据。政府管理程序的透明度原则保障了经济主体对于规则的可预测性。其次是对于行政行为的审查。《与贸易有关的知识产权协定》第 41 条、《服务贸易总协定》第 6 条、《反倾销协定》第 13 条、《补贴与反补贴措施决定》第 23 条等规定了这一要求。虽然这些协定的具体内容要求不同,甚至并不必然要求司法审查,但它们具有共同点,即必须建立审查机构和规定审查程序、赋予受到行政行为影响的当事人以提出请求的权利以及审查程序应当具有客观性。再次是行政程序的合理化要求。《与贸易有关的知识产权协定》第 41 条、《服务贸易总协定》第 6 条等体现了这一要求。这一点要求,在行政程序问题上,成员方政府必须以统一、公正和合理方式实施一切有关或者影响货物贸易、服务贸易和与贸易有关的知识产权等方面的措施。这一要求与上一个要求共同制约了成员方政府的权力滥用,使政府权力在市场领域纳入到法治规则的轨道之中。政府之前是不得不容忍的恶,但现在其权力却是必要的,但其权力的运行却必须规则化。

(二) 中国加入 WTO 之后市场经济法律的制定和修改

根据中国政府的承诺,WTO 对于市场规则的上述要求必须要在中国的市场经济规则中得到实现。在加入 WTO 之后,中国政府已经依据上述要求对于法律作出了一些修改和完善,这主要反映在以下几个方面。

民事法律方面。最为重要的体现是《物权法》的通过,贸易自由化的前提

---

① 参见〔德〕M. 希尔夫:《权力、规则和原则——哪一个是 WTO/GATT 的法律导向?》,朱益宇译,黄列校,载《环球法律评论》2001 年夏季号。
② 具体参见萧凯:《WTO 的制度性影响及其法律分析》,载《法学评论》2000 年第 4 期。
③ 例如,DSU 第 11 条规定:"专家组应当对受理的案件进行客观公正的评估,包括对案件的事实、相关协议的可适用性及一致性等方面的客观评价……"

是对于权利的清晰界定和保护。2007年的《物权法》第66条明确了对于私有财产的保护;第68条规定:"企业法人对其不动产和动产依照法律、行政法规以及章程享有占有、使用、收益和处分的权利。"该条虽然没有明确规定企业法人的财产所有权,但是"占有、使用、收益和处分的权利"依据第39条的规定就是所有权的权能;同时,强化了农民土地承包经营权的物权性质。这些规定使得权利清晰化,从而有助于贸易自由化的实现。贸易自由化也要求担保物权种类的多元化,对此,物权法增加规定了动产浮动抵押,并扩大了可以出质的权利的范围。

商事法律方面。贸易的自由化要求关于贸易主体法律的进一步完善。2005年修订的《公司法》降低了公司的设立要求,完善了公司内部治理结构的规定,并且增加规定了法人人格否定、一人公司、股东衍生诉讼等新的制度。市场主体的多元化也有助于实现贸易的自由化①,为此,除了一人公司的规定之外,《合伙企业法》增加规定了特殊的普通合伙企业和有限合伙企业两种企业组织形式。同时,2006年的《企业破产法》也完善了市场主体的退出机制。在各种商事服务方面,《保险法》在2002年得到了修改,并且根据入世承诺,删除了每笔非寿险业务都必须有20%的法定分保的规定,只是原则规定了保险公司应当按照监管机构的有关规定办理再保险;《证券法》的修改则为证券交易品种的扩大、集中竞价方式以及现货交易和T+0交易禁止的突破留下了余地,对于内幕交易的赔偿责任作出了规定,改进了信息披露制度;制定了《证券投资基金法》;修改和通过了《商业银行法》和《银行业监督管理法》。这些服务方面的法规的修改和通过使得我国贸易的范围得到扩大,逐步实现我国在入世时的承诺,力求与WTO的《服务贸易总协定》相衔接。

市场管理法律方面。2007年通过了《反垄断法》,此法对于各种垄断行为(包括滥用知识产权的垄断行为)进行了规制,并且规定了涉嫌垄断行为的调查的合理程序(第6章),对于反垄断的行政决定,当事人也有权提起行政复议和行政诉讼(第53条),并设立了反垄断委员会,这些规定与WTO的规则要求保持了一致。通过《企业所得税法》2007的修改,外资企业和内资企业从此适用相同的税率规定,长期以来的外资企业在这方面的"超国民待遇"不复存在。2003年通过的《政府采购法》也大体符合了WTO《政府采购协议》的有关要求。

---

① WTO《服务贸易总协定》第16条规定:"承担市场准入承诺的部分中,除非在其承诺中明确规定,成员方既不得在某一区域内,也不得在全境内维持或采取以下措施:……(e)限制或要求一服务提供者通过特定类型的法律实体或合营企业提供服务的措施。"这充分体现了经济主体的多元化对于贸易自由化的意义。

此外,在知识产权方面①和涉外民商法方面②也及时进行了大量修改。

(三)尚未完成 WTO 内化的课题

首先是市场法律规则的统一实施问题。在我国,地区封锁、地方保护的问题仍然很严重,大量的地方性规范文件仍然存在,客观上造成了市场规则的不统一。如何通过法律法规的清理、财税体制改革、统计指标的调整完善及司法体制的改革来确保市场法律规则的统一实施就成了一个重大的问题。

其次是规则的透明度问题。近年来中国在市场法律规则方面的政策调整频繁,但政策制定往往缺乏透明度,为了符合 WTO 的规则要求,应当确定地和统一地给予相关利益集团对法规草案进行评论的权利,提高立法的透明度和民主参与性。

再次是政府行政执法的规则化的进一步推进,这不但是对于 WTO 的规则要求进行回应,而且也是建立法治国家的必然要求。

在具体的领域中,首先要继续使得知识产权方面的法律与 WTO 的相关要求一致化。在知识产权的保护范围和保护力度等方面,我国现行法律与 WTO 的规则还没有完全取得一致,例如对域名的保护,重视对数字技术、互

---

① 根据 WTO 的相关协议,我国的知识产权法律经历了大规模的修改。在《专利法》修改之后,增加了专利人的许诺销售权;对专利的确审实行司法审查;引入了"即发侵权";对于原有的"善意使用或销售不视为侵权"的规定进行了修改;授予专利管理机关以必要的执法权以使得执法程序合理有效;明确了侵犯专利权的赔偿数额;规定了临时保护措施。修改后的《商标法》明确了商标的图形要素包括平面视觉商标、立体商标和颜色组合商标,确定了"视觉上的可识别性"与"区别性"这两个注册的先决和必要条件;增加了对于地理标志和驰名商标的特殊保护;明确了"自然人"也可以申请商标注册;规定了在先权利的保护;增加了关于保护优先权的规定和展览会的临时保护规定;对于商标专用权的保护加强,将禁止"反向假冒"纳入保护范围,同时对销售注册商标专用权的商品取消了主观"明知"的规定;规定了临时保护措施;明确了行政裁决的司法审查。《著作权法》在修改后,扩大了保护客体和保护范围,增加了对于杂技艺术作品、建筑作品和模型作品的保护;增加了著作权人的出租权、放映权和信息网络传播权;强化了邻接权所有者的权利,缩小了著作权合理使用范围;明确了网络环境下的著作权和邻接权的保护,将数据库也纳入保护范围;加强了行政执法;规定了侵权赔偿的法定数额;规定了临时保护措施。

② 《对外贸易法》在 2004 年进行了修改,规定了自然人也可以从事对外贸易活动;放开了货物贸易和技术贸易的外贸经营权,将审批制改为登记制;增加了与对外贸易有关的知识产权保护;增加规定了主动的贸易调查条款和贸易调查、贸易救济的授权条款,完善了对外贸易救济、指定经营、限制和禁止进出口等制度。三部外资法也进行了修改,删除了与《与贸易有关的投资措施协定》中规定不符的外汇平衡要求、当地含量要求、出口数量限制要求等与贸易有关的投资措施。同时加快了服务贸易领域的立法,对于外资机构在中国的服务贸易准入也逐渐放开,这些规定包括《外商投资商业领域管理办法》、《外资金融机构管理条例》、《外资保险机构管理条例》、《外资参股证券公司设立规则》、《外资参股基金管理公司设立规则》、《外国律师事务所驻华代表机构管理条例》、《外商投资电信企业管理规定》、《外商投资民用航空业规定》、《外商投资国际货物运输代理企业管理规定》、《中外合作音像制品分销企业管理办法》、《外商投资电影院暂行规定》、《中华人民共和国国际海运条例》、《外商独资船务公司审批暂行规定》、《外商投资铁路货物运输业审批与管理暂行办法》等。此外,通过了《中华人民共和国保障措施条例》、《中华人民共和国反补贴条例》,修订了《中华人民共和国反倾销条例》。

联网及信息经济发展中的知识产权的保护。同时,知识产权的国际化与扶持我国企业技术升级和更新这两个要求之间如何协调也是非常重要的课题。

在服务贸易方面,应当对外国服务机构的监管建立预警机制。同时,随着我国法律、会计、金融、广告、旅游等服务业的开放,各行各业的经纪人将随之大量出现,中介市场的发达要求法律提供多样的中介服务方式供交易人选择,而我国现有代理制度,远不能适应这一需要,因此代理制度的研究是一个重要课题。而且,《合同法》中融资租赁合同的规定与《国际融资租赁公约》还不一致,作为金融、医疗、旅游、商贸等服务行业所需要的基础交易规则的雇佣、演出、培训、科技咨询、旅游、医疗、出版等提供服务的合同类型的规定应当增加。①

市场主体方面,目前立法非常混乱,外资与内资市场主体分别立法,同时还存在以所有制作为划分标准的市场主体立法。② 这种状况应当改变,但是如何改变仍需要进一步的研究。

随着信息经济的进一步发展,关于电子商务的交易规则也应当得到更为具体的规定。而知识产权领域中的"即发侵权"和"法定赔偿"制度,还有专家责任制度在侵权行为法的研究和立法中也应得到重视。

在对 WTO 进行内化的过程中,有一点要注意的是,该体系与世界银行的体系相似,存在过分依赖以美国为主导的自由市场模式,因此存在泛经济主义的问题,在应对市场风险、适应复杂社会条件、满足多元需求方面有诸多不足,因此要有所警惕,注意一定的灵活性。

五、中国市场经济法的完善与展望

(一) 正在进行的市场经济立法

经过 30 年持续不断的立法,特别 2005 年前后,中国以加速度的方式修改了多部重要的市场经济法,如《公司法》、《证券法》、《合伙企业法》、《商业银行法》等,同时制定了多部重要的市场经济法,如《物权法》、《反垄断法》、《劳动合同法》等,使得中国市场经济法律体系基本形成。但是,并未根本告成。

目前正在进行的市场经济立法工作可以概括为两部分:

一部分是关于民商法方面,即作为市场基础的立法。立法工作机构正在组织着手1998年时民法起草专家小组就建议的也列入了立法规划的《民法

---

① 关于代理制度及有名合同类型增加的课题,请参见课题组:《挑战与回应——WTO 与中国民商法》,载《法商研究》2002 年第 2 期。

② 例如,《全民所有制工业企业法》、《乡镇企业法》、《私营企业法》等。

典》立法工程的其余部分的起草,也就是继《合同法》、《物权法》之后第三阶段的《侵权责任法》、《人格权法》等部分的起草,为形成最终的《民法典》作准备。按照十届全国人大常委会立法规划的要求,为"完善社会主义市场经济体制、适应经济社会发展和加入世界贸易组织的需要",还急需制定的民商法律,有涉外民事关系的法律适用法、商事登记法、不动产登记法、期货交易法等。

另一部分,则是关于经济法方面的,即作为建立和健全市场秩序、维护公共经济利益的立法,以及社会保障立法。最重要的是非经营的《国有资产法》,此外还有《循环经济法》、《社会保险法》、《食品安全法》、《外汇法》、《反倾销和反补贴法》、《保障措施法》、《税收基本法》等。同时,也存在一些立法的修改任务,如《反不正当竞争法》、《预算法》、《建筑法》等。[①]

(二) 对未来的展望

从中国经济和政治的发展趋势及世界的市场经济法律发展动态来看,中国市场经济法律及其实践,不可避免会面临以下进一步发展和完善的挑战。

1. 进一步市场化、法治化

30年来的改革已经使得中国市场化、法治化趋势成为不可阻挡的潮流,这也是当今世界进入全球化时代后的发展趋势。但是,目前中国的市场经济立法总的来说,还有很多犹豫不决之处,对民商法作为法律体系的基础地位认识尚有不足,私权尤其是私人财产权的范围及其流动性尚有诸多不必要限制,市场主体一体化程度上存在明显不必要的保留,市场交易仍然有许多禁区,经济管理尚未更大程度以市场管理为主要手段。这些都要求进一步完成或完善一些重大市场经济立法。首先是关于私人权利、市场主体和市场交易立法的进一步市场化。无论《物权法》,还是《公司法》、《合伙企业法》、《企业破产法》,还是《合同法》、《证券法》等,都有必要继续淡化所有制色彩,强化市场自由的特点;同时,应特别针对现实,着力为国企真正实现市场化改制、农村土地使用权真正实现物权化[②]、私营经济获得平等促进与保护的地位,私人权利获得全面发展和保护等现实市场化课题,提供完善而实际有效的法律支持和保障。其次是关于市场秩序立法的完善。应尽可能转变经济管理的法律手段,立足市场关系,充实和完善市场管理法律,促进市场化管理规范的配套,保障和促进竞争,建立着实有效的市场管理机制,在必要的事项继续保留或强化国家宏观管理措施。

---

① 参见汤耀国:《未来五年立法取向》,载《瞭望新闻周刊》,2008年3月12日。
② 目前,随着农村经济的发展和农业产业化,土地使用权流转从自发的、个别的流转转向了成片的、大规模的、制度化的流转,浙江、珠江三角洲地区及成渝地区广泛实施的土地流转是被誉为是继土地改革、家庭联产承包后的"第三次土地革命"。

2. 做好法律清理和系统化工作

30年来改革的过程性和阶段性,使得不同时期的市场经济立法存在很多不协调的地方。我们过去制定的一些法律,特别是改革初期制定的一些法律,部分是应急性的,缺乏科学性和前瞻性,质量不高,部分随着发展的变化,已经失去了存在的条件,如果不及时修改和废止,法律与社会现实之间就会产生矛盾,影响法律的权威性和科学性。所以,从法律协调和更好地予以适用的角度讲,有必要做清理工作,甚至有系统化编纂的必要。从1999年底以来,中国实际上就不断对有关的法律、法规、规章等进行清理,还制订了"立、改、废"计划,即立一些法,改一些法,废一些法。加入WTO之后,这种法律清理工作就更为自觉。最近,在全国人大常委会2008年立法工作计划中,又明确提出"法律清理"概念,指出"要组织开展对现行法律的清理工作,抓紧研究提出对现行法律进行清理的方案并组织实施"。全国人大常委会法制工作委员会副主任信春鹰为"法律清理"的思路作了说明:"我国的改革开放事业发展很快,法律往往滞后于社会的发展,要提高立法质量,需要对现行法律进行清理。改革开放初期制定的法律,面对的社会问题和现在不同,需要通过清理来实现法律的一致和统一";"成熟和比较完善的法律领域可以法典化"。① 关于法典化问题,目前的一个基本思路是,至少就民法部分而言,在完成第三阶段的起草之后,应考虑制定中国民法典。按照全国人大常委会法制工作委员会透露的信息,下一阶段将依次制定侵权行为法、涉外民事关系法律适用法和民法总则,待民法总则颁布之后,再编纂民法典。②

3. 注重法律实施的灵活性

市场经济法在实践性质上是一种回应型法,这是因为,民商法、经济法的实践主要体现为一种积极法治的实践,即这种法律本身是一种鼓励的方式,而不像刑法,后者是一种消极法治。我们已经注意到,民商法、经济法的适用,往往具有一种所谓"软性法治"的特性,即注重实践中的灵活性,注重实际适用中的评价、权衡,与传统的"刚性法治"发生区别,后者基本上是一种严格固守文本的实践。在今天,市场经济法坚持"软性法治"尤其必要,这是因为,当今世界已经到了复杂无比的程度,资源紧缺、社会信仰的多样、贫富分化、环境污染、城市拥堵等,都要求市场经济法律适用的灵活性。这种软性法治,具有以下特点:法律实践由目的引导;要求法制具有开放性和弹性,参

---

① 参见陈丽平:《中国首次大规模法律清理启动》,载《法制日报》,2008年6月17日。
② 参见梁慧星:《中国民法学的历史回顾与展望》,载法学时评网(http://www.law-times.net,访问日期:2008年8月1日)。

与者必须遵守法律但又允许参与者变革法律;法律设计更注重效率。①

4. 推进宪法基础改革

全面建立市场经济,应以现代化的民主体制、自由法治的整体配套为前提,这首先体现在,全部法律体系应从内在基础的意义上为民商法正位,或谓私法优位。所以,在以宪法作为根本大法的情形,应将民商法上的有关市场自由的基本制度、原则提升为宪法规范,使之成为全部法律体系的基础,成为节制立法和行政权力的实质根据。然而,1982 年《宪法》,虽然在形式上开启了法治,但是在实质上并没有确立民商法优位,因为其制定之时并非立于市场经济目标确定之际,而是中国公有化尚为鼎盛之时。1982 年《宪法》的基本框架,因此是强公有制的,在根本上难以容纳之后国家提出的全面发展市场经济的目标②,尽管此后 1988 年、1993 年、1999 年和 2004 年进行了四次修宪,但 1982 年的既定框架难以根本突破,制约了在许多基本问题上难以真正为市场经济松绑。在这种意义上说,1986 年出台的《民法通则》,是民商法获得突破发展的开始,但也是与 1982 年《宪法》的基本框架冲突的开始,此后民商法越是发达,就意味着与 1982 年宪法的裂痕越深。因此,下一步应该考虑主动打开宪法局面,将私人生命、自由、人格尊严、财产自由等全面提升为宪法的基本规范,从根本上确立民法的内在法律基础地位,为市场经济法治确立可靠前提。

5. 进行适度的社会软化

现代社会,人们相互影响、相互依赖日益增进,由此而产生的现代社群形态,现代生产、生活的合作状态,使得社会结构本身对于人们生活方式变得比过去更为重要,社会权力、社会利益也越来越具有存在的现实基础。③ 为此,应该强化社会合作、社会团结,贯彻个人利益与社会公益协调发展。④ 例如

---

① 参见〔美〕诺内特、〔美〕塞尔兹尼克:《转变的法律与社会:迈向回应型法》(张志铭译,中国政法大学出版社 1994 年版)一书的相关观点。

② 在 1982 年《宪法》中,第 6 条确立公有制为基础,第 7 条确立国营经济为主体,第 8 条确立合作经济是农村集体经济的形态,第 9 条和第 10 条确立自然资源、土地一律属于国有或者集体所有,第 15 条确立实行计划经济,这些都导致一种强公有制框架,给民商法取得基础地位带来根本障碍。

③ 参见江平:《社会权力与和谐社会》,载《我所能做的是呐喊》,法律出版社 2007 年版,第 13 页以下。

④ 昂格尔认为,为达成社会生活的可变性、控制社会资本的市场、个人与社会结合,我们必须要承认对社会资本或资源提出分配要求的市场权和在法律上满足共同体生活需要的团结权。参见〔美〕昂格尔:《现代社会中的法律》,转引自季卫东:《法治秩序的建构》,中国政法大学出版社 1999 年版,第 324 页。罗蒂也提出,在社会合作的前提下,我们都有一项道德义务(不是康德所说的那种理性道德义务,而是社群义务或者说主体交互有效性义务),去感受我们和所有其他人类之间的团结感。参见〔美〕罗蒂:《偶然、反讽与团结》,徐文瑞译,商务印书馆 2003 年版,第 270 页。

发展建筑物区分所有权,发展公私法并轨的相邻制度,适度承认私权限制,均是此理。然而,传统的市场经济法律主要是以极端个体化的权利或者义务作为规范技术建立其规则的,这种技术虽然可以凸现私人的法律主体性地位、激发其主体性意识,但是也容易造成个人主体之间的疏离和对于社会合作的不自觉。同时,一些原本社会性很强的资源在市场经济规则的纯私化体系设计中容易迷失其社会性。中国现在处于 21 世纪,因此极有必要在兼顾社会的意识上建立和完善自己的市场经济法治,在坚持私权本位、市场自由的同时也应考虑进行适度的社会软化,在市场经济法律框架中,引入必要的社会经济体制。

第三部分 主体理论

柒　法律主体概念的基础性分析
　　——兼论民法主体预定问题

捌　民法秩序的主体性基础及其超越

玖　自然人人格权及其当代进路考察
　　——兼论民法实证主义与宪法秩序

拾　法人[主体性]本质及其基本构造研究
　　——兼为拟制说的一点辩护

拾壹　法人的主体性质再探讨

拾贰　合伙的多种形式和合伙立法

柒 法律主体概念的基础性分析[①]
——兼论民法主体预定问题

一、导　言

法理学对法律的研究,目前大体可以区分为法律的规范性(法律形式)和法律的概念性(法律内容)两个范围。本论文之研究属于法律概念性探求范畴,其试图解决的问题有二:其一,试图探求整个法律概念体系中,哪一概念居于最一般概念地位。可以说,法律最一般概念这一课题,至今仍是法理学上最炙手可热的难题之一。我主要通过继受奥斯丁-凯尔森-哈特所开创的分析法学的思路和方法,同时吸收其他学派的批评资源,讨论这个课题。其二,本文同时也试图对主体观念进行历史的透视,以期对主体制度的核心原则在立法思想领域进行实证挖掘。

本论文结构为五部分:

第一部分为"导言"。

第二部分"法律的二重性",从法律的形式与内容区分结构入手,解释法律概念结构的意义,引入基础概念的研究动因。

第三部分"法律基础概念传统理论之分歧",通过考察分析法学及其影响而成的法学理论,我认为就法律概念结构解释理论而言,主流学说先后提出了"义务预定理论"和"权利预定理论"。我展开了这两个理论的争论要点,说明权利预定理论是义务预定理论的合理发展。

第四部分"权利概念背后"是本文的重点,通过实证结构的证伪研究,我认为目前法理学中"义务预定理论"和"权利预定理论"均存在致命缺陷,在对主要概念进行结构考察及制度历史分析的基础上,我进一步认为,在权利

[①] 该文系作者1998年博士论文《民事主体的一般理论》的一部分,原载《学术界》2000年第3、4期。

背后,主体概念更具有基础性,更有理由是最一般概念。换言之,法律主体性才更可能是全部法律概念体系的预设起点。此可称实证法的主体预定论。

第五部分"民事主体立法政策的历史分析",对主体之观念思想及其立法路径进行民法历史考察,我的结论是,罗马法以来的模式,即主体之权利法,是个人主体性在法律发展的结果,而个人主体性的立法条件,与历史上协议性立法方式的出现和发展有直接联系,也涉及立法合理性问题,我的观点是:主权者单向式立法,在历史学和哲学的视线中具有机械和武断的特点,协议性立法才是一种可行的合理化立法程序。

二、法律的二重性:规范性和概念性

关于法律规范性的这一部分,法学理论一般必须回答立法、司法和守法问题。其中,立法理论解决规范性成立的条件和程序,即什么样的立法规范才是合法性规范;司法理论解决如何适用规范性的法律及如何确定司法管辖机构;守法理论解决的是公民服从规范的制度技术原因和限度。德沃金说:

> 它(指法律的一般理论)的规范部分必须回答下列范畴的一系列问题。它必须具有立法、司法和守法的理论;这三种理论从立法者、法官和普通公民的角度看待法律的规范性问题。立法理论必须包括有关合法性的理论,说明在什么条件下,特定的个人或团体有权制定法律……司法的理论也是很复杂的:它必须包括关于争议的理论,这一理论规定法官处理诉讼中疑难案件的标准。它还必须包括关于司法管辖的理论,这一理论说明为什么及在什么时候,由法官而不是其他团体或机构,依据关于争议的理论作出裁决。守法的理论必须比较并讨论两项任务,它必须包括关于服从的理论,讨论在不同的国家形式下,在不同的环境中,公民守法义务的性质与限度。它还必须包括关于实施法律的理论,确认法律实施与刑罚的目标,说明官员们应当如何对不同范畴的犯罪或过失作出反应。[①]

由于法律技术性的一面,法学家们关于法律的一般理论,首先必须阐释法律是规范性的(Normative),即必须建立一套有关规范形式的分析工具,考察法律的规范性质。传统法学关于法律的定义,都主要立足于法律规范性特点或者说是技术性的。例如,早期分析法学代表奥斯丁定义法律为"统治者

---

① Ronald Dworkin, *Taking Rights Seriously*, Harv., 1977, Intro. Vii. (中译本参见〔美〕德沃金:《认真对待权利》,信春鹰等译,中国大百科全书出版社1998年版,导论,第2页。)

的强制性命令"以及"宪法性法律只不过是实在道德而已"①;纯粹法学的创始人凯尔森说,"法律就是规定制裁的主要规范"②;美国现实主义法学的开创者霍姆斯给法律的解释是,"对法院将要做些什么的预言"③;另一位著名的现实主义法学家卢埃林认为,"官员们关于争端所作的……即是法律本身"④。这些定义,都承认法律是[强制性]规范,他们所争论的不过是:法律是由谁规定的,即是由所谓立法者"立法机构"还是所谓司法者"法院"规定的?

法学家们从法律的技术性质来定义法律,其出发点是要澄清法律与道德及其他非法律性范畴的区别,并不是有意回避法律的内容及其价值取向。从规范的技术角度,确定什么是法律和什么不是法律,还有一个优点,可以避免根据某种正义标准或意识形态标准轻率判断某些国家因其规范体系不符合某一特定价值标准,就根本没有法律秩序的结论。恶法非法的观点,只适合于作为政治哲学的标语,不适合于对实际存在的法律进行叙述。

实际法律和实际法律中的思想,是地域的也是历史的。因为,地球分割成不同的国家或地区,并且在历史中变动不已。坚持从某一时期某个地域的法律的内容中而不是其规范技术特点中抽取出分析工具,并用这种法律内容性的分析工具,去分析其他时期或地区的法律,很可能会得出否定其他时间或地域也存在法律的结论。用从今天某一地域的实际法律内容中抽出的逻辑分析体系,去叙述以往历史中的法或者其他国家或地区的法,很可能下结论说,这些历史中的法,或者这些不同地区的"法",不能被认为是法。所以,法律在时间和空间上不具统一的事实,使得试图用某种意识形态标准叙述各种实在法的做法显得十分幼稚。凯尔森说,如果认为"放进某种最低限度的个人自由和私有财产的可能性"的法律才是法律,那么就会拒绝具有相反内容的被称为"法"的规范是法。他这样叙述说:

> 即使在布尔什维主义、国家社会主义和法西斯主义兴起后,人们仍在讲俄国、德国和意大利的"法"……采取这样一个定义[在法律秩序的定义中放进某种最低限度的个人财产和私有财产的可能性]的一个结果,就会使俄国、意大利和德国所实行的社会秩序不能再被认为是法律

---

① J. L. Austin, *The Province of Jurisprudence Determined*, Edited by H. L. A. Hart, New York, 1954, p. 259.
② Hans Kelsen, *General Theory of Law and State*, Harvard, 1949, p. 61. 中译本参见〔奥〕凯尔森:《法与国家的一般理论》,沈宗灵译,中国大百科全书出版社1996年版,第68页。
③ O. W. Holmes, "The Path of Law", 10 *Harv. L. Rev.* 457, 466 (1897).
④ K. N. Llewellyn, *The Bramble Bush*, New York, 1951, p. 9.

秩序,尽管它们和民主资本主义国家的社会秩序具有非常重要的共同因素。①

但是,为了避免法律与政治哲学或意识形态混同,就要将法律的定义甚至所有的法律分析局限于"纯粹"技术方面,则也会带来严重违反实际的问题。无论如何,法律的技术定义并不是法律的完整定义。法律技术定义,很容易让我们陷入一种纯技术的思维,认为法律不过是最终具有强制性的一种规范形式而已。至于法律中被规范的是什么——是利益还是非利益,是主体之秩序还是不问主体取向的一堆事件或者事实的变动秩序,如果是一种主体性秩序,又是什么样的主体秩序——从停留在技术性的法律概念来思考,还不能回答这些追问。

法律确实不只是为规范技术而规范的,它在实质上也为确定的内容而规范,甚至可以说主要意义在此。强制规范性,不是法律的目的,而是法律之为法律的技术特性。在强制性规范技术的背后,被规范的内容才是法律的目的。法律为什么是有目的的内容,法律的内容是如何被立法者的意志所设定的,这是一个非常复杂的法理学课题,许多法学家已作出了深刻的回答。限于篇幅,这里不拟展开,我们仅仅通过阅读拉德布鲁赫的一段话,便可窥见法律具有内容特性的概貌:

> [法律]则表明了一个较好世界的建设方案……法律规定的最初表现,不过是作为超越实际的习惯规则……然而除了习惯之外,这时又出现了第二位的较幼稚法律渊源,此即法律。它并不表明传统。于是,在法律法则中,应然便率先从既有事物的束缚下解脱出来。自此以后,立法者就可以按其需求将其意志付诸于每一项法律内容。②

所以,完整的法律分析,不能只逗留在规范技术上,而必须深入到规范内容中。法律的一般理论不仅要探求法律规范性的一面,更要探求法律内容的另一面。我们不能从某特定的时间、地点的法律内容中抽出一套分析全部历史和空间的一般法律叙述理论,但是我们要认识任何一个特殊时间、地点的法律,我们却不得不投入到它的实际内容体系中,去理解它的实际意涵和动机。我们注意到,包括凯尔森在内的法学家们虽然对法律的定义只是到规范技术性为止,但是他们对法律的分析并没有到此为止,而是向法律的内容作

---

① Hans Kelsen, ibid, p.5.

② Gustav Radbruch, Einfuebrung in die Rechtswissenschaft, Verlag von Quelle & Meher in Leipzig, 1929. S.13. (中译本参见〔德〕拉德布鲁赫:《法学导论》,米健等译,中国大百科全书出版社1997年版,第1—2页。)

了深入研究。

　　法学家们将法律规范的内容部分,称为"概念性的"(Conceptual)部分。德沃金说:"法律的一般理论必须既是规范性的又是概念性的。"①法律分析不能到规范性为止,必须到法律内容或法律概念性深度,为我们认识和叙述实在法提供了完整的思路,也为我们评价和批判实在法提供了内容空间。

　　我们必须将叙述实在法和评价实在法的分析方法区别开来。评价实在法的方法,可以是任何一种深思熟虑的方法,是要论证法律应该如何。例如,边沁开创了一种实用的功利主义思想体系,确定一个以个人主义为基础的所谓根本福利目标,作为批判和建设实在法体系的分析工具。②而比边沁略早几十年的思想家孟德斯鸠,则开辟了法律社会学或法律人类学的分析方法,按照孟德斯鸠的理解,法律应该和政治、经济、文化、习俗和自然状态等有关系,应该从所有这些观点考察法律。③

　　不过,用来准确叙述实在法的法律工具,却不能是讨论法律应该如何的价值分析方法。无论早期的自然法理论和现代的新自然法理论、正义论、人权理论等,还是功利主义、社会学方法,或者其他非叙述性主导理论(ruling theory),都是立足于对观念中的法律的期望,是建立法律理想的工具。实在法作为人类特定时期的特定社会经验规范,其内容只在该特定的规范体系中,由存于其中的实际法律思想所决定。其分析工具,应当从要被分析的实在法律本身抽取出来,唯有它们才可以恰当地解释现实中的实在法。换言之,对现实中的法律,由于它具有的确定性或实在性,我们不能从它应该如何或不应该如何去解释或适用,而只能就它本身的确定范围去解释和适用。这种就实际而实际的叙述方法,可被尊为法律科学的方法。

---

① Ronald Dworkin, ibid, Intro. Vii.
② 关于边沁就功利主义理论的学术贡献,中文书籍请参见〔英〕杰里米·边沁:《立法理论——刑法典原理》,孙力等译,中国人民公安大学出版社1993年版;《政府片论》,商务印书馆1995年版,沈书平等译。边沁的功利主义学说的历史意义之所以是划时代的,我认为,是因为他以一个非常具体而实际的原则,突破了过去人类在法律观念上的过于抽象性和模糊性,从而揭开了法律神秘的历史面纱,使人们得以开始在工具的意义上运用法律。不过,边沁的理论局限也在于此,因为虽然他提出了法律的现实性,但是他的法律工具论又使得法律显得过于简单和机械,某程度上消解了法律与人性的复杂关系。
③ 参见〔法〕孟德斯鸠:《论法律的精神》,张雁深译,商务印书馆1993年版,第6—7页:"法律应当同已建立的政体或将要建立的政体的性质和原则有关系;不论这些法律是组成政体的政治法规,或是维持政体的民事法规。""法律应该和国家的自然状态有关系;和寒、热、温的气候有关系;和土地的质量、形势与面积有关系;和农、猎、牧各种人民的生活方式有关系。法律应该和政制所能容忍的自由程度有关系;和居民的宗教、性癖、财富、人口、贸易、风俗、习惯相适应。最后法律和法律之间也有关系,法律和它们的渊源,和立法者的目的,以及和作为法律建立的基础的事物的秩序也有关系。应该从所有这些观点去考察法律。"

分析法学家和概念法学家中的相当一部分,抱定了以达成法律科学的信念来考察法律的用心,他们宣示要通过将法律加以实证地确定,化解少数人控制法律的可能性,从而达成法律的中立立场。凯尔森就持有这种法学理想:

> 我们称这一学说为"纯粹法理论"时,意思是说,凡不合于一门科学的特定方法的一切因素都摒弃不顾,而这一科学的唯一目的在于认识法律而不在于形成法律。一门科学必须就其对象实际上是什么来加以叙述,而不是从某些特定的价值判断的观点来规定它应该如何或不应该如何。后者是一个政治上的问题,而作为政治上的问题,它和治理的艺术有关,是一个针对价值的活动,而不是一个针对现实的科学对象……纯粹法理论并不认为它的主题是一种先验观念的或多或少不完备的复本。它并不试图将法律理解为正义的产物,理解为出自上帝的人类产儿。纯粹法理论通过把先验的正义从它的特定领域中排除出去,而坚持区别经验的法和先验的正义……很多传统法学的特征是具有一种将实在法的理论同政治意识形态混淆起来的倾向,这些政治意识形态或伪装为正义的形而上学的空论,或伪装为自然法学说。它把有关法律实质的问题,即法律实际上是什么的问题,同它应该是什么的问题混淆起来……①[纯粹法理论]并不认为法是超人的权威的体现,而认为它不过是以人类经验为基础的一种特定的社会技术,纯粹法理论拒绝成为一种法的形而上学,因而它并不从形而上学法律原则中,而是从法的假设中,从对实际法律思想的逻辑分析所确立的基本规范中去寻求法律的基础,即它的效力的理由。②

完整把握法律的二重性,在今天的法律研究,尤其是实证法研究中,是非常关键的方法论前提。法律的规范性,要求我们分析法律时,首先必须完成法律规范性分析。否则,如果不能分析法律规范性的技术特征,我们便不能准确划清法律与道德、法律与普通规则甚至法律与观念的界限,从而泛解或者缩解法律;而且,最为关键的是,不能回答规范形式合法性问题,即不能回答什么是形式合法的立法,什么是形式合法的管辖和司法,什么是形式合法的守法。一个不能回答规范形式合法性的国家,是没有资格谈法治的,因为法治必须建立在合法性之上。

仅仅回答了规范形式合法性,并不等于完整地分析了法律,在规范形式

---

① Hans Kelsen, ibid, Ⅱ-Ⅲ.
② Hans Kelsen, ibid, Ⅲ.

合法性之下,法律的概念性,要求我们必须同时回答法律的内容是什么,即我们的法律内容或概念体系具体到底是怎样的呢?我们的实在法已经规范了什么并且为什么规范它们?这一体现法律内容的概念体系中,是不是有某种最一般的概念或法律思想呢?如果有,这个最一般法律概念是什么呢?

由于法律最丰富最活跃的部分,不是它的规范形式,而是它的内容,所以,法律概念分析也最为复杂和灵活。到今天为止,有关这方面的回答可谓堆积如山,称得上远见卓识者不计其数,为我们认识自己的法律提供了一套非常丰富和具体的法律概念,也为法律分析工具的进一步研究提供了学术积累。不过,由于实在法的内容过于庞大,而且融合了历史发展过程中的各种观念或各种力量,的确很难就其概念体系做出众所满意的分析结论,即使在杰出的概念分析学者那里,认识分歧仍然是相当明显的,对那些被认为是最基本的概念来说更是如此。

三、法律基础概念传统理论之分歧:
义务概念理论与权利概念理论

(一)法律分析对象的一元化现象

许多学者在对法律作分析时,往往以泛泛的西方法律为范本,并不打算费力于深入某一具体国家或地区的法律。这是因为,多数法学家们认为,法律研究具有一个其他领域作比较研究所不具有的前提,西方各国法律自罗马法产生以来,其内容体系基本上是一元的。对此,艾伦·沃森说:"西方法律传统基本上是一元的,几乎完全相同的法律历史因素浸透入每个民族国家的法律产物之中:罗马法、日耳曼习惯法、教会法和采邑法等。"①

表面上看,大陆法系国家,例如法国、德国、瑞士、意大利等,以法典法的模式,与英美国家代表的普通法系呈并立区别之势,但是它们在内容上也仍然具有一致性。"民法法系与普通法系的对峙状态为世所公认,但它们却共存于一个一元化的文化传统之中,这意味着某种有影响力的力量在决定着某个民族法律的形成,不过这种力量并不来自于某个民族根深蒂固的社会、经

---

① 〔美〕艾伦·沃森:《民法法系的演变及形成》,李静冰等译,中国政法大学出版社1992年版,第1页。

济、文化基础。"① 西方法律的这种内容上的一元化,与罗马法文化的传播有密切关系,其形成历史条件非常特殊和复杂,许多优秀的著作已经作出研究,这里不拟多论。

学者们甚至认为,尽管早期世界范围内法律存在极大的差别,但是到了近代以后,由于西方法律的强势地位,导致了世界性的法律一元化的趋势,这种趋势,开始是由殖民者发动的,后来也借助亚洲、非洲、拉丁美洲和大洋洲国家或地区与西方的文化交流及变法维新的活动进一步获得发展。以亚洲为例,日本在明治维新时期起,开始模仿大陆法系的法律进行变法,其法律结构和概念体系基本上全部沿袭了西方国家。中国自晚清以来也开始变法维新,清末未及施行的新法草案和中华民国时期的法典均是以大陆法系的概念和结构为基础的,这些概念体系一直延续发展至今。至今,几乎所有的国家都使用了相同的法律概念体系,而这一套概念体系都是与罗马法以来的传统一致的。② 即便是被认为在相当程度保留了自身历史和宗教传统的伊斯兰教国家,研究者们也发现,"[阿拉伯国家的民法典]的法律结构通常都遵循罗马法中所承认的系统的分类标准,即分为债法和物权法,它们的法律结构因此几乎和罗马法是一致的。"③

尽管目前对法律一元化的消极性的抨击越来越激烈④,但是法学家在对现有西方传统的实在法作概念分析和叙述时,多数仍然采取了尊重法律一元化的实际态度。目前对法律比较有影响的分析成果,主要都是西方国家的学者完成的。法律概念分析的问题中,最有影响的,是法律体系中的基本概念问题。学者们对于罗马法以来的西方法律中最一般的法律概念问题试图做出回答:实在法是否在内容上是一个有机的或系统的结构?如果实在法律是

---

① 〔美〕艾伦·沃森:《民法法系的演变及形成》,第 2 页。关于英国法的发展历史及其对罗马法传统的吸收和相互影响,还可参见以下著作:A. Babington, *The Rule of Law in Britain from the Roman Occupation to the Present Day*, Barry Rose Publishers, London, 1978; W. S. Holdsworth, *A History of English Law*, 16vols. London, 1913—1966; F. Pollock & F. W. Maitland, *History of English Law*, before the Time of Edwar I, 2vols. Cambridge, 1898; K. Smith & D. J. Keenan, *The English Law*, 5th ed., Pitman, 1976.

② 民法法系与英美法系的世界分布具体资料,请参见〔美〕格伦顿等:《比较法律传统》,米健等译,中国政法大学出版社 1993 年版,第 1 章。

③ 〔埃及〕侯萨姆(Hossam El Ehwany):《以金钱为标的的债务利息》,载《第二届"罗马法·中国法与民法法典化"国际研讨会论文集》,1999 年打印集,第 351 页。

④ 受到哲学、政治学、社会学、历史学和人类学反西方中心主义的思想的启发,法学领域目前也开始重审法律一元化问题,部分学者激烈抨击西方中心主义对法律文化所造成的损失,主张重新考虑法律发展的多元化的可能性,一方面要求在对历史的法律的研究中,尽力挖掘地方性或多元性法律资源,另一方面在法律发展中,消解法律西方中心主义,重新启动地方资源,将法律发展从西方优势造成的萎缩状态中释放出来。

一个概念体系,是否存在一个最为基础的概念,即一个预定实在法律的全部内容基础、决定全部具体法律思想的中心概念;如果存在,这个最一般的概念会是什么?

实在法律不仅应该体系化,而且实际上就是体系化了的,法律在其中贯彻着某种统一性。对此,有学者认为,我们可以简单地从大陆法系各部法典精心的体系编纂特点中加以验证,例如D.M.特鲁伯克所说:

> [欧洲的]法律思维的理性建立在超越具体问题的合理性之上,形式上达到那么一种程度,法律制度的内在因素是决定性尺度;其逻辑性也达到这么一种程度,法律具体规范和原则被有意识地建造在法学思维的特殊模式里——那种法学思维富于极高的逻辑系统性。①

凯尔森也认为,法律具有统一性,意味着法律在性质上是内部连接的结构,并存在于一定基础之上。他说:

> 法并不是像有时所说的一个规则,它是具有那种我们理解为体系的统一性的一系列规则。如果我们将注意力局限于个别的孤立的规则,那就不可能了解法的性质。将法律秩序的各个特殊规则连接起来的那些关系,对法律的性质来说,也是必不可少的。只有在明确理解构成法律秩序的那些关系的基础上,才有可能充分了解法的性质。②

法律统一性的基础不是由法律自身生成的,而是由法律制定者有意决定的,这就是说法律是抱有一定目的。耶林说:"目的是全部法律的创造者。"③所有法律的概念中,表现根本目的或者概念统一性的基础概念具有优先地位。这种基础概念也就是法律上的最一般概念。

(二) 法律最基础概念的认识分歧

法律的最基础的概念是什么? 面对相同素材,实证法学家却并没有得出同一结论。其中,较具有代表性的回答是权利概念理论(权利预定理论)和义务概念理论(义务预定理论)。义务概念理论认为法律的最一般概念是法定义务,所有的法律概念体系是以命令或制裁为起点展开的。权利概念理论认为法律的最一般概念是权利,权利本位是法律结构的基本原则。义务概念理论曾在很长一个时期里成为分析法学的主导理论。

---

① D. M. Trubek, Max Weber on Law and the Rise of Capitalism, *Wisconsin Law Review*, 1972, p.730.
② Hans Kelsen, ibid, p.3.
③ [德]鲁道夫·冯·耶林:《法律目的论》,第1卷(1877);第2卷(1884),转引自 Gustav Radbruch, a.a.O., S.39,注1。

1. 大陆法系的主流学术传统尊崇权利概念理论

大陆法系的多数学者,尤其是近代以来的学者,认为权利概念是实在法律的最一般概念,即在法律结构中,权利概念占据最根本的初始的位置,其他一切法律概念都是从权利概念这里出发的,整个法律概念体系因此建立在权利概念之上。拉德布鲁赫的以下看法代表了欧洲大陆主流学说,尤其是德国学说对于权利概念享有最基础地位的看法:

> 对于法律上的义务人来说,却始终强制地存在一个权利人……只有在法律领域中,人们才能谈论"义务和责任"。在法律领域中,一个人的义务总是以他人的权利为缘由。权利概念,而不是义务概念,是法律思想的起点。①

权利概念理论对理解法律的规则提供了一个着眼点,这就是法律的重要部分并不是义务规则和制裁规则,而是赋权规则,赋权规则通过制裁规则的辅助,达成调整一定实体的基础生活关系。传统法学依其认识整理出正统权利类型,如物权、债权、人格权、身份权、知识产权等。

对权利概念作为最一般概念的认识,是否是从罗马法时代开始的?我们还没有发现罗马法时期的学者回答这个问题的直接资料。但是德国近代法学家耶林就罗马法以来法律和权利概念用语混合的事实说明,暗示了罗马法的学者们是以权利概念作为法律的基础概念的。耶林说:

> 众所周知,法这一概念在客观的和主观的双重意义上被应用。所谓客观意义的法,是指由国家适用的法原则的总称、生活的法秩序。所谓主观意义上的法即上文所言的对抽象规则加以具体化而形成的个人的具体权利。②

研究罗马法学的现代学者发现,罗马法和罗马法学上,法(ius)这一用语的确存在着法律和权利两种意义。③ 这确实使我们极有理由相信,罗马法学者已经开辟了以权利概念为基础来叙述和认识罗马法的传统。

2. 与权利概念理论相对立的,是义务概念理论

义务概念理论,在分析法学早期是法学的主导理论。德沃金将之称为英美法理学传统中关于法律是什么这一论题的"占支配地位的理论",认为它

---

① Gustav Radbruch, a. a. O., S.75.
② 参见〔德〕鲁道夫·冯·耶林:《为权利而斗争》,胡宝海译,载梁慧星主编《民商法论丛》第2卷,法律出版社1994年版,第14页。
③ 参见〔意〕彼得罗·彭梵得:《罗马法教科书》,黄风译,中国政法大学出版社1992年版,第23页。

的资历比权利理论要老得多。"它比产生权利理论的英美的政治文化还要古老,由占支配地位的理论所代表的法律的特定观念在柏拉图和孔子的著作中都有讨论。"① 根据这个占支配地位的理论,法律的焦点只限于规则本身,它可以不考虑那个规则中隐含的任何正义的观念,"占支配地位的法律理论把法律看作是规则的一个集合体,就像游戏规则一样。一条规则就是一个命令,在一个特定场景出现的时候,这个命令要求我们以一种特定的方式作出反应。"②

义务概念理论,最成熟的时期,是从奥斯丁到凯尔森的正统的分析法学繁荣发展时期。正统分析法学家,在那个时期严格坚持法律的所谓非价值叙述特性。他们在分析实在法时,为了避免分析中受到意识形态影响,有意淡化实在法律与社会、政治的联系,认为法律和政治道德的联系是有限的,法律也不是什么正义的原则或者一般意志的产物,它仅仅是由明确的社会实践或制度化的决定所组成的。所以,法律的目的或基本概念,不是某种臆想专断或者理想的化身,而是由特殊社会技术所体现的内在力量。在他们看来,法律内容最核心的问题是威胁的命令或者制裁,因为既然命令或"强制"是法律的规范性要素,所以组成法律秩序的规范就一定是规定强制行为,即命令或制裁的规范。

奥斯丁由此将他的分析结论中的法律基础概念,归结为"义务"(obligation)概念:被命令者根据一项规则负有一项义务。他认为法律的规则每一项都是一个一般的命令,而一项命令是要求他人依一种特定方式行为的愿望的表示,它以权力和意志为后盾,如有不服从的情况,则以强制力来实现这一愿望表示。从这里,奥斯丁推导出法律义务概念。他认为,如果一个人是主权者发出的某些一般命令的对象之一,他就负有法律上的义务。除非他服从这一命令,否则他就面临着遭受制裁的危险。③

凯尔森在关于法律基本概念的问题上,继承了奥斯丁的法律义务式的叙述原则,也坚持"一般规范一定是依靠一定条件而成的某种制裁规范"。④ 他相信法律材料通过法律科学的陈述均可以转成制裁规范,制裁的规范是对某些条件赋予某些后果的假设性判断,两项因素之间的联系的意义是应当。条件均为不法行为,后果均为制裁。⑤ "法律科学的任务就是以这些陈述的形式,即'如果如此这般条件具备时,如此这般的制裁就应随之而来',来表达

---

① 〔美〕德沃金:《认真对待权利》,中文版序言,第17页。
② 同上注。
③ J. L. Austin, ibid;以及德沃金的评论,Ronald Dworkin, ibid, p. 18。
④ Hans Kelsen, ibid, p. 45。
⑤ Ibid.

一个共同体的法律,也即法律权威在创建法律程序中所产生的材料。"①

凯尔森进一步分析认为,由于对不法行为赋予一个制裁,法律规范就创造了一个应当避免为导致制裁的不法行为的拘束,这就是义务。基于法律是制裁性规范这一认识,他认为"义务概念是法律规范的一个复本",法律的真正起点是义务。法律的起点中没有权利,权利只是推动义务实现的技术,所谓权利"就必然是对某个别人行为、对别人在法律上负有义务的那种行为的权利",它是推动制裁的法律上的可能性,是特定的法律技术,作为"法律所承认的意志或法律所授予的权力","权利是法律规范对为制裁应予执行而必须表示这样一种意志的人的关系"。②

(三) 权利概念的法律史简略考察

法律毫无疑问是带着价值的,无论法律表述为应当这样(法定义务概念理论)或可以怎样(权利概念理论),都意味着是要在有思想或有意愿的人之间实现特定的目标。不过这种目标是一种强制的控制秩序还是一种强制的社会协调秩序,正是我们现在遇到的重大实证争论。

权利概念理论以预定权利作为法律的起点,把法律权利体系看作法律的基本价值体系,即权利是法律根据立法时的法律思想所预定的法律道德原则,是法律的根本理由,因此不是或有或无的技术。根据法律,人们首先有明确的权利,其他法律概念不过是为权利的取得、变动、消灭和保护而设定的。

法定义务概念理论或制裁概念理论,认识迥然不同,它虽然不否认权利概念在法律上存在,但是将之视作为辅助法定义务实现的工具,视为我们为达到法律秩序目而创造出来的技术性工具,本身并不具有基础价值。因此,它否认真实的非策略性的权利的存在。换言之,根据义务概念理论,法律并不预定什么权利,它的统一性建立在实在法自身所体现的一种控制秩序中。按照奥斯丁的信条,法律是一套特别选择出来以管理公共秩序的规则——即主权者作了什么命令。③

对上述对立理论再考察是有必要的,因为它们关涉着我们能否对现实法律达成真正认识的第一步:法律是权利的法律还是非权利的法律?或者说,法律上的权利概念,相对义务概念来说,到底是一种基本价值观式的基础概念还是一个从属义务概念或控制秩序目的的技术工具概念呢?对于这一问题,我们可以实证地深入权利概念的起源和发展中去考察,因为只有通过实证地解剖权利概念形成和发展的背景,才能更准确评价权利概念在法律体系

---

① Hans Kelsen, ibid, pp. 58-60.
② Hans Kelsen, ibid, pp. 77-87.
③ Ronald Dworkin, idid, p. 18.

中的位置。

西方法律的权利概念及其渊源,是自罗马法开始的。权利概念进入罗马法时的动机值得我们加以特别注意。因为动机是价值的基础。根据罗马法史研究资料所显示,罗马法最初的法律渊源是由集体或所谓"官方"单方面制定的,称公共法律(Leges publicae)。著名的罗马法史专家朱塞佩·格罗索(Giuseppe Grosso)就认为:"单方面制定规范的形式却是法律发展的最古老的起点。似乎也可以确认这样一种设想:所谓'官定法律',即由执法官制定的法律,体现着最初的作法。"①罗马法早期的成文法标志《十二表法》就是这样的官定法,它是十人委员会在履行被赋予的职责时制定的,有非常浓厚的控制秩序气息。

但是,随着罗马城邦秩序的发展,官方制定法的传统,由于较小群体的结盟及贵族与平民协议的兴起而发生向协议立法的逐渐转变。在《十二铜表法》时期之后,罗马立法逐渐出现了民主协议机制,许多立法材料同平民会的决议联系在一起,最后终于导致了早期单向式立法秩序的崩溃,转而形成了具有统治者与被统治者合作色彩的立法秩序,法律由官定法因此发展为"共同体的法",甚至出现了民决法律(Lex rogada),完全采用双边性的协议形式制定规范。②

协议性立法,使得法律在新的时期发生了价值上的转变,不再是像早期那样只反映着执政官单方决定的国家结构和国家生活,而是逐渐转为反映着共同体各方共同参与决定的国家结构和社会生活。在协议性立法发展中,随着市民阶层的参与的加深,出现了体现市民生活观念的共同体法,因为市民阶层参与的结果,要求法律不能简单地被制定为一种反映从上到下命令式的控制秩序,也不是被制定为一种反映简单的集团之间相互协议而成的秩序,而是要被制定为一种反映市民之间相互协议而成的以普通市民生活价值为基本追求的社会秩序。这种法律被称为市民法。罗马法经历了从官方单向法到集团协议法最后到市民法的转变。

罗马法发展中的市民协议或社会协议特点,使得罗马法律在重要发展时期不是机械地被设定出来,不是只表现为旨在追求简单的控制秩序而与社会道德原则无关的规则系列,相反,它是被社会讨论设定,它每一部分的形成和发展,都经历了社会道德判断的立法过程。这种协议立法体制,也为罗马法学家参与罗马法发展过程,起到了非常重要的作用。他们总结了罗马人的社

---

① 〔意〕朱塞佩·格罗索:《罗马法史》,黄风译,中国政法大学出版社1994年版,第105页。

② 同上注,第105—106页。

会道德体系,努力协助罗马法一开始就建构在法律思想或理性道德原则的基础上。乌尔比安指出,要理解罗马法,就必须深入到制定罗马法的社会道德原则中去:"对于打算学习罗马法的人来说,必须首先了解法(ius)的称谓从何而来。它来自正义(iustitia)。实际上(正如杰尔苏所巧妙定义的那样)法是善良和公正的艺术。"①

罗马法的正义观念,由于是社会协议性的,与同时代的其他地区很不一样。其他地区虽然也有关于正义或者类似的道德观念,但是大都陷入从超个人主义,例如从原始集体主义或者神秘王权秩序的立场,来理解公正或者最高社会道德。罗马法关于正义的观念,却由于市民的参与,有了最初的具体的个人主义内容,从正义观念中发展出了以个人主义为价值的权利观念。在罗马法,正义被解释为:"正义就是给每个人以应有权利的稳定而永恒意志。"②

所以,经由社会道德原则作用的罗马法,终于在法律上创造出了权利概念。罗马法明确地要求法律不能仅仅以刑罚或责任为基础,而应该同时鼓励个人开展活动的领域,"我们希望在教导人们行善时不仅借助刑罚的威吓,而且也利用奖赏的鼓励"。③ 这就是为什么在罗马法的这一时期,突然出现了其他地域所没有的公法和私法相区分的观念的原因。私法部分是明确预定以个人利益为价值追求的,并以此为原则处理市民之间的各种关系。④ 这种区别,显然同城邦统治者与平民的对峙有关。

从优士丁尼法,我们清楚地看到,《法学阶梯》在开篇明确将包含权利观念的正义原则,直接规定为罗马法的最高原则。⑤《法学阶梯》在第一卷规定了自由人的各种能力,并在第四卷通过诉权的规定,规定了自由人的各种受保护的具体人格利益。第二卷规定了所有权及有关的地役权、使用权、居住权、用益权等。第三卷规定了在继承和缔结债的活动中的复杂利益关系。

拉德布鲁赫对权利概念在罗马法中的基础地位说得极为直接:"在罗马私法的土壤上,建立了后来作为所有法律知识必要范畴的概念设置……与罗马法的个人主义——利己的特点相一致,'权利'这个概念构成了这个概念世界的核心。"⑥

罗马法的权利概念和它反映的法律价值观,经由欧洲特殊的历史演进及

---

① D.1,1,1pr..
② D.1,1,10:乌尔比安《论规则》第1篇。
③ 37,D.1,1,1,1.
④ D.1,1,1,2.
⑤ J.1,1,pr..
⑥ Gustav Radbruch, a.a.O., S.17.

中世纪有关罗马法独特的整理研究,在欧洲获得传播和继受,继而借助欧洲的政治文化优势,又扩展到其他世界。在整个中世纪,罗马法悄悄地作为习惯法在欧洲各地发生影响。当近代欧洲国家开始制定统一的法律时,都一律从继受罗马法开始,因为近代欧洲国家在建构其法律原则时,由于受到近代启蒙思想的冲击性影响,并没有将法律发展保持在一种内部封闭状态,而是与早期罗马法发展一样,使法律发展与政治道德和社会观念密切联系起来,尤其是与市民生活观念直接联系。

近代欧洲法从制定特点上看都不是特定集团通过完全控制其他集团而发出命令的法,不是神秘抽象的国家法,而是社会协议性质的法,是面向社会的精神体系。近代法律在形式上打着复活罗马法的旗号,精神上更进一步反映了代表国家对立面的市民社会阶层的反映在近代启蒙哲学和政治学中的天赋人权和理性主义等近代道德原则。无论天赋人权还是理性主义,都使得以之为基础的法律只会扩张权利,而不是萎缩权利。因为这两个道德原则都相信个人具有合理行为的能力,无须由一个政府这样的权威来事事强作安排,而且理性主义与权利的法律正好相吻合,"在承认一个理性的政治道德的社会里,权利是必要的,它给予公民这样的信心,即法律值得享有特别的权威,正是这一点把法律同其他强制性规则和命令区别开来,使其更有效力……尊重权利表明,它承认法律的真正权威来自于这样的事实,即对于所有的人来说确实代表了正确和公平。只有一个人看到他的政府和公共官员尊重法律为道德权威的时候,即使这样做会给他们带来诸多不便,这个人才会在守法并不是他的利益所在的时候,也自愿地按照法律标准行事。在所有承认理性的政治道德的社会里,权利是使法律成为法律的东西。"①近代以来,法律始终把权利看作是法律的基本价值所在,坚持法律是权利的法律。

近代欧洲以来的法律对于权利概念确实是着了迷。公法和私法划分的传统被维持。传统的私法领域不消说是尊崇权利的,《法国民法典》和《德国民法典》均以各种权利发生和实现为展开。公法领域,也突然以宪政原则为旗帜,使用权利概念来表现公法原则的转变,无论是1789年《法国人权与公民权利宣言》,还是后来德国的《魏玛宪法》,都使用公民基本权利的概念体系,反映出一种个人与政府对立和用个人权利限制政府权力的法律思想。这股权利的潮流,借助现代人权思想的作用,已经将欧洲乃至我们的世界推入了所谓权利的时代。《欧洲人权公约》第9—11条列举了一系列私法和公

---

① 〔美〕德沃金:《认真对待权利》,中文版序言,第21页。

法权利,作为"人权"标准,并在前言中要求西欧各国一体信守。①《联合国世界人权宣言》第 2 条规定:"人人有资格享受本宣言所载的一切权利和自由,不分种族、肤色、性别、语言、宗教、政治或其他见解、国籍或社会出身、财产、出生或其他身份等任何区别。"这个条文虽然是规定平等原则的,但是其目标是使人人有资格享有权利和自由。从这里可以清楚地看到,权利概念体系在我们的法律世界并不是可有可无的技术,它们已经被公认为是法律的价值标准,也是社会的价值标准。

(四) 哈特对义务概念理论的批评:法律多元性理论

基于上述历史实证,可以断定权利在法律上尤其是在私法上确实具有作为价值原则的意义,无论如何都不能被看作是服务于义务概念的技术。那么奥斯丁和凯尔森的正统分析法学为什么却要认为法律是非权利的法律呢?难道他们的分析结论偏离了法律的实际?

较早期的对实证法学的义务概念理论的检讨和批评,来自分析法学内部。新分析法学的著名代表哈特,在他的《法律的概念》一书中,重新分析了法律的基本规则,他认为奥斯丁和凯尔森的分析法学传统在整理法律的基本规则和概念时,刻意追求简化,忽略了法律多元性问题。哈特坚持法律多样性的观点,反对以曲解不同类型法律规则所执行的不同社会作用的极高代价,来换得一律。他要求区分刑法与民法的规则,并且在整体上抛弃法律作为社会控制手段的那些主要特征。② 他承认刑法是我们不服从就构成违反的法律,其规则的基础概念是法定义务(duty),依法对违反或触犯刑法的行为施加的惩罚或制裁(不管惩罚还可能服务于其他什么目的),是提供力戒做出违反法定义务的行为的动机,但是他更要求注意还存在与刑法完全不同的法律,这些法律在本质上是授权规则,以权利或能力概念为基础。③

> 但是还有其他类别的法律,因为它们执行的是完全不同的社会功能,所以与以威胁为后盾的命令全然没有共同之处。规定有效合同、遗嘱或婚约的订立方式的法律,并不是不顾人们意愿如何而要求他们必须

---

① A. J. M. Milne, *Human Rights and Human Diversity, An Essay in the Philosophy of Human Rights*, The Macmillan Press LTD, 1986, p. 3. (中译本参见〔英〕A. J. M. 米尔恩:《人的权利与人的多样性——人权哲学》,夏勇等译,中国大百科全书出版社 1995 年版,第 4 页。)

② H. L. A. Hart, *The Concept of Law*, Oxford, 1961, Ch. 3. (中译本参见〔英〕哈特:《法律的概念》,张文显等译,中国大百科全书出版社 1996 年版,第 3 章。)哈特还批评了凯尔森将授予和界定立法权和审判权的规则简化为有关责任由以产生的条件的解释,认为这在公共生活领域表现出的类似的使人难以理解的缺点,比之在私人领域会更加模糊法律的区别性特征以及在法律框架内合理活动的区别性特征。

③ H. L. A. Hart, ibid, Ch. 3, p. 27.

以某种方式行为。这种法律不强加法定义务,而是通过授予人们依某些指定程序、某些条件在法律强制框架内创设权利和义务结构,来为个人提供实现他们愿望的便利。①

哈特认为,法律中的授权规则类型,是特别值得我们注意的,不能为了刻意追求法理学上的同一律而加以错误地简化。传统分析学者牵强地认为对私人授权的规则只是法律上设定责任的方法,它们只不过是以威胁为后盾的命令(法定义务规则)的不完全部分而已。例如,凯尔森将权利概念理解为推动制裁的诉权,是围绕义务的一种实现技术;他还把将私法行为(legal translation)的产物称次要规范,次要规范只有在联系到那些对违反行为加以制裁的一般主要规范时,才引起义务和权利,即避免违反它的义务和对应的作为实现技术的权利。这种"次要规范",根据他进一步的解释,实际不是真正意义的规范,而是一种辅助结构,"仅仅是一个法学理论的辅助性结构而已"。因此,凯尔森把其他法学家非常重视的"契约"仅仅视为所谓主要规范即制裁规范的条件环节。② 这样,为完成简单的同一律,传统分析法学便把一般法学家看来十分重要的东西简化为条件状态,其结果,私法行为及其在当事人之间建立的法律拘束和利益的性质被淡化了,法律结构中围绕个人在法律生活中主动创造的一面就被掩盖了,这样我们便不能合理解释契约、遗嘱、婚姻的相互关系的法律领域。③

哈特指出,凯尔森的这种法学处理,无视权利的真正位置,以及简化授予私人权力规则为辅助规则,是为理论而理论的极端表现,因为假如我们仅仅从被强加法律责任的观点去考察所有的法律,并对法律的所有其他方面简化为复杂的条件状态,在这些条件下对人们加以责任,"我们就把至少构成法律特征和如同责任一样重要的对社会有价值的要素,作为某种仅仅是次要的东西了"。④ 哈特认为,既然法律是多样性的,授予私人权力的规则,要得到理解的话,我们就必须从行使这些权力的那些人的观点来考察它们,即认识到它们显现为是由法律引入社会生活中、关于强制控制要素之上的添加要素。如此,我们没有道理不承认这些特殊方式的规则不同于直接强加责任的

---

① H. L. A. Hart, ibid, Ch.3, p.27.
② Hans Kelsen, ibid, Ch.5-11. 凯尔森批评奥斯丁将私法行为产生的对当事人的拘束称为"主要义务",结果与奥斯丁自己所理解的法律概念相矛盾。凯尔森理解的法律规范(法律规则)即制裁的规范,包括在宪法基础上制定的一般规范(制定法、习惯法)、司法行为(包括通常所说的行政行为)在一般规范的基础上所创造的个别规范(也可能创造一般规范),在此,他将司法判决也看成法律规范,为下位等级的规范。
③ H. L. A. Hart, ibid, Ch.3..
④ H. L. A. Hart, ibid, p.40.

规则,没有道理不应尊重不同规则之间的性质的区别,没有道理不尊重人们对它们的固有的方式思想,而凯尔森的极端理论,"作为一律之代价的曲解"的结果,恰恰把辅助的规则与主要的规则作了一个倒置。

哈特的批评,反映了英美社会正在兴起的政治文化对法律的完整认识的要求。早期分析法学虽然宣言用实证的方法叙述法律,但是他们过于简单地观察了法律规则,把实在法仅仅归结为类似国王制定的法律这样的水平,像格罗索指责的那样:"实证法学家通常把国家法列为其研究的对象,并且简单地把它认定为法。"①但是,从罗马法以来的法律,无论是大陆法系还是英美国家的法律,都不能简单地被看作"国王制定的法",由于西方社会尤其是近代以来的特殊社会政治结构的影响,法律从来就不曾只是作为规则的规则而存在,而是始终在或多或少的意义上表现为包容社会力量的规则,"这种秩序具有包容一切的最高地位,与此相对应的法律制度的多元性"②。

不过,哈特的多元化概念理论并没有导致权利概念理论的全面胜利。他希望挽救传统分析法学的关于法律原则的一个致命错误,即对权利概念的基础地位加以轻易否定的错误。哈特仍然同意义务概念或制裁概念是法律的最一般概念之一,不过它只是刑法上的基础概念。法律可以划分以制裁为基础的刑法和以授权为基础的其他法律,后者包括授权私人订立遗嘱、合同或婚约的私法、授权官员或法官断案的司法程序法、授权制定规则或细则的立法程序法等。按照哈特的理解,法律最一般概念是多元的,不同类型的法律有不同的最一般的法律概念,其中刑法以义务或制裁作为概念基础,而私法却以权利或授权作为它的概念起点。

(五)德沃金的主张:权利概念的基础性

当代自由主义法学代表德沃金在他的成名作《认真对待权利》一书,尖锐地批评了义务概念理论,认为这种法律实证主义理论错误地坚持了"法律的真实性就在于这些规则是由特定的社会机构所制定的这一事实,而不是别的东西",因此错误地回答了"法律是什么"。③

在德沃金看来,回答法律是什么及法律应当是什么,最有说服力的理论

---

① 〔意〕格罗索:《罗马法史》,第1页。
② 同上注。
③ Ronald Dworkin, ibid, Intro. Ⅶ. 德沃金认为法律的两个课题,一个是法律是什么,另一个是法律应该是什么。对于前者,传统学说中占支配地位理论是法律实证主义,它作了从规则到规则的回答;对于后者,传统学说中占支配地位理论是功利主义理论,认为法律和法律机构应当服务于一般福利,而不是别的任何东西。这两个理论都源于边沁的哲学。德沃金在这本著作中运用权利理论对上述占支配地位的理论作了非常有价值批评。

就是"古老的人权的观念"①,这就是说,权利才实际且也应当是法律的基础。德沃金没有像哈特那样打算区分刑法和私法,他的关于权利概念在法律中具有最核心地位的认识,是从全部法律而言的,因此,他所认识的权利概念,不仅是私法,也是全部法律所接受的最基础概念。

德沃金认为,早期法律实证主义的义务概念,是他们从给法律所作的定义中机械地推导出来的,而不是从对法律的内容实际分析考察中形成的。"奥斯丁关于法律上的义务的概念就是从他的法律概念中推导出来的。他认为,如果一个人是主权者发出的某些一般命令的对象之一,他就负有法律上的义务。除非他服从这一命令,否则他就面临着制裁的危险。"②德沃金在这里暗示,实证分析法学这种机械的定义推导法已经背离了客观分析方法,因此才陷入了脱离实际法律内容体系的主观错误。

德沃金进一步指出,奥斯丁关于法律的定义,根本不能覆盖法律的复杂内涵。奥斯丁等认为法律是一套特别选择出来以管理公共秩序的规则,并提出了一个简单的事实上的检验标准,即主权者的命令,以此作为用来识别那些特别规则的唯一标准。但是,它过于简单了,"奥斯丁关键性的假设,即在每个社会里,都可以找到一个特定的集团或机构,能够控制所有其他集团,这一设想在一个复杂的社会里是站不住脚的。在现代社会里,政治控制是多元的,不停地移转,或多或少是一种妥协、合作和联盟的事项,所以任何人或集团常常不可能拥有奥斯丁所说的主权者必须具有的巨大的控制权。"③

德沃金对于政治控制多元的提醒,暗示了西方法律自罗马法以来的协议性立法传统,必然被社会力量所主张的社会道德原则所渗透。这种社会性的立法当然以反映市民协调利益或者或多或少反映个人利益的权利概念面目出现,这也就是前面所提到的现代罗马法学家格罗索所分析的罗马法突破抽象的国家法而演变为权利法或协议法的原因。所以,德沃金说:

> 法律和[反映社会的理性的]政治道德之间的这种关系的确立和保持的手段是:通过法律来实施基本的和宪法的"权利"。这些权利使法律本身更为道德,因为它可以防止政府和政治官员将制定、实施和运用法律用于自私或不正当的目的。权利给予我们法律"正当"的信心,这样说的含义是,法律会使"正当的"公平对待他人,或使得人们遵守承诺。我们将更明确地忠诚于法律,因为我们知道,如果一个特定的法律规则或者它的实施是不"正当的",我们的法律权利将阻止那一规则成

---

① Ronald Dworkin, ibid, Intro. Viii.
② Ronald Dworkin, ibid, p. 18.
③ Ronald Dworkin, ibid, p. 18.

为法律。这就是法律具有有效性以及其他特殊效力而其他形式的强制命令却不能如此的原因。权利给人们以保障,保障人们的法律受道德原则的指导,而不是受享有足够的政治权利的人的私利的指导"。①

德沃金对法律与社会理性道德原则的这一观察,不仅说明了法律为什么应当是权利的,而且也说明今天西方的法律就是权利的法律,自罗马法以来的西方确实是依理性主义这一方向对法律进行以权利为内容的建构的,他说:"在建构的法律原则以使其反映我们的道德原则的过程中,我们创造了权利。权利即是来源于政治道德原则的法律原则"②,"这些基本原则[权利理论]比占支配地位的理论所发展了的功利主义更为准确地说明了美国法律和政治的实践和理念"③。

德沃金的权利概念是非常广义的概念。他对权利进行了分类,其中一部分是我们通常所说的权利,即明确的制度上的权利,这些具体权利是制度化了的社会道德原则,在法院执行其审判职能时具有明确的适用功能。另一类权利,则是我们容易忽略的,它们没有直接被规定出来,但是存在于法律抽象原则的背后,它们以抽象的形式被掌握在个人手中以反对作为整体的社会的决定,可以称为背景权利。背景权利是法院自由裁量疑难案件和宪法性案件的法律原则或合法根据。④

(六)权利概念理论的优越性:更好地解释了法律效力基础

法律规范为什么具有效力,是法律规范性领域的一个重要课题,也是法理学中最为复杂的问题。许多分析法学家完全从规范的强制力的形式方面入手,以强制性条件为法律效力的解释理论,认为法律之所以具有效力,就是因为它是特定强制秩序预定的基础规范或该基础规范的授权法律。以凯尔森为例,他提出国内法的最高规范是基础规范或宪法,而基础规范的效力,来自它符合合法性原则。凯尔森的合法性原则不能理解为价值标准,因为他仅仅从形式上理解,即所谓合法性就是指它是由现存的强制秩序预定的。所以当革命或者其他原因使某一强制秩序被新的强制秩序取代时,旧的基础规范如果不被继续预定,它就失去了效力,由此授权的一切法律也都不再有效力。所以现存强制秩序的实效性是法律效力的条件。⑤

但是这种强制形式理论虽然在形式要件上解释了法律的效力基础,但是

---

① 〔美〕德沃金:《认真对待权利》,中文版序言,第3—4页。
② 同上注,第21页。
③ 同上注,第16页。
④ Ronald Dworkin, ibid, Ch. 4.
⑤ Hans Kelsen, ibid, pp. 115-120.

却没有在实质要件上解释法律为什么具有效力。哈特就指出,如果一种形式上具有强制秩序但是人们内心不服从的法律也被理解为法律,那么这种法律效力解释理论就不能解释现代国家内部法律制度的某些特征。他提出了承认规则,即对一个法律的存在来说,它需要两个最低限度的条件:一个是公民普遍地遵守;另一个是执行官员把它作为公务行为的重要标准来接受。不过哈特又承认,仅仅有执行官员承认的法律,不能否认它有法律的称号,虽然这样的社会的人们就会像"绵羊一样可叹","绵羊的结局可能是屠宰场"。① 哈特提出了公民的普遍遵守习惯符合现代国家法律的要求,但是,他是从结果来评价法律的效力,并没有从原因角度真正回答法律具有效力的实质理由。而且他的所谓"公民普遍遵守"也还是形式标准,不问遵守的动机,也并不要求实质考察。

德沃金认为,强制秩序理论虽然说明了法律为什么具有效力,但没有说明为什么应该具有效力。权利理论,能够解释应该给予法律效力的实质理由或者说明法律为什么应当被尊重。这就是说,法律的效力不能简单地建立在暴政的或单方面的强制之上,而是应该建立在社会道德基础上。法律承认权利,就是承认了法律的强制是来自社会原则的强制而不是来自单方面规则的强制。他说:

> 我们对于法律的特别尊敬——与我们对于其他集合规则的尊敬如对于足球规则的尊敬相比——用把法律只看作是规则的一个集合体的观点是不能充分解释的。我们只有承认法律既包括法律规则也包括法律原则,才能解释我们对于法律的特别尊敬。一个规则和一个原则的差别在于,一个规则对于一个预定事件作出一个固定的反应;而一个原则知道我们在决定如何对一个特定的事件作出反应时,知道我们对特定因素的思考。权利理论能够解释我们给予法律的特别的尊敬。我们尊敬法律,不仅仅是因为我们被迫遵守法律,而且因为我们感到遵守法律是正确的,甚至在我们知道遵守法律并不利于我们个人的直接利益的时候,在我们知道我们可以不遵守法律而不会因此受到惩罚的时候,还是感到有责任遵守法律。我们这样做,因为通过法律原则通过自身的协调反映了我们的道德情感,使法律获得了道德特征,获得了道德权威。这些是[那些只简单地]以强制力为后盾的规则的集合体所不能享有的。②

从权利概念理论可以获得这样一个启发,现代法之所以具有相当稳定的

---

① H. L. A. Hart, ibid, pp. 97-114.
② 〔美〕德沃金:《认真对待权利》,中文版序言,第18、20页。

效力,其主要理由是它已经在实质上具备了法律的效力基础,而不是依靠简单的强制而成。早期的法律总是不能给社会带来安定的因素,导致社会革命或者秩序兴替不断,正是因为其缺乏权利制度或者权利制度不发达不合理的结果。我们以往过于轻信法律效力的神秘根源,从神权到王权,从形式强制到抽象的习惯,这一切有关法律效力基础的解释都是背离了我们人类自己的本性。我们服从我们的法律,不应该是我们不得不,不是来自于一只神秘之手,或者来自于他人暴力强制,而应该是我们愿意,即我们的法律适合于我们的社会道德而不是某些集团的单方面道德。由于社会道德是随着社会、经济、文化的发展而发展的,我们的法律也应该随时反映这种社会道德的变化。"只有通过这种方式,我们才能够防止削弱公民对于法律的普遍的特殊尊敬的反应","道德的发展是不能通过颁布命令来实施的"。①

四、权利概念背后:法律主体性

(一)权利真的是最基础的概念吗?

由于权利思想的传播及现代政治文化的影响,权利概念理论已经成为今天法律理论中分析和叙述法律的一个优势理论。人们普遍视权利概念为法律中具有深刻的实体理由的概念,反对将权利看作是义务或责任概念发展出来的技术性概念。许多学者甚至相信权利是法律概念中唯一最基础的,全部法律是以预定权利作为起点的,其他法律概念不过是在权利基础上展开而已。

自罗马法尤其近代西方法律所发展出来的法律,其包含的法律概念是非常复杂的,可以说构成了一个概念体系。我们常见的概念除了权利之外,还有主体、各种能力、义务、履行或不履行、责任、制裁、救济、赔偿、豁免、起诉、执行等。要以权利概念理论坚持权利概念的唯一基础性,就必须能够解释在法律概念的体系中,仅仅只有权利概念才是唯一的基础概念,即,权利是法律的最基本原则或基本价值观的体现者,其他的法律概念都不过是自权利概念推演而来的从属于它的技术性概念。

人们就义务、责任、赔偿、救济、制裁、豁免等概念往往比较容易加以回答。例如,在解释义务时,可以说义务是与权利对应的义务,是法律根据权利实现的要求而设定的一种实现技术,故拉德布鲁赫说:"一个人的法律义务不外乎是另一个人的合法请求的标的……对于法律上的义务人来说,始终强制地存在着一个权利人……只有在法律领域中,人们才能谈论'义务和责任'。

---

① 〔美〕德沃金:《认真对待权利》,中文版序言,第22—23页。

在法律领域中,一个人的义务总是以他人的权利为缘由。"①

以民法上的各种义务为说明,可以说物权义务是服务于对应物权的义务,债务是服务于对应债权的义务,尊重人格和身份的法定义务是服务于对应的人格和身份权的义务。所以,我们可以称义务为"为权利的义务"。对责任、赔偿、救济、制裁、豁免等概念,我们也可以作出它们是权利辅助概念的实证解释,所以,我们也称责任为"侵权责任或违反合同的责任",称赔偿为"侵权损害赔偿或违约损害赔偿",称救济为"权利救济",称制裁为"因责任的制裁",称豁免为"责任豁免",等等,将这些概念划入权利概念的下位或者再下位概念,作为协助权利实现的技术来加以对待。

但是,当我们分析法律上的主体概念时,却发现主体概念和权利概念的关系非常微妙。主体不仅不能轻易地被看作权利的辅助概念,相反,似乎主体概念更具有核心的意义。哈特曾经这样触及了权利和能力背后的主体问题:

> 授予私人权力的规则,要得到理解的话,我们就必须从行使这些权力的那些人的观点来考察它们。于是,它们显现为是由法律引入社会生活中、关于强制控制要素之上的添加要素。情况之所以如此,乃是因为持有这些法律权力可以使私人公民成为私人立法者,而如果不存在这种规则,他将仅仅是一个责任的承担者。授权规则使他们有权能在自己可以建立契约信托、遗嘱和其他权利和义务结构的领域,决定法律运作的方式。为什么不承认以这种特殊方式被使用,并授予这种极大的、与众不同的便利条件的规则是不同于强加责任的规则呢?②

从哈特的这段话,我们注意到权利概念背后还存在复杂的关系,即还有被授予的主体问题。在这里,哈特实际暗示了权利的背后,还有更隐蔽的概念或者法律动机存在于法律的核心:主体性或主体概念。要理解权利,仅仅分析权利概念本身是不行的,我们还必须考察被授予权力或权利的主体。那么,这个主体概念在法律概念体系中与权利概念到底是什么关系呢?可惜,哈特没有由此追问法律主体性问题。

(二) 传统分析法学的错误回答:否定法律主体性

对于法律主体性问题,传统分析法学家却得出了否定的认识,由于他们否定权利概念的实体性,将权利归结为实现法定义务的技术,因此也否定权利背后存在实在的主体概念。凯尔森就认为:

---

① Gustav Radbruch, a. a. O., S. 17.
② H. L. A. Hart, ibid, pp. 40-41.

法律上的人（按定义来说，他是法律义务与法律权利的主体）的概念，符合一种想象，需要有一个权利与义务的持有者。法学思想不满足只看到组成义务或者权利的内容的某种人的行为或不行为，想象着必须还存在具有义务或权利的人物。这种想法体现了人类思想的一般趋向。在经验上可以观察得到的一些质也就被解释成为一个客体或实体的那些质，而在文法上的主语只是一些质组成了统一体这一事实的象征而已……但是在语言形式所决定的日常想法里，这一实体却被当成是设想在"它的"质之外有一个独立存在的分立的本题……人们以为每一个可感觉世界中的对象都有一个不可见的精神的住所，这个精神就是对象的主人，就像实体有它的那些质、文法上的主语有它的那些谓语一样……因而，就如通常所理解的，法律上的人也就"有"它的同样意义上的法律义务与权利……法律上的人并不是在"它的"义务和权利之外的一个分立的本体，而不过是它们的人格化了（personified）的统一体，或者由于义务与权利就是法律规范，所以不过是一批法律规范的人格化了的统一体而已。①

凯尔森在这里把法律主体与文法中的实体打比方，认为它是传统法学想象出来的一个在技术上将义务和权利统一起来的概念，即它只是由一些质组成了统一体这一事实的象征而已，这些质，就是义务和权利。换言之，只有某些被调整的行为，没有主体化的实体，真正象征"实体"那样的主体概念是没有的。所以凯尔森还强调说，权利和义务是以行为与不行为作为内容的，因此法律是在特定方式下调整着具体的人的这些行为，而不涉及他的其他部分，说一个人是法律上的人，意思就是说，有这样的规范，即能使这个人的某些行为有资格成为义务或权利的法律规范。②

凯尔森对于法律主体概念的理解，并没有建立在对法律内容的实际分析基础上。这与他坚持义务概念理论否定权利概念的实体性一样，在分析法律时他采取从简单定义简单推导办法，通过把法律看作特定社会技术的集合，简单地认为法律不过是一批具有规则形式的法律规范而已，并由此解释法律中的其他概念，不顾规范内容本来是复杂地与社会道德原则通过立法密切地联系着的事实，根本不去探求法律的实际体系。我们前面已经通过哈特和德

---

① Hans Kelsen, ibid, pp. 93-94.
② Hans Kelsen, ibid, p. 95. "奴隶在法律上不是人，或者说是没有法律人格的，意思就是说并没有能使这个人的任何行为有资格成为义务或权利的法律规范。"

沃金的批评,揭示了奥斯丁和凯尔森这种分析方法的简单机械性。①

(三) 法律动机考察:从权利和能力的设定动机可论证法律主体性

亚里士多德曾经指出,事物的存在目的勾画了事物本身的意义空间,在很大意义上是对事物本身的存在属性的直接说明。② 从亚里士多德的这句话,我们可以抽取一个研究事物或概念的属性的分析方法——目的分析方法。一个概念如果在目的上是自为的,那么它的价值被自我包含,它本身就是完全独立的价值原则,但是,一个概念如果在目的上是为他的,那么,它的价值是被更高的价值决定的,它本身不可能是最基础的概念,因为它的决定者是比它更为基础的概念。下面我们将以概念的目的性结构作为分析工具,考察法律概念究竟孰为最基础。

在前面考察权利的基础属性时,从哈特的不经意的表述中,我们可以联想到一个假设,即法律世界不仅是权利的世界,而且是主体的权利世界,这就是说,法律真正的目的,不在权利这里,而是在被授权者那里。法律授予权利,是要对被授予者授予权利,其目的在于使被授予者成为"立法者"而不是"仅仅是责任的承担者"。根据这个假设,主体概念将是比权利概念更为基础的概念。

---

① 凯尔森的分析方法虽然存在简单化的问题,但是我们仍然需要尊重他的思想的合理部分,因为他是较早的明确反对法律泛意识形态化的学者,坚持了法律解释独立的精神,认为法律陈述应追求合理方法,达成法律科学。他认为传统法学有一种将实在法学同政治意识形态混淆起来的倾向,法学面临着没有一种影响来抵制那些合乎正在掌权以及渴望掌权的人的愿望的理论,任何用先验观念或正义观念等解说实在法都是政治意识形态的伪装,它把法律应当是什么的主观判断取代法律实际是什么。凯尔森认为法只不过是以人类经验为基础的一种特定的社会技术(social technique),他的纯粹法理论不从形而上学法律原则中,而是从法的假设中,从对实际法律思想的逻辑分析所确立的基本规范中去寻求法律的基础,即它的效力的理由。(凯尔森前引书序言第3页)。他主张依实证的或纯粹的态度,而不要妄加推究的态度去分析法律,根据他的纯粹法理论,要正确地了解一国的实在法,必须完全从实在法律规范去推究它的概念,绝不能受立法当局的动机或意图的影响,或受法律支配的个人关于法律形成的愿望或利益的影响,除非这些动机和意图,这些愿望和利益体现在立法过程产生的材料中。凯尔森的思想具有深刻的一面,它确实指出了自然法学派那里易于滋生政治意识形态对法律的滥解现象。但可惜的是,凯尔森本人在分析法律时,却没有做到从实在法的内容去推究法律的各个概念,而是极端追求与他的简化的法律定义保持同一律,使得他的纯粹方法变成了一种自我定义推演的方法。另外,凯尔森对立法环节法律制定与社会道德原则的联系注意得不够,没有重视法律人定性质对合理立法提出的挑战。对立法者来说,他不可避免地受到他的法律思维来创设法律,因此,法律科学的讨论,首先必须正视法律人定性质的存在,关注立法者的立法思维的方方面面。实证法上有许多概念,经常被指责缺乏恰当理由,这实际只有回到立法政策领域才可能改进,只有以充分的或广泛支持的理由而不是武断地去设定法律概念,才能减少偏见或意识形态的泛滥。

② 亚里士多德从哲学上区分目的性概念和必然性概念,前者有一种自我保持,其自身即是目的。参见〔德〕黑格尔:《哲学史讲演录》,第2卷,贺麟等译,商务印书馆1960年版,第269页以下。

这个假设能否成立呢？法律在设定权利和能力时，到底是将主体作为权利的技术还是作为权利的价值渊源呢？权利概念是以自身为目的的概念，还是从属于主体或其他价值性概念呢？

某一法律概念的动机，是"包藏"该法律概念的目的的较可靠的一个所在。权利制度的历史动机是什么，并不是一个很隐蔽的问题，因为在历史上，权利制度的出现是非常明显的先有观念后有制度的例子。并不是所有的时代都会出现有权利的法律，权利概念不是在每个社会都能见到，也不是社会本身所必需的。权利是由意识到个人价值或人权的社会所创造的。只有在或多或少认识了个人价值的时代，才可能形成权利观念。

从罗马法时代的自然法思想到近代欧洲的天赋人权思潮再到当代人权学说，都起着鼓动权利制度形成和发展的作用。无论是导致产生私法权利概念的罗马法时代的古老的人权观念，还是成为近现代权利制度道德基础的近现代政治和社会文化中的人权观念，都是以思考人的主体性需要为前提的。这种受人权观念影响的法律在建立权利制度时，总是将维护人的主体性需要作为法律的基本原则。古代罗马在成熟时期有了最初的古代人权知识，所以罗马法有了最初的权利，其《法学阶梯》第一卷第一篇开首就宣言罗马法的原则是正义原则，并明确解释这个正义原则的核心是维护每个人的主体性需要，它的权利制度和全部法律，是以服从个人的主体性需要为目标的，即是为了给予每个人他应得的部分："正义是给予每个人他应得的部分的这种坚定而恒久的意志"，"法律的基本原则是：为人诚实，不损害别人，给予每个人他应得的部分。"[①] 现代国家的关于法律以个人的主体性需要为基本目标的宣示，最富代表性的当推 1948 年的《联合国宣言》，其第 1 条"人人生而平等，在尊严和权利上一律平等。他们富有理性和良心，并以兄弟关系的精神对待"，以及第 2 条"人人有资格享受本宣言所载的一切权利和自由……"的宣言，均突出了以个人的主体性为法律的基本目标。

纵观法律史，虽然许多具体权利类型在形成发展历史上具有迂回性，难以捕捉其进入法律之瞬间所显现的动机，但是我们从它们的实体内容入手仍很容易分析出它们的动机。例如自然人生命权的规定，其内容清楚地显示了为活生生的人提供生存保障这种动机。显然，从生命权等人格权所被授予的自然人角度看，无论如何也不能将主体概念范畴的自然人概念解释为权利的辅助概念，相反，倒可以解释说这些人格权利是为了维护自然人的生存和精神需要而设置的。民法上每一种基础权利都可以这样理解。例如，自然人在民法上的基础权利，可以划分为人格权、身份权、物权、合同债权等，其内容都

---

① J.1,1pr.；J.1,1,3.

直接与活生生的个人的生存和精神要求相关,这些权利类型存在有机的整体的联系,组合起来,便明显体现了为单个人提供生存和精神总体保障的目的。其中人身权是法律为个人对自身人格或身份的利益提供的得自我支配能力,物权是法律为个人对涉及生存或发展的财物提供的得经济支配的能力,债权是法律为个人对他人的特定利益行为提供的得受领请求能力。

法律上除了权利之外,还有各种"能力",具有类似于权利的意义。最主要的能力,有民法上的权利能力、行为能力,这些能力是与权利有关的非常重要的法律抽象的授权,是主体可以享有或创设权利的资格。法律赋予每个人以平等的权利能力,使之都得成为民法上的主体,显然是尊重"人皆得为人"或基于每个人均平等具有主体性的思考的法律结果。民法上的行为能力,指主体可以依法律行为自己创设权利和义务的能力,所以也称自治能力,在体现法律的主体性方面,更有突出的意义。

行为能力,在法律中是一项更具有深度的体现主体性需要的制度。行为能力进入实证法时有一个更清晰的可供观察的背景。不管是什么原因影响人们形成自治法律思维,作为事实结果,私法自治制度逐渐地被置于民法的中心,对于这个现象,梅因曾经作了一个考察,提出了一个关于民法发展的"从身份到契约"的著名的结论。[①]《法国民法典》将契约自由无可争议地上升为实证法的原则,《德国民法典》进一步发展出法律行为理论,建立了全面的自治制度。近代法规定自治能力并且突出它,不管是受近代的政治经济学的影响而成,还是受其他人文思想的影响而成,或者是由贸易实践促成,在动机上都明显表现为要赋予个人以自治资格,自治能力的规则就是要把个人可以参与自治的这个空间用法律的形式维护下来,使个人可以享有契约自由成为法律的原则,是要用立法承认个人在创造生活、发展经济、促进社会方面有无法替代的能量。民法没有赋予每个人以自治能力或行为能力,而是基于理性原则,只将完全行为能力赋予成年并精神上健全的人,但这并不影响自治能力制度为个人主体价值设定的动机。当法律把行为能力授予主体时,主要的意义是宣告了主体的权力,即宣告了自治行为的归属性。可见,行为能力的属人性清楚显露在立法思维中,比权利概念更为明白地宣示了法律的主体

---

① 梅因:《古代法》,沈景一译,商务印书局1959年2月第1版,第97、172—173页。梅因在《古代法》第九章"契约的早期史",还这样概括近代法:由于受到政治经济学的影响,近代人一般都着重于扩大"契约"的领域,缩小"强行法"的领域,只有在必须依靠法律以强制"契约"的履行时,才是例外,"立法几乎已经自己承认它和人类在发现、发明和大量积累财富各方面的活动无法并驾齐驱;即使在最不进步的社会中,法律亦逐渐倾向于仅仅成为一种表层的东西,在它下面,有一种在不断变更着的契约规定的集合,除非为了要强迫遵从少数基本原理或者为了处罚违背信用必须诉求法律外,法律绝少干预这些契约的规定。"

性。所以,当《法国民法典》第1123条规定:"凡未被法律宣告为无行为能力的人,均得订立契约。"我们首先理解的是,法国法已授予私人以订立契约的权力。法律旨在将行为能力授予给"私人",是再也明白不过的事情,自治能力就是预备给主体的,主体的自治需要是法律设定自治能力的精神来源。

上述关于权利和能力的制度动机考察,显示了权利和能力的归属性不是一种法律技术性处理的结果,不是像凯尔森所说的那样是一种所谓类似"文法"的表达,权利概念虽然是义务或责任等概念的基础概念,但是它还不是最终的基础概念,从价值上它还要归向确定的主体。权利和能力的这种归属性,是法律价值上的归属性,被归属的主体是价值性的,是法律设定权利和能力的价值基础,而不是技术性的,不是一个辅助权利的概念。权利主体不仅是权利的价值性主体,而且也是罗马法传统中的全部法律的主体,因为进一步考察可以发现,权利主体在实在法的体系设计中,是自我存在的,不再从属其他什么概念或价值原则。法律概念体系的实际顺序是:主体是最为基础的概念,它代表法律的目的和最基本价值来源;然后是权利和能力,它们是用来确定主体性内容的法律形式的;再依次往后是其他概念如义务、责任、赔偿、制裁、豁免和起诉等。权利主体性是法律概念的根本所在,法律是权利的法,但首先是主体的法。

五、民事主体立法政策的历史分析

(一) 实在法分析的历史视角

格罗索曾说:"一方面,对实在法的研究不应当脱离一定的历史背景;另一方面,法是一种文明和文化的构成要素,因此,法的历史是文明史的基本组成部分。"①孟德斯鸠和梅因都曾经从历史观点考察法律,取得了丰硕的成果。法律是人的精神的产物,并且是历史的产物,这种认识对我们如何得以恰当地分析实在法上的法律主体具有启发意义:法律与历史事件一样,其之所以得以制定,与特定的历史场合中的立法者的意志具有直接联系,所以,理解一项法律概念离不开历史分析,理解主体概念这一最基础的法律概念,更需要从历史起源和变迁的素材中探索。塞西留斯对法伏林说:

> 你不会不知道,法律有种种长处和补救方法,这些长处和补救方法,依据时代习尚,国家制度性质,当前利益的考虑和应予矫正的弊风会有变动和起伏。在性质上,法律绝非一成不变的,相反的,正如天空和海洋因风浪而起变化一样,法律也因情况和时运而变化。看来哪里有比斯托罗的建议更有益的,比伏柯努斯的平民立法更有用的?哪里有比李希尼

---

① 〔意〕格罗索:《罗马法史》,第1页。

的法律更为必要的？①

与历史方法有时对立的研究方法中,纯哲学思辨方法较为典型。像黑格尔这样的哲学家从最高的精神中来寻求法固然具有哲学深度,但是,一般来说,这种方法不能作为分析叙述实在法的方法,而是只能作为一种批判的或学术设想的方法。一些哲学式研究方法具有理想色彩,而立法者的有限的认识或意志甚至内心的感情、倾向和任性,往往是历史现实中的法律产生的重要条件。当黑格尔醉心于从"纯正哲学立场"所论证出来的自在自为的精神（法）之上发展法律（实在法）时,与他的哲学论证相反,在人类历史上,实在法却总是沦为历史观点所要求的东西。

影响或决定法律制定的实际历史思维,我们称之为立法政策。在习惯法时代,主导着法律形成的是一种更具有当然特性的立法政策,到了成文法时代,法律渊源(制定法和判例法)的立法政策则具有随意性,"它(非习惯法)并不表明传统,而是人类意志,而人类意志又可任意地赞同抑或否定传统。于是,在法律规则中,应然便率先开始从既有事物的束缚下解脱出来。自此以后,立法者就可以把其需求按其意志付诸每一项法律内容。"②至于立法意志,有可能或简单或复杂,但绝不是"纯粹哲学立场的东西",而是一定程度的理性,它是立法者的知识、品格、经验、个人价值观、社会压力等各方面因素综合的产物。在单方式立法,具有立法者独断的立法特点；在协议性立法,立法者受到来自社会的压力,因此他们的立法也总要反映社会协议的特点。

由于法律是立法思维的产物,其作为应然秩序,便可能与社会要求的秩序要求发生背离,习惯法时代,这种分离可能不甚明显,因为习惯规则带有较多现实的特点③,但是到了制定法时代,立法者获得决定法律内容的力量,法律与实际的分离可能性明显增加了,分离的程度完全取决于立法者的立法政策与现实的背离程度,一项保守的立法,可能强制我们回到昨天的生活,一项激进的立法,可能强迫我们跃进到明天的生活。要达成法律实效,如果不是指望强制或高压的话,就只有千方百计缩短法律政策与现实的距离。但是这并不意味着我们就一定要使法律迁就现实,假如现实是不值得留恋的,促成理想法没有什么不对。但是,我们发现,在法律思想基地,每一种观念思维都主张其合理性,而合理本身又仿佛披着永远不可认识的面纱。这就是怀有良

---

① 参见〔德〕黑格尔：《法哲学原理》,商务印书馆1961年版,范扬等译,第7页。黑格尔批评历史观点的法学家会使完全相对的东西代替绝对的东西,外在的现象代替事物的本质,他认为愈得到哲学观点支持的法律,所得到的历史上承认就愈深刻。

② Gustav Radbruch, a. a. O. , S.17.13.

③ 拉德布鲁赫甚至认为："习惯依旧绝对有着现实的特点。"参见 Gustav Radbruch, ibid, S.12。

好愿望的立法者的苦恼。立法者最后总是不得不通过立法程序将所接受的法律认识制定出付诸强力的法律。历史中的实际法律,可能由于立法者的局限性,与当时的情况严重脱节,也可能由于立法遵循了社会协议程序,比较符合实际需要,从而具有合理价值。

法律主体概念和它所结构的法律一样,从未超脱于历史的立法政策的限制,它指称什么,取决于立法意志。每一种秩序都必是在实体事物与实体事物之间发生的,但是人们(包括立法者在内)所认识的秩序却不总是自然秩序,而是一种经观念加工了的秩序,这种观念秩序才是形成立法意志的直接推动者。所以,孟德斯鸠关于"法就是这个根本理性[指自然秩序]和各种存在物之间的关系,同时也是存在物彼此之间的关系"①的说法,还近似于自然法思想,并不是纯正意义的历史法学的观点。自然秩序不能生成法律秩序,人们对于自身社会的实体秩序的观念,反映在立法中,才会形成法律秩序。每一个历史阶段,影响形成立法思维的实体观念,将是决定法律主体概念内涵的关键性前提。法律根据立法者接受的实体观念,确立法律上的主体,将之作为法律关系轴心,承受法律关系内容,由此构建法律秩序。这种由法律思维择定的承受法律关系的实体,就是法律主体或法律人格。所以,法律主体在历史上从来都不是现实世界中实体本身,而不过是立法者在思想中所接受了的实体,有时甚至不过是拟制的主体。因此,经由立法意志的作用,法律主体不可能就是现实中的实体,例如人的自动法律转化,而是立法者的历史意识所认识的实体的概念化,体现人类的思维范畴。

可以说,有一种关于实体的思想或观念,就会有一种相对应的主体观念。早期宗法观念和家族观念迷信家族或家庭等原始共同体,便通常把原始共同体视为秩序的轴心,赋予其主体身份,推举族长或家父作为它的代表,由这种主体观念产生的法律以家族权力而不是以个人权利为中心,可称家族法或家父法。中世纪的基督教思想则迷恋教会组织的主体性,推动了以教会权力为中心的教会法的形成。印度的婆罗门拒绝生活上的一切活动、一切目的、一切想象,因此,也就拒绝主体化生活。历史上的国家主义主张加强国家和有关共同体在基本生活秩序的地位,把法律建立在国家主体法的性质上,法律的内容以国家权力为中心。早期社会主义主张选择旨在消除剥削的国家主义和集体主义,在社会生活和经济领域用公有制的各种组织及经济共同体取消个人的主体设定。总之,每一种关于秩序实体的观念,都追求其推崇的实体的主体性,所以,如果爱犬者也打算建立一个犬与人平等的法律主体秩序,这一点是不奇怪的。古代人可能不理解现代社会为什么没有了奴隶制度,而

---

① 〔法〕孟德斯鸠:《论法律的精神》,第 1 页。

善良的现代人可能会怀疑历史上真的有过奴隶制度。在法律史上,法律一向都不是固定观念的产物,相反它是变化中的立法观念的产物。

历史上影响法律主体概念和它决定的法律结构的实体思维有很多种表现,归结起来,可以划入个人主义和超个人主义两个观念范畴。① 个人主义也好、超个人主义也好,总是要将确信的这样那样的目的事物纳入实在法,然后以之规划法律秩序。非常幸运的是,对今天的我们来说,人类法律实践史上,关于法律主体的观念总体上处于向个人主义发展过程中。罗马人最早发现并发展了个人主义主体观念,为我们今天的法律奠定了个人主义的法律主体性方向。自罗马法时期兴起的个人主义认为世界的秩序应该是个人与个人的关系秩序,唯有个人才配得上戴上法律主体王冠,开创了一种以个人权力为原则的法律。由于这种个人权力是在每个人那里都平等的,所以在本质上有别于家父权力或国家权力的特权性,故被称为"权利",这种法律也就称为权利法。不过,到今天为止,彻底意义上的个人法或者权利法,还只是一个理想,罗马法以来的历史中的法律虽然以个人主体性为原则,但是各种超个人主义观念仍然有着强大而复杂的影响力,所以,历史上的法律主体概念也总是具有相当复杂性。

(二) 罗马法的主体观念及个人主义主体观念肇始

在法律的最古老时期,法律思维就贯穿着超个人主义和个人主义的观念冲突,但是,一般来说总是超个人主义占据上风。人类学对我们了解人类的早期状态作出了重要贡献,其研究表明早期社会在法律上并不是像现在那样基本上是个人与个人得以区分的社会,它通常是以家族与家族甚至氏族与氏族区分为基础的社会。古代社会法律上的这些家族概念,和今天的家庭不同,它的法律上的结合密度符合一个单一体的基本特点。而今天的家庭,其内部成员与成员之间保持有明显的独立,因此,它成不得单一体。古代社会家族单元的观念如何生成,是起因于生存需要、血亲崇拜、原始宗教,还是其他什么,尚待我们进一步揭示,但是,无论如何,古代社会虽然多种多样,但将家族结构作为社会的中心结构形式,是其法律制度的典型特点。这种法律,使个人丧失了独立的法律存在,被他所从属的家族集团所吸收。卢梭的那种关于"社会契约"的说法是一种得不到实证的假设,所以拉德布鲁赫认为:

> 最古老的国家产生无论如何不是源于契约,亦不是由于个人有目的地创造行动,而是历史发展的结果所构造的。而且,在诸如有机的人的

---

① 关于个人主义和超个人主义法律思维的对立,读者可以参见 Gustav Radbruch, a. a. O. (拉德布鲁赫:《法学导论》)一书中的精彩论述。

共同体生活中,这种整体性比其部分性更为久远。①

这一时期,支配立法或习惯的实体思维,总是以早期共同体为中心而展开,夹杂着各种早期的神秘观念,包括原始图腾、宗教、宗亲、血亲、家长观念,使人们以结成原始共同体的形式生存着,几乎不可能出现单个人式的生活状态,总之,恰恰缺乏个人主义的实体意识。因此,愈古老的法律,愈近于身份法或团体法,个体精神得不到体现,法律的主体结构中,个人处于一种压抑的状态。梅因说:

> 各国的民法,在其最初出现时,是一个宗法主权的"地美士第",我们现在并且可以看到这些"地美士第"也许只是更早期人类状态中每一个独立族长可能向他妻、子及奴隶任意提出的不负责任的命令的一种发展形式。但是甚至在国家组织形成之后,法律的使用仍旧是及其有限。这些法律不论是保持着像"地美士第"的这种原始形态,也不论是已经进步到"习惯或法典化条文"的状态,它的拘束力只涉及各"家族"而不是个人。②

早期罗马法代表了人类古代法的典型。后期罗马法开了个人主义法律之先河,但是如果我们因此就以为罗马立法一向欢迎由个人来主持法律,则是错误的。根据学者的研究揭示,罗马法早期,法是在家庭关系中产生的,但是真正的制度却不是这个家庭外部的法,而是家庭(familiae)内部的结构。我们可以阅读摩尔根《古代社会》和有关研究罗马早期史的人类学著作了解到这些。早期罗马具有浓厚的神秘色彩的原始家族观念,我们称之为"宗法理论",它在罗马城邦建成后的立法思维中得以表现。早期罗马法的法律主体结构,在这种宗法理论影响下,推行家族主体秩序,以维护家族这种原始宗法共同体为目标,其结果,创造了一个以家族共同体为轴心的法律秩序。梅因总结道:

> 法律这样组成是为了要适应一个小的独立团体的制度。因此,它的数量不多,因为它可以由家长的专断命令来增补……团体永生不灭,因此,原始法律把它所关联的实体即宗法或家族集团,视为永久的和不能消灭的。③

意大利现代罗马法学家格罗索也说:

---

① Gustav Radbruch, a.a.O., S.24.
② 〔英〕梅因:《古代法》,第95页。
③ 同上注,第72—73页。

罗马家庭组织具有一些给其打上典型烙印的特点,后来的发展使这些特点不断消退,因此,越往前追溯,它们就越使人看到一个鲜明的有机单位。在追溯历史时,通过研究有关所有权或物的基本区分的历史材料,人们可以看出这种单位。①

这种家族主体观念的立法使用了家父代表技术,使罗马家族按父权的模型建立,由家父统领和代表,因此,它有明显的父权特点。在早期罗马法的主体结构中,一个 homo(生物意义上的人)是不当然适用罗马法的,唯有代表家族的家父才可以享有法律主体权力,而家子、奴隶、共同体以外的个人均无法律主体身份。家父身份的取得,完全依据原始传统或宗法。② 家庭内部就像一个有主权的政治单元,其中家父拥有统一的至高无上的权力,称为家父权(mancipatio)。

家父权这种权力是对要式物和隶属于家父的自由人的统一主权。家父的权力是终身的,范围广泛,"早期家父权力的对象有:隶属于家父的自由人和奴隶,受家父支配权指挥、用以牵引或负重的牲畜,意大利土地以及作为其附属品的某些地役权。这样,人们可发现家父对自由人和土地的早期权力,这种权力可以被界定为'主权',因为这里具备主权所要求的两个条件,对于政治实体(即国家)来说,它们通常是至关重要的,这就是:居民和领土。"③家父权也是一种漫无边际的家族内主权,甚至包括卖子权(jus vendendi)和生杀权(jus vitae ac necis)等父权(patria potestas)。④ 家父权还是一种抽象的概括的权力,"在历史时代区分为不同的支配权和权利(对人的支配权[potestas]、夫权[manus]、财产权[mancipium],对物的所有权[dominium]和其他权利,它在最初时代被归纳为一个基本的概念单位。"⑤

在家族主体结构下,家子(包括家庭内的妇女、卑亲属、奴隶)对外没有法律人格。根据早期罗马法,家父对家子的行为包括侵权行为均负担直接后

---

① 〔意〕格罗索:《罗马法史》,第2页。
② 参见〔英〕梅因:《古代法》,第76页,"在另一方面,由于共同血统而在理论上混合于一个家族中的人们,他们在实际上结合在一起,乃是由于他们共同服从其最高在世的尊亲属如父亲、祖父或曾祖父。一个首领具有宗法权,是家族集团观念中的一个必要的要素,正和家族集团是由他所产生的事实(或假定事实)同样的必要。"梅因还指出,家父和家父权,不只是古罗马社会独有,而是所有最古社会的家族组织的一般标志。
③ 〔意〕格罗索:《罗马法史》,第13页。
④ 同上注,第110页。
⑤ 同上注,第13页。

果①,有些法学家认为这种情况最好用"家父"与"家子"之间存在着一种"人格统一"的假设来加以说明②,但是这种认识还是太过于注重家父与家子的区分关系,实际上,这里家父与家子不是简单的人格统一,而是以从属于家族观点所解释的统一。因为在这里,家族人格并不以家父或家子的自我性或个人性为起点,而是以家族的单一性为起点。罗马法中有关财产问题的家长拥有广泛的自行决定权的特点,经常被引用作为证明罗马法对现代意义上的个人主体结构所具有的贡献的证据。但是,这种说法是难以成立的,罗马时期的家父处理财产,并不像现代人所认为的那样不受限制。罗马法使家父的处分限制在善意的家族或家庭整体关系范围之内。

而所谓的罗马时期财产权的"绝对性"特征,基本上是后世那些受到非罗马法观念蒙骗的法学家们在罗马法教科书中杜撰的。如果罗马人真的如同现代一样如此的个人自由化,那么他们早就会改变那些规定成年后代在其一生中都不得拥有任何财产、除非从家长权力之下得到正式解脱的规则了。③

罗马法的家族主体观念,在经历了一个漫长的时期之后,在家族作用不断消退、个人活动日益突现的社会实际面前暴露出明显的背离。研究古罗马社会的学者发现,在古罗马的中后期,罗马人开始了贸易实践,在这种个人之间的频繁的基于商业目的而不是维系共同体为目的的交往中,个人的地位和存在逐渐突现出来。另外,战争和其他各式各样的社会活动,也向罗马社会展示了个人的丰富性和主体价值。与此同时,希腊哲学也产生影响,使罗马人的思想中产生个人主义的最初萌芽,逐渐形成关于个人意识的自然法观念。罗马裁判官从这里获得愈来愈强的个人主义意识,进而不断修正其法律思维,不仅导致契约法的发展,而且也导致在法律整体中愈来愈重视个人的

---

① J4,8,7:在奴隶有不法行为时,产生交出加害人之约,由家父承担交出加害奴隶的责任。早期罗马法将同一规则加于家子,但后来予以废止,"家子有不法行为时得直接对他起诉";J2,19,4。

② 参见〔英〕梅因:《古代法》,第83页。

③ 〔英〕彼得·斯坦等:《西方社会的法律价值》,王献平译,中国人民公安大学出版社1990年版,第143页。格罗索在《罗马法史》中也提到了这种家庭内部的对家父权力的限制:"这种'法'承认'家庭',但仅仅是承认该家庭的存在和家长的权力,也就是说仅仅承认家长权相对于外部关系而在家庭内部表现出的绝对性。家庭内部秩序及由此而产生的对家长权力的限制,从这种角度加以考察,简直就属于那种尚未上升为法的习俗,这种习俗不属于法并且与之相对立。"(第97页)格罗索在这种所观察到的早期罗马家庭内部尚未形成法律秩序,恰恰说明这种罗马家庭在法律上的统一性和不可分的单一性,罗马法的法律主体单元到家庭为止,家庭内部并不在法律的视线之内。以家庭作为主体而不以家父作为主体,也使得家父权力仅仅是一种表现家庭主体性内容的技术,受到家庭主体性的限制。

主体性,引起法律主体结构的基本转变,家族的地位不断削弱,家子和奴隶的主体性逐渐发展。总体上说,罗马法的这一倾向的发展过程是:随着历史的发展,国家结构首先发生了家族的分裂,主体单元从家族降落到家庭;接着家庭再次分裂,家庭让出主权性,主体单元开始投向个人,法律逐渐突破原始团体的主体性局限,从中释放出个人的独立性。

　　在运动发展的过程中,其特点是家族依附的逐步消灭及代之而起的个人义务的增长。"个人"不断地代替了"家族",成为民事法律所考虑的单位。当这个法律学在优士丁尼时代经过了最后一次改编后,除了为活着的"家父"仍旧保有广泛权力的唯一条款外,其中已很难找到古代制度的迹象。①

起初,由于战争的需要,参战的平民和家族成员在一定程度上被认可享有特定权利,具有部分主体性。《十二铜表法》承认平民是法律主体,以后有关的皇帝宪令还不断地加强军人对军功财产的地位。到共和国末年和帝政初年,男性家属开始普遍享有公权和财产权的主体地位,妇女、拉丁人、外国人也可享有部分公私权利。公元212年,卡拉卡拉帝准予居住在罗马境内的居民都可取得市民地位,至此,外国人、拉丁人与罗马市民有了相同主体地位。

个人主体性的进程,也表现在奴隶解放及对其主体性的部分承认。奴隶制是罗马法在主体制度上的一个显著特点。早期罗马法上,奴隶是家族的财产,所以《法学阶梯》定义奴隶为:"奴隶是根据万民法的制度,一人违反自然权利沦为他人财产的一部分。"②奴隶的渊源有三:一是产生于奴隶母亲的出生;二是产生于万民法的一些方式,如战争俘获;三是产生于市民法的一些方式,如不能清偿债务。

随着社会发展,罗马法逐渐确认一些有关奴隶解放的制度,包括自愿解放和法定解放。自愿解放方面,早期市民法确认了诉请解放、登记解放、遗嘱解放;后来的裁判官法认可了不具形式的解放③;接着,罗马—希腊时代,增加了"在神圣教堂解放方式";优士丁尼时,承认"在朋友中"和"通过书信"两种宣告形式,因此几乎承认了主人的一切自愿解放形式。④ 法定解放方面,古典法承认了在某些特殊情况下的法定解放,如克劳迪一项告示承认主人遗

---

① 〔英〕梅因:《古代法》,第96页。根据梅因的研究,早期罗马法奉行一种原始家族本位的超个人主义,而不是个人主义,中晚期罗马法开始转向个人主义。
② J1,3,2.
③ 参见〔意〕彭梵得:《罗马法教科书》,第35—36页。
④ J1,11,12.〔意〕彭梵得:《罗马法教科书》,第35—36页。

弃生病的奴隶构成释放;到罗马—希腊时代,罗马法增加了不少法定解放形式。不过,罗马法对奴隶解放仍然有一些限制,如分别于奥古斯都时期的公元前2年和公元4年颁布的《富菲亚·卡尼尼亚法》和《艾里·森第亚法》,明定了一些限制要求。优士丁尼虽放宽对奴隶解放的限制,仍有所保留。①

经解放的奴隶,成为自由人,法律逐渐赋予其部分主体地位。例如,古典法时代的《尤尼亚法》(约公元前44年至27年),赋予解放的奴隶以拉丁人地位,拥有交易资格(jus commercii)即财产能力,但不拥有"死因交易资格"(commercium mortis causa),死后财产仍归主人。在罗马—希腊时代,卡拉卡拉告示废除了罗马境内外国人、拉丁人地位差别,均认为是罗马市民。优士丁尼正式废除了拉丁人与原罗马市民的主体地位的差别。② 对于没有解放的奴隶,罗马法中后期也逐渐赋予其部分主体地位。

个人的主体性在罗马法中是逐步被添加的。随着对个人主体性的承认,其直接的一个反作用是,代表家族观念的主权式的家父权逐渐发生解体,分解形成今天意义上的一些权利雏形。重要分解的有对人的权力和对物的权力两大部分,前者出现了对子女、奴隶的支配权(potestas),对妇女的夫权(manus),卖子权或狭义的要式买卖权(mancipium,即对由其原家父转让的家子的权力)。后者则是以所有主(dominium)的身份对物行使的权力。③ 经过若干时期之后,其中,对人的权力,又随着子女、妇女和奴隶的个人主体性被广泛承认,终于褪去了其权力特征,而演化成一种以调整家庭关系为目的的身份权利形式,权利人与权利相对人之间形成一种平等请求的关系而不是支配与被支配的关系。对于物的权力,则也随着个人主体性的积淀,一方面不仅在主体上发生了变化,由过去家父的支配发展到家庭成员个人的支配。对物的新的支配形式可以是单独的,也可以是共享的,但都以个人主体性为起点;另一方面,对物的权力变成对物的经济意义上的支配,使物权制度有了最初的形式。④

在从家族权力转向个人权利、家族的主体结构转向个人主体结构的过程中,罗马法的主体制度表现出复杂的特性,这是与个人主义观念的不成熟相联系的。一方面,家族观念还没有完全退出法律思想领域;另一方面,个人主体性应予区别对待的思维贯彻于罗马人的思维中,血亲关系、性别、身体健康状况、社会身份和职业、宗教、国别等都在某种程度被看成是主体性差别的合

---

① 参见〔意〕彭梵得:《罗马法教科书》,第38—39页。
② 同上注。
③ 参见〔意〕格罗索:《罗马法史》,第110页。
④ 同上注,第111页。

理理由,这种主体性差别的处理使原始家族宗法观念支配下的单一主体结构转化成区分不同等级的个人群体的分裂主体结构。个人因这样那样的差异,在法律上影响到他的主体地位。因此,罗马法的主体资格在法律演进中,呈具体多元的特点,这种多元化的背后,明显体现不平等性。不过,后期罗马法,其发展又逐渐随着个人平等意识的增强,从多元返向统一,虽然没有最终清除等级色彩,但是不断缩减着个人之间主体性的差别。因此,一些学者认为,罗马法这种最初的个人意识,与真正意义上的个人主义思想相差甚远,罗马法的个人主义,还停留在社会技术而不是价值的认识阶段,并不是形成后世自然人概念的思想基础的个人主义。

> 一定程度的个人主义是由法律规则的性质及法律所使用的概念的精确性所要求的。然而,这并不是现代个人主义,即那种与其所处的社会的整体利益抵触时个人的利益具有特殊价值的个人主义。罗马法和早期英国法都不知道什么叫做"个人的权利"。①

需要补充说明的是,由于从来不是一种观念支配罗马人的主体思维,罗马法也从来没有完全单一的主体结构。就罗马法整体而言,法律规范出现多元主体概念,形成多元主体秩序,这些主体虽然实际属性不同,但在法律上被抽象地同置主体平台上。在早期,家族观念的侧端,各种政治宗教组织,如罗马国家、城邦、市镇、僧侣会、殡仪会等,一开始就促成了相应的不同程度的实体化思维,承认这些为特定权利主体。在罗马法的发展中间,虽然个人主体性逐渐获得广泛承认,但是私团体人格从帝国时代开始发展起来,这是因为,私人的志愿性团体,尤其是为开矿、采盐、承包公共捐组建的商业团体的蓬勃发展,逐渐增进了人们关于团体实体的意识。到后来,随着罗马国家以基督教取缔其他宗教,发展起新的宗教组织,如教会和修道院等,罗马法也开始承认这些组织的主体性。还有后来出现的"基金会"(fondazione,即后来的财团,如医院、养老院等),它作为一笔财产的使用所追随的目标,也被实体化。

当然,罗马法对团体人格的承认是逐步的,而且,由于罗马人抱有对不同类型团体区别其主体性的观念,法律上赋予各团体类别的主体化程度也各自不同。优士丁尼的法学汇纂,将原古典用法上只指自治集合体的 universitas 一语,作为一般术语加以使用,概称具有主体资格的团体。② 对于罗马法来说,团体的主体资格不需要国家明示承认,只要数个人为同一合法目标而联

---

① 〔英〕彼得·斯坦等:《西方社会的法律价值》,第144页。
② 参见〔意〕彭梵得:《罗马法教科书》,第50—52页。

合并意图建立单一主体即可。① 上述团体人格化的后果是,个人与团体具有分立的人格,即使团体只剩下一个成员,该人格身份也不同成员的个人人格身份相混淆。在这些团体范围,家父或个人要让出主体领域或被它吸收,就像个人被家族吸收那样,"如果什么东西应给付团体,它不应付给团体所属的个人,个人也不应偿还团体所欠之债。"②

(三) 1804 年《法国民法典》近代个人主义主体观念

罗马法之后的西欧,法律的许多领域一度处于教会法阴影之下,基督教思想取代个人主义和国家共同体思想而具有优势。但是,个人主义意识仍然作为一股潜流得到相当程度的维持。中世纪西欧商业活动的最大功绩之一,是在法律上直接促成了个人主义色彩的商法领域。最后,从商业精神中产生的个人主义观念终于战胜了其他,17、18 世纪,西欧的资本主义精神崛起,个人主义思想成为西方社会的基本思想。根据个人主义理论,国家的所有尊严都来自个别人的封授,国家除了因个人而具有价值外,不可能要求其他价值。1789 年法国《人与公民权利宣言》中宣称:"在一个不确保人与公民和权力分立未予规定的国家中,没有宪法可言。"

1804 年《法国民法典》集近代民法立法之大成,成为近代欧洲个人主义法律之杰出代表。法国受罗马法学理影响,使用了 Personalite 一词表示"主体资格"③,其第 8 条规定:"一切法国人均享有民事权利。"这一观点引申出一个重要含义:有资格成为法国民法上的法律主体的,是每一个法国人。《法国民法典》在此宣示了个人主义的主体原则,明确了个人才是法律上的真正主体,这个"个人"是抽象的人,不区分个人群体或社会阶层,而是从人人平等的近代个人主义精神出发,泛指法国的每个人,以具有法国国籍为条件,凡有法国国籍的个人,一律平等具有主体资格。④ 所以追求个人主义的《法国民法典》,不仅将主体地位呈献给个人,而且还在个人这里取消差别。

《法国民法典》制定的背景,是在 1789 年法国大革命胜利之后,革命的结果推翻了波旁王朝的封建专制,崇尚个人主义思想的资产阶级掌握了国家政权。从目标上看,《法国民法典》是基于消除地方势力,统一私法,加强拿破仑的中央集权需要,但是在内容上却是要建成适合于个人主义的法律制度。

---

① D3,4,1;D47,22,3;D50,16,85. 参见〔意〕彭梵得:《罗马法教科书》,第 50—52 页。
② D3,4,7,1.
③ Weill-Terre, droit civil, les personnes-la famille-les incapacites, 5ed., 1983, p. 4.
④ 《法国民法典》第 11 条规定:"外国人在法国享有与其本国根据条约给予法国人的同样的民事权利。"根据这一规定,非法国人原则上没有法国民法的主体资格。但是这一规定不能被理解为法国对其个人主义主体观念所作的保留。这一规定涉及的是法律地域效力问题,法国在这里采取了法律效力的属人主义,以国籍有无作为法律适用的标准,与属地主义相对称。

过渡期法律,即从1789年召开制宪会议到1799拿破仑·波拿巴执政这一段革命时期的法律,以空前的速度和彻底性改变了传统的社会秩序……取而代之的是如同狄德罗、伏尔泰、卢梭所描绘的那种启蒙主义的社会图像:在那里,人是一种理性的、可以自己负责的创造物,自出生之日便获得了关于良心、宗教信仰和经济活动的自由的不可割让的权利。人们无须再与旧制度的那个中间身分集团打交道,而只和国家本身发生联系。这个国家有义务通过它的立法把公民从封建的、教会的、家庭的、行会的以及身分集团的传统权威中解放出来,并赋予全体公民以平等的权利。①

《法国民法典》时期的个人主义,宣示的是平等意义上个人主义。在这里,民法典不是像在普鲁士和奥地利那样,由开明的当权者制定,而是市民阶层通过革命的颠覆清除了旧王朝过了时的各种社会制度,从而在市民的法律权利平等原则基础上建立了国家,并基此特定情况最终完成一部法典的编纂,它反映了自由与平等的革命需求。②

《法国民法典》的主体资格建立在绝对个人主义思想基础上,导致其在另一端对团体采取敌视态度,因为在个人主义思想中,团体的存在,将可能侵害个人的意思自由及其存在范围。因此,个人与国家间存在的各种团体,均被有意忽略,民法典没有赋予社团或财团以主体资格。③ 不过,现实中,经济共同体并没有消失,相反,由于商业活动的进一步活跃,在民法典没有给予主体地位的情形下,它们被习惯法接管过去,1807年,这种商业实践终于推动法国制定商法典,在技术上认可了商业组织具有主体资格,并作了类型化处理。嗣后,民法典也修正承认经登记的各种形态的商业组织具有主体资格,得为法律主体。1978年1月4日第78-9号法律修正的第1842条规定:"除第三章规定的未登记商业联合之外的商业联合,自登记之日起具有法人资格。登记以前,参加商业联合的个人之间的关系应遵守合伙契约及适用于契约及债务的法律的一般原则。"

虽然关于经济共同体的思想最终推动法国立法者接受了团体主体制度,但是我们还不能就此理解法国的立法已经建立了价值意义上的主体二元制。其法律结构的处理,非常清楚地昭示:在法国法最深度的法律结构中,其立法思维所承认的法律人格,只有个人或自然人;团体或法人不是法律价值观念

---

① 〔德〕茨威格特等:《比较法总论》,潘汉典等译,贵州人民出版社1992年第1版,第153页。
② 参见〔德〕茨威格特等:《比较法总论》,第161—162页。
③ Weill-Terre, ibid, pp. 143.

中的主体,只是商法所承认的作为商业经营技术意义上的主体,这种团体主体,其价值基础仍然是个人的主体性。

(四) 1900 年《德国民法典》现代主体观念

《德国民法典》产生于深厚的法学理论背景,强调结构体系的紧密性,在主体资格问题上,首次明确使用了法律概念 Rechtsfaehigkeit 一词,中文译为权利能力。《德国民法典》使用该概念以表述有关法律规则,一般论著解释权利能力为:"足以拥有权利或担负义务的资格。"[1]《德国民法典》在立法上也首次使用了概括表述主体的术语,即在开篇之首,使用了"personen"这个标题概念,具有权利能力的实体,均可以成为法律主体"personen"。"personen"依德文是一个复数概念,即类概念,指称的不是现实中的个人,而是法律上的具有权利能力的实体,即法律上的人。德国学理又因此称为法律人格(personenlichkeit)。

《德国民法典》编纂的社会与思想基础,与《法国民法典》不同,后者处于激进的时期,因此热情洋溢地把追求的思想准则和社会模式表现出来。《德国民法典》是政治和社会关系相对稳定时期的法律思想的产物。用拉德布鲁赫的话说,它"与其说是 20 世纪的序曲,毋宁说是 19 世纪的尾声",或如齐特尔曼所言"一个历史现实的审慎终结,而非一个新的未来的果敢开端"[2]。这一时期,即俾斯麦帝国时期,起主导作用的乃是一个自由主义倾向的大市民阶层,因此,个人主义思想仍有重要阵地。但是德国立法者也看到社会经济生活中企业或商业组织的繁荣兴盛和它们的经济力量,因此,同样受益于启蒙思想的德国法没有完全固守于个人主义梦想,经济共同体思想以及社会连带观念对其发生了重要影响。

《德国民法典》承认自然人和法人是法律上的主体"personen",得为私法舞台上的主体角色。主体在这里发生了二元分化,即表现为自然人和法人两类不同主体。对于个人,成为法律主体不存在任何问题,法律上采取了权利能力是每个人的固有属性的观点。《德国民法典》第 1 条规定:"自然人的权利能力,始于出生的完成。"所以自然人这一主体的身份,具有自然生成的性质。德国法对胎儿的特定利益的保护,是为了特殊原因对个人加以维护的结果,其实是提前保护出生后的个人。个人不因种族、性别、宗教、社会身份或职业等这样那样的差别而区别其主体资格,每一个人作为自然人均抽象地具有相同权利能力。德国法承认法人的主体性,但是法人却是一个有限的团体概括概念。法人来自于团体,没有对社团或财团的主体承认,在法律上就不

---

[1] Medicus, Dieter, Allgemeiner Teil des BGB, 2 bd., 1985, S. 375. D3, 4, 7, 1.
[2] 〔德〕茨威格特等:《比较法总论》,第 266 页。

会出现法人这一实体化事物,但是,不是所有的团体都可以成为法人,只有被承认具有权利能力的那一部分团体,才可以称为法人,得为法律主体。可见,法人这一主体的身份不同,它来自立法者的再选择作用,来自法律对所谓团体包括社团和财团有选择的承认,按照一定标准挑选团体,是确定法人主体资格的前提。① 法学家们依法人的这种对团体有选择承认的特点,称法人具有选择性。

自然人身份不需选择,但是法人身份却需要对团体通过选择加以确定,体现出《德国民法典》的主体思想十分复杂。法人身份的特殊渊源,即法人身份的主观选择性,凸现了法人的权利能力的拟制基础问题。各类团体都是社会生活中个人创造的实在事物,本不是拟制的产物,但是它们并不必然被承认为法人,从团体到法人,需要符合法律选择的条件。在形式上,需到主观机关履行登记;在实质上,需要符合法律设定的组织要素要求,以商事活动中的营利社团为例,商法典规定了各种具有法人身份的公司形式,如股份有限公司、两合公司等,它们各自需符合特别的成立要求,这些要求是由立法者根据其认识确立的。作为法人的团体还因为其事业目的不同而区别其主体资格,每一法人团体原则上只在其事业目的范围内具有权利能力。

《德国民法典》的主体制度,从结构上采取了自然人和法人的二元结构,似乎与传统个人主义主体观所建立的自然人一元主体结构有着重大背离,也说明了团体观念在现代社会有着巨大的影响。影响德国法律主体结构的团体观念尤其是经济共同体观念,与个人主义观念在现代社会中到底是一种什么样的关系,是一个非常重要的需要澄清的现代立法的思想基础问题。不过,由于德国法在这个问题上的模糊立场,所以,至今学理上对法人主体在性质上是技术性的还是类似自然人那样具有基础价值性的,仍然陷于认识分歧。正是看到这种尴尬,拉德布鲁赫才说,当人们设法将法人和自然人相对而立,就一直使这种对立的解释成为一个悬而未决的法哲学争论,亦即使法人的主体性是技术的还是与自然人具有相提并论的价值的问题,陷入了不可解决之中。他说:

> 此处便产生了一个问题,即如果法律的确将团体的权利和其成员的

---

① 参见《德国民法典》第 21 条规定:"不以营利为目的的社团,因登记于主管初级法院的社团登记簿册而取得权利能力。"第 22 条规定:"1. 以营利为目的的社团,如帝国[联邦]法律无特别规定时,得因邦[州]的许可而取得权利能力。2. 许可权属于社团住所所在地的邦[州]。"第 23 条规定:"在联邦的任何一个邦[州]内都没有住所的社团,如帝国[联邦]法律无特别规定时,得因联邦参议院的决议而授予权利能力。"第 80 条规定:"1. 设立有权利能力的财团,除了有捐助行为之外,应得到财团住所所在地的邦[州]的许可。2. 如财团不在任何一邦[州]内设有住所,应得到联邦参议院的许可。3. 如无其他规定,财团的事务执行地视为住所。"

权利区分开来,那么团体的利益是否要完全融在其成员的利益之中,而且这种法律是否也因不过是技术上的理由而区分……这个问题的提出,立即向我们表明了问题的不可解决性,即表明是否所有法律事物的个别起点和终点,或是否超个人的实体性的起点和终点都要承认一种独立的法律价值,也是不可解决的法哲学基本问题。所以也就可以理解,在法人本质的斗争中,我们一开始就在以一种个人主义的侧面认识罗马法学者,而在另一方面,又以超个人主义来认识日耳曼学者。①

不妥协的个人主义法学家们坚决反对那种将德国法上的法人的主体性与个人的主体性相提并论的法律认识。在他们看来,个人结成团体,并不是以团体为目的,而仍然是以增进个人福利和改善个人环境为目的,因此,个人主义仍然是团体思想的基础。换言之,团体是个人的一种社会或经济生活技术,法人主体性是这种技术的法律表现。所以,在现代法律世界,所谓自然人和法人的二元主体结构只是形式上的,真正的主体或最基础的主体,只有活生生的个人,法人是法律上的一个技术意义的而不是基本价值性的形式主体,法律通过法人概念的法律技术作用,去确认个人的某些团体生活方式。所以,包括德国著名学者萨维尼在内的许多学者称法人具有拟制性,有更深一层的用意,就是要表达这种根深蒂固的个人主义思想的主体认识。

但是,20世纪初期德国兴起的各种社会学说或社会关系学说,比较强调个人的社会性,因此在思想上强调个人主义与团体主义的对立的平等互存关系。这些学说坚持法人在法律上也应被看成是与个人一样坚固的法律实体,它与自然人相对而立,具有独立的价值意义。在他们看来,现代社会,超个人主义仍然是有重要价值的,它的形式主要转化为经济共同体观念和人际观念。根据经济共同体观念和人际观念,在个人主义国家中,个人要充分发展自己,并且在社会经济繁荣中受益,他就不能在国家和社会生活中保持全部个性,而应当参与共同体事业,在企业化和各种社会合作中献出一部分个人性。"这种人际观念与其说是一种新的纲领,不如说它是一种必然要渗透和体现于每一种新的纲领中的生活感受。没有任何党派将其写在旗帜上,因为生存民族自我维护的动机要使国家对他们、对个别人、对总体效命。"②因此,超个人主义的学者们坚持德国法上的法人制度的价值独立性,认为经济共同体以及一些社会共同体在法律上获得主体性,不能被视为仅仅是技术性的,相反,它们的主体性与个人的主体性一样,具有基本的价值,法律的二元结构是真实的,法人制度的法律结果是:法人在它的组织领域吸收了个人的主

---

① Gustav Radbruch, a. a. O., S.76-77.
② Ibid., S.30.

体性。

(五) 民事主体制度合理化问题的历史辨析

通过上述这种法律历史的呈现,我们已经透视到罗马法以来法律传统中民事主体制度的演承和变迁。民事主体制度的历史深处,是各种影响着立法思维的个人主义和超个人主义观念在交织中发生作用。

早期罗马法是原始家族观念或者说宗法观念起主导作用的产物,中晚期罗马法则糅合了正在瓦解中的原始家族思想和正在形成中的个人主义思想。中世纪的欧洲法律是封建领主意识和基督教的宗教共同体思想混合的产物,这一时期,在沿海地区还出现了贸易促成的个人主义和经济共同体观念的商事习惯法,个体商人和商业组织在法律技术上获得主体承认。《法国民法典》开创的近代民法,宣示选择个人主义。《德国民法典》代表的现代民法,则似乎暧昧地徘徊在个人主义和超个人主义之间,采取了一种复杂的中间立场,基于个人主义,个人被确认为法律主体,基于社会共同体,又迫使个人让出一定法律主体领域,由有限制的团体主体——法人来接管。现代法律中的团体主体观念,已根本不同于过去原始的或宗教的共同体观念,一方面,它已经没有多少神秘性可言,它的理由不是宗教的也不是某种抽象假设的,而是更实际的某种具体人际关系或社会关系的需要,另一方面,许多法学家或政治家把它看成是一种受到个人主义观念牵制的强调人生的经济目的或共同生活目的的现代超个人主义观念。总之,历史上的法律总是基于立法者的政策立场推行某种主体观。

主体问题的法律史上述展示,为对已有的人类法律作出阐释提供了重要的线索。它指出了在某个时代法律奉行的主体结构在另一个时代却会被认为是一种不明智的主体结构。每一时期的立法机构运用表达其意志的能力,把它曾经实际确信或意图确立的主体理论固定于立法。我们现代人往往因为受到政治哲学经典著作的感染,很容易就略过主体问题的历史思维,轻松地越过主体制度与主体政策的直接联系,将主体问题单纯化,以为它是当然的事物而不是观念的产物。例如,自然人法律概念出现之后,许多人便以为主体资格问题已经成为古董,在这种认识看来,既然现存民法使每个人都有权利能力,民法在个人与法律主体之间,加设主体资格,似属多余。[①] 其实这种观点恰恰忽略了法律是应然秩序的事实,忽略了法律不是自然的产物而必定是由立法思维作用而成的精神产物的事实。现代法认可每个人均可平等

[①] 参见曾世雄:《民法总则之现在与未来》,自行发行,1993年第1版,第87页。"人类社会演变至今,对于人权之保护,几成举世之共识。保障人权之前提,即承认自然人不分种族、国籍、性别、宗教在法律上一律平等。准此,自然人不分国内外,均为人,均有人格;均具有权利能力,则权利能力制度,在自然人之范围内,几无价值可言。"

地成为法律主体,是基于接受人权思想的结果,这种思想要求将个人平等推上主体平台,因此,个人得为法律上的人,不是由存在个人这一事实而直接生成的,它依赖于思想认识,是立法思维或然选择的结果,不是当然的。如果失于体察这一点,忽视坚持个人的主体性价值立场,我们的法律很可能在形式上或者在实质上又要失去自然人这个主体概念。如果人类哪一天放弃人权思想,法律对个人主体的承认必将转为限制甚至放弃,这种情形不是不可能的,德国在出现民法典和《魏玛宪法》之后,就曾令人惊异地出现过法西斯的反个人的独裁法制。

罗马法以来的传统展现了个人主义与法律结盟的历史。这种个人主义直接促成了自然人概念成为主体概念,使得法律充满了个人主体性精神。这种由个人主义深刻影响的法律,引领我们走上了个人权利之路。不过,近代法以来,法律主体仍没有完全个人化。这是因为在我们的社会,人们的价值观念还是非常复杂的,个人主义虽然占据重要地位,但是婚姻和家庭的观念没有消失,民族主义没有消失,国家共同体观念没有消失,各种宗教观念没有消失,这些超个人主义观念仍然以各种形式存于社会生活并且影响着人类思想体系。决定法律内容的人尤其是立法者是在某个社会和文化环境的具有特定思想、观念、信仰和价值观的人,他们怀着个人主义,同时又矛盾或不矛盾地怀着其他各种意识形态。

按照个人主义理论,超个人主义是与人性相违的应予否定的东西。但是超个人主义者并不这样看,他们认为社会的存在就意味着社会联系和个人限制,共同体是不可避免的,无论如何松散、如何强调个人自由利益的目标,共同体本身还有自身存在的价值,这就必然要为超个人主义开道,个人的主体性总是要受到这样那样的限制。从教会思想、民族主义、国家主义到社会连带思想,虽然各有各的出发点,都主张超个人主义的必然性和必要性。个人主义和它遭遇到的超个人主义,构成了法律思想的两极,法律就是在它们相互之间对抗的此消彼长中向前发展。个人主义意识十分单纯,它要求由个人担当唯一法律主体。但是,超个人主义却多种多样,它可以为家庭、社会、国家,也可以为宗教、经济效率等争取主体承认,无论是关于客观事物还是主观事物的实体观念,只要它们进入立法思维,就要到法律上与个人主义争夺领地。

我们当代人由于深受政治和哲学思想中的人文意识熏陶,总是容易轻信我们的法律不仅是将每个人平等地设定为法律主体,而且是将个人唯一设定为法律主体。这种个人主义意识一旦接近法律实际,就会感受到一定程度的不安。这种不安可能首先起于对家庭制度的接近,一些国家的家庭法对超个人主义的家庭观往往承之不弃,或多或少以家庭共同体的伦理挤压着个人主义伦理,在很多方面,使个人总是向家庭让步。尽管许多国家民法将契约引入婚姻关系,设定分割财产制,但是夫妻之间仍有大量的家庭伦理色彩的权利和义务,至于父母与未成年子女之间的法律关系,则恐怕基本上是超个人主义家庭观念的表现。在这里,首先,虽然法律名义上不将家庭称作主体而是称作家庭成员的结合关系,却始终像对待主体那样尊重它。其次,当个人主义者走出家门,就会感觉到来自国家、社会观念的法律挤压,各种打着国家或社会共同体伦理烙印的法律关系,把个人主义一层一层缠住。最后,当个人主义者打算找份工作,养家糊口,便要向这样那样的公司或社会共同体申请工作,与之签合同,当他负约,后者便要以法律主体名义和他对簿公堂,他的个人主义意识到此不由不感到有些势单力薄。

所以,法律史的考察在主体问题提出了一个重要的命题:在面对影响法律主体性设定的个人主义或超个人主义的各种观点的复杂关系时,我们怎样才能辨析立法选择的合理性。当各种法律实体观点都是确信它自己的信念而排斥或者轻视其他实体观念时,怎么样的立法才是合理的呢?对现代民法上的法人主体性的价值确信,对有些人,如个人主义思想者来说,不免发生龃龉,但是反过来,法人主体论者总是有这样那样的理由为自己辩护,我们可以以什么标准进行评价呢?实际上,各种人类思想都极力主张自己的合理性,个人主义和每一种超个人主义思想均是如此。正如黑格尔说:"在法律方面,所不同的在于他们激起考察的精神。各种法律之间的分歧,就已引人注意到它们不是绝对的……在法律中,不因为事物存在就有效,相反的,每个人都要求事物适合他特有的标准。"①人类对合理性的追求和因此陷入历史陷阱,确实是一幕西西弗斯式的挣扎图景。我们的内心很容易就意识到,纯历史的观点可以提供叙述法律和历史的有效方法,但它不能提供一个最终评价标准,衡量什么样的主体结构是理想的。历史只能说什么是历史,它不能肯定地说什么一定是合理的,历史上,人类在遭遇思想冲突情境时,往往习惯以单方面的强制力量选择设定制度,然后在这个强制的应然体系中生活。

黑格尔这位伟大的哲学家曾经试图从对精神体系的哲学思辨中,寻找出包括法律在内的精神世界的最高境界,把我们从历史观点的绝望中带到理性的光明之景。黑格尔认为,"世界精神太忙碌于现实","现实上很高的利益和为了这些利益而作的斗争,曾经大大地占据了精神上一切的能力和力量以及外在的手段"②,唯有纯正的哲学立场可以作为发现理想的出发点,我们应

---

① 〔德〕黑格尔:《法哲学原理》,范杨等译,商务印书馆1961年6月第1版,序言第14—15页。
② 〔德〕黑格尔:《哲学史讲演录》,第1卷,贺麟等译,商务印书馆1959年9月版,第1页。

从历史的争夺中,回到纯正哲学思考,即,世界精神应重新转回内心。他是如此信赖思辨的力量,认为只有它才能从历史中把握到深刻的东西,建成理智的王国。根据他的观点,法律的真理知识,来自于立法者的教养。所谓教养,依黑格尔的说法,就是反思,"重视思想的这种意识是非常重要的","不言而喻,自从法律、公共道德和宗教被公开表述和承认,就有了关于法,伦理和国家的真理。但是,如果能思维的精神不满足于用这样近便的方法取得真理,那么真理还需要什么呢?它还需要被理解,并使本身已是合理的内容获得合理的形式,从而对自由思维来说显得有根有据。这种自由思维不抱住现成的东西,不问这种现成的东西是得到国家或公意这类外部实证权威的支持,或是得到内心情感的权威以及精神直接赞同的证言的支持都好。相反的,这种自由思维是从其自身出发,因而就要求知道在内心深处自己与真理是一致的"。① 换言之,非自由思维的东西以及表面上公认有效的东西,并非真理的东西,只有自由思维的东西才可达成科学性思维。不过,他又强调,理想的东西,尽管是人类可以以自由思维把握到的,它仍要以现实经过为条件,"直到现实成熟了,理想的东西才会对实在的东西显现出来","密纳发的猫头鹰要等黄昏到临,才会起飞"。②

要到人类黄昏才发现理想,实在是太晚了,我们寻找理想的用心,哪怕是一根稻草也要抓住。既然没有最理想的,较为理想的也可以。可是,什么能给我们较为理想的东西呢?实际上,能带给我们光明的,不是一角式的哲学苦思,而更可能是人类思想的自由讨论程序。人类思想的多样性已经指明了方向,这就是,每一种思想都是我们通向合理制度的资源,通过尽可能充分讨论的协商程序,这些资源才可能转化为制度的财富基础。因此,艾塞亚·伯林论证说:

> 相信可以发现某种单一的公式,凭借它就能和谐地实现人所有不同目的,这种想法可以证明是虚假的。我相信,如果人的目的是众多的,而所有这些目的大体上并不兼容,那么,冲突和悲剧的可能性就永远无法从人类生活—个人和社会的生活中完全排除。因而,在各种绝对的主张之间作出选择的必要性,是人类处境的一个不可避免的选择。③

不幸的是,在人类历史上或者极端的哲学观点中,在多样性思想面前,法律最后往往是占主导地位的法律思想的表述,"当理智和科学不能完成这项

---

① 〔德〕黑格尔:《法哲学原理》,范杨等译,商务印书馆1961年6月第1版,第217页、第3页。
② 同上注,序言第14页。
③ A. J. M. Milne, ibid, p.74.

工作时,意志和力量就必须加以承受。如果没有任何人能弄清什么是正义,那么就必须要有人对什么是正义作出规定。如今,人们普遍承认除了'制定法'以外,并不存在实在法。然而这种制定法应满足它的天职,即通过一种权威的绝对命令去解决相互对立的法律观冲突。所以,法律的设置必须是服从于一种意志,对每一种与之背道而驰的法律观,都可能执行这种意志。"①这是制定法时代的令人窒息的现实,也是"理想"的坟墓。②

只要法律是应然法则,只要人类思想还在活动,主体和它结构的法律问题就会是一个伴随法律历史永生不灭的法律命题。法律的主体结构向什么实体开放,如何开放,这个问题的解答,应该回到它的各种观念的讨论中去。当我们探讨有关实证法主体结构的合理性时,不能轻易以一种观念作为判决标准,而是只能运用知识评价的方法,即一种协议的判断方法,当最后的立法思维已经认真考虑了各种社会观念,在宽容、严肃的基础上作出决定,那么,这里产生的主体制度一定较为合理。对于宽容的深刻的立法思维的达成,一些思想家寄希望于政治社会的结构因素,例如民主主义和自由主义都提出了各自的政治结构方案;有的思想家寄希望于立法思维重新转向习惯法基础,例如萨维尼主张法律是从民族精神中发现的而不是制定的。无论如何,法律合理性首先意味着对单方面强制选择的突破,应当在法律思维中排除武断。社会协议立法的合理性是显而易见的,它是多种知识比较综合的产物,是对各种观点再理解的结论,它的法律考虑了多方面的意见,考虑了更充分的理由。

---

① Gustav Radbruch, a. a. O., S. 31-32.
② 马克思在他的政治学说以及卡尔·曼海姆在他的"知识社会学"中,使用了"意识形态"专门术语,表述总是包含着对它们所主张的东西的辩护的东西。他们认为,任何社会思想或学说都是一种意识形态。

捌　民法秩序的主体性基础及其超越①

很高兴今天有这样一个机会,就"民法秩序的主体性基础及其超越"这个论题发表一些粗略的见解。这个论题也可看作是我四年前完成的博士论文的延伸。我的博士论文主要涉及一个这样的思考:民法中的概念是否体系化了的,如果是,究竟是什么贯彻了整个民法的概念体系。我的研究结论是:至少大陆法系民法在历史的形成中确实是有意识地进行体系化了的,而其中主体概念是预设的第一概念,其他概念由此而展开(具体的内容大家可以网上参考我发表的《法律主体概念的基础性分析》一文)。

今天的发言,本来准备有七个部分,由于时间关系,今天只允许我做半个小时主题发言,所以只好集中为三个问题。其一,就提出"主体预设论"的方法基础和论证过程作个交代。其二,简要评估对民法的以法律主体为中心概念的结构特点的认识意义。其三,我打算反思一下这种法律主体的结构思想在当下的局限性,谈谈这种主体性民法结构模式超越的必要性和可能性。

一、"民法主体预设论"的方法基础和论证过程

我个人倾向于相信,观察和描述实在法的比较可靠的方法,是分析法学家们使用的分析方法。分析法学家的方法虽然各异,但我以为法律分析的二重性,在今天的法学研究尤其是对实证法研究中是非常关键的方法论前提。我赞同德沃金关于法学一般理论的观点,即"法律的一般理论必须既是规范性的,又是概念的"。法律分析一重是技术的或规范性的,法律是一种规范性要求。法律的技术性或规范性的方面要求我们首先应当完成法律的规范性分析,否则便无法区分法律与道德、规则与普通的观念主张的界限。这也是形式合法性问题。但仅回答形式合法性不等于完整地分析了法律。法律分析的另一重是概念性的,法律是通过概念的表达,概念是法律的实体部分,法

---

① 作者2002年11月2日在中南财经政法大学"青年学术沙龙"的报告。

律旨在完成对于现实世界的规范意义,因而需要表达出具体的内容要求,这些法律具体内容要求通过概念表达出来。

我的研究主要集中在对法律概念的考察上,试图通过对民法上相应概念的结构分析,进而较完整地揭示出民法规定的内容结构,并提出一种解读全部民法的实际法律结构的有效模式。过去许多法学家都直接或不直接地做过这样的工作。比如"权利本位"的理论,就是大陆法系许多学者关于民法制度结构的一种比较有历史渊源的解释模式。显然,我对既有的一些成型理论并不十分满意。当然,尝试一下如何使用分析工具也是我进行这项研究的一个兴趣所在。分析工作可能是枯燥的,但我觉得对于我今后的研究来说是必补的一课。

我接受了这样一种前提:民法是具结构性的制度系统,换言之,民法秩序呈现统一性的特点。若民法是一个松散的规则集合,则其中不会有结构概念的存在,那么我以下的结构分析就失去了着点。目前看来,无论从实证形式上还是在价值功能上,我们对民法秩序的统一性问题还是可以作出肯定回答的。在实证形式上,可由凯尔森的研究来支持,凯尔森虽然反对动辄将法律规则作价值思考,但至少他赞成法律在实证范围是统一的,他认为"法律具有统一性,其法律在性质上是由部分联结的结构,并存在于一定基础之上"。在法的价值功能方面,可由耶林的观点来支持,对此他说"目的是全部法律的创造者"、"法律统一的基础不是由法律自身生成的,而是由制定法律者有意识决定的"。在后面的具体的关于结构概念的实证分析中,我实际上也同时论证了这种结构性观点。至少在大陆法系的民法历史形成中,法学或者立法者的结构意识的确起到了决定性的作用。

接下来是对民法第一概念的求证。即,民法的统一性的基础在哪儿?或者说,民法中最为基础的概念是什么? 前面提到,传统理论对此有过一些很流行的理论认识。自罗马人以来,大陆法系学说在观念上一度有"权利本位"之说,例如拉德布鲁赫说:"在法律领域中,一个人的义务总是以他人的权利为原由,权利概念而非义务概念是法律思想的起点。"权利本位说,可能实际只是在比较权利和义务概念的基础上提出的,但是人们似乎更愿意把它当作民法全部结构的表达,认为民法的最基础概念就是权利概念。权利概念因此构成了许多大陆法系民法学者的法律概念的核心。英美法国家法学理论在此方面存在重大分歧,有义务预定理论和权利预定理论的对立。义务概念理论,是由早期的分析法学家奥斯汀、凯尔森等坚持的,德沃金将之称为英美法律传统中一度占支配地位的理论。该理论将法律看作是规则的集合体,一条规则便是一个命令,在一特定场景出现时,该命令要求我们以一定特定的方式作出反应。所以,居于法律或命令核心的是义务概念,法律最一般的概念就是"法定义务"。奥斯汀说,法律是主权者的命令。凯尔森亦大致继承了这种叙述方式。当代英美法学对义务概念理论作了激烈反思与批评,最终确立了权利概念理论。较早阐发权利概念重要性的一个学者来自分析法学内部,哈特在《法律的概念》一书认为,法律具有多重性,至少可分为公法和私法,公法以义务概念为基础,而私法以权利概念为基础,奥斯汀对法律的定义根本不能覆盖法律的复杂内涵。他认为,早期法律实证主义的义务概念是从其对法律的定义中机械地制造出来的,而非对法律内容的考查中得出来的。德沃金在其《认真对待权利》一书中进一步尖锐地批评了义务概念理论,他认为,义务概念理论是错误的,但同时也不赞成哈特的区分法,而是认为权利概念是整个法律体系的[唯一]中心概念。当然,德沃金不完全是着眼现实分析,他特别强调法律的道德性,认为权利给法律正当的信念。

我重点对上述两个理论进行了审视,审视的方法基础是历史的实证的。我认为,若要证明义务或权利的基础性,则要证明实证法中其他概念都是由义务或权利推导的。通过对诸法律概念、主体、权利、义务、能力、履行、不履行、责任、救济、赦免等主体概念的结构关系的详细分析,以及对有关立法明确的或可推知的实在意图的历史解读(法律概念分析无法脱离对概念形成本身的分析),我得出了以下结论:权利概念虽然比义务概念更接近当代法律结构的真实,但是在权利概念的背后,主体概念才更具有基础性,主体概念才是全部法律概念体系的预设起点。主体不仅不是权利的辅助概念,而且实际更处核心地位。相对于权利而言,主体是目的概念,权利本位说不能成立。民事主体在民法上不是由法律引入社会生活中的强制控制要素之上的简单的添加要素,相反它是经立法者授权的法律生活的主导者。法律的真正目的不在于到权利为止而在于到被授予权利者那里为止。"授予私人权利的规则要得到理解的话,必须从行使这些权利的人的角度来考查";"情况之所以如此,乃是因为只有这些法律权利使私人公民成为私人立法者。若不存在这种规则,人将仅仅只是一个责任的承担者,也就不称之为公民"。所以,相对义务而言,民法是权利之法律,但相对其全部概念体系而言,民法更是民事主体之法,我称之为"主体预定论"。

二、认识民法主体性结构的特殊意义

民事主体概念的中心化,使得民法完成了理性法的奠基问题,表达了一种主体意向十分显明的法律结构,因此也凸现了民法实践实际成为一种民事主体的实践。民法以民事主体为中心结构,意味着关于民法秩序的解释应该是:在民法秩序中,民事主体是主动者或者说秩序的发动者、导向者,而权利、义务、法律行为、责任等都是民事主体的属性,是形成秩序的手段或者方式。可以这么说,整个民法只有在民事主体这个支点上才能被正确解释出来。在传统的实证民法上,法律关系是由"民事主体"架构起来的法律关系,法律行为是由"民事主体"发动的法律行为。在所有权或者物权那里,是支配物的关系意志归于民事主体;在合同债权那里,是民事主体的意志得到尊重;在侵权救济那里,是首先着眼被维护的民事主体的利益;在人身权那里,是人格利益依附于作为生命人载体的民事主体而存在;在法律行为那里,是对民事主体的私法意志的法律尊重。

我国民法理论对民事主体的中心地位注意不够,相反,经常过分夸张"权利本位"、"意思自治"的效用,把本是民事主体的属性的东西——权利、法律行为,错看成全部实证民法体系的本位。事实上,通过民事主体概念的正位,我们发现过去十分看重的法律关系、法律行为再重要,也不过是私法的重要工具罢了,相对于主体概念来说,它们是意义的实现工具而非意义设定本身。由于过于强调法律关系或者权利概念的基础性,或者过于强调"法律行为"概念的基础性,在解读或理解私法的时候,便容易陷入一种比较孤立的、机械化的认识,而忽略整个实证民法的灵魂的真实所在。换言之,这种本末倒置的解释模式,导致了对民法整体功能的视而不见。

在民事主体概念的中心结构下,传统民法的整体功能是这样体现的:通过各种私法手段落实主体利益——这些私法手段,可以是授权式样,例如通过允许法律主体以通过法律行为或其他理由取得权利或者法律关系的方式来自主决定是否实现主体利益,这一部分属于一般私法工具,属于私法中的任意法;也可以是强制性的,通过其他直接的安排来落实主体利益,这一部分属于特殊的私法工具,属于私法中的强制法。乌尔比安把私法看作是维护私人利益的法而不只是权利法,正是此理。民法不完全只是通过私法主体的自主方式发动和组织私性生活,尽管这是主要的方式。

在权利本位观或者意思自治观之下,人们并不能很好地理解民法为什么还承认那么多强制义务、附随义务,为什么限制甚至否定部分人的行为能力,但是放在法律主体秩序的整个框架下,这个就不难理解了,它们尽管是强制法,但仍然与私法主体利益有关。在权利本位观或者意思自治观之下,人们并不能很好地认识国家所有权、国家作为私法主体从事法律行为时的实际功能是什么,但是如果站在法律主体——国家这个利益原点去观察,就会看到即使国家在形式上作为平等者进入民事生活,但是由于它的追求国家功能的本性,这些工具无节制的使用,恰恰是强化了国家对个人的统治力量。所以,我国的国家所有权、集体所有权、事业单位法人等所谓民法制度,从主体的私性功能看,它们实际缺乏真正的私法制度的属性。

对民法的私性功能,温德夏特曾作了规划,他说,私法的任务应该是"划定共同生活的个人的意志统治的界线"。在他之前,萨维尼也说"所有的法律都为道德的、内在于每个人的自由而存在",法律关系的本质是"私人意志独立统治的领域"。但是我们后人的理解往往只强调具体方式上的自由,而忽视了在传统民法,主要着眼强调在共同生活中主体享有的自由地位。从民事主体这一结构中心出发,我们可以完整地理解法国民法"人法—物法"的二分结构。

首先,这个结构正是强调"人"的主体性和自由地位,主体法显然比物法更具有优先性,属于更高的规范位阶,属于整个民法的精神部分。

其次,应当注意到,民事主体概念不等于生命人,民法通过缔造这个充满意识形态意义的法律概念,还表达了特有的规范的意识形态的功能。立法者通过这个概念切断了民法和实际生活的对应关系,他们锻造出主体身份,承载立法者意图,改造现实中的个人和其他实体。换句话说,民事主体是人为的主体,是立法者把自己关于应然生活秩序中心的理解赋予给某些实体。所以我们要认识主体秩序的实际意义,首先便要理清透过该主体身份所表达的立法者的实际意图。

以法国民法为例,其人法,即关于民法上主体的地位,以及主体最一般属性的规范部分,便深受自然人人格自然生成论的影响。法国民法通过将主体角色几乎唯一地授予现实中的作为个人存在的生命人,表达了这种毫无掩饰的个人主义高于一切的法学立场。不过,根据这种体例,法国民法的"人"还是经过立法者剪辑了的,首先它是一般化了的(每个具体的个人都通过自然人概念获得了平等对待);其次是抽取了情感的,法国的自然人是理性人的化身。

也正是从这一充满拟制色彩的主体结构,我们理解到,德国人通过"自然人"和"法人"的二元主体的设计,使其民法完成了一个"双头结构"的转向,社团、财团法人作为彻头彻尾的拟制人格,表达了立法者对于社会"有机体"的特别重视,因为立法者确信组织人格化是当今世界交往或交易不可抗拒的需要。

再次,主体预定论对于实证法建设具有方法论的意义。实证主义者害怕法律与意识形态纠缠不清。而反对实证主义的学者又害怕机械的法治会丧失最基本的道德性。大家知道纯粹化曾经是凯尔森的理想,这样的纯粹法律似乎可以服从法律自身的客观性,在实践中远离意识形态和社会评价的干扰。现在看起来这种理想确实忽视了法律本来就是生自人之手的本质,虽然随心所欲式的"法治"令人恐怖,但是把法律看作是一经建成便可以完全脱离人类思想、情感的机器既不现实也似乎不近情理。不过我还是很欣赏凯尔森的理想,尤其是在我们这个任性惯了的国家,他的忧虑倒是我们的现实忧虑,因为我们如果不能将法律适度地在技术上与政治和社会生活隔离开来,法治的第一步永远不可能启动。法律主体作为第一概念,正好可以作为价值思考与法律实证的桥梁,价值思考透过主体概念进入法律体系,但是法律体系通过主体的预定又严格限制了价值意识形态对法律实践的作用空间——法律要求和社会实际要求通过主体概念而适度隔离开来。

最后,关于民事主体结构的认识,对于我们观察和理解全部法律体系的变迁意义也提供了一个有效视角。"私法生活"这种意义最初通过"公法"和"私法"在历史上得以较彻底分立而体现。法律一开始以国家或家族为出发点,呈现为一种以国家或家族利益为原点的形态。后来因为对私性主体的承认,产生了私法,法律发生了分立,才形成了真正的私法生活。其中,公法以国家为主体而展开,体现国家的命令或利益,私法以自然人、法人为主体展开,体现与国家处于对立关系的私性主体的利益。公法的实现机制主要是外在化的,而私法实现机制主要是内在化的。随着私法主体实践的发展,私法生活又产生了新的意义,分立的法律从中逐渐获得日渐强大的融和力量。一方面,"私法主体"唤醒了我们的人性和人权意识,从而使公法在与私法对立的关系中具有重新融和的可能,因为私法主体在国家生活中的双重身份并非一定要导致绝对的分裂人格;另一方面,在现代观念中,国家和国家主权逐渐去魅。但是,公法主体和私法主体完全的融合在目前还无迹象,因为我们并没有把握人权是否可以覆盖国家存在的全部目的,国家本身似乎还不能被否定具有某种程度的独立意义。

三、对传统民法的主体性结构基础的超越

传统民法将主体性作为其中心,或者凸现作为个体的人的主体价值,或者在德国民法那里稍带上对团体人格的尊重,这些都表明实证民法存在一种极为明确的伦理表达。而这种伦理的基础,并非客观地存在于世界的本性之中,毋宁说存在于某种在现实中支配民法形成的思想认识中。近现代的民法理论在塑造近现代民法中发挥了不可低估的作用,传统民法如此这般地便形成了符合其时代思维的制度。对法国民法来说,启蒙哲学和作为启蒙哲学后果的民法理论是其基础;对德国民法来说,理性法学和团体伦理是其立法思维的基本营养。

但历史中的思想认识都不会是永恒的。任何解答问题的可能性,不仅受历史视野局限,也"受到生活世界自身不断变化的影响","生活世界的这种整体性都既不言而喻又有待确证,同时也是一种陌生的存在"(哈贝马斯

语)。因此作为某种历史性认识的伦理表达,传统民法秩序的主体性基础的意义的有限性也就不难评估。以德国民法为例,显而易见的一个局限就是从主体形式上过分强调团体人格的有机性(尽管立法者在立法意见中称其本质问题实际交由学术决断),从而将理性法推进到近乎玄学的阶段。此种团体人格主义的学说,在今天看来确实比较极端。例如,当代公司组织理论更倾向于从实际生活入手观察公司的实际结构,他们认为更应该从合同束的角度去看待公司组织的实际结构,通过区分各种内部外部的交往关系才能更准确把握公司组织的实际功能。

传统民法秩序最大的问题还不是主体的过度抽象化问题,而是整个的民法哲学基础的可质疑性。康德、黑格尔路线确立的主体性哲学是近现代民法的哲学基础,这个哲学基础强调自我的孤立,所谓"自我应当回到作为自我解释的标准视界,并且具有建构世界功能的主体性那里","自我通过对自身正确性标准的考察,来为它的存在操心",如此完全无视主体之间的沟通和视域融和。对于这一点,哈贝马斯做过反思,他更愿意把生活世界看作是一个从认知到行动中的交往秩序,或者说呈现主体间性语言结构,"作为一个主体,他是在语言互动过程中形成的,并且具有语言能力和行为能力"。米德也认为,"没有社会化就没有个体化"。而一些后现代哲学的学者走得更远,他们把主体化归结为"强权哲学"的毒瘤,他们认为人们应该这样思考存在,"承担起保护他者免受侵占(这种侵占将否认她的差异和独特性)的责任(康奈尔语)。所以超越自我强权哲学、理性法特点的民法主体结构已经成为当代思想的要求"。

传统民法的主体性思维还有一个致命的瓶颈,即把人性的问题等同于世界性问题。在我们的法律世界,特别是民法秩序之中,人类立法者通过对法律主体的提升,强调人与物的绝对二分,使得人成为世界万物的主宰者,从而得以将人子的狂妄通过人法的意志强加于整个世界。从对神和自然的神秘崇拜到人性的发现无疑是一个进步,但过分崇拜人性而将"物性"贬至极端未必不是另一种愚昧。子非鱼,安知鱼之乐?正是如此,今日世界不仅生物多样性成为问题,人类与自然的和谐早已受到严重破坏。人为主体,世界其他的一切均为客体的意识,在今天已经有所反省。人在为自己立法时,不能把自己膨胀为整个世界的癌细胞。

所以,在今天,以超越理性法为目标对民法主体性结构进行调整,已经是个必要的历史性超越问题。说到历史的超越,我觉得尽管我们每天都在倡导改革开放、法制革新,但在这方面的真实情况是我们有些过于胆怯。我们正在进行的民法典起草明显暴露出过度的历史情结。一方面,可能是由于我们的立法能力严重不够,根本不能洞悉现实生活世界的要求,因为害怕所以摸着石头过河;另一方面,我们过分推崇法国民法和德国民法的成就而不敢越雷池半步。历史虚无主义固然要不得,意大利诗人莱奥帕尔迪(1798—1837)说:"没有什么活着的东西值得你痛苦,而世界不值得一叹。我们的存在只是痛苦和厌倦,而世界只是泥土——别无他物。"这种说法确实有些过了;但是历史决定论更应该反思,一个能为真实的生活世界提供有效规范基础的私法制度,不能仅仅通过已经过去的历史性来证成。制度进步的所在,就是要及时调整那些失去同时性的制度,当然前提必须是我们能够认识到何为历史的遗留物并且具备足够的告别历史的能力。

我要特别强调一下立法中过度历史依赖的危害,我们当前的立法和政治生活中这种保守意识已经成为杀伤创造力的毒瘤。康德早就指责过历史之负担及其危害问题。克罗齐也说,历史作品唯有当其阐扬当前实践才不是死的编年史,才能克服大量的无用知识。对此,尼采说得最精彩,他在《历史的用途与滥用》中说,"我们必须知道什么时候该抛弃,什么时候该继承,什么时候该历史地感觉,什么时候该非历史地感觉。对于一个人、一个社会和一个文化体系的健康而言,非历史感觉和历史的感觉都是同样重要的。""一个人,若不能在此刻的门槛之上将自己遗忘并忘记过去,不能像一个胜利女神一样立于一个单一点而不感到恐惧和晕眩,他就永远不会知道幸福为何物";更糟糕的是,他也永远不会使别人快乐。最极端的例子是那种没有一点遗忘力、注定在各位都看到"演变"的人。这样的人不再相信自己或相信自身的存在。他看到所有事物都在永恒不断地飞逝,并在演变之川迷失了自己。最后,就像赫拉克利特那个有逻辑头脑的信徒一样,他连手指头都不敢举一下了。不管是对一个人、一个民族、还是一个文化体系而言,若是不睡觉或是其"历史感"到了某一程度,就会伤害并最终毁掉这个有生命的东西。所以,我相信,中国民法典屹立于21世纪的理想,如果不能建立在对传统民法的主体性结构有清晰认识并且对此作出成功的历史反思的基础上,那么肯定实现不了。

玖 自然人人格权及其当代进路考察[①]
——兼论民法实证主义与宪法秩序

一、前　言

16世纪的法学家登厄鲁斯（Donellus,1527—1591）认为，属于我们的东西，可以分为两种，一种是本来就属于我们的东西，另一种就是我们所负担义务的东西。登厄鲁斯所谓的本来就属于我们的东西，最基本的就是说的人格。[②] 自然人之人格，在天赋的观念上是指自然人作为有尊严的存在主体应具有的人之所以为人的精神的和物质的内容，在法律上则指被现行法律所确认和保障的那些与人身不可分离的属性，例如生命、健康、身体、名誉等。

各国民法虽然采取的方式有所不同，程度有所差别，但都尊重和保障自然人的人格生存和尊严。自然人人格权，本质上是一种受尊重的权利，一种人身不可侵犯的权利。人格权具有排除权和绝对权的特性，但其是否具有支配权性质，学者则有不同看法，普赫塔从绝对法律实证主义角度出发，持肯定的态度，然而，许多学者包括黑格尔、拉伦茨等在内从伦理主义角度正确地作出了否定，认为人格就其性质而言不能成为客体，因此人格权不应具有支配权性质。[③]

人格权制度是民法中法律思想最为活跃的制度之一，是突现法律实证与

[①] 原载《清华法学》2002年第2期。

[②] Savatier, Metamorphoses economiques et socials du droit prive daujourdhui, III, n. 335.〔法〕萨瓦第埃：《当代私法的社会与经济条件的变化》，第335页）。转引自〔日〕星野英一：《私法中的人——以民法财产法为中心》（王闯译），载《民商法论丛》（梁慧星主编）第8卷，法律出版社1997年12月版，第176页注4。

[③] 参见〔德〕拉伦茨：《德国民法通论》（上），邵建东等译，法律出版社2003年版，第282、379页。黑格尔甚至说，如果承认人格权是支配权，那么必然会导致承认自杀是合法的荒谬结论。部分学者，如萨维尼甚至反对将人格权利化，认为人格属于与权利能力一样层次的东西，是一切法律关系的前提条件。

法律价值关系的焦点制度,也是最富有发展性的一个私法制度。当代由于人权思想的深入,关于自然人人格权的法律观一直不断向广度和宽度拓展,并且落实为一种制度化的力量,推动了人格权制度以司法实践创制为中心的急剧扩张。由于这种实践创制的急剧性特点,自然人人格权发展问题成为当前法学界关于法律发展的方法和原则争论的一个焦点范例。因为,对这种发展方式,易于产生疑问:人格权制度的这种发展模式,是否已经根本挑战了私法发展或法律发展的自我逻辑性?

法律发展的自我逻辑性,是指法律发展特别是司法创制应以既有体系为逻辑推导,没有特殊条件不能进行非逻辑的发展(即法律变革)。法律发展的自我逻辑性不只是法典立法者所奉行的法律发展原则,也是近代以来西方国家坚持的原则。法律发展的自我逻辑性是宪政的基础之一。近代以来宪政确立的法治基础,非常重要的一个内在条件,是法律的稳定性或者说人们对于法律的可信赖性和可预期性,这就是说,法治社会里,人们生活在一种可预期的并且稳定的规则体系之下。① 社会是不断更新的,法律是需要发展的,如果法律发展没有自我逻辑和可预期原则的约束,就会在发展同时,有可能使人们丧失对法律的信赖,破坏法治基础。因此,如果要保持法治生活的基础,就要妥善处理法律的稳定发展问题。

通过以下的考察和分析,本文达成了以下认识:即使在采取人格权法定主义立场的国家,其自然人人格权制度在当代所经历急剧发展,包括其观念转型和司法实践,从一个更大的法秩序框架来认识,仍然遵循了法律发展自我逻辑性原则,只是这种法律逻辑由于受到了宪法秩序的鼓舞而在很大程度上被放大了,然而这种放大在更为重视人类生存价值和人格尊严的现代社会看来是适当的。总之,当代自然人人格权发展,由于没有逾越宪政框架体系,所以可谓仍然落在法治主义的逻辑结构之内,而并未陷入非法治主义不可捉摸的恣意立场。

二、自然人人格权的两种立法体例

(一)自然权利论与概括人格权体例

从 1804 年《法国民法典》中,人们不能发现任何有关人格的措辞,更没有关于人格权的规定。后世一些学者因此批判《法国民法典》多注重财产权和

---

① 法律不溯及既往的原则也是维护社会的法治信赖基础的重要原则,但它只是在静态的方面维护人们的信赖利益。法律发展的自我逻辑性原则是在动态的或预期的角度维护人们的信赖利益。

契约自由的保护，而漠视人格之保护。① 然而，学者认为，这种认识其实是从法定权利的角度曲解了《法国民法典》对待自然人人格的态度。例如，德国法学家萨维尼在观察法国的实践时，就注意到法国实务一向以保护人格利益的态度执行着《法国民法典》的体系。萨维尼发现，法国判例实际上一直保护着个人的各种人格利益不受他人侵犯，其范围涉及生命、身体、名誉、贞操、姓名、肖像、信用等几乎所有的权利。②

实际上，《法国民法典》并不是忽略自然人人格保护，而只是否定从法定权利论的角度规定人格权而已。在对近代法国立法有影响的自然人法论者中，相当多的人认为，自然人对自身有高于法律权利的支配权。③ 1789 年法国大革命，将个人主义推向法律思想的顶峰，个人被认为先于法律而存在，作为个人据以独立存在和维护人身自由的主体性内容——人格，因与人的不可分割性，被视为与生俱来的东西，先于法律，不能作为法律或然规定的权利而存在，而是作为法律中当然的权利而存在。法国以 1791 年宪法与其他法律文件，如《人权宣言》，将人格权明确彰示为一种自然权利，这等于承认其天赋性，把人格权拨到远远高于法律权利的层次。为了与宪法文件的宣示相衔接，体现天赋人权的立法思想，《法国民法典》因而也对人格权保持自然权利的立法态度，即人格之被承认和受尊重，毋庸法律规定，也不受法律规定限制。

可见，《法国民法典》不是以权利的观念来看待人格，而是从更高的自然地位看待人格。法律虽然不能在法定权利的意义上规定人格权，但是要比保护法定权利还更高地维护人格。法国民法承认，自然人当然具有主体地位，这也就意味着同时承认，自然人人格当然应受民法保护和尊重。《法国民法典》第 1382 条规定："任何行为使人受损害时，因自己的过失而致损害发生的人，对该他人负赔偿的责任。"该条规定有意使用了宽泛的语言，没有将法律

---

① 日本学者星野英一等就持这一观点，参见〔日〕星野英一：《私法中的人——以民法财产法为中心》，第 176 页。法国学术界也存在这种误解，例如学者萨瓦第埃就认为，《法国民法典》没有为自然人提及向他人主张正因为"是人才属于人"的那些性质的权利的思想，当时的立宪议员从未想过要就人格权（droit de la personne）提出什么宣言。萨瓦第埃也注意到《法国民法典》庄严宣告了相对于国家权力的人权，但他认为这还只是将个人承认为抽象法律人格并只保护到不同人之间实行自由平等这个层次，而没有涉及更深的个人人格的层次。参见〔法〕萨瓦第埃：《当代私法的社会与经济条件的变化》，第 336 页。

② Friedrich Carl von Savigny, System des heutigen romischen Rechts, Bd. III, S. 345f..（〔德〕萨维尼：《现代罗马法体系》，第 3 卷，第 345 页。）

③ 参见〔日〕齐藤博：《人格权法研究》，一粒社昭和 54 年版，第 10 页以下。

保护或侵权赔偿限于对法定权利的侵害,凡是法律保护的利益都在考虑之内。① 这里所谓使人受损害,既包括权利受损,也包括其他法律利益受损,既包括财产利益受损,也包括人格利益受损。而且,《法国民法典》还抛弃了列举具体行为类型(如罗马法上的盗窃、殴打等类型规定)的侵权行为制度,采取了一般概括性的侵权行为制度,对任何过失致损情形均予救济,不受不法行为类型限制,更体现了保护的广延性。

《法国民法典》对人格权不仅不作法定,在观念上还采取了一种整体的不可分割的态度:人格权和人格标的统一不可分,承认自然人人格权就意味着承认了一个不可分割人格之权。不过,《法国民法典》初期人们对于人格的范畴,是一个历史观念的范畴,并不具有今天这样的宽度和深度。早期法国法的观念和此观念下支配的人格保护的实践,只是限于自然人的物质范畴和某些重要的精神范畴,还没有涉及自然人的隐私和个人生活等范畴。②

《瑞士民法典》制定时原则上承袭了法国法,将人格视为统一不可分,并且不作出正面规定,但是一定程度上也接受了实证主义法学的影响,第27、28条等条文有保护"人格"的措辞③,其保护方法包括侵权损害赔偿请求权和排除侵害请求权;另外还在第29、30条将姓名权作为一种具体人格权予以立法,观念上别于其他人格权。

(二)法定权利论和具体人格权体例

古代罗马法时代,个人受家族、身份关系束缚④,很难普遍享有独立人格权,但是随着法律对个人主体性承认,人格权制度逐渐发展起来,这种发展呈现了逐个地法定承认保护具体人格的特点。罗马法通过诉权制度和具体侵权类型的发展,确立了法定人格权,具体受保护的人格要素有身体、生命、名

---

① 〔日〕星野英一:《私法中的人——以民法财产法为中心》,第177页:"[法国民法典]第1382条,并不以'权利的侵害'为要件,而是通过广义地规定'任何行为使他人遭受损害时,因自己的过失而致使行为发生之人对该他人负有赔偿的责任',并在该法典第2条规定了违反'公序良俗'的契约无效的措施来进行的。"

② Savigny, System des heutigen romischen Rechts, Bd. III, S. 345f..

③ 根据《瑞士民法典》旧法例第27条和第28条规定,瑞士理解的受法律保护的人格范围很广,包括权利能力、行为能力和自由在内,是一个广义的抽象概念。第27条规定:"1. 任何人不得全部或部分地放弃权利能力及行为能力。2. 任何人不得让与其自由,对其自由的限制不得损害法律及善良习俗。"第28条规定:"1. 任何人在其人格受到不法侵害时,可诉请排除侵害。2. 诉请损害赔偿或给付一定数额的抚慰金,只有在本法明确规定的情况下,始得允许。为了寻求保护,可以向法官起诉任何加害人。2. 除受害人允许的,或因重要的私利益或公利益或依法律规定能提供正当理由的情形外,其他侵害行为均为不法的。"

④ J,4,4.

誉、贞操等人格权利。① 对部分人格内容，如自由，则纳入主体条件而加以规定。

1900年《德国民法典》保留了法律发展的历史主义特点，奉行权利法定，成为人格权法定和具体化体例的典型代表。《德国民法典》时代正值德国统一之后，国家主义需要法律的统一和世俗权威，这可能是其观念上容易接受人格权利法定的一个特殊原因。《德国民法典》采取了人格权法定主义立场，并正式创造使用了人格权(Personelichkeitsrechte)概念。尽管德国法学家在萨维尼的影响下，将权利作"原权"与"取得的权利"的划分，并将人格权视为原权，但是，观念上仍然将包括人格权在内的各种原权视为一种法律权利而不是所谓自然权利(不过在取得上承认其原始性而已)。②

《德国民法典》同时采取了具体人格权列举模式，从法律技术上将人格分割成一个个要素，择其主要者予以保护，形成一个个具体的人格权，构成今天看来比较狭窄的所谓具体或特殊人格权制度(einzelne Persoenlichkeitserecht)。③《德国民法典》第823条、第824条规定了受到保护的具体人格要素，有生命、身体、健康、自由、信用、妇女贞操。(拉伦茨称之为生活权益，认为它们在受侵犯时与权利完全处于平等地位，参见拉伦茨《德国民法通论》第169页)。另外，《德国民法典》第12条正面规定了自然人姓名权(保护上可适用除去侵害之请求权及停止侵害请求权的保护方法)。德国《艺术品著作权法》(Kunsturhebergesetz)正面承认了一项关于肖像的特别人格权，可禁止其传播与公开展览。肖像是指自然人的照片和图像。肖像可以成为著作权人的艺术品，但根据《艺术品著作权法》第22条规定，肖像权人有权决定是否允许其肖像传播或者公开展示。在肖像权人死亡以后的10年内，只有征得其

---

① 喀莱顿·垦卜·亚伦(Carleton Kemp Allen)为梅因《古代法》所作导言，参见：《古代法》，沈景一译，商务印书馆1959年版，第18页。"他(梅因)的结论是足以表现一条为当今历史法学派没有任何争执的原则——即个人自决原则，把个人从家庭和集团束缚的罗网中分离出来；或者，用最简单的语来说，即从集体走向个人的运动。"梅因曾认识到个人的诸多领域在罗马法时期(至少在早期)是为家庭共同体所吸收的，这个领域实际并无普通意义的法来调整，但是后来却发生了"从身份到契约"的运动。

② 德国自康德以来，思想上尊崇人格尊严思想，开始将法律人格和人格权联系起来。依康德思想的本质，更普遍的对自己的支配权不需要法律承认，便可以受到法律保护。受到康德思想影响的由萨维尼开创的历史法学派，却没有完全接受人格非法定主义：一方面，观念上承认人格保护应具有不需要法律承认的高度，并承认权利的意思支配的本质；另一方面，又坚持以法定主义规定自然人人格，设定了许多具体人格权，并奇怪地否定了对名誉等人格予以法定保护。对于萨维尼的这类矛盾的揭示，参见星野英一：《私法中的人——以民法财产法为中心》，第177页。

③ 参见黄立：《民法总则》，1994年10月台湾地区初版，自行发行，第94页。

近亲属的同意,才能传播或公开展示死者的肖像。① 梅迪库斯认为,德国《著作权法》中的著作权也包含有特别人格权。② 近年来有认为个人数据保护也有发展为特别人格权趋势的,依据是 1977 年 1 月 27 日《德国联邦数据保护法》,但实践还持保留态度。③

多数国家在民法上继受了这种人格权法定以及具体人格权列举模式,即使英美国家也不例外。我国 1986 年《民法通则》也采取了自然人人格权法定主义和具体列举体例。

三、自然人人格权制度的当代发展

(一) 人格权优先地位的确立

当代法在努力提高人的"人格地位"上,所表现出来的广度和深度是显而易见的④,尤其是"二战"以来,由于受"人权运动"影响,各国尤其关注人格权的地位规定和保护。在美国,沃伦法院时期接受了人身权优先地位说,不仅扩大了具体人格权利本身的实体内容,还将人权法案保障的权利约束力扩及各州。⑤在大陆法系国家,立法司法逐渐扩大和加强对人格权的维护,出现了所谓的"人格性正在向财产夺回桂冠"的现象。⑥

(二) 人格权类型及其保护范围的扩张

1. 一般趋势

持自然权利论的国家,过去虽然把人格放在自然权利的位置,但是受时代观念的限制,司法上对于人格保护的范围存在局限,特别是没有意识到现代人所非常关注的私生活范畴的保护等。自 20 世纪以来,随着要求扩展人格保护的呼声高涨,这些国家都及时采取了扩张保护的态度。

在法国,基于实务与学界的呼声,1970 年修正《法国民法典》,在民法上添入了"私生活权利"的条款,追加保护私生活范围即广义上的隐私,以更正

---

① 但是肖像权有例外,《艺术作品著作权法》第 23 条第 1 款第 1 项至第 3 项规定,公众人物或集会上的陪衬人物,不具有禁止其传播与公开展览的权利;此外,在有"更高的艺术利益"(第 23 条第 1 款第 4 项)或有"司法以及公共安全方面的宗旨"时,这些具有优先于肖像权的地位。〔德〕梅迪库斯:《德国民法总论》,邵建东译,法律出版社 2000 年 11 月第 1 版,第 801 页。
② 参见〔德〕梅迪库斯:《德国民法总论》,邵建东译,法律出版社 2001 年 9 月第 2 版,第 800 页。
③ 同上注,第 803 页。
④ 参见〔法〕萨瓦第埃:《当代私法的社会与经济条件的变化》,第 33—355 页;〔日〕五十岚清、〔日〕松田昌士:《西德私生活的私法保护》(一),北大法学会论集,第 11 卷第 4 号,昭和 36 年,第 204 页注 1;〔日〕星野英一:《私法中的人——以民法财产法为中心》,第 182 页。
⑤ 参见〔美〕伯纳德·施瓦茨:《美国法律史》,王军等译,法律出版社 1989 年版,第 245 页。
⑥ 20Paul Roubier, Preface a Roger Nerson, Les droit extrapatrimoniaux, 1939, p. IX. 转引自〔日〕星野英一:《私法中的人——以民法财产法为中心》,第 182 页。

过去观念或实践对隐私保护的忽略。① 不过，对自然人人格问题，法律态度总体上仍然维持过去的自然权利体例。受德国法律实证主义学说影响，并在部分学者的支持下，法国一度出现对人格采取法定权利态度的法典修正草案，但是这种修法企图最后遭到失败②，除增设了保护私生活条款，《法国民法典》关于人格权的旧有体例得到维护。

在瑞士，《瑞士民法典》也通过后来的修正，大量增加了人格保护的条款。仅第一章第一节人格法就由以前主要的 4 个条文，即第 27—30 条，增加到现在的第 27、28、28a、28b、28c、28d、28e、28f、28g、28h、28i、28j、28k、28l、29、30 条计 16 个条文。

采取法定主义立场的国家，则采取了累积发展的办法，甚至通过大量的司法创制方式，来积极顺应时代要求，扩展人格权制度。

在德国，主要通过对"一般人格权"概念的司法的解释创制，扩张原来民法上的具体人格范围，站在宪法秩序的高度，开放性地保护那些没有规定的但是属于人的必要属性。由于这种创制具有相当的复杂性，以下另作详细介绍。

在日本，20 世纪 50 年代开始，就逐渐通过立法逐渐以个别增加的方式发展人格权制度。③ 此外，一些学者主张，应承认"一般人格权"概念④，但实务界采取了扩张解释《日本民法典》第 709 条"权利的侵害"的态度来发展人格权，认为它与《法国民法典》第 1382 条同样包含了广泛的各种"法律上应受保护的利益的侵害"，因此不存在有将认定损害赔偿的前提仅限于具体人

---

① 《法国民法典》第 9 条规定，"任何人有权使其个人生活不受侵犯"，"法官在不影响赔偿所受损害的情况下，得规定一切措施，诸如对有争议的财产保管、扣押以及专为防止或停止侵犯个人私生活的其他措施。在紧急情况下，法官得紧急下令采取以上措施"。该条文置于第一卷"人"中，区别于其他权利，观念上仍维护了人格高于权利的观念。

② 根据卡邦尼埃的研究，德国法定人格学说对法国的影响是从 20 世纪之后开始的，德国的学说通过瑞士的罗根(Roguin)而被法国知晓，并由布埃斯特(Boistel)使之与法国的学说相适应，在 20 世纪初这种变化已经实质性地反映在惹尼《书信方面的权利》论文中。不久在学术界推动下，民法修正委员会确立的《民法典草案》(Avant-Projet de Code civil)在第 1 编第 1 章以人格权为标题。这个草案其中第 164 条和第 165 条直接与人格权有关，第 164 条规定："人格权不能成为交易的对象。基于对人格权行使的意思的限制，其与公共秩序相违背时无效。"第 165 条规定："对人格权施加的不法侵害，被害人有中止侵害请求权。这并不妨碍加害者应承担的损害赔偿责任。"在该草案中，法国学术界受德国学说影响，打算将人格纳入法定权利，称为"人格权"，但观念上仍然保留了人格不可分的态度。这个草案中关于人格权的部分由于受到传统观念的抵抗，终于没有出台。不过，学术界对待人格的态度并不完全与非法定主义态度一致，自从 1954 年法学系本科课程的修正以来，"人格权"成为教学的必备内容。以上参见〔日〕星野英一：《私法中的人——以民法财产法为中心》，第 178 页。

③ 参见邓曾甲：《日本民法概论》，法律出版社 1995 年版，第 116 页。《宴之后》案发展了隐私权。

④ 参见〔日〕五十岚清、〔日〕松田昌士：《西德私生活的私法保护》；〔日〕齐藤博：《人格权法研究》；〔日〕三岛宗彦：《人格权的保护》(有斐阁昭和 40 年版)等著作。

格权的必要。①

在我国台湾地区,目前主要不是通过司法创制,而是主要通过立法的方法拓展人格权制度,一方面继续规定具体人格,另一方面承认所谓一般人格权概念,为开放性承认人格权提供了范例。

在英美国家,主要依判例逐个增加的方式,扩张人格权的保护范围。历年来已经增加了多项具体人格权及相应的具体类型的侵权救济,例如,隐私权、福利权、居住环境权等。美国学者施瓦茨指出,20世纪下半叶以来美国扩充的权利中,第一类权利中,最主要的恐怕要数妇女和依赖公共救济为生的人们的权利了。除此之外,美国法律也开始确认适用于全体公民的具体人格权,其中最主要的是个人隐私权。但是,"比隐私权影响更广泛的是,在20世纪后期法律着手维护居住环境权……1969年,国会将公众的环境利益提高到法定权利的地位","不满于周围环境的公民和团体现在被允许提出诉讼。公众的环境资源利益成为一种法律保护的权利。那些对公众负责的代表作为原告的地位被确认了"。②

2. 德国"一般人格权"的司法创制:人格权的由"民法实证"到由"宪法基本保障"的跃升

《德国民法典》的具体人格权制度,在经历了若干年之后,便暴露了不能适应现代社会个人主义精神的局限性,以及不能满足个人人格的法律需要的严重缺陷。③ 到了20世纪50年代,德国社会特别提出了在名誉等方面拓宽人格权的要求,这与对纳粹轻视人的强烈反思有关。④ 这一时期起的法律发展,不是通过立法完成的,而是由德国实务界以法律适用中的解释方法,在已有的法律体系中,采取了更宽阔的逻辑发展思路,创制了"一般人格权"(das

---

① 参见〔日〕星野英一:《私法中的人——以民法财产法为中心》,第181页。星野英一认为这种实务方式还不能对如何调整保护私生活和新闻报道自由的冲突关系作出解释,不能解决是否可以将规定于具体人格权的排除妨害请求权(停止请求权)和预防妨害请求权的依据是否可以适用一般人格权的问题。

② 〔美〕施瓦茨:《美国法律史》,第259—264页。

③ 一些重要学者在立法完成前就开始在隐私等问题上认识具体人格权制度的局限性,提出广泛的人格权的基础。萨维尼的弟子普夫塔(Puchta)早就承认对自己的权利,包括人格权,其中除了权利能力范围外还有名誉权。19世纪中叶后,基尔克(Gierke)和约瑟夫·库勒(Joseph Kohler)等论述了根据实在法中的法律人格产生的作为所有的权利义务的基础的广义人格权。但是在很长时期内,这些观点都不是主流。参见〔日〕星野英一:《私法中的人——以民法财产法为中心》,第177页。

④ 参见〔日〕星野英一:《私法中的人——以民法财产法为中心》,第179页。拉伦茨认为,原因有三:(1) 第二次世界大战以后,人们普遍认为特别人格权不足保护所有各方面的人格;(2) 凭着对独裁的经验,人们对任何不尊重人的尊严和人格的行为都变得敏感起来,这种不尊重行为有国家方面的也有团体和私人方面的;(3) 随着现代技术的发展,加害人格变得容易,这种行为也愈加多样化。参见拉伦茨:《德国民法通论》(上),第170页。

allgemeine Persoenlichkeitsrecht)概念,从而概括新时期人格扩张保护的需要。① 根据这种思维,人格权的观念发生了根本性的革命,由以前的所谓"民法典权利"一跃而为"由宪法保障的基本权利"。② 换言之,人格权类型及其内容,在司法实践中,不再是狭窄地以民法典规范为基础,而是可以借助宪法规范为支持。

"一般人格权"的解释创制,是通过一系列判例完成的。③

1954 年,德国联邦法院在 BGHZ 13,334,337f. 判决中,首先开始了这种创制。④ 该案的事实为:被告某出版社,在其出版的周报中,刊登了对前第三帝国经济部长沙赫特博士(Dr. Hjalmar Schacht)的一篇批评文章。经济部长的律师(原告)以沙赫特博士的名义要求更正。但是被告断章取义,仅发表了这封信件的片段,且置于"读者来信"栏目。前审法院汉堡法院驳回原告要求撤回之诉,认为:"虽然这一刊登方式,导致不正确的印象,使人误认原告写了读者来信。但对于原告的信用与名誉并无影响。"但是德国联邦法院却引用《西德基本法》第 1 条"人类尊严不得侵犯。尊重及保护人类尊严,是所有国家权利的义务"及第 2 条"在不侵害他人权利及违反宪法秩序或公共秩序规定范围内,任何人均有自由发展其人格的权利"两规定⑤,认为一般人格权是"由宪法保障的基本权利",由此判决:被告将原告的言论修改后刊登,使他人对原告有错误的印象,可以产生"一种不正确的人格形象",侵害了此种基本权利。本案创制一般人格权的基础是:援引宪法规范,视为人格的广义法律赋权规范,使之具有直接规范的效力,在司法上创制人格权并予以适用,突破《德国民法典》原有具体人格权制度有限保护的人格范围。⑥

---

① 详细参见黄立:《民法总则》,第 94 页以下;施启扬:《从特别人格权到一般人格权》,《台大法学论丛》,第 4 卷,第 1 期,第 133 页;王泽鉴:《人格权之保护与非财产损害赔偿》,载《民法学说与判例研究》第 1 辑,中国政法大学出版社 1998 年版,第 36 页以下;王泽鉴:《人格权、慰抚金与法院造法》,载《民法学说与判例研究》第 8 辑,中国政法大学出版社 1998 年版,第 98 页以下。德文资料参见 Esser, Schuldrecht, II, 1969, S. 401f.; Larenz, Schuldrecht, II, 1965, S. 414f.; Hubman, Das Persoenlichkeitsecht, 1967; von Caemmerer, Der privatrechtliche Persoenlichkeitsrschutz nach deutschem Recht, in: Feschr. Fuer v. Hippel, 1967, S. 27f..

② 参见〔德〕梅迪库斯:《德国民法总论》,第 806 页。

③ 法哲学家科因(Coing)奠定了一般人格权的法哲学基础,对一般人格权规则的承认则主要是由霍布曼(Hubmann)和尼佩戴(Nipperdey)等民法学者倡导。参见〔日〕星野英一:《私法中的人——以民法财产法为中心》,第 180 页。

④ 参见〔德〕梅迪库斯:《德国民法总论》,第 805 页。

⑤ 《波恩基本法》采取新的法哲学立场,将人的尊严(Menschenwurde)和人格自由发展(freie Entfaltung der Persoenlichkeit)确立为宪法基础。

⑥ BGHZ 13,334,338,339. 具体分析参见黄立:《民法总则》,第 94—95 页;并参见 Dieter Medicus, Allgemeiner Teil des BGB, 5. Aufl. 1992, S. 1077f.;梅迪库斯:《德国民法总论》,第 806 页。

德国联邦法院1958年3月14日"骑士案"(Herrenreiter Urteil),进一步巩固了"一般人格权"创制。① 该案原告以名誉遭受损害为由,请求精神损害赔偿。案件事实为:被告是壮阳药(Okasa)的生产者,在其销售广告中擅自使用原告照片,照片上的原告是骑士装束,以促销其产品。原告是富有的啤酒厂股东,依其意愿,被告支付再高的费用,他也绝不会同意为壮阳药做广告。从《德国民法典》第253条②规定的反面推论看,此一情形不属于可请求金钱赔偿情形。但是德国联邦法院最后依据《波恩基本法》第1条及第2条规定的价值判断,类推适用《德国民法典》第847条第1项"妨碍自由"规定,判给原告10000马克,作为精神损害赔偿。在这一判决,德国联邦法院没有承认宪法条款可以直接作为民事裁判规范,而是采取了通过以宪法条款支持解释的办法,类推适用民法上"自由权",达成扩张人格保护的效果。其结果,实际将民法具体自由权扩张解释为一般人格权。

其后,德国联邦法院又在1961年9月19日"人参案"(Ginsen Urteil)判决中,再次巩固一般人格权的概念。该案事实为:原告某大学国际法及教会法教授,曾经在一篇学术性文章中被误称为欧洲研究韩国人参的权威。被告为某制造含有人参的增强性能力药物的药厂,在其广告中引述某教授的学术权威。该教授认为此项广告影响其在学术上的地位,导致损害。德国联邦法院以《波恩基本法》第1条及第2条规定,认为《德国民法典》第253条之规定,和基本法有不同的价值观,排除其适用,但是也不再类推适用《德国民法典》第847条规定,而是直接引用《波恩基本法》第1条及第2条规定,推出一般人格权,维护了原告主张。③ 这一做法,得到了宪法法院的认可。④

德国联邦法院引用基本法建立或推导出民法上一般人格权,扩大具体人格权制度的范围和精神损害赔偿范围,在法学方法上受到传统阵营学者的严厉批评,如拉伦茨等就曾进行了激烈抨击。在这些批评意见中,有的学者认为联邦法院超越了法院创造法律的界限;有的学者认为如此自由解释法律,对法律的安定性,殊有影响;有的学者认为《波恩基本法》第1条及第2条是公法的规定,不具有私法的性质,不能直接创设权利义务关系。⑤ 不过,德国

---

① BGHZ 26,349. 具体分析参见黄立:《民法总则》,第95页,以及王泽鉴:《人格权之保护与非财产损害赔偿》,第45页;〔德〕梅迪库斯:《德国民法总论》,第806页。

② 《德国民法典》第253条规定:"损害为非物质上之损害者,仅以有法律规定的情形为限,始得请求以金钱赔偿之。"

③ BGHZ 35,363. 具体分析参见王泽鉴:《人格权之保护与非财产损害赔偿》,载《民法学说与判例研究》第1辑,中国政法大学出版社1998年版,第45页;黄立:《民法总则》,第96页。

④ 参见〔德〕梅迪库斯:《德国民法总论》,第806页。

⑤ Larenz, Das allgemeine Peroenlichkeitsrecht im Recht der unerlaubten Handlungen, NJW 1955, 521. 王泽鉴:《人格权之保护与非财产损害赔偿》,第46页。

联邦法院认为,加强人格权保护,既为社会所需要,又为大众法律意识所支持,所以应抱定强化人格权保护之决心,依然我行我素。①

德国宪法法院对于德国联邦法院引用基本法条款推导或创制一般人格权的见解,加以了肯定。② 德国宪法法院在 BverfG 34,369 案,甚至列举了长篇理由,论证依据宪法承认一般人格权的合宪性,认为以有效的手段保护宪法体系中的基本价值,并未整个排除《德国民法典》第 253 条规定,仅以补充列举规定,并没有恣意造法,不构成对言论自由和新闻自由的侵害,从宪法制度言,应无可非议。③ 有关方面还曾经作过一般人格权保护的立法化活动,制定出关于人格保护的参事官草案(1958 年)和关于人格保护的政府草案,

---

① 参见王泽鉴:《人格权之保护与非财产损害赔偿》,第 46 页。
② 西德宪法法院判例 BverfGE 34,269;35,202,219。王泽鉴:《人格权、慰抚金和法院造法》,第 99 页:在 35,202(犯罪纪录片案件)案,请求人曾参与抢劫德国某地弹药库,导致数名警卫死亡,被捕后被判刑,正在服刑中。某德国电视公司认为这一犯罪案件具有社会教育意义,特拍成纪录片,探讨作案的过程、罪犯的背景,包括特别强调申请人的同性恋倾向。此纪录片显示请求人的相貌,数度提到其姓名。申请人即将刑满获释,要求禁止电视公司播放。地方法院和高等法院均驳回禁播请求,其主要理由是请求人已经成为公众人物。德国联邦宪法法院废止前判,以《联邦基本法》第 2 条第 1 项与第 1 条第 2 项为依据,命令电视公司停止播放。在长达数页的判决中,德国联邦宪法法院再三强调人的尊严是宪法体系的核心。言论自由也属于宪法保障,但是某种言论是否侵害人格权,应衡量人格权被侵害的严重性及播放犯罪纪录影集所要达到的目的,就个案谨慎加以衡量。在本案,犯罪事实发生在 20 年前,请求人即将获释,重入社会,开始新的生活,其不受干扰的权利应优先于言论自由而受保护。
③ 具体评论参见 Knieper, ZRP 1974,137;Koebler, JZ 1973。王泽鉴:《人格权、慰抚金与法院造法》,第 101 页介绍如下:被告为一知名出版社,在其周刊杂志刊载虚构伊朗废后苏菲亚访问记。被害人苏菲亚公主主张人格权侵害,诉请 1 万 5 千马克慰抚金。联邦法院判决其胜诉,认为这一关于个人隐私的不实报道,构成对人格权的侵害,通过刊登更正不足以恢复原状,应以相当金钱慰抚被害人的精神损害。被告提出宪法抗告,认为这一判决违宪,其理由有三:一为违背权力分立原则;二为侵害言论自由和新闻自由;三为慰抚金的请求以重大侵害人格权为要求,联邦法院自行创设,犹如刑事判决违背罪刑法定主义。德国宪法法院认为,这一抗告不能成立,理由可以归纳为三点:(1) 德国基本法明定人格应受尊重,在私法上承认一般人格权补充现行民法的不足,系为实践宪法基本人权的价值体系,与宪法秩序尚无违背。(2) 言论自由或新闻自由所以受宪法保护,系因其为公众提供资讯,形成舆论。为满足读者肤浅的娱乐而虚构访问,乃涉及个人私事,无关公益。就此点而言,隐私的保护应优先于新闻报道。联邦法院的判决多以新闻报业为对象,但其他与新闻报业无关的案件也属不少,不能认为侵害人格权中对非财产损害应以金钱赔偿,是针对新闻报业而造法。其构成要件甚为严格,不致影响言论自由和新闻自由。(3)《德国基本法》第 20 条第 3 项规定,司法应受法律(Gesetz)和权利(Recht)的拘束,立法目的在于排除狭隘的法律实证主义。法的存在系以宪法秩序为内容,具有补充实体法不备的功能。司法的任务,在于发现寓存于宪法秩序的基本价值理念,以合理的论据依实践的理性和根植于社会正义的理念,促进法律进步,关于此点,基本上没有争议。在劳动法方面,立法落后,司法造法明显特为需要,以适应社会变迁的需要。现行《德国民法典》制定于 70 年前,法律观念和社会情况已有重大变迁,德国落后其他西方的法律甚多。对非财产损害予以相当数额的金钱赔偿,是保护人格权有效的手段。现行民法将慰抚金请求权限定若干情形自有其时代背景,如今法律意识和价值观念已改变,保护人格权的立法迟未定案,由法院判决补现行法的不足,确有必要。

提交联邦参议院并得到通过,但是在联邦议会上却被搁置。①

一般人格权的主要问题在于它的不确定性。法学家菲肯彻(Fikentscher)将一般人格权,与营业权一样,称为框架权利。② 德国联邦法院特别指出,在对一般人格权作界定时,"必须在特别的程度上进行利益权衡",避免对一个人进行保护,却以不合理牺牲另一个人的利益为代价。

拉伦茨认为,为了使受害人在民法上受到更广泛的保护,司法实践不是坐等立法,而是援引基本法第1条和第2条强调人的尊严和人性的发展是法律的最高价值,把所谓"一般人格权"作为被现行法合理承认了的,并将之等同于《德国民法典》第826条第1款所绝对保护的"基本权利",这可谓填补了重大空白。虽然这种权利因具有一般条款的性质,难以在民法典和第823条的体系中予以规定,但通过司法实践,它被认为具有"超民法典"性质的法的发展,成为今天的习惯法。③

对于一般人格权和民法典中具体人格权的关系。拉伦茨认为属于一般与特殊的关系。"一般人格权作为任何人都应受尊重的权利是所有特别人格权的基础,特别人格权是一般人格权的一部分,因此,从法律逻辑上说,一般人格权,优先于特别人格权,在法律适用中,如特别人格权受到侵害,但因难以划界从而不能援引关于一般人格权的规定,则优先适用特别人格权。"④

德国联邦法院为了细化这个概念,在一般人格权的概念下,多年来,使人格权的内容扩展于以下案型⑤:

(1)对于名誉的权利。《德国民法典》没有将名誉纳入具体人格,过去只能由第826条和第823条第2款结合《刑法典》第185条及其后条款提供保护。商业信誉则以第824条保护。⑥ 但是,在启用一般人格权概念后,德国扩大了民法典对名誉的有限保护。德国法院判例认为,在《德国民法典》第823条第1项范畴内,应包括对名誉的保护。⑦ 德国宪法法院也认为,名誉不是抽象的东西,而是个人人格自我决定的表现,应受他人之尊重。

(2)对于个人形象的权利。从一般人格权概念,法院发展出个人有权避

---

① 参见《人格权研究专题论文集》(五十岚清序),载《比较法研究》,第24号,昭和38年,德国部分(五十岚清执笔)第25页;齐藤博:《人格权法研究》,第106页。
② 参见〔德〕梅迪库斯:《德国民法总论》,第808页。
③ 参见〔德〕拉伦茨:《德国民法通论》(上),第171页。
④ 同上注。
⑤ 参见〔德〕梅迪库斯:《德国民法总论》,第807页。BGHZ 13,334,338;24,72,80.
⑥ 参见〔德〕梅迪库斯:《德国民法总论》,第805页。
⑦ RGZ 166,156, BGH MDR 1964,136;BGHZ 39,124,129.

免他人通过歪曲方式,在公众中产生一种错误的形象(不一定损害名誉)。对于本人的言论不正确陈述,错误地引用其言论,即作不正确变造或断章取义转述时,可构成侵犯一般人格权①;通过将某人与某种风马牛不相及的商品或机构发生联系的方式歪曲他人形象,也构成侵害一般人格权②;知悉自己真实出身的权利,也应属于一般人格权范畴。③

(3)对于谈话的权利(das Recht am gesprochenen Wort)。谈话属于人的自我范畴,不经本人同意,不得录制其谈话或以任何方式加以运用。秘密录音构成对一般人格权侵犯④;散布未经许可的录音谈话,也侵害了谈话参与人的一般人格权。⑤

(4)对信件及私人日记的权利。偷阅或公布他人信件或日记,构成侵害一般人格权。⑥

(5)对个人隐私的权利。即对自我范畴(Eigenspaere)或私人生活范围的权利。自我范畴属于一般人格权范围应受尊重,不应受公众干扰。例如,未经允许散发他人体检记录⑦,对他人住房安装观察设备⑧,雇佣人员察探他人隐私等,均构成对隐私的侵犯。对个人隐私的保护超出了对肖像权的保护范围,例如只要偷偷拍摄他人的照片就可以构成侵权行为。⑨ 西德艺术品著作权法(Kunsturhebergesetz)承认了肖像权,禁止其传播与公开展览,为营利目的公布他人肖像,构成侵害人格权⑩,但不禁止摄影与制作肖像。联邦法院判例更进一步禁止摄影与制作肖像,但也允许较高的利益(如具有社会适当性的新闻报道利益)阻却违法。雇主在雇员招聘失败后,保留

---

① BVerfGE 54,148;54,208,217. Larenz, Allegemeiner Teil des deutschen Buergerlichen Rechts, 7. Aufl. ,1989,S. 101f. 以下;Heinz Huebner, Allgemeiner Teil des BGB,1985, §12/111/8. 黄立:《民法总则》,第 109 页。

② BGHZ 26,349(骑士案);30,7,10(卡达琳娜·瓦伦特案);[德]梅迪库斯:《德国民法总论》,第 808 页。

③ 参见[德]梅迪库斯:《德国民法总论》,第 809 页。

④ RGHZ 27,284H, BverfGE 34,238,246. 黄立:《民法总则》,第 107 页。

⑤ BGHZ 73,120,123;80,125,142. 黄立:《民法总则》,第 107 页。

⑥ BGHZ 13,120,357;15,249,257. 黄立:《民法总则》,第 107 页。

⑦ BGHZ 24,72. 黄立:《民法总则》,第 107 页;王泽鉴:《人格权之保护与非财产损害赔偿》,第 45 页注 3。

⑧ 参见[德]梅迪库斯:《德国民法总论》,第 809 页。

⑨ 同上注。

⑩ BGHZ 20,345. 黄立:《民法总则》,第 107 页;王泽鉴:《人格权之保护与非财产损害赔偿》,第 45 页注 3。

含有雇员隐私的内容的问卷,也构成侵权。① 未经相关人的同意,对其做艾滋病测试的行为,也是非法的。② 借款人的数据,也属于隐私范畴。③ 德国宪法法院在"人口普查案"中承认,信息自决权在一般意义上也属于个人隐私范畴。④ 对个人利益范围(包括名誉)的保护,学理认为不应以被害人名誉或声望的减少或妨碍为要件。⑤

个人隐私可以依其与个人的联系,区分三个领域:① 绝对隐私范围(die Intimsphaere):指对于亲近的人,个人也希望保持秘密的领域。绝对不可侵犯,即使新闻报道也不能将之公开。⑥ 但自行将其隐私公开,则随后不能禁止他人特意之观察。⑦ ② 一般私人范围(die Privatsphaere):享有不受公众谈论或不得违反本人意愿被公开的保障,但有些情况下,如有公开性价值(Oettentlichkeitswert),即对公众具有重要资讯利益时,则不受禁止公开的保障。除衡量公开性价值外,也权衡资讯来源是否合法。⑧ ③ 职业范围(die Beruflichersphaere):与职业有关的个人范围,原则上也不得违反本人意愿加以公开或偷窥。⑨

(6)抵抗不请自送的广告的权利。最近,越来越多的案例将一般人格权概念适用于抵抗不请自送的广告。⑩

(7)积极人格发展的权利(Anspruch aut aktive Personlichkeitsentfaltung)。德国关于一般人格权的发展是开放式的。例如,法院还发展了以下重要案

---

① 参见〔德〕梅迪库斯:《德国民法总论》,第809页。
② 同上注。
③ 同上注。
④ 同上注。
⑤ Hans Erich Brandner, Das Allgemeine Persönlichkeitsrecht in der Entwicklung durch die Rechtsprechung, JZ 1983, S. 690f. . 黄立:《民法总则》第109页。
⑥ Hans Erich Brandner, Das Allgemeine Persönlichkeitsrecht, S. 689-696/690f. . 参见德国联邦法院判决 BGH JZ 1981, 709 = BGH NJW 1981, 1366, Der Aufmacher II. 黄立:《民法总则》,第108页。
⑦ 德国 BayOLG JZ 1980, 580 刑案;观察交换伴侣的"开放式温情"。黄立:《民法总则》,第109页。
⑧ 参见黄立:《民法总则》,第108页注81;德国萨尔布鲁克高等法院判决 OLG Saarbruecken NJW 1978, 2395,在报纸上发布不正确的订婚消息,构成对私人范围侵犯。又德国联邦法院判决 BGHZ 73, 120 = JZ 1979, 349。Kohl /Biedenkopf:认为在两位政治人物间之私人电话,尽管在电话中涉及政治,仍属于个人范围。
⑨ 但让步于公众的重要资讯利益或职业雇主的财产安全利益。黄立:《民法总则》,第108页注82;德国 OLG Schleswig, JZ 1979, 661,可对有侵吞金钱可能的工作予以秘密观察:在赌场中对计算收入事项的工作人员,设置秘密录像机案。
⑩ BGHZ, 106, 229 等案件;梅迪库斯:《德国民法总论》,第810页。

型:病人向医生或医院请求查阅其自身病历,应得到协助①;否认屠杀犹太人的历史,也是侵害了信奉犹太教人们的一般人格权的体现②;甚至情夫对情妇关于正在离婚的欺骗,侵害了后者的决定自由,也构成一般人格权的侵害。③ 目前德国法院在积极人格发展领域,总的说来尚为谨慎。

(三)人格侵权之精神损害赔偿责任的发展

关于人格侵权的精神损害问题,各国在晚近普遍接受人格侵权损害范围应包括精神损害的观点,承认精神损害原则上得请求金钱赔偿。

德国具有代表性。《德国民法典》曾在第253条规定,关于非财产损害,仅于法律明定之情形得请求金钱赔偿。1900年《德国民法典》所明定可以请求精神损害金钱赔偿的,只有几种具体人格权侵害,即第847条规定:"侵害身体或健康,或侵夺自由者,被害人对非财产上的损害,也得请求赔偿相当的金钱。此项请求权不得让与或继承,但已依契约承认或已起诉者,不在此限。对妇女犯有违反道德的犯罪行为或者不法行为,或者以欺诈、胁迫或者滥用从属关系,诱使妇女允诺婚姻以外的同居的,该妇女享有相同的请求权。"故,精神损害(非财产损害)保护,当时并不包括后来发展的名誉、隐私、肖像等在内。早期德国反对泛泛承认人格权以及保护其非财产损害的理由,重要的理由就是反对将人格商业化及精神损害金钱赔偿有计算上的困难。

但是根据基本法发展出一般人格权之后,当代德国联邦法院原则上放弃了人格商业化顾忌,也根据基本法发展出一般人格权的保护应突破第253条限制,应包括非财产损害并得请求金钱赔偿。德国在BGHZ 26,349骑士案首次肯定一般人格权得请求非财产损害的金钱赔偿。该案判决采取了类推适用《德国民法典》第847条关于自由权的方法。④ 后在BGHZ 35,363人参案中,德国联邦法院又以《波恩基本法》第1条和第2条为直接依据,承认了一般人格权的非财产损害保护和得请求慰抚金。⑤ 德国联邦法院之后又在BverfG 34,269(伊朗废后案)陈述了详细理由,说明以宪法为依据承认一般人格权以及对之提供非财产损害保护的慰抚金请求权的合宪性。⑥ 不过,目

---

① BGH NJW 1983,328,329.
② 参见〔德〕梅迪库斯:《德国民法总论》,第810页;BGHZ,75,160.
③ 汉姆州高等法院1983年的一个判决。梅迪库斯认为这个判决走得太远了。〔德〕梅迪库斯:《德国民法总论》,第811页。
④ 参见王泽鉴:《人格权、慰抚金和法院造法》,第100页。对该案的评论,参见 Larenz, JZ 1958,571;Coing, JZ 1958,588.
⑤ 参见王泽鉴:《人格权、慰抚金和法院造法》,第101页。对该案的评论,参见 Roetelmann, NJW 1962,736; H. Hubmann, VersR, 1982, 350, 562.
⑥ 参见王泽鉴:《人格权、慰抚金和法院造法》,第101—102页。

前修正草案上,德国学者还是主张作一些限制,原则上同意就非财产损害得请求慰抚金,但是为平衡当事人利益,避免加重加害人负担,凡侵害轻微,或者非财产损害得依恢复原状或其他方式补偿者,则不得请求慰抚金;赔偿金额应依其情况特别是应依侵害及过失的程度决定之;这项请求权不得让与和继承,但已依契约承诺或已起诉者,不在其限。①

《瑞士民法》在承认人格侵害的非财产损害以及慰抚金赔偿方面,一向比较积极,但规定有重过失的限制,只允许在加害人有重过失和故意情形,才负担精神损害赔偿。《瑞士债务法》第 49 条规定:"人格关系被侵害时,于加害人有过失时被害人得请求损害赔偿;侵害及过失特别重大时,得请求给付相当金钱作为慰抚金。"

四、我国自然人人格权制度及其发展

(一)《民法通则》有关自然人人格权规定的局限性

我国 1986 年《民法通则》对自然人的人格保护,不仅采取了权利法定和具体人格的体例,而且采取正面确认的方式,规定了包括生命健康、姓名、肖像、名誉、荣誉、婚姻自主在内的几项具体人格权,同时,通过《民法通则》第 106 条第 2 款和第 3 款纳入侵权保护范畴。《民法通则》的具体人格权体系,与目前有关国家所建立的人格保护体系比较,范围比较狭窄,现代社会公认的一些重要人格,例如自由、身体、隐私等,并不在其明确的确认和保护范围之内。这一立法现状,明显不能满足我国当今社会生活中的基本人格需求。

1986 年《民法通则》确立的具体人格权类型如下:

1. 生命权。《民法通则》第 98 条规定"公民享有生命健康权",确认了我国自然人对自己生命享有受尊重的权利。生命权的保护,从该规定上看,不受侵害方式限制,只要存在不法侵害,不问其方式,生命权均受法律保护。根据我国《民法通则》第 119 条规定,造成死亡的,死者生前伤害医疗费用和误工费用应予赔偿;并应赔偿死者丧葬费和生前扶养的人必要的生活费等费用。这里可以理解死者生前就伤害医疗费用和误工费用,丧葬费支付者就丧葬费,生前受扶养者(不限于法定受扶养人)就必要的生活费,以及其他人就

---

① 参见王泽鉴:《人格权之保护与非财产损害赔偿》,第 55 页。

其他相应损失,产生相应的侵权损害赔偿请求权。①

2. 健康权。《民法通则》第 98 条的规定,同时确认了自然人对自己健康状况享有不受侵犯的权利。所谓"健康",包括生理健康和精神健康。健康权的实现,在于正常维持权利人现有的身体功能。健康被视为人格的内在要素之一,也是早期民法以来的传统。健康权的保护,也是不受侵害方式限制的。在健康权受损害时,根据我国《民法通则》第 119 条的规定,受害人可以就医疗费、误工费和残废者生活补助费等费用产生损害赔偿请求权。

3. 姓名权。《民法通则》第 99 条第 1 款规定:"公民享有姓名权,有权决定、使用和依照规定改变自己的姓名,禁止他人干涉、盗用、假冒。"另《婚姻法》第 14 条规定"夫妻双方都有各用自己姓名的权利"及第 22 条规定"子女可以随父姓,也可以随母姓"。这些规定确立了自然人对自己姓名享有的权利,具体包括取名、改名和专属使用自己姓名的权利。这种权利或多或少有一些支配性质。姓名是人的自我的一种代号,依其得以与他人外观区分。姓名作为自然人的一种人格,观念上多视为外在人格要素之一,并且具有商业利用价值。这可能是许多国家于其他人格权之外而加以单独规定的理由。②姓名的范围,主要为正式姓名或本名,在我国为户籍及身份证上记载的现用名。但也包括有自我代号性能的曾用名、笔名、艺名。

自然人姓名权的积极范围,根据《民法通则》,在于使个人得自主决定、

---

① 在大陆法系国家或地区民法上,侵害他人生命权致使人死亡,对死者和死者以外的他人因此而造成的损害需负责(《德国民法典》第 823 条第 1 款)。其中死者就死亡前健康损害所发生的财产损失和精神损失可以产生损害赔偿请求权,由继承人承受行使(死者生前慰抚金部分除已依契约承诺或已起诉外,不得继承,但是学者目前已经主张修正)。但第三人支付医药费者,就医药费是否直接产生偿还请求权还是因无因管理代位行使损害赔偿请求权,理论上没有解决。死者就死亡本身是否可以产生损害赔偿请求权,德国通说认为被害人既然已死,权利能力消灭,应无发生损害赔偿的余地。死者生前法定扶养请求权人可以就本应得扶养费依法直接发生赔偿请求权(我国台湾地区"民法"第 192 条第 2 项);被害人遗属如父母、子女和配偶,可以就因此遭受精神损害直接发生赔偿请求权(我国台湾地区"民法"第 194 条);第三人支付丧葬费的,依法直接发生赔偿请求权(我国台湾地区"民法"第 192 条第 1 项)。被害人遗属或第三人还得因此造成的健康或其他损害直接产生请求权(参照我国台湾地区 1951 年台上字第 1388 号判决、1952 年台上字第 1067 号判决、1954 年台上字第 920 号判决)。转引自王泽鉴:《侵害生命权之损害赔偿》,载《民法学说与判例研究》第 4 辑,中国政法大学出版社 1998 年版,第 309 页。

② 有关国家或地区为什么单独列举姓名权,除了上述价值区分观点外,学者们还有其他认识。如我国台湾地区学者根据台湾地区"民法",有从姓名权保护采无过失责任立论的(黄右昌、洪逊欣、郑玉波等,但王泽鉴反对可以推出无过失责任);故单独规定;有依恢复原状说的(如王伯琦等),认为单独规定姓名权,在于使被害人可以请求恢复原状的赔偿,但不能请求慰抚金。但一些学者(胡长清、龙显铭和李模等)认为区别规定姓名权,实在没有必要。参见王泽鉴:《民法实例研习——民法总则》,1997 年台湾地区版,第 94—95 页。

变更、专享和使用姓名这种自我代号。①《民法通则》第99条对姓名权的保护，似乎采取了限制态度，限于他人以干涉、盗用、假冒受害人的姓名时，法律才禁止这种侵害行为。依据《民法通则》第120条规定，自然人姓名权受到侵害的，可以产生停止侵害请求权，也可以产生恢复原状请求权(恢复名誉、消除影响和赔礼道歉)，也可以一并产生金钱赔偿请求权。《民通意见》第151条还规定，侵害他人的姓名权而获利的，侵权人除应适当赔偿受害人的损失外，其非法所得应当予以收缴。

4. 肖像权。《民法通则》第100条规定："公民享有肖像权，未经本人同意，不得以营利为目的使用公民的肖像。"即，自然人对自己肖像享有权利。肖像，解释上指人的外观形象，主要是五官相貌形象。肖像直到晚近才被重视，在多数国家早期民法上并没有得到承认。肖像权的实现，在于维护个人外观造型的自主性。这种权利既是不受侵犯的权利，也有部分支配权的性质。该条对肖像权保护，限于禁止营利性侵害行为，即"未经本人同意，以营利为目的使用公民的肖像"的侵害行为。何谓营利性侵害行为，《民通意见》第139条解释为："以营利为目的，未经公民同意利用其肖像做广告、商标、装饰橱窗，应当认定为侵犯公民肖像权的行为。"司法实践一方面越来越注意对于营利行为需求扩大解释，另一方面也不断突破限于营利侵害行为的保护限制。依据《民法通则》第120条规定，自然人肖像权受到侵害的，可以产生停止侵害请求权，也可以产生恢复原状请求权(恢复名誉、消除影响和赔礼道歉)，也可以一并产生金钱赔偿请求权。《民通意见》第151条还规定，侵害他人肖像权而获利的，侵权人除应适当赔偿受害人的损失外，其非法所得应当予以收缴。

5. 名誉权。《民法通则》第101条规定，公民享有名誉权，公民的人格尊严受法律保护，禁止用侮辱、诽谤等方式损害公民的名誉。因此，我国自然人对自己名誉和人格尊严享有受尊重的权利。名誉，被视为自然人的一项重要

---

① 国外法律上，往往将姓名权概念限于姓名专用权范围，而不包括取名和更名。例如《德国民法典》第12条规定："1. 有权使用某一姓名的人，因他人争夺该姓名的使用权，或因无权使用同一姓名的人使用此姓名，致其利益受损害，得请求除去对此的侵害。2. 有继续受侵害之虞时，权利人得提出停止侵害之诉。"严格地说，"决定"姓名的自主权，属于自由权范围，是姓名权的产生条件，不是本义上的姓名权的内容。"改变"姓名则是一种特殊的"决定"行为。姓名的决定，俗称取名，是取得姓名权的根据。取名是事实行为，属有独立的意思因素的事实行为，设定姓名的意思因素，与法律效果有目的联系，但设定行为本身不具有表示性质，而且其法律效果直接来自法定。但由于需意思因素，因此要准用表示行为规则，完全行为能力人方可自行取名，欠缺民事行为能力人需由其法定代理人代理或同意取名。由于我国将姓名纳入户籍管理的一项进行行政管理，因此取名受到行政法上的管理限制，姓名（本名）的设定及变更，应依法在户籍管理部门办理手续。

精神人格要素,外在的说是有关个人的品质、才能、作风等方面的社会评价,内在地说是指个人对自我的尊严感。我国学界和司法实践有局限于从外在角度理解名誉的,显然过于狭窄。① 名誉权的实现,在于使个人的自我尊严得到法律尊重。对于名誉权的保护,我国《民法通则》字义上采取了有限制的态度,只明确禁止用侮辱、诽谤等方式损害公民的名誉。② 这些方式都与故意甚至恶意有关。司法实践不断进行扩张。《民通意见》第140条第1款将隐私保护纳入名誉权保护范围,不过以结果上造成一定影响为保护条件,"以书面、口头等形式宣扬他人的隐私,或者捏造事实公然丑化他人人格,以及用侮辱、诽谤等方式损害他人名誉,造成一定影响的,应当认定为侵害公民名誉权利的行为。"1993年最高人民法院《关于审理名誉权案件若干问题的解答》将名誉侵权扩张到了过失侵害情形。依据我国《民法通则》第120条规定,自然人名誉权受到侵害的,可以产生停止侵害请求权,也可以产生恢复原状请求权(恢复名誉、消除影响和赔礼道歉),也可以一并产生金钱赔偿请求权。《民通意见》第151条也规定,侵害他人的名誉权而获利的,侵权人除应适当赔偿受害人的损失外,其非法所得应当予以收缴。

6. 荣誉权。《民法通则》第102条规定,公民享有荣誉权,禁止非法剥夺公民的荣誉称号,因此确立了自然人对自己荣誉享有受尊重的权利。荣誉是自然人从特定社会组织获得的专门性和确定性的积极评价,例如劳模、英雄、优秀学生等。将荣誉单独作为一项人格的要素,是我国立法的特有观念。③ 我国学理上有将荣誉权视为一种身份权的,这一观点值得商榷。民法上的身份,依现代法之解释应限于家庭、婚姻和社团中的身份地位。依据《民法通则》第102条规定,自然人荣誉权之保护,限于以剥夺方式之侵害。《民法通则》第120条规定发生剥夺侵害荣誉时,可以产生停止侵害请求权,也可以产生恢复原状请求权(恢复名誉、消除影响和赔礼道歉),也可以一并产生金钱赔偿请求权。《民通意见》第151条另规定,侵害他人荣誉权而获利的,侵权人除应适当赔偿受害人的损失外,其非法所得应当予以收缴。

7. 婚姻自主权。《民法通则》第103条规定:"公民享有婚姻自主权,禁止买卖、包办婚姻和其他干涉婚姻自由的行为。"《婚姻法》也在第2条规定

---

① 我国《宪法》第38条也规定"中华人民共和国公民的人格尊严不受侵犯。禁止用任何方法对公民进行侮辱、诽谤和诬告陷害",强调从人格尊严内在的角度理解名誉。
② 我国《宪法》第38条规定也限于禁止用任何方法对公民进行侮辱、诽谤和诬告陷害。
③ 荣誉应否视为一项独立人格要素,殊值争议,经取得的荣誉,本质上可被认作为名誉的一项载体,可以整体纳入名誉保护之中。另外,荣誉的取得,即特定组织的授予行为,是行政行为或准行政行为,属于组织法或行政法的范畴,所以,授予者对荣誉称号的剥夺,严格地说,应属于行政法上的问题,不能看成是民法上的侵权问题。

实行婚姻自由,在第3条第1款规定禁止包办、买卖婚姻和其他干涉婚姻自由的行为。① 这些规定,确立了自然人对婚姻享有自主的权利,即婚姻自由不受干涉。②

(二)我国自然人人格权制度的实践进路:突破狭隘的民法实证主义

1. 宪法基本权利条款作为人格权的创制基础

我国《民法通则》采取具体的法定人格权模式,甚至没有确立其他国家早期就明确保护的身体权和自由权等,也没有确立各国于20世纪以来陆续通过实践或立法确立的隐私权等新型人格权,其局限非常明显。因此,针对现实生活中对于人格保护的需要,我国司法实践面临着一个迫切需要解决的重大课题,即在民法未及立法之时,应如何恰到好处地扩张对人格的保护范围?

当我们把目光转向宪法时,就会注意到一个事实,我国宪法关于公民基本权利的规定范畴,远远超出《民法通则》和有关民事单行法确立的人格权体系范畴,换言之,民法与宪法之间存在重大法律间隙。那么我们是否应以适当的方式将宪法确立的涉及人格生存和尊严的那些基本权利化成司法实践的"人格维权"基准呢? 严格的法律实证主义者往往持谨慎态度,他们认为,宪法作为根本法,只是包括民法在内的部门法律的立法原则规定,虽然它也在一些地方规定公民基本权利,但是这些宪法规定应仅仅被看作一种原则宣示,是立法的基础,是为政府权力而设定的限制,不得援引用来裁判具体民事案件。换言之,当民法上发生权利规范甚至是自然人人格权规范的不足时,绝对不能引据宪法上的公民基本权利规范来弥补。严格的法律实证主义者仅赞成,可以将宪法条款作为合宪性解释基准,在消极的意义上进入私法实践。

然而,20世纪50年代以来,在私法上,特别在自然人人格权及其保护领域,德国联邦法院放弃宪法间接说的绝对实践,转向援引宪法规定,在司法上创制一般人格权概念,同时扩张人格权领域的精神损害赔偿范围,改变了上

---

① 我国《宪法》第49条第4款也规定禁止破坏婚姻自由。
② 婚姻自由问题在中国是个特殊问题。但是,合同自由和遗嘱自由则属于财产权的自由处分范畴。首先是合同自由,1982年《经济合同法》第5条规定"订立经济合同,必须贯彻协商一致的原则,任何一方不得把自己的意志强加给对方,任何单位和个人不得非法干预",《民法通则》第4条规定,民事活动应当遵循自愿原则,1999年《合同法》第4条规定"当事人依法享有自愿订立合同的权利,一方不得将自己的意志强加给另一方",这些规定都确立了合同自由。《继承法》第16条第1款规定,公民可以立遗嘱处分个人财产,并可以指定遗嘱执行人,确立了遗嘱自由。这些规定本质上属于意思自治原则的一部分。也有学者认为,这些规定只是确立了一项合同或遗嘱的生效条件而已,违反该项条款的合同或遗嘱,受到无效制裁,但并不构成对什么人格权的侵害。

述的严格教义。在此,德国司法远远突破了只将宪法条款作为消极解释限制的极限,或者是直接成为扩张民法上某一条款的基准,或者干脆直接支持司法补充上的"一般人格权"概念的形成。德国实务对此作出的精彩解释是,司法虽然应受法律(Gesetz)和权利(Recht)的拘束,但是应排除狭隘的法律实证主义,不能将宪法与具体实体法规范截然分离。法的存在系以宪法秩序为内容,具有补充实体法不备的功能。司法的任务在于从完整的法律体系,而不是只从被称为民法的形式渊源中发现私法规范。[①] 总之,在德国人的当代思维中,尽管自然人人格权不是高于法律的自然权利,但是它也已经不能再是1900年那个时代的狭义民法实证意义上的法定权利,它存在于广义法秩序中,应该在现代宪政秩序的关注下,以"受宪法保障的权利"的品格,进入实践的视野。[②]德国的这种做法,给我们一种非常有益的启发:在以宪政秩序为追求的今天,我们不应该再局限于民法实证主义或狭窄的法律实证主义思维,来进行民法上的人格权实践,而应该突破民法规范论视线,从整个宪法秩序中探求人格权的规范范畴和保护方式,应通过注视和援引宪法中的基本权利规范,来拓展人格权体系及其保护范围。

这无疑是对的,当今宪法不只是古代罗马法时代的那个狭窄的公法范畴的东西,它已是全部公法与私法的共同基础,尤其对于人格保护问题来说更是如此。一方面,它具有维护国家稳定的一面,由此确立国体与政体、赋予政府权力、承诺打击犯罪等;另一方面,它全面以人权为旗帜,直接确立了包括人格尊严在内的公民基本权利,并将之视为宪法的基石。我们如果强行把宪法与民法,把宪法上公民的基本权利与民法上自然人的私权截然分开,将之视为系属绝对不相容的法律层次,并坚持认为只有经私法明确承认的私权才可以获得民法保护,那么无疑地,就会容忍民事立法无视宪法基本权利关于人格保护要求的消极立场,就会容忍司法简单地以现行民法未规定为理由便拒绝保护宪法基本权利原本支持的实际人格需求的做法,就会容忍把宪法架空或者说把宪法的基本权利视为形同虚设。这些显然不符合建立宪法秩序的初衷。

我国采取了宪法体制,现行1982年《宪法》,以诸多基本权利条款确立了人格权的范围及其保护立场。因此,在司法实践中,对于《民法通则》或有关以民法命名的法律法规的实践,也应立足广义法秩序,结合宪法条款来探求或证成人格权的范围、类型和保护深度。在《民法通则》等法律明显不足以维护自然人的人格利益时,应求助宪法的基本权利,通过援引,或解释或创

[①] Knieper, ZRP 1974,137; Koebler, JZ 1973. 王泽鉴:《人格权、慰抚金与法院造法》,第101页。

[②] 参见〔德〕梅迪库斯:《德国民法总论》,第806页。

制,来填补所谓"民事法律"应加规定而未加规定的那些人格权空白。这种通过宪法秩序来认识民法规范体系,来拓展私权保护范围的方法,并不破坏法治原则——而是宪政范畴下之私法重述而已。从我国法律体系设计情况看,将宪法规范直接作为私法关系的规范援引,还有特殊的理由,传统的历史的法律分层技术,不应该成为理解和实现宪法秩序的障碍。这是因为,我国宪法制定时,还没有成型的民事立法,因此不能推论我国设计宪法时完全采取了根本法和民法在技术上截然分离的态度,相反可以推论,《宪法》许多条款应具有原则宣示和具体赋权的双重功能,特别是第二章"公民的基本权利和义务"中不少关于公民人格权的规定,不仅仅是一种宣示,也应是一种赋权规范,可以在实践中援引。目前我国民法立法仍然远未完备宪法的双重功能仍具现实意义。援引宪法规范处理私法关系,应该仅限于那些基本权利条款。宪法基本权利条款因为授权形式而获得了可确定的内容,本质上不同于宪法上那些非授权性条款。宪法的基本权利条款与民法上的保护条款结合起来,可以抽取出具有明确法律要件和法律效果的适用规范来,而在后者,由于该类非授权性宪法条款缺乏具体授权内容,仅仅是某种抽象理念、价值、目标的宣示,即使与民法上的保护条款结合,也无法形成有确定法律要件的可适用规定,难以获得确定的宪法证成,因此不能直接成为裁判依据。①

突破狭义民法实证主义,转向更高的宪法秩序范围提取私法裁判规范,无疑是扩张了法官的通常意义的裁判权或法律适用权,但这种法律适用的扩张仍然落在宪法秩序之中,受到宪法的支持,不构成违宪。在此,当具体裁判越出民法实证规范而裁判,它是否符合宪法秩序,就会成为一个重要问题。这就是所谓司法裁判的合宪性问题。进行审查是有必要的,但这种审查就不再是普通的上诉或再诉程序可以胜任的了,这些普通法院并无此项审查权力。德国宪法引入宪法司法控告机制,确立了可靠的确保联邦法院不至滥权的方式,通过允许当事人就联邦法院的司法裁判向宪法法院提起违宪意义的"宪法控告",由宪法法院对合宪性问题加以最终决定。② 我国目前面临的主要的问题是,如果允许超越性司法,如何保障其不至于违反宪法? 超越民法保护人格权,必须以相应的宪法授权为基础。是建立合理的宪法控告机制呢? 还是其他途径? 从我国目前《宪法》第67条第1项确立由全国人民代表大会常务

---

① 正是基于类似的理由,笔者反对直接依据实证民法上的基本原则条款或道德原则判案,支持一项民事诉求,因为这些条款不具有最低的确定性,无法推导出具体的授权规定。参见龙卫球:《民法总论》,中国法制出版社2001年4月版,第72—74页。

② 本文前面所列举的德国在引据宪法基本权利规范创制一般人格权的一些重要判例中,就发生了宪法控告,并且最后是通过宪法法院对这些宪法控告的判决,完成了对这一创制之合宪性的肯定。

委员会行使"解释宪法、监督宪法的实施"职权的规定看,宪法监督应该由全国人民代表大会常务委员会来承担,或许可以下设一个违宪审查委员会发挥相当于德国宪法法院的作用。

2. 应依宪法规范创制的重要人格权

(1) 身体自由权。这种自由权应被理解为自然人重要的内在精神人格,与人的自我支配有关。我国《宪法》第 37 条第 1 款和第 3 款规定:"中华人民共和国公民的人身自由不受侵犯。""禁止非法拘禁和以其他方法非法剥夺或者限制公民的人身自由,禁止非法搜查公民的身体。"这一规范既是公法上的人身自由权的基准,又应成为私法上人身自由权的创制基础,应依此在司法实践中,确立对于身体自由权的尊重和保护。2001 年 2 月,我国最高人民法院通过了《关于确定民事侵权精神损害赔偿责任若干问题的解释》。这个司法解释列举了自然人在遭受侵害时的请求赔偿精神损害的人格权利,第三项有"人身自由权"。这表明我国司法实践已经承认人身自由权,其创制解释基础应该是上述有关宪法规范。① 该司法解释还认可了《民法通则》上并不存在的身体权、人格尊严权。

(2) 住宅安宁。我国《宪法》第 39 条规定:"中华人民共和国公民的住宅不受侵犯。禁止非法搜查或者非法侵入公民的住宅。"将住宅不受侵犯纳入人格范畴,是近现代法的进步。住宅权,形式上由所有权发展而来,但精神上却是人身自由的延伸,因此在今天被归入自由权范围,与所有权无关。德国根据《德国基本法》第 13 条发展出寓所权(das Hausrecht)。例如,投宿于旅馆的房间的自然人,就该房间应受住宅自由保护。这种住宅自由权,不以权利人本身对住宅有任何权利为前提,即使是违法或无权占有住宅,亦有此项权利。②

(3) 通信秘密。《宪法》第 40 条规定,公民有通信自由。此一领域也应具有私法上的含义。通信自由的核心,是不受侵入和公开,包括保障"通信秘密"在内。

(4) 劳动权和劳动者的休息权。《宪法》第 42 条第 1 款规定:"中华人民共和国公民有劳动的权利和义务。"《宪法》第 43 条规定:"中华人民共和国劳动者有休息的权利。国家发展劳动者休息和休养的设施,规定职工的工作

---

① 参见《关于确定民事侵权精神损害赔偿责任若干问题的解释》第 1 条:"自然人因下列人格权利遭受非法侵害,向人民法院起诉请求赔偿精神损害的,人民法院应当依法予以受理:(一) 生命权、健康权、身体权;(二) 姓名权、肖像权、名誉权、荣誉权;(三) 人格尊严权、人身自由权。违反社会公共利益、社会公德侵害他人隐私或者其他人格利益,受害人以侵权为由向人民法院起诉请求赔偿精神损害的,人民法院应当依法予以受理。"

② H.-M. Pawlowski, Allegemeiner Teil des BGB, 4. Aufl., 1993, S.271-272f.。黄立:《民法总则》,第 113 页。

时间和休假制度。"①该项权利,与后面的受退休保障的权利、社会不幸者受物质帮助和受照顾的权利等本质上属于社会权利,但可托以私权形式予以保护。

　　天津市塘沽区人民法院审理的"工伤概不负责"案,第一次涉及了在劳动者案件中如何处理劳动保护问题,但在这一案例,最高法院虽然认为劳动者依据宪法享有受劳动保护的权利,却还没有认许可以直接依据此项宪法规范去为民事裁判。②　该案基本情况是,雇主承包拆除厂房工程,因违章施工发生事故,致雇员受伤,感染败血症死亡。死者的亲属要求雇主支付赔偿金。被告雇主以招工登记表规定"工伤概不负责"为抗辩。法院觉得如果采纳被告的抗辩似乎有违社会正义,因此请示最高人民法院。最高人民法院对该案件的批复,一方面,认为"对劳动者实行劳动保护,在我国宪法中已有明文规定,这是劳动者所享有的权利",另一方面,却并没有真正在权利认许这一正面去直接保护雇员,而是通过认定本案被告预先在招工登记表中规定"工伤概不负责",剥夺劳动者依据宪法所享有的受劳动保护的权利,已构成《民法通则》第58条所谓"违反法律"的方式,使"工伤概不负责"这样的免责条款无效,间接维护劳动者的劳动保护利益。按照最高法院的解释,该条所谓"违反法律",不仅指"违反全国人大和人大常委会制定的法律和国务院制定的

---

①　我国《宪法》有关于劳动保护、改善劳动条件、提高劳动报酬和福利待遇的明文规定,但措辞上并未将之确立为公民的基本权利,而似乎是作为国家的义务来表述的。《宪法》第42条第2款规定:"国家通过各种途径,创造劳动就业条件,加强劳动保护,改善劳动条件,并在发展生产的基础上,提高劳动报酬和福利待遇。"所以,劳动者在劳动保护等方面,还存在相当程度的不足。

②　按照梁慧星教授的理解,最高人民法院在这里只是运用了合宪性解释方法而已,其"所解释的对象,是《民法通则》关于违反法律的民事行为无效的规定",即《民法通则》第58条所谓"违反法律"的含义,其所"解释的根据,是《宪法》第42条关于劳动者享受劳动保护的规定"。按照《民法通则》第58条的规定,民事行为违反法律或者社会公共利益的无效,但当时我国《民法通则》及其他法律法规并未禁止当事人约定"工伤概不负责"这样的免责条款,因此很难说"工伤概不负责"的约款违反法律。所以,"工伤概不负责"是否为违反社会公共利益,就成为一个关键问题。但通过宪法性解释,最高人民法院认为,本案被告预先在招工登记表中规定"工伤概不负责",剥夺劳动者依据宪法所享有的受劳动保护的权利,已构成《民法通则》第58条所谓"违反法律"。梁教授还指出,这一案例是我国法院采用合宪性解释方法的第一个判例,我国台湾地区著名学者王泽鉴先生在其著作中讲解合宪性解释方法时引用了本案判决,并给予高度评价。参见梁慧星:《最高法院关于侵犯受教育权案的法释[2001]25号批复评析》,转自中国民商法律网(http://www.civillaw.com.cn),2002,11,15。

行政法规",还包括"违反宪法"。①

(5) 受退休保障的权利。《宪法》第 44 条规定:"国家依照法律规定实行企业事业组织的职工和国家机关工作人员的退休制度。退休人员的生活受到国家和社会的保障。"

(6) 社会不幸者受物质帮助和受照顾的权利。《宪法》第 45 条规定:"中华人民共和国公民在年老、疾病或者丧失劳动能力的情况下,有从国家和社会获得物质帮助的权利。国家发展为公民享有这些权利所需要的社会保险、社会救济和医疗卫生事业。国家和社会保障残废军人的生活,抚恤烈士家属,优待军人家属。国家和社会帮助安排盲、聋、哑和其他有残疾的公民的劳动、生活和教育。"

(7) 受教育权。《宪法》第 46 条规定,我国公民有受教育的权利和义务。在受教育权这一领域,我国司法实践中出现了一个突破严格民法实证主义,以宪法秩序为内容去探求人格权保护的具有影响的案件。原告齐玉苓以被告陈某等侵害其姓名权和受教育权为由诉至山东省滕州市中级人民法院,该院在一审判决仅认可原告姓名权受侵害,驳回其受教育权被侵害的主张。原告不服,上诉至二审山东省高级人民法院。② 二审法院请示最高人民法院。③ 最高人民法院 2001 年 8 月 13 日作出《关于以侵犯姓名权的手段侵犯宪法保护的公民受教育的基本权利是否应承担民事责任的批复》(法释[2001]25号),该批复明确表示:"经研究,我们认为,根据本案事实,陈某等以侵犯姓名权的手段,侵犯了齐玉苓依据宪法规定所享有的受教育的基本权利,并造成了具体的损害后果,应当承担相应的民事责任。"二审法院根据此批复,作出终审判决,其判决书写道:"这种侵犯姓名权的行为,其实质是侵犯了齐玉

---

① 最高人民法院于 1988 年 10 月 14 日作出(1988)民他字第 1 号批复:"经研究认为,对劳动者实行劳动保护,在我国宪法中已有明文规定,这是劳动者所享有的权利,受国家法律保护,任何个人和组织都不得任意侵犯。被告身为雇主,对雇员理应依法给予劳动保护,但被告却在招工登记表中注明'工伤概不负责任',这是违反宪法和有关劳动保护法规的,也严重违反了社会主义公德,对这种行为应认定为无效。"

② 齐玉苓原名"齐玉玲",与被告人之一陈某都是山东省滕州市第八中学学生。在 1990 年的中专考试中,齐玉苓被山东省济宁市商业学校录取,陈某预考被淘汰,但在陈父(原村党支部书记)的一手策划下,从滕州市八中领取了济宁市商业学校给齐玉苓的录取通知书,冒名顶替入学就读,毕业后分配到中国银行山东省滕州支行工作。1999 年 1 月 29 日,得知真相的齐玉苓以侵害其姓名权和受教育权为由,将陈某、济宁市商业学校、滕州市第八中学和滕州市教委告上法庭,要求停止侵害、赔礼道歉并赔偿经济损失 16 万元和精神损失 40 万元。同年,滕州市中级人民法院一审判决陈某停止对齐玉苓姓名权的侵害、赔偿精神损失费 3.5 万元,并认定陈某等侵害齐玉苓受教育权不能成立。原告不服,向山东省高级人民法院提起上诉。

③ 在该案二审期间,围绕被告陈某等的行为是否侵害了上诉人的受教育权问题,山东省高级人民法院向最高人民法院递交了《关于齐玉苓与陈某、陈某父亲、山东省济宁市商业学校、山东省滕州市第八中学、山东省滕州市教育委员会姓名权纠纷一案的请示》。

苓依据宪法所享有的公民受教育的基本权利,各被告人应当承担民事责任。""上诉人要求被上诉人承担侵犯其受教育的权利的责任,理由正当,应予支持。"作为判决的实体法依据,引用了《宪法》第46条,《教育法》第9条、第81条,《民法通则》第120条、第134条和《最高人民法院(2001)25号批复》。①

　　上述最高人民法院的批复和二审法院的判决,突破了只能直接引据《民法通则》或其他民事法律上的权利基础及其保护规范而不得引用宪法条文作为民事裁判的判决依据的司法惯例,将宪法上的受教育权直接作为民事权利加以保护,在理论和实务界引起强烈反响,被誉为"开创了我国宪法司法化的先例","具有里程碑式的意义"。最高人民法院针对此案作出的这一司法解释,不仅给了齐玉苓挽回个人尊严和受教育权的法律武器,而且有力加速和推动了我国宪政的完善,也为今后我国公民基本权利的维护开启了诸多有价值的思考。"批复"寥寥数语,使公民宪法权利的现实化问题再度浮出水面,引起社会的广泛关注,这也可以说是"批复"中蕴涵的巨大价值之所在。② 这种做法在我国民事立法尚不发达的时代,在现代社会的宪政框架下,为实践宪法基本人权的价值体系,值得肯定。③ 我国学者多认为,我国宪法虽然规定了不少公民的基本权利,然而,我们注意到,时至今日,只有部分基本权利

---

　　① 2001年8月24日,山东省高级人民法院据此作出二审判决:陈某停止对齐玉苓姓名权的侵害;齐玉苓因受教育权被侵犯而获得经济损失赔偿48045元及精神损害赔偿5万元。
　　② 对此一批复出台起到决定作用的主办法官说,在我国的司法实践中,并没有将宪法作为直接的法律依据在法律文书中援引,这使宪法在我国法律适用过程中面临尴尬处境:一方面它在我国法律体系中居于根本大法地位,具有最高的法律效力;另一方面,我国公民依照宪法规定享有的基本权利有相当一部分在司法实践中长期处于"睡眠"或"半睡眠"状态,即司法实践中被长期"虚置",没有产生实际的法律效力,公民的受教育权利就是这样一种在宪法上有明确规定而又没有具体化为普通法律规范上的权利。如果宪法规定的内容不能在司法领域得到贯彻落实,就不能保障公民在宪法上所享有的基本权利的实现,也不能真正进入法治社会,而该《批复》首次打破"沉默",鲜明地指出了公民在宪法上所享有的基本权利,即使没有转化为普通法律规范上的权利,在受到侵害时也应当得到保护。该法官认为,此项司法解释以宪法名义保护公民所享有的受教育基本权利,此举堪称开创了宪法司法化的先例。所谓宪法司法化,即指宪法可以像其他法律法规一样进入司法程序,直接作为裁判案件的法律依据。参见崔丽:《以宪法名义保护受教育权——冒名官司引出司法解释》,载《中国青年报》,2001年8月14日。笔者赞成这种认识,不过对于"宪法司法化"的提法有不同看法。"宪法司法化"这一表述容易使人误解为"违宪审查"(含立法审查、司法审查)的实践。
　　③ 遗憾的是,"齐玉案"的最高法司法解释在2008年12月18日被废止,可能意味着法院将不能援引宪法裁判。最高人民法院发布公告称,自当月24日起,废止2007年底以前发布的27项司法解释,最高人民法院就齐玉苓案所作的《关于以侵犯姓名权的手段侵犯宪法保护的公民受教育的基本权利是否应承担民事责任的批复》法释[2001]25号赫然在列。与其他26项司法解释被废止理由不同,该司法解释只是因"已停止适用"而被废止,既无"情况已变化",又无"被新法取代"。

制定了具体的法律加以保障,其余则长期停留在宪法字面上,缺少成为实践中的权利的必要渠道。不过也有不同看法。① 著名学者王泽鉴教授最近在讲演中认为,不管如何,这在方法论上具有重大意义,这个判决给我们一个创造发展的契机,就是要让宪法的基本权利和私法上的利益保护发生关联,它

---

① 不过对这一案件的批复和二审判决的意义,我国学术界仍然存在着巨大的分歧认识。例如,梁慧星教授一方面认为,在走向法治的今天,最高法院能够不拘泥于通说,采用合宪性解释方法,大胆运用侵权责任这一法律手段保护公民依据宪法所享有的基本权利,其对于保护公民权利之注重和积极创新之精神,值得赞佩。另一方面,他还是严格坚守所谓曾经"由最高法院解释文件所确立的、不得直接引用宪法条文作为民刑裁判的判决依据的司法惯例"的"关于法律本质的理论",宁愿把这种批复中的直接援引宪法规范的认可,当作是宪法性解释的运用。梁教授特别强调:"不宜将'受教育权'解释为民事权利。主要理由是,什么是民事权利,什么不是民事权利,应当以民事法律的规定为准。当然首先是以《民法通则》的规定为准。我国《民法通则》专设第五章规定各种民事权利,更不应在民法通则之外轻率地承认所谓'受教育权'为民事权利。至于本案冒名顶替行为导致原告遭受损害,应构成民事侵权行为,加害人应当承担损害赔偿责任。""二审法院判决书虽然提到宪法第46条、教育法第9条和第81条,但实际上所适用的法律规则是民法通则关于侵权责任的第106条第2款,本案二审判决的'创造性'体现在判决书对'加害行为要件'的认定上。""《民法通则》第106条第2款规定:'侵害他人财产、人身的'应当承担民事责任。其中所谓'财产',指财产权,所谓'人身',指人身权。严格解释本条,则应得出如下解释意见:只在侵犯民事权利(财产权和人身权)的情形,才构成侵权行为,才承担民事责任;侵犯民事权利以外的权利,如宪法上的'受教育权',不构成侵权行为,不承担民事责任。换言之,作为侵权责任构成要件的'加害行为',所侵害的客体,应限于民事权利(财产权和人身权);宪法上所谓'受教育权'不是作为侵权责任构成要件的'加害行为'的客体。这里采用的是反对解释方法。""可见,最高法院认为,作为侵权责任构成要件的'加害行为'所侵害的客体,不以民事权利(财产权和人身权)为限,还可包括宪法上的受教育权。这是用宪法关于受教育权的规定,解释《民法通则》关于侵权责任的规定。解释的对象是《民法通则》关于侵权责任的规定(第106条第2款),宪法关于受教育权的规定,只是作为解释的根据。所采用的解释方法,是合宪性解释,而与所谓'宪法的司法化'无关。"梁教授甚至认为,唯有国家、社会、学校和家庭,才是保障公民"依据宪法规定所享有的受教育的基本权利"的义务主体;也唯有国家、社会、学校和家庭,才可能侵害公民"依据宪法规定所享有的受教育的基本权利",因此,对于本案,勉强可以说被告滕州八中和滕州市教委侵犯了原告齐玉苓"依据宪法规定所享有的受教育的基本权利",绝不能说被告陈某、陈某父亲侵犯了齐玉苓"依据宪法规定所享有的受教育的基本权利"。梁教授还认为,本案陈某在其父策划下冒齐玉苓之名到济宁商校上学,该冒名上学的侵权行为所侵犯的客体,不是齐玉苓"依据宪法规定所享有的受教育的基本权利",而是齐玉苓依据与济宁商校之间已经成立的教育合同所享有的债权性权益。参见梁慧星:《最高法院关于侵犯受教育权案的法释[2001]25号批复评析》,转自中国民商法律网(http://www.civillaw.com.cn)。显然,梁教授在此更赞成严格意义的民法实证主义。

也是一个改变的契机,重新检视宪法的解释问题。①

3. 我国隐私权及其保护的发展

《民法通则》没有将隐私作为独立具体人格。司法解释中,开始注意到隐私问题时,采取一定程度纳入名誉保护的办法,即,对未经他人同意,擅自公布他人的隐私材料或以书面、口头形式宣扬他人隐私,致他人名誉受到损害的,按照侵害他人名誉权处理。② 但是,后来逐渐承认了隐私的独立人格地位。最高人民法院上述《关于确定民事侵权精神损害赔偿责任若干问题的解释》,所列举的得请求赔偿精神损害的自然人的人格权利,包括隐私权和"人格尊严权",这表明我国司法实践目前已经创制性承认隐私权及人格尊严权。有学者主张,《宪法》第 38 条中"公民人格尊严不受侵犯"的表述,可以突破仅理解为名誉权的限制,作为司法实践中创制隐私权甚至一般人格权的基础,可资赞成。③

(三) 我国人格权保护与精神损害责任问题

1. 精神损害责任的范围

《民法通则》没有关于精神损害赔偿责任的明确措辞。我国立法和学理以前一般作狭窄理解。《民法通则》第 120 条第 1 款规定,自然人的名誉权、荣誉权、名称权、肖像权受到侵害的,有权要求停止侵害、恢复名誉、消除影响和赔礼道歉,并可以要求赔偿损失。我国学理通常认为,这里所谓侵害,应包括精神损害,甚至主要是指精神损害。但就其他人格权之侵害,受害人是否得就精神损害请求救济,尤其是否得请求金钱赔偿,我国学理趋向否定。我国以往的司法实践,对于精神损害责任问题,也多限于《民法通则》自身的逻

---

① 参见王泽鉴教授 2008 年 11 月 19 日在北京航空航天大学"中国法学大讲坛"的讲座整理稿"基本权利与人格权"。在该报告,王泽鉴教授从中国大陆涉及基本权与人格权关系的三个典型案例处罚,讨论宪法基本权利与人格权保护的关系,一是劳动者人身安全的保护,二是隐私权的保护,死者人格权的问题,三是与受教育权相关的人格自由发展。他认为,这三个案例问题牵涉两个法学方法问题:一个是要符合宪法的解释;一个是宪法的第三人效力问题。王泽鉴教授认为,一方面狭义民法实证主义不可循,然而另一方面,人格权实践又不应该是一种无限遐想的放任扩展,即人格权要采取一种积极实践的立场,但这种积极实践又要与基本权利结合,这种结合不是随意越过法律分层架构,而是要尽量依托民事实体法基础;应该在宪法层面建立最高的人格权规范,这种基本权利是一种解释、评价基准,但是其作用方式也仅限于此;此外,基本权利本身也存在一个积极地解释和发展问题。http://www.law-times.net/ReadNews.asp? NewsID =4712&BigClassID =30&SmallClassID =40&SpecialID =333.

② 参见我国《民通意见》第 140 条解释:"以书面、口头等形式宣扬他人的隐私,或者捏造事实公然丑化他人人格……损害他人名誉,造成一定影响的,应当认定为侵害公民名誉权的行为。"另参见1993 年最高人民法院审判委员会第 579 次会议《关于审理名誉权案件若干问题的解答》第 7 条第 5 款 解释:"对未经他人同意,擅自公布他人的隐私材料或者以书面、口头形式宣扬他人隐私,致他人名誉受到损害的,按照侵害他人名誉权处理。"

③ 参见梁慧星:《民法总论》,法律出版社 1996 年版,第 106 页。

辑解释范围,往往以法律不够明确为由,拒绝考虑广泛承认精神损害责任。承认精神损害责任的场合,对于得否请求金钱赔偿,也往往十分谨慎。即使允许金钱赔偿,考虑的数额通常都较低。

然而,从有关国家(如德国)关于精神损害赔偿的解释创制的路线看,我国可以通过宪法有关规定,例如依《宪法》第38条"公民人格尊严不受侵犯"之规定,扩张解释《民法通则》有关自然人人格权侵权之责任范围(例如第119条规定),承认精神损害,并允许以之请求金钱赔偿,这是合乎逻辑的做法。2001年我国最高人民法院为了明确实践中精神损害的法律适用问题,出台了《关于确定民事侵权精神损害赔偿责任若干问题的解释》(法释[2001]7号)。① 这个司法解释,在第1条至第5条,规定的精神损害责任范围,极为广泛,不仅涵盖到自然人的全部人格利益,还涉及其他利益,如监护利益、特定纪念物品的财产权等。

具体而言,这个范围包括:

(1)自然人的一切人格利益。自然人的姓名、肖像、名誉、荣誉权遭受非法侵害,可以请求精神损害赔偿。自然人的生命、健康、身体权受到侵害,也同样可以请求精神损害赔偿。不仅如此,该解释在第1条还间接承认了人格尊严权、人身自由权,允许精神损害救济。此外,受害人就他人违反社会公共利益、社会公德侵害其隐私或者其他人格权利的,也得请求精神损害赔偿。②

(2)监护人就他人非法使被监护人脱离监护,导致亲子关系或者近亲属关系遭受严重损害,也得请求精神损害赔偿。③

(3)以特定不法或违反善良风俗的方式侵害死者的某些具体人格或遗体、遗骨的,死者近亲属得请求精神损害赔偿。④ 对此,近亲属的请求权存在

---

① 该司法解释,于2001年2月26日由最高人民法院审判委员会第1161次会议通过,并于2001年3月8日公布,自2001年3月10日起施行。
② 参见《关于确定民事侵权精神损害赔偿责任若干问题的解释》第1条。
③ 参见《关于确定民事侵权精神损害赔偿责任若干问题的解释》第2条:"非法使被监护人脱离监护,导致亲子关系或者近亲属间的亲属关系遭受严重损害,监护人向人民法院起诉请求赔偿精神损害的,人民法院应当依法予以受理。"
④ 参见《关于确定民事侵权精神损害赔偿责任若干问题的解释》第3条:"自然人死亡后,其近亲属因下列侵权行为遭受精神痛苦,向人民法院起诉请求赔偿精神损害的,人民法院应当依法予以受理:(一)以侮辱、诽谤、贬损、丑化或者违反社会公共利益、社会公德的其他方式,侵害死者姓名、肖像、名誉、荣誉;(二)非法披露、利用死者隐私,或者以违反社会公共利益、社会公德的其他方式侵害死者隐私;(三)非法利用、损害遗体、遗骨,或者以违反社会公共利益、社会公德的其他方式侵害遗体、遗骨。"

顺序问题,配偶、父母、子女为第一顺序。①

(4) 以侵权行为使他人具有人格象征意义的特定纪念物品发生永久性灭失或者毁损,受害人得请求精神损害赔偿。②

2. 精神损害责任的方式

从我国《民法通则》和最高人民法院的《关于确定民事侵权精神损害赔偿责任若干问题的解释》看,发生精神损害,其责任方式,有停止侵害、恢复原状、金钱赔偿三类。其中恢复原状,具体又包括恢复名誉、消除影响、赔礼道歉。这些方式可以并用。③

但是根据《关于确定民事侵权精神损害赔偿责任若干问题的解释》第8条解释,发生精神损害,即可请求停止侵害和恢复原状,但如请求金钱赔偿,则应受限制,必须是精神损害已经造成严重后果。④

对于精神损害责任,应适用过失相抵原则。《关于确定民事侵权精神损害赔偿责任若干问题的解释》第11条解释规定:"受害人对损害事实和损害后果的发生有过错的,可以根据其过错程度减轻或者免除侵权人的精神损害赔偿责任。"

3. 精神损害赔偿的计算

因精神损害请求赔偿(指金钱赔偿),这种赔偿金在学理上称抚慰金。《关于确定民事侵权精神损害赔偿责任若干问题的解释》的第9条解释规定,

---

① 参见《关于确定民事侵权精神损害赔偿责任若干问题的解释》第7条:"自然人因侵权行为致死,或者自然人死亡后其人格或者遗体遭受侵害,死者的配偶、父母和子女向人民法院起诉请求赔偿精神损害的,列其配偶、父母和子女为原告;没有配偶、父母和子女的,可以由其他近亲属提起诉讼,列其他近亲属为原告。"

② 参见《关于确定民事侵权精神损害赔偿责任若干问题的解释》第4条:"具有人格象征意义的特定纪念物品,因侵权行为而永久性灭失或者毁损,物品所有人以侵权为由,向人民法院起诉请求赔偿精神损害的,人民法院应当依法予以受理。"

③ 各国对于人格权的保护,主要方法有二:一是在他人对人格权不法侵害时,允许使用法定的自力救济手段,如防卫、避险和其他必要的自力救济;二是在不法侵害构成侵权时,由权利受害人享有救济权利,包括除去侵害请求权以及侵权损害赔偿请求权。我国《民法通则》原则上也承认了这两类保护方法,《民法通则》第109条、第128条、第129条允许包括受害人对包括人格权在内的一切民事权利受现时侵害时采取正当防卫和紧急避险;《民法通则》同时以第119条、第120条等规定,对构成侵权的人格权侵害行为,赋予受害人除去侵害请求权,如停止侵害、排除妨碍、消除危险等请求权,以及侵权损害赔偿请求权,如返还财产、金钱赔偿、恢复原状、消除影响、恢复名誉、赔礼道歉等请求权。应注意的是,对人格权的保护,在运用侵权之损害赔偿请求权时,需以构成侵权为前提。

④ 参见《关于确定民事侵权精神损害赔偿责任若干问题的解释》第8条:"因侵权致人精神损害,但未造成严重后果,受害人请求赔偿精神损害的,一般不予支持,人民法院可以根据情形判令侵权人停止侵害、恢复名誉、消除影响、赔礼道歉。因侵权致人精神损害,造成严重后果的,人民法院除判令侵权人承担停止侵害、恢复名誉、消除影响、赔礼道歉等民事责任外,可以根据受害人一方的请求判令其赔偿相应的精神损害抚慰金。"

精神损害抚慰金有三种方式：致人残疾的，为残疾赔偿金；致人死亡的，为死亡赔偿金；其他损害情形的，为一般精神抚慰金。

我国司法解释《民通意见》第 150 条对精神损害赔偿计算，规定了以下原则："人民法院可以根据侵权人的过错程度、侵权行为的具体情节、后果和影响确定其赔偿责任。"《关于确定民事侵权精神损害赔偿责任若干问题的解释》第 10 条作了更具体的解释，该条规定："精神损害的赔偿数额根据以下因素确定：（一）侵权人的过错程度，法律另有规定的除外；（二）侵害的手段、场合、行为方式等具体情节；（三）侵权行为所造成的后果；（四）侵权人的获利情况；（五）侵权人承担责任的经济能力；（六）受诉法院所在地平均生活水平。法律、行政法规对残疾赔偿金、死亡赔偿金等有明确规定的，适用法律、行政法规的规定。"

但是上述司法解释的标准也仍然存在很大的弹性，而且在实际生活中，受害人确实很难通过确定的证据来证明其应获得的精神损害赔偿数额。从这个角度看，建立法定赔偿金制度是有必要的，由立法（可以是地方性立法）确定一种固定的法定赔偿额，供受害人选择。受害人可以决定选择实际损害赔偿，但是这种情况下负有举证责任，也可以决定选择直接诉求法定损害赔偿，以免除举证的麻烦或者困难。[1]

五、自然人死后人格保护问题

传统民法学理的一般理解是：自然人人格权与自然人不可分离，存续于自然人生命期间。与其他权利不同，自然人人格权，仅因为人的出生就自动取得，为所谓"原权"；同样，也应该在自然人死亡时终了。换言之，人格权是依附于自然人生存之权，死后就不应再受法律保护。自然人死亡后，受到他人攻击或加害，自身不存在保护问题，其遗属在这种加害同时损害到自己的名誉或其他权利时，才可以根据自己的受害而主张保护。[2]

当代学理就死者是否有人格权问题发生了激烈的争论。在德国，在一些学者的支持下，德国联邦法院承认自然人死后之人格权保护（Postmortaler Persönlichkeitsschutz），主张部分人格并不由于自然人死亡而消灭，例如名誉、

---

[1] 美国将法定损害赔偿金称为"Statutory Damages"，有其广泛的适用性，尤其在版权保护领域。参见美国《版权法》第 504 条（c）及众议院报告（House Report）H. R. Rep. No. 94-1476, 94th Cong., 2d Sess. 161-163（1976）. Robert A. Gorman/Jane C. Ginsburg, Copyright For The Ninetites: Cases and Materials, 4th ed., The Michie Company, 1993.

[2] 参见史尚宽：《民法总论》，中国台北 1980 年第 3 版，第 109 页。

隐私、肖像等。这些人格,逾越人的生命和权利能力而存在,仍有保护价值。① 联邦法院已经在一些判例中,禁止对死者公然侮辱或诽谤,其人格权主体虽消失,其家属以信托人(Treuh aendler)身份,有权就死人之事务当作自己的权利处理。②不过这种立场受到了来自德国宪法法院和其他一些学者的反对。③ 德国宪法法院坚持自然人因死亡其权利能力和人格权一并消灭的传统观点,否定人格权可于死后继续存在,于人格者死亡后,其遗属为保护死者之名誉、秘密,只能根据自己的权利,以自己人格利益受有侵害提起主张,此权利在内容上为另一新权利。④

我国法律没有规定是否保护自然人的有关人格权。我国自从1989年天津"荷花女案"以来⑤,司法解释对死者生前的人格利益的法律保护问题多有涉及。我国最高人民法院1989年在针对上述"荷花女案"的一封复函中,认定母亲有权就已死亡的女儿的名誉受侵害,以死者名誉权和本人名誉权被侵害为由起诉。这一复函,承认了死者可以享有名誉权。⑥ 最高人民法院1990年《关于范应莲诉敬永祥等侵害海灯法师名誉权一案有关诉讼程序问题的复函》称:"海灯死亡后,其名誉权应依法保护,作为海灯的养子,范应莲有权向人民法院提起诉讼。"另,最高人民法院在1993年《关于审理名誉权案件若干问题的解答》也解释认为,死者名誉受到损害的,其近亲属有权起诉。⑦ 可见,这些司法解释承认自然人死后仍应受名誉权保护。对于为何要承认死后名誉权保护,这些司法解释没有提供更进一步的理由。由于受到来自学界的一些批评,我国最高人民法院不久之后对于是否承认死者名誉权和相似人格权的问题,采取了模糊的立场。最高人民法院2001年《关于确定民事侵权精神损害赔偿责任若干问题的解释》第3条规定,自然人死亡后,因他人侵害死者姓名、肖像、名誉、荣誉、隐私,或者非法利用、损害或以其他方式侵害死者

---

① 参见〔德〕拉伦茨:《德国民法通论》(上),第173页。
② BGHZ 15,249,259;50,133. 黄立:《民法总则》,第112页。
③ 施韦尔特纳就主张,对死者人格权的保护应谨慎地类推适用,反对"死者的一般人格权"。参见〔德〕拉伦茨:《德国民法通论》(上),第173页注21。
④ BverFGE,173. Lalenz, AT, S. 101f. 以下;Huebner, AT, S. 12/111/8f.. 黄立:《民法总则》,第112页。
⑤ 参见《陈秀琴诉魏锡林、〈今晚报〉社侵害已故女儿名誉权纠纷案》(又称"荷花女案"),载最高人民法院中国应用法学研究所编《人民法院案例选》,总第3辑,人民法院出版社1993年,第97页以下。
⑥ 参见最高人民法院1989年4月12日复天津高级人民法院《关于死亡人的名誉权应受法律保护的函》:"吉文贞(艺名荷花女)死亡后,其名誉权应依法保护,其母陈秀琴亦有权向人民法院提起诉讼。"
⑦ 参见1993年《最高人民法院关于审理名誉权案件若干问题的解答》第5项:"……死者名誉受到损害的,其近亲属有权向人民法院起诉。近亲属包括:配偶、父母、子女、兄弟姐妹、祖父母、外祖父母、孙子女、外孙子女。"

遗体、遗骨的,其近亲属遭受精神痛苦,得向人民法院起诉请求赔偿精神损害。该司法解释是专门解释精神损害问题的,所以没有解释自然人死后是否得享有一定范围人格权。该解释更未赋予死者精神损害赔偿,因为死者不可能感受精神痛苦。但是,不能因此认为该解释就否定了对死者的人格保护。

我国学者多认为,我国《民法通则》第9条规定:"公民从出生时起到死亡时止,具有民事权利能力,依法享有民事权利,承担民事义务。"仅依此为逻辑推理,既然权利能力消灭了,自然人死亡以后则应不再可以享有任何权利,对死者人格仍然加以保护,不符合法律逻辑。但是,这种看法其实也未必就符合法律逻辑。权利能力消灭与权利消灭是两个独立的问题,两者的法律根据并不相同。自然人权利能力之消灭,以死亡为根据,但人格权虽然因出生而产生,却不能说一定因死亡而终止。自然人死亡,使权利能力消灭,权利主体不复存在,但只是使权利失去主体,并不是消灭了权利,否则无法解释财产权的继承问题,更无法解释著作权明确规定死后保护作者的署名权、修改权、保护作品完整权的事实。① 有些人格权利,其存在目的与本人生命有不可分割之关系,本人死亡则损及其目的,故该权利应随同消灭,如生命权、健康权、自由权,应随同人之死亡而消灭。但有的权利则并不如此,如名誉权、荣誉权、隐私权、姓名权、肖像权,它们的存在目的并不完全依附人的生命,涉及人类的整体尊严和善良风俗,故有延后存续和保护的价值,不宜使之随同人的生命终止而立即消灭。

六、自然人人格权保护的限制

(一) 与自由的平衡

当代法律在公法和私法上均承认自由原则,这就产生了一个问题,在当事人以言论或有关行为侵犯或损害到他人名誉、隐私、姓名、肖像和荣誉等具有精神内容的人格权时,能否适用自由原则而否定人格侵权构成呢? 原则上,自由行使不是无边界的,而应以自由之行使本身是否正当为界限,应尊重名誉等人格权,即自由应当以"不得以有害于他人的权利方式行使"。所以,正当行使自由属于正当言论或正当行为,不发生人格侵权;但是,以有害于他人的方式行使自由,则可能发生人格侵权。

具体在涉及言论自由和人格侵权的关系上,当代法律的一般理解是:自由言论作为自由权的行使的一种方式,在法律上是自由权人的可为范畴,但

---

① 参见《著作权法》第20条规定:"作者的署名权、修改权、保护作品完整权的保护期不受限制。"根据该法第10、19、21条的规定,发表权也是著作人身权的一种,不能继承,其保护期为作者终生及其死后50年。

是这一活动涉及他人人格权时,则受到人格权保护的限制,即,推定:自由是属于在一般法律规定、个人名誉权的保护所定限制下,被许可的范围内。①因此,《德国基本法》第 5 条规定:"1. 人皆有权将其意见以语言、文字及图形,自由表达及散布,以及自大众可接触的媒介,不受阻扰的接收资讯。新闻自由及广播与影片报道应予保障,不从事检查。2. 此一权利受一般法律规定、保护青少年及个人名誉权之法律规定的限制。"

就言论而言,何为正当?德国实践区分价值判断(Werturteil)的言论与事实主张(Tatsachenbehauptung)的言论,提出不同判断标准。价值判断言论,是言论者对自己思想的表达,应享有较宽的表达自由,不管表达人见解有无价值、正确与否,是否感情用事或有理性依据,只要不是针对被批判人的恶意诽谤,而仅仅是意见之争,即使涉及人身攻击字眼,也仍然属于正当言论。②在事实主张言论,则以表达事实为内容,因而应以正确性与否为判断标准,不正确的事实主张,不属于正当言论。换言之,价值判断是否构成侵害人格,以恶意针对被批判人为判断,事实主张则以表述事实不正确为判断。美国法院也坚持正当言论不发生人格侵权。对如何为不当,实践上往往通过考虑言论的真实性成分及侵权行为的故意性成分予以理清。③ 只有人们不当地运用某些事实反映某人不光彩的一面,或者将一个人的私事公布于众,才可以构成人格侵权。

我国最高人民法院 1993 年《关于审理名誉权若干问题的解答》第 8 条解释,对名誉保护与行使自由的关系,作了原则解决。该条解释规定,对于批评文章,基本内容失实才认定侵害名誉权,基本真实但没有侮辱情形的,一律不得认定侵害名誉权;第 9 条解释对于文字作品,也仅将其中描写真人真事的并有侮辱、诽谤等类似恶意情节的情形认定为侵害名誉权。这一解释,一定程度采取了"自由是属于在一般法律规定、个人名誉权的保护所定限制下,被许可的范围内"的通行理解,不过更侧重对人格保护加以限制。

(二)公共资讯利益和其他更高利益优先原则

名誉等人格权所受保护也不是无边际的。在现代法律上,利益被看成是可以比较权衡的,有的利益具有更高位阶,具有优先性。所以,名誉等人格权有时还受到其他更高利益的限制。例如犯罪人不能因为他享有的肖像权,而

---

① 参见德国宪法法院判决 BverfGE, JZ 1980,721 = NJW 1980,2072-Die NDP von Europa.
② 例如在 Bverfg JZ 1983,100(指控基督教民主党 CDU 是欧洲之国社党)一案,德国宪法法院认为选举前后政党为准备选举而从事各种意见之争,参与人为了舆论形式目的,对于涉及人身攻击字眼的价值判断,尽管有伤名誉,不构成侵权。黄立:《民法总则》,第 110 页。
③ 参见〔美〕迈克尔·D. 贝勒斯:《法律的原则》,张文显等译,中国大百科全书出版社 1996 年第 1 版,第 265 页。

禁止传播使用他肖像的通缉令。① 这些更高利益,有时是相对的,例如针对肖像权保护,《德国艺术品著作权法》专门规定的所谓"更高的艺术利益"(第23条第1款第4项),"司法和公共安全方面的宗旨"(第24条)②;有时可能是绝对的,例如国家主权利益。

公共资讯或公共言论,较名誉和肖像等利益而言,通常被认为是一种更高利益。言论可以区分为纯粹私人言论和公共资讯言论。如果言论者发表的涉及他人人格的信息或评论的言论不涉及公共利益时,他的言论便属于纯粹私人言论;反之,如果言论发表者基于公共发言人的地位或者其言论内容涉及公共利益,则属于公共资讯言论。法律重视保障公共资讯自由,原则上将基于新闻职责或舆论监督评论职责的公共资讯言论,如新闻报道、公共舆论,均视同正当言论,赋予优先地位,除非言论人具有明显恶意或严重疏忽。当然,具体确定公共言论,还是非常复杂的,关涉公共安全的言论可能问题不大,但是关涉公共商业利益的言论,就值得怀疑了。

美国在对隐私、肖像和名誉保护上,非常强调对公共利益言论优先性的维护。在公共出版物上,公开名人的真实性情况(包括隐私)不受禁止。③ 法院甚至承认了大众传播媒介有过失毁损公共官员或公众人物名誉的特权。④ 实践为了便于确定何为公共利益言论,采取区分对普通人的言论与对公共官员或名人的言论的做法。对名人的言论,一般视为涉及公众资讯利益。所谓"名人",即公众人物,指那些将其自身形象嵌入公众视野的人物,或者由于他们无法控制的原因而被卷入公众视野中的人物。

德国联邦法院在窃听德国总理柯尔和比登科夫的私人电话谈话(Kohl/Biedenkopf案)中,针对隐私保护,确立了公共资讯利益优先原则。不过,相对而言,德国对公共资讯利益优先性采取了较为节制的态度,所以在这一案件,通过有节制的思考,判定德国《星》(Stern)画报的发表不知名者的有关上述私人电话的窃录记录行为,不属于对公共资讯利益的公开,因此构成侵权。其理由,不是因为这些资讯来源具有非法性,而是因为这些资讯仅具有私人资讯利益,没有社会公开价值,即"该资讯之私人性质越浓,可公开之容许性因之降低,不法资讯取得虽也是权衡考虑之因素,但不致产生绝对之使用禁令,或限制其以公共资讯基本利益为基础的出版权"⑤。另外,在揭开面纱

---

① 参见〔德〕梅迪库斯:《德国民法总论》,第801页。
② 同上注。
③ Cox Broadcasting Corp. v. Cohn,420 U.S. 469 (1975).〔美〕贝勒斯:《法律的原则》,第266页。
④ New York Pimes Co. v. Sullivan,376 U.S. 254(1964).
⑤ 黄立:《民法总则》,第111、108页。

(Aufmacher Ⅰ und Ⅱ)案件中,德国联邦法院也适用了公共资讯利益优先原则。在该案,作者(Guenter Wallraff)冒名进入一家编辑部工作,离职后在其书中描绘报社的内部情况,包括其暗中记录的编辑会议过程,并以批评的方式披露编辑主任的职业与私人行为。报社执行人对作者及该书出版社起诉。德国联邦法院驳回了起诉,理由是在衡量报社的内部机密利益与宪法保障的言论自由时,公众对于一家知名报社的内部不当发展的资讯利益,应予优先考虑。即使不当取得资讯,也不致导致禁止使用该资讯。① 德国实务关于公共资讯优先的适用,涉及隐私、名誉、肖像等在内的所谓一般人格权领域。

对于公众资讯利益,我国司法实践目前也在一定范围内采取了优先保护原则,观念上将新闻报道一般看作是属于涉及公共利益的言论。最高人民法院 1993 年《关于审理名誉权若干问题的解答》第 7 条第 3 款解释:"因新闻报道严重失实,致他人名誉受到损害的,应按照侵害他人名誉权处理。"换言之,真实或一般失实的新闻报道,不构成侵害名誉权。什么是新闻报道,解释没有给出具体标准。至于其他非新闻报道类型的公共资讯言论,是否具有优先性,则还是疑问。

七、简 单 总 结

(1)多数国家私法对于人之所以为人的属性——人格的承认,并不是采取自然而然的态度,而是体现了法律发展的历史主义特点。没有个人主义思想的基础,没有对个人的主体尊重,法律对人格的制度就不会发达起来,人之所以为人,人之所以独立为人的那些属性,就不会受到法律的充分尊重。所以,在自然人人格保护问题上,法律思想之发达是其发展的钥匙。法国法的自然权利观念和人格不可分观念是激进天赋人权法律思想的产物,德国法的法定权利观念和具体人格态度,则是法律科学主义的表达。不过,尽管不同国家表现出立法形式上的千差万别,但是在人格保护的实际态度上,都大致相似,一方面受时代观念范围的限制,另一方面都随着社会和观念发展不断扩张对于人格权的保护范围。

(2)私生活保护、人格权扩张、精神损害赔偿、人格保护与自由保护协调、死后人格保护是当代法律关于自然人人格制度发展的焦点问题。当代法律和实践在这些方面的处理,体现了为自然人"夺回尊严"的法律发展方向,属于人自己的东西越来越被法律承认。

---

① 德国联邦法院判决 BGH JZ 1981,709 = BGH NJW 1981,1366,以及 1981,765 = NJW 1981,1089。黄立:《民法总则》,第 111 页。

（3）法律发展不能随意突破自我逻辑是近代法治原则的应有之义。法律依自我逻辑发展是保证法律信用和法律效力的社会心理基础。当代法治国家在自然人人格权的制度发展中，基本坚持了尊重法律发展自我逻辑的立场。法国法在发展对私生活的保护时，采取在立法上增设私法条款特别作出确认的做法，但是，总体上对人格体例没有突破其传统法律结构，仍未放弃自然权利论立场。德国在发展人格权时，在具体人格权体例局限范围，发生了司法上可否将宪法关于基本权利的规范援引来支持发展人格权的讨论，最后的一般立场是：人格权保护的司法实践，应采取广义法律体系观，立于宪法秩序的立场，突破部门法基础上狭隘的民法实证主义，将人格权认识提升为"由宪法保障的基本权利"，必要时可将包括宪法在内的全部法律体系整合起来获取人格权及其保护规范，甚至通过创制一般人格权，以适应人格权发展的需要。

（4）由于受到民事立法的局限，我国民法上确立的自然人人格权及其保护范围，还远不能覆盖到"人之为人"的那些基本属性。尤其在涉及人格权的精神损害赔偿、公共资讯利益优先、死后人格保护等问题上，我国民法规定更是明显不足。因此，我国司法实践目前迫切需要扩展人格权范围并加深其保护。基于现代法治国的法律安定性和可预期性要求，这种扩展必须尊重法律发展逻辑，即不能任意突破法律秩序的自我逻辑体系。立于宪政时代，在民法不及立法之际，我国司法实践应树立宪政观念，突破狭窄民法实证主义思维，立足广义法律秩序的逻辑结构，从宪法上具有双重功能的公民基本权利条款那里寻求解决，将其援引为实践发展人格权制度的基础。当然，同样基于宪法秩序的思考，应该及时建立司法违宪审查机制，从宪法保障的高度予以完善。①

---

① 拙著《民法总论》第一版曾认为："不过，从严格的法律逻辑原理看，这种现象不应长期不加以解决，因为法律的信用是以规范严密性和明确性为条件的，靠宪法扩张解释甚至以宪法规范为直接依据的方法，不能精确反映部门法时代法律分类的法律技术精神。"但是，现在我明显察觉到我的这一"保留"或多或少具有狭隘的民法实证主义的印记，在此予以特别删除。

拾 法人[主体性]本质及其基本构造研究①
——兼为拟制说的一点辩护

一、导言：法人主体是虚构的吗？

《德国民法典》立法首创使用"法人"(juristische Person)概念,在第1编第2章系统设"法人"一章,明确规定:对符合一定条件的组织体,可以赋予权利能力,使之成为民事主体。根据《德国民法典》规定,法人区分社团与财团。其中社团(Vereine, Corporation)是以人(成员)为成立基础的组织体,又称联合体法人或团体法人,是法人的典型。② 财团是以财产为成立基础的组织体,在一些国家又称基金法人。由此,法人正式登上民事主体舞台——现代民法的舞台上出现了两类主体角色,即自然人与法人。它们平分秋色,都是享有民法权利、负有民法义务的主体。

法人概念虽然始创于德国民法,但组织体主体化的法律实践,早在罗马法就开始了。罗马法在早期就承认各种公共团体的主体地位,到帝国时期又广泛承认私团体的主体意义。罗马法晚期甚至承认财团——一定目的的捐助财产,也得有主体地位。③ 中世纪欧洲迷恋宗教生活,对宗教团体格外尊崇,并导致宗教团体的崛起,其组织体主体化实践夹杂了许多与人本主义无

---

① 本文原载《中国法学》1998年第3期,与江平教授合作完成。系作者承担的国家社会科学基金课题"国有股权研究"(江平教授主持)的基础理论部分的研究成果。收录本书时进行了结构调整并作了较大修正。

② 参见〔德〕拉伦茨:《德国民法通论》(上),王晓晔等译,法律出版社2003年版,第179页。美国学者格雷对社团下了一个经典的定义:"社团是国家已授予它权力以保护其利益的人有组织的团体,而推动这些权力的意志是根据社团的组织所决定的某些人的意志。"参见〔奥〕凯尔森:《法与国家的一般理论》,沈宗灵译,中国大百科出版社1996年1月第1版,第122页; John C. Gray, *The Nature and Sources of the Law*, p. 51, (Boston, 1938)。

③ 参见〔意〕彭梵得:《罗马法教科书》,黄风译,中国政法大学出版社1992年版,第55页。

关的宗教阴影。① 1804年《法国民法典》对团体采取了有意忽略的态度,其意在于复兴个人主义,对封建式团体或宗教式团体加以敌视。但是这种敌视态度在实践中遭到另一类团体发展需要的挑战,这就是从中世纪开始在一些城市发展并推动了资本主义崛起的商业团体。商业团体一开始就带有经济实用的特点,适应了个人发展和社会积累财富的需要,是经济发展不可少的经济形式。所以,当《法国民法典》忽略团体的时候,法国的习惯法把这一领域接受过去。结果,1807年,法国不得不制定商法典,承认特定商业团体可以担当私法上的主体。后来,法国学理受到德国民法学说影响,也将这类主体称为法人(Personne Morale 或 Personne Juridique),《法国民法典》修正时,加入了这一概念。② 日本和瑞士等国家从制定民法典一开始,就一律承袭了德国民法上的"法人"概念。我国自1929年《中华民国民法典》,沿袭德国民法,正式在立法上继受确立法人这一主体类型,并完全承袭了《德国民法典》上的"法人"概念。1986年《民法通则》专辟民事主体一章,继续沿袭自然人、法人主体二元体例。

然而,法人概念的设定,假定了某些组织体(甚或国家共同体)与具体的生命人相类似,具有主体资格,这种人格化的深奥处在于,它把团体作为有别于个人总和的一个目的统一体。这对许多人来说难以理解,无异是形而上学。所以,法人在法律上虽然正式冠以主体之名,但是,其作为民事主体的实在性问题却并非没有疑问,相反不管是之前还是之后,针锋相对的争辩从来就没有消停过。例如在德国,就存在不少否定法人具有实在性的著名学说。它们认为,法人是主体的说法深究起来是不确切的,因为所谓法人的权利和义务实际上并不属于法人,而是属于某些与法人有关的特定个人甚至是特定目的而已,法人权利和义务的实现离不开具体的人的行为,或者实际上受制于特定目的。荷尔德(Holder)和宾得(Binder)提出管理者说,认为法人财产实际属于依章程为管理而任命的董事会或现实担任法人财产管理的人,因此法人不过是为管理者存的概念而已,管理者才是真正的主体;耶林(Jhering)③和普兰涅尔(Planial)主张受益者说,认为由于法人事务实际由自

---

① 参见〔美〕伯尔曼:《法律与革命》,贺卫方等译,中国大百科全书出版社1993年版,第429—431页。

② 德国法学家萨维尼在《法人论》中对法国使用 Moralische Person 作为法人术语提出批评。他认为这一术语具有伦理色彩,与法人在本质上与伦理无关不相称,法人恰恰是反伦理性的一类主体,因而称为 Juristische Person 才恰当。参见 Friedrich Carl von Savigny, System des heutigen romischen Rechts, Bd. II,§85.转引自〔日〕星野英一:《私法上的人——以财产权为中心》,王闯译,载《民商法论丛》(梁慧星主编),法律出版社1997年版,第62页。

③ Jhering, Geist des roemischen Rechts,2. Buch,2. Abs. 5,§61;Brinz, Pandekten J,92,1873 §50ff.

然人参与,因此,真正的主体是这些自然人,在社团是实际享受财产利益的会员,在财团是捐助人(名义上的受益人);布林兹(Brinz)和倍克尔(Bekker)则主张目的财产说,认为法人所有的权利实际因目的财产而存在,受目的财产拘束,故目的财产才是所谓主体。① 此外,还有维德曼(Wiedermann)的"特别财产说",恩斯特·沃尔夫(Ernst Wolf)的彻底否认说。② 这些观点一直以来都具有很广泛的影响,导致了一种法学和实务上的对法人制度的不确定意识。

在当今,法律思想界影响最大的法人主体性否认学说,当推纯粹法学大师、奥地利法学家凯尔森教授的法人虚构论。凯尔森认为,连同法人在内的所谓"法律上的人"(即法律主体)这个概念是虚构的,就其实在性而言,是根本不可信的。在实证法上,有的概念是实在的,有的概念则纯属想象,它们完全没有独立内容因而没有意义。"法律上的人"就是这样一个从法律中虚构出来的概念,它不过是人类基于想象为法律上的义务和权利营造一个精神住所的虚幻产物。法学造出这一概念,是因为人们认为法律上存在的权利和义务(非具体发生的)应有一个"精神的住所"。凯尔森如此解释道:"法律上的人"的概念符合一种想象,是因为"法学思想不满足只看到组成义务或者权利的内容的某种人的行为或不行为,想象着必须还存在具有义务或权利的人物",但是这种想象不过是出自人类的精神虚幻而已,因为"人们以为每一个可感觉世界中的对象都有一个不可见的精神的住所,这个精神就是对象的主人,他'有'这个对象,就像实体有它的那些质、文法上的主语有它的那些谓语一样"。③ 凯尔森由此断定,实际上,包括法人概念在内的所谓"法律上的人",只是由一些质组成了统一体这一事实的象征而已,这些质,就是义务和权利,所谓"法律上的人"不过是义务和权利组成了统一体这一事实的象征而已,实在而言,权利和义务不具有统一从属性,没有统一归所,所谓统一主体结构的法律认识是不真实的,"法律上的人"是由想象构建的主体,而不是真实的主体——"法律上的人并不是在'它的'义务和权利之外的一个分立的本体,而不过是它们的人格化了(personified)的统一体,或者由于义务与权利就是法律规范,所以不过是一批法律规范的人格化了的统一体而已。"④凯尔森还强调说,权利和义务是以行为与不行为作为内容的,因此法律是在特

---

① 参见郑玉波:《民法总则》,中国政法大学出版社2003年版,第169—173页;黄立:《民法总则》,1994年自行出版(台湾),第119页。

② 参见〔德〕梅迪库斯:《德国民法总论》,法律出版社2001年版,第823页。

③ 参见〔奥〕凯尔森:《法与国家的一般理论》,沈宗灵译,中国大百科全书出版社1996版,第105页。

④ 同上注,第106页。

定方式下调整着具体的人的这些行为,而不涉及他的其他部分,说一个人是法律上的人,意思就是说有能使这个人的某些行为有资格成为义务或权利的法律规范。"奴隶在法律上不是人,或者说是没有法律人格的,意思就是说并没有能使这个人的任何行为有资格成为义务或权利的法律规范。"①换言之,只有某些被调整的行为,但没有作为整体被主体化的实体,总之象征"实体"那样的主体概念是不实在的,所谓"法律上的人"不过只是一个用来概括那些规范行为的概念。②

那么,法人主体概念真的是虚构的吗?法人的主体性真的是一种法学的精神幻觉吗?

二、法人主体性的规范实证辨析

但是《德国民法典》以来的主流法学特别认真地看待法人概念或者说这种有关组织体的人格化处理,似乎那些组织体在法律上确实是与现实社会的个人相类似的人格化实体,对于法人而言所谓"国家已授予它(法人)权利以保护其利益"绝非虚词。更有甚者,尽管组织体事实上没有生命,没有道德思维,现代法还坚持把理性、责任归于这个不同于个人的实体,似乎和个人一样,它也可以有思维,懂得责任。在这里,法学并不是无意的,而是刻意如此,立法者认为有必要这样做,不只唯重有智慧的人,而是也视团体像一个真的人那样为主体,赋予其独立的法律人格,赋予其独立的法律地位,赋予其独立的利益需要,确立其可以拥有自己的思维、观点、痛苦和幸福,甚至可以像对一个具体的人那样,就其道德生活的若干方面提出质问。

法人主体性的规范实在,可以从法律赋予其组织的独立性上表现出来。在现代法中,如果我们用法人概念或社团来表示一种联合,我们便表达了这种联合的人们之间存在一种被独立组织化或主体化了的内在联系。法人概念所包含的主体性真实,表现为法律通过组织体内在联合秩序设计上的独立化塑造或曰人格化定格,找到了一种浑然一体的法律展示,在此,这种组织体的内在联合本身超越了组成组织体的成员个体或者是个体的叠加,俨然整合出一个法律规范上的单一主体,使之不可能通过什么还原的方式逐一还原为成员个体的存在。被称为法人的某些组织体或共同体之所以是法人,并非仅

---

① 参见〔奥〕凯尔森:《法与国家的一般理论》,第107页。
② 针对国家是社会统一体的观点,凯尔森甚至也认为,传统学说以相互作用说或者集体利益说或者有机体理论或者统治权的理由,均不能证成之,构成"合众为一"(one in the many)的因素是不能找到的,国家只是一个因法律秩序拟制而成的人格化概念。〔奥〕凯尔森:《法与国家的一般理论》,中国大百科全书出版社,第206页以下。

仅因为一群人组成了联合,而是他们的联合被法律视为具有一种紧密不可分的组织上的独立性。这种组织上独立的内在联系特点,使个人之间的关系质变为一种主体化联合关系。

所以,德国学者尼奇克(Nitschke)在分析社团时就说,具有法人性质的团体,其特征是组织本身相对于成员而言具有高度的独立性。① 梅迪库斯认为,法人之所以为法人的这种组织独立性可以表现在四个方面:不存在与成员相关的解散事由,诸如某个成员死亡、破产或宣告终止;成员可以更换;对于决议,适用多数票通过原则;由机关负责对外代表,机关成员也可以由法人成员以外的人充任,所谓"他营机构原则"(Fremdorganschaft)。②

这种高度的组织独立性,可以归结为一个简单表达,即法人具有独立的权利能力。它的体现就是,法律秩序在设定法人概念时,同时配置了专门属于它的权利能力。法人自产生时起到终止时止,享有法律赋予它的权利能力,因此它可以以自己的名义享有权利和承担义务。法人的权利能力,虽然与成员的利益有关,但是并非可转化为成员自身的权利能力,而是独立于成员之外,归属于法人自身。民法还专门区分了法人成员个人的财产和归属于法人的财产,后者被作为唯一的法人责任财产,即使法人不足清偿,其清偿极限也只限于自身名下的财产。

由于法人在权利能力甚至责任能力上的独立设置,使得法人拥有专属于自己的权利和义务、承担专属于自己的责任。法律这种通过创造法人概念,从名义上赋予团体以权利和义务,在法律上表现出一种重要的差别,即在这种情况下,确实产生了一种独立意义的实实在在的权利和义务,具体到法人典型——社团——而言,这些权利和义务关系到成员的权利义务但并非成员的权利义务,因此被解释为社团本身的权利义务,它们属于社员的方式,不同于社员的那些与社员身份无关的权利和义务。同时,法人概念的构造中,除了法人的权利和义务概念外,还有法人行为的概念。赋予法人以主体名义的法律也构建了一个可谓"法人行为"的范畴,即,假定团体是一个行为人和责任人,有思想有道德,把关于自然人的行为的原则对它模拟处理。法人行为的说法,是与法人的权利义务完全类似的问题,它一定是通过某些个人完成的行为,但法律却把它称为法人行为。为什么我们把某些具体的人的行为认作是法人的行为,而不看作是自然人的行为呢? 也是因为,根据法律,个人作出的这些行为,需符合法人的特定程序,而根据这种秩序,这种行为被内在化为法人行为。另外,当一个人作出不法行为,被称为法人的不法行为时,也一

---

① 参见〔德〕梅迪库斯:《德国民法总论》,第818页。
② 同上注。

定与纯粹的自然人行为不同,它与该个人作为法人机关所必须履行的功能有一定联系,法人要对之负责,其责任也限于法人的财产而不是个人财产。

总之,从规范的实证分析而言,法人作为主体并非虚构,法人绝对不能被视为只是用来概括权利和义务的方便名词,而是一个确乎作为有关主体性赋予的规范概念。

三、法人主体性的确立基础:有关拟制说方法论价值的一些讨论

(一)关于法人主体性的确立基础的讨论

那么,法律如何可以又为什么有必要对于特定的成员联合(社团)或特定的目的财产(财团)作出一种主体化的塑造呢？或者说,法律如何可以又为什么有必要区分一种所谓法人的权利和义务、行为以及责任,并且为什么在此领域不把自然人之间的联合仅仅视为一般之联合而是独立化为一种法人主体的内在秩序呢？拉德布鲁赫指出,关于法人的主体性确立基础的讨论,是法人现象一经产生便俨然不可避免的一个至今悬而不绝的法哲学争议,"即这种法人的人格是否根据法律而产生、'拟制'或先已存在,它们是否只有法律上或法律前的现实,它们是否仅相对于法律存在或不依法律存在？进一步说,此处便产生一个问题,即如果法律的确严格地将团体的权利和其成员的权利区分开来,那么团体的利益是否要完全地融在其成员的利益之中,而且,这种法律是否也因不过是技术上的理由而区分……也就是说,团体的这种独立权利是否也可用来保护独立的团体利益？"[1]关于法人的主体性确立基础的讨论,法学上又称关于法人本质的讨论或者关于法人的法律性质的讨论,一个多世纪以来,许多思想家们都沉迷于其中,燃烧着熊熊的思维火焰。

历史上出现过两个著名的针锋相对的学说。[2] 19世纪德国著名法学家萨维尼(Savigny)从人格伦理主义出发,指出法人不过是立法拟制的主体,即法人的人格是依法律规定拟制而成。学理称拟制说(Fiktionstheorie)。萨维

---

[1] 〔德〕拉德布鲁赫:《法学导论》,米健等译,中国大百科全书出版社1997年第1版,第63页。

[2] 著名分析法学家哈特认为,法学界有关法人的理论和有关其他基本法律概念理论一样,都不幸地堕入了一种常见的三重态:拟制说,实在说和前面所说的虚构说。这些宏大式的理论思维分歧严重妨碍了法学家进行正确的理解。参见〔英〕哈特:《法理学中的定义与理论》,载《法理学与哲学论文集》,支振锋译,法律出版社2005年版,第27页。不过在笔者看来,三种理论中拟制说还是要更为注重细节,不完全是一种虚无缥缈的定义,本文在涉及法人内部结构时将揭示这一点。

尼在此主要区别了自然人与法人的主体本质,反对将法人与自然人同等对待,认为从根本上说只有自然人才是权利义务的当然主体,"权利义务之主体,应以自然人为限"。① 普赫达(Puchta)、温德夏特(Windscheid)、吉波(Kipp)等继承了拟制说。② 与此针锋相对,德国法学家米休德(Michoud)认为,法人是基于实在基础的主体性确立,法律之所以承认法人为主体,是因为法人具有实在的组织基础,是适合于为权利义务主体的组织体的法律表现。这种认识学理称组织体说。③ 贝色勒(Beseler)和基尔克(Gierke)等甚至更进一步,提出有机体说,认为法人本质上是自然有机体或社会有机体,是真实而完全的人(wrikliche und volle person)。作为自然人,它的有机性在于具有个人意思这一因素,而法人也有得以成为有机统一体的意思因素,即具有不同于个人意思的团体意思。组织体说和有机体说,合称实在说。④ 拟制说与实在说的根本分歧在于:法人的确立基础是技术意义上的还是当然意义上的?两者其实都不否认法人作为主体概念的规范实在,但是他们对于主体的确立基础是否是当然而然(的实在)的这一问题却存在观点的对立,拟制说认为法人不过主要是技术意义上的主体而已,特别是法人与自然人比较而言,不具有伦理的价值因而不得同等对待,但是实在说认为法人是实实在在的社会存在,也具有当然而言的主体价值。

实际上,某种意义上说,法人制度和法人现象在历史过程中颇有鸡生蛋、蛋生鸡而难分难解的意义,所以正如后世学者所见,拟制说和实在说所持立场都存在片面性、局限性,严格地说,它们没有谁能够完全站住脚。抽象地说,前者把法人制度单纯地看成一种技术手段过于简单,而后者取消或者回避法人实体与自然人的实际差别则过于夸张⑤,这种讨论如果只停留在大而化之的层面即"仅仅是作为短语",甚至不适合把握那些已经被承认为法律之法律性质的东西。⑥

但是一些学者由此认为,这种关于法人的主体性确立基础之讨论乃是一种无益之争⑦,这种观点未免太过偏颇。理由很简单,任何制度设计都需要

---

① Beseler,System des gemeinen deutschen Privatrechets Ⅰ,4. A,1885,§66ff.
② 参见〔德〕梅迪库斯:《德国民法总论》,第823页;郑玉波:《民法总则》,第169页;黄立:《民法总则》,第119页。
③ 参见郑玉波:《民法总则》,第173页。此说由德国学者米休德(Michoud)所倡,沙利耶(Saleilles)承之。
④ 参见郑玉波:《民法总则》,第172页;黄立:《民法总则》,第119页。
⑤ 参见〔德〕拉伦茨:《德国民法通论》(上),第180页。
⑥ 参见〔德〕梅迪库斯:《德国民法总论》,第823页。
⑦ 同上注。当今确有不少学者持有这种观点,大概与重实证轻理论的潮流有关,但这也是一种短视实证主义者的立场。

一种理由,何况像法人这样的重大制度设计,如果连其确立的基础都弄不明白,那么又如何可能致力于制度的合理安排呢？拟制说也好,实在说也好,虽然本身可能并没有能够充分有效地对于法人的设计基础问题给出解释,但是它们指向的问题、它们的出发点却是非常重要、非常有意义的。而且,两种学说都是在与自然人主体类比中思考法人的确立基础问题,从论证规范的角度而言,其方式也并未玄学化,相反可以说基本符合法律科学的论证原理——类比是法学研究和法律发展运用的一种常规手段。当然,至于法学是否应当仅为一种法律科学,那又当别论。可见,迄今为止,拟制说和实在说之争的法律思想魅力,绝对不能够轻易一笔勾销。

（二）关于拟制说方法论价值的一些讨论

1900 年《德国民法典》吸收了两者学说的长处,但主要方面还是采纳了拟制说的内容。英美国家在19 世纪、20 世纪初期的公司法实践中也在判例中主要采纳拟制说。但是,从 20 世纪以来,实在说忽然更受一些国家或地区民事立法和学说的推崇,特别是在许多民法后发国家或地区,几乎推至极致,例如瑞士和我国民法,从有机体角度出发,明确宣示法人是具有意思能力者因而得具有行为能力。例如,我国 1986 年《民法通则》第 36 条第 1 款规定:"法人是具有民事权利能力和民事行为能力,依法独立享有民事权利和承担民事义务的组织。"我国学术界主流也接受了实在说。① 应该承认,实在说受到欢迎,有其合理的一面,即这种学说强调了法律对于社会实际的尊重,法人制度应该与团体人格化的实际要求结合。那么,拟制说真的就应该退出历史了吗？

从制度设计基础的理论和方法论层面而言,完全抛弃拟制说的做法似乎过于草率。关于法人主体性的确立基础的学问,应该至少能够在方法论上回答好两个问题:一个是从发生学的意义上说,法人制度究竟从何而来？另一个是从制度实质有效性角度讲,法人制度究竟如何建构才属于正当且合理？然而,实在说轻易地就想把法律思维的作用拿掉,将法律当作是社会实际的直接生成,看似诱人,其实有诳人的成分。作为一种制度确立基础的论证方法,实在论存在"符应论"的简陋,它简单相信,法律制度可由现实世界直接反映而成,因此既不能真实地揭示罗马法或者其他法律中团体人格化这种我们人类法律制度的实际起源,也不能深刻回答人类法律发展中观念基础、合理认识对于法律与现实存在的复杂媒介关系问题。然而,一方面,如果我们承认法律制度是出自人类的苦心创造而不是出自从天而降的话[天启说应该不再是我们现代人的法律信仰基础],那么,同样不会真的相信法律能够像照

---

① 参见谢怀栻:《论著作权》,载《谢怀栻法学文选》,中国法制出版社 2002 年版。

镜子一样从现实中直接反映出来。在历史上,法律尤其是正当的法律从来就没有轻巧地自动发生过(纵使习惯法时代亦然),法律的进步总是充满观念努力甚至斗争。正因为如此,从社会学或哲学的角度来说在历史上许多种类的团体其人格化的应然意义是毋庸置疑的[①],但是历史事实却相反,所谓正常的团体人格化要求却一直受到压制。例如,即使是在崇尚法律理性的罗马时代也并未向法人制度全面开放;在法国资本主义崛起时期,因为害怕封建、宗教团体推动复辟,立法者有意在民法典上不对团体人格问题表态致使各种所谓现实中的合理团体主张无从依据;德国甚至在19世纪末由于对于政党等政治团体的政治警惕,国家在制定民法典时也留上一手,采取了法人类型主义及登记要件主义的较严格的限制立场。这些都是实在说难以回避的"历史真相"。另一方面,社会实际并非存在即合理,有时实际等于保守与落后(还记得库恩的范式论吗),而制度形成和发展的一个重要动机就在于我们人类想有意识地去改进现实。

相比较而言,从方法论的角度来说,拟制说能够更接近真实诠释[至少不回避袒露]作为人类法律的一部分的法人制度的发生与发展的实际轨迹,能够更合乎实际呈现人类法律思想在法人制度的形成中的引导作用,特别是在制定法时代以来,法律思维本身在有关法人的法律世界与现实世界起着重要的媒介作用。实际上,在历史上,法人制度确实是经某种思想媒介才得以由法学和法律创制而成的,立法者以其认为合理的目光挑选一些类型的应予法律人格化的社会实体,以之为中心建立主体化法律秩序,并以法律形式将之推入到现实世界。在立法史上,法律主体制度与从属于现实世界的团体现象始终存在难以逾越的间隙,作为社会实存意义的团体现象,如果得不到立法者的首肯,从来不能直接当然地被反映到法人概念之中。法人制度的许多东西,通过现实的团体现象往往不能被理解,而只有深入到某些法学思想之中,才可以得到清晰的理解。通过洞悉法学思想和法律制度形成之间的密切关系,德国法学家拉德布鲁赫发现,一直有着两种对立的特定法学思维对于法律主体制度发生着决定性影响,二者可谓此消彼长。一边是个人主义思想,推动着自然人主体制度的形成和发达;另一边则是超个人主义思想,导致家

[①] 黑格尔从哲学的立场,曾就家庭、同业工会、国家的实体意义详加阐明。其中,家庭以伦理性的爱为目的,同业公会以一定的客观普遍性为共同目的,国家以绝对普遍性为普遍目的。费迪南·托尼斯1887年出版的《共同体与社会》,从社会学角度研究社会关系,揭示论述了两种基本的社会关系,论证了共同体的存在功能。参见〔德〕黑格尔:《法哲学原理》,第三篇"伦理";及〔英〕彼得·斯坦等:《西方社会的法律价值》,王献平译,中国公安大学出版社1990年第1版,第25页。

庭、团体的法律人格化制度的形成和强化。①

此外,拟制说的人格伦理主义价值取向,在今天也显得格外醒目。实在说为了抬高法人的地位而有意模糊自然人与法人在伦理意义上的差别,视而不见自然人的自然生命实体的特质,等于是自我制造了一种论证悖论:一方面强调法人的所谓现实性,另一方面却又贬低自然人的现实性。② 然而,法人制度终究与人格伦理主义存在冲突,因为法人的人格化特性,容易使特定个人例如社员、雇员、集团管理人以及其他关系人,在集团权利和集团责任的深处,面临着在法人范围内个性遭遇一定程度抑制以及个性价值可能被侵吞的危机。进入现代以来,总的来说,由于经济思想的作用,法人在法律上的份量已经大大增加,公司这一社团形式被认为具有规模经济价值而被倍加推崇,法人制度有着越来越明显的经济功利主义意味,这就意味着个人伦理对经济功利较过去要作出更多的让步或妥协,甚至出现了所谓法人帝国主义语境之下的个人主义危机。③ 拟制说虽然在把法人看作是纯属法律技术的产物方面,不当地忽视法人自身可能具有的社会功能甚至个人价值的实现功能,但是由于它注意对自然界生命体与人格化组织体的法律意义作出区分,不忘强调自然人主体所具有的独特的伦理意义,因此在团体化生活日益强化的今天,能够切实关注在民法范围内法人与个人的对立关系,在重大的法律问题上不断提示人本主义的更高价值,以及法人扩张可能对人类伦理价值造成过度挤压的后果。

当然,从制度构建的意义上来说,拟制说最重要的方法论意义,还不只上面这些方面,而是在于,它对于法人的具体内部构造达成合理且精密而言具有不可取代的制度构建力。

四、法人内部构造与代表制技术

(一) 法人内部构造的双重性:人格体兼具行动体的一种联合

法人既为法人,作为一种个人之间的联合或者特定财产的组合,其结合程度首先必须达到从法律上紧密到化为人格化的一体的程度,又称法人"在组织上的独立"。即,在成员联合或者财产组合上产生出一个独立意义的人

---

① 参见〔德〕拉德布鲁赫:《法学导论》,米健等译,中国大百科全书出版社1997年第1版,第63页。
② 参见〔德〕拉伦茨:《德国民法通论》(上),第180页。
③ 法人制度不是从属个人自治范畴的制度,我们不能轻易以个人自治原理对法人制度加以解释,团体尽管是个人组合的集团,但法律在此并不是依个人的意思选择来承认团体,而是以法律设定的标准来承认法人,团体的目的符合立法思维所追求的社会价值是问题的实质。

格组织体,这种独立人格组织体一经产生,成员之间的联合关系[社团]或者财产之间的组合关系[财团]便被统一起来,置于一种人格化组织关系意味下的内部关系范畴,而不得再被视为普通的个体与个体之间的关系叠加。在此,法人的人格化问题开拓出一个有关内部构造的思考领域——法人制度确立了一套可谓法人组织规范的规范去处理这个法人内部构造问题——它回答的是,法人如何在组织上得以成立,其内部用何种方式的联合或者组合,才可以使得成员联合或财产组合的特定关系人格化,或者说用怎么样的联合或者组合才可以实现对个体关系简单叠加的人格超越。

法人的内部构造要解决的不是一个简单的人格化组织的塑造问题。如果只需要简单解决人格化塑造这个问题,我们通过轻而易举的办法就可以达成,那就是只要在法律上宣布用一个所谓"目的范畴上的统一"削去参加法人联合的个体在进行某些形式的联合之后在该联合关系范畴内的活动独立性即可。在这一点,法人主体性立足的某种外在形式,奠定在对其内在结合目的的人格化上,通过将特定结合目的超越提升为个体结合关系的内在统一纽带以及在结合范围内活动的唯一根据,即可导致一种组织体的独立或者说个体关系的人格化整合。例如,在现代股份有限公司,法律便是以通过股份联合的方式追求特定经营事业目的作为获得组织独立的内在基础。

但是,法人组建之意义不在于将法人作为一种摆设,而在于如何通过法人组织来实现作为法人设立基础的成员联合或财产组合所追求的共同目的。所以,作为一种可以发生实际行动意义的主体塑造,法人不能只是静态的人格体,还必须是动态的人格体。作为动态的人格体,法人的内部构造,除了人格化整合要求之外,还有一个能够进行人格化运行的要求——法人是以自己目的为统一的人格组织体,同时也应当是一个能够真实发挥"法人功能"的人格行动体,即一个能够紧紧稳定围绕法人目的而不断做出有效行为的独立组织。

所以,法人在内部构造这一构建上必定要求特别复杂,因为所谓的法人凌驾于个体结合之上的统一目的,其本身并不会自动实现,必须依赖于某种行动力去实现,而法人自身在组织上虽然可以拟人化,但毕竟不是像自然人那样的具有直接的自我意志和行动力的主体,因此准确地说法人自身并不具有行动力。这样,法人要同时成为"为自己"的行动体,就必须借助某些具体人的行为。所以,为使法人成为具有"自身意义"的行动体,就需要能够建立一种特殊构造机制:一方面,法人可以借助某些具体人的行为承担自己的行动,另一方面,又必须保证这些具体人的行为绝对不能偏离法人的自身意义。法人作为人格体兼具行动体的双重性,按照德沃金的说法,其在内部构造上要求的复杂程度,使得"法人享有的地位和所负的责任,体现了一种复杂的、双阶段的推理方式,从而在人格化过程中达到一种法律功利主义"。① 总之,认识法人的内部构造要求的复杂性,对于加深对法人组织体的主体性内涵复杂性的认识,尤其是加深对法人机关[与法人关系]性质处理复杂性的认识十分重要。

(二) 使法人同时成为行动体的法人内部构造技术

那么,法人在内部构造通过一种什么样的机制,即通过建立一种如何借助具体人行为的机制,才能够达成立足自身人格化意义的行动体呢? 或者说,法人如何既能够借助某些具体人的行为又能够保障这些具体人所为的行为可以系于法人意义范畴呢? 在这个问题上,实在说几乎是掩耳盗铃。它是通过简单地指定某些人(即担任所谓法人机关的个人)与法人为一体,从而其行为即为法人行为来完成法人这一内部构造的,但是这种方式既显得极不实在(与其标榜的实在正好相反),也由于严重不顾及具体行为人和法人之间的主体间隔事实,失于保障这种所谓的"法人行为"既真正符合法人统一目的又能够对于法人事业之实现富有实效。② 相反,拟制说在这一问题上则优势明显,在理论处理上可谓获得了巨大的用武之地,由于认为法人是非伦理的因而也是无机化的主体,它清楚意识到法人机关的具体担当者与法人的主体间隔事实,因此提出了一种行为控制式的内部构造机制,由此成功地使得法人既可以充分借助具体人的行动力,又能够始终保障这些行为不折不扣地致力于实现法人目的。

具体而言,实在说简单地认为,法人是一个超人或有机体,具有自己的所谓团体意志和思维,担任法人机关的具体人本身不过被视为法人的大脑或者意志而已,因此便在法律上直接赋予法人以自有行为能力,并设定法人机关的行为就是法人行为,这样法人与具体行为人的实际主体区隔事实在法人内部构造中就被抹杀了。③ 实在说在此强调:(1) 法人本身不是纯粹观念的形

---

① 参见〔美〕德沃金:《法律帝国》,李常青等译,中国大百科全书出版社 1996 年第 1 版,第 151 页。在他看来,社会人格化有助于政治整体性原则的确立。

② 法人权利和义务、法人行为,是归属意义上的法律内容,所以虽然法人没有精神和意志能力,将这些东西归属于法人是可以理解的,处于归属状态中的这些法律内容,可以不以精神状态为条件。但是法人权利和义务的实现,以及法人行为的承担,作为从应然世界转向实然的行动领域,则离不开具体人,在这里,法人内部构造,如果打算具有现实性,就要注意具体行为的个人与法人存在主体间隔的实际,因此正确的作法是务实地建立一套保障具体人的行为围绕法人主体性存在而进行的机制。

③ 凯尔森指出,这种作法导致了学理上相当的混乱,"认为法人的意志是真正的意志,并且就像有些作者所辩称的,是国家的法律所必须要承认的。法人是真正的本体并且具有真正意志这种理论,有时具有这样一种有意或无意的倾向,那就是将立法者引到一个关于社团的特定规章上去,证明这一规章是唯一'可能的'并且因而也是唯一正当的规章。"〔奥〕凯尔森:《法与国家的一般理论》,中国大百科全书出版社,第 122 页。

态,而是它已经将自然人融入了自身,将之作为其成员或者机构成员,这些成员在整体的名义下,参与交往①;(2) 法人机关是法人的必然组成部分,与法人的关系是自身一体的部分与整体的关系,类似于法人的"法律肉体",是法人的意思载体,法人通过其机关形成整体意思,所以法人机关就是法人的机关,而不是其外部的东西,法人通过其机关而使本身具有意思能力和行为能力;(3) 法人机关的执行行为,就是法人的行为,法人机关不是法人的代表人,对外不得视为被代理人与代理人关系。② 基尔克说:"[机构这一法律概念]具有特殊性,不得同具有个人权利色彩的代理人概念混为一谈。这里涉及的并非代表某一个自成一体的人。而是……如机构在其管辖事务范围内适当地发挥作用,则整体之生命统一体[法人]得以直接产生效果。"③学说上将实在说这种法人机关与法人主体混同的处理,称一体说,有时也称机关说。在这种情况下,法人行动有了如脱缰野马的难以控制的风险——因为在内部关系上,既然将那些具体行为人与法人之间主体完全混同,那么在它们之间就难以找到进行法人具体行为控制的结构间隙——所以凡是采取实在说的立法,在对于法人行为的内部控制问题上几乎无法着手,最后往往借助说不清楚的法定义务方式草草规范。

  拟制说则不同。它把法人看成是观念的整体,本身缺乏意思载体,没有意思能力和行为能力,在此基础上因而认为,法人是所谓的"小法人"(Juristisches Persoenchen),它要成为具有自身意义的行动体,还需要具体人的意志和行为协助,法人行为或者说法人权利和义务的取得和实现不能回避借助现实具体人的行为,法人和担任法人机关的具体行为人是两个不同的主体,在这种意义上,为了保障行动上的合法人目的化,需要建立一种以行为控制为支持的法律意义归属关系。拟制说在此强调:(1) 法人主体设计的真正意图,是对主体技术的利用而不是对法人的真正性质的误解,把法人看作是超越具体人而存在的超人,这显然是错误的;(2) 法人不是真正的人本身,根本不可能具有精神状态,应反对把法人看成与自然人一样在实体上是一个有机体或"整体人"(即现实地具有意志,一个它自己的、并非其成员意志的所谓团体意志的人),只有具体的人才是有思维能力者,这是无可争辩的。即使把法人章程当作"团体意思",作为法律构造,也仍不能解决法人取得权利和义务及进行活动所需要的具体意思问题;(3) 因此法人需要代理人:通过组

---

  ① 参见〔德〕福尔克·博伊庭:《德国公司法中的代表理论》,邵建东译,载《民商法论丛》总第 13 卷,法律出版社 2000 年版,第 537 页。
  ② Huebner, AT, §13/Ⅳ/2. 不过,目前德国学理中,部分实在说者(主要是组织体说者)转采代理人说,称新代理人说。参见黄立:《民法总则》,第 137 页。
  ③ 〔德〕基尔克:《人类团体之本质》,第 30 页。

织法确立机关,根据法人组织法任命自然人来担任机关成员,行使代表职责,法人参与法律活动必须由机关来代表。① 在法人机关和法人之间,体现为一种可称之为准用对内委任与受委任、对外代理与被代理的特殊关系构造。根据这种关系,法人机关是法人的准用受委任人或类似法定代理人,居受委任人或代理人的地位。担任法人机关的具体人由法人根据一定组织程序选任,这些具体人基于准用委任关系代法人而行为,行为的法律效果归于法人,这些具体人同时受准用委任关系的制约,其行为受到根据这种准用委任关系授权的限制。② 到此为止,法人完成了一个所谓的"双层拟制":法律通过第一次拟制,拟制法人具有类似于自然人的主体资格,解决团体的独立性;然后,在法律构造上为其建立代表机关,对内以类似委任关系为支持,对外根据代理规则将该机关的行为的法律效果归属于法人,由此完成第二次拟制,谓之效果归属的拟制(不同于授权代理,归属来自于被代理人的决定)。法人进行法律行为,法人取得权利和义务,都必须依据这种归属拟制而成。德国学者弗卢姆如此说:"[机构的行为]并非法人自身的行为,而是为法人从事行为的机构的自身行为……[机构的行为,仅仅]作为一种拟制的结果,作为法人自己的意思,[归属于法人]……[机构行为]与代理行为一样,是为法人从事行为的机构实施的、效力及于他人的[机构]自我行为……由机构来代表法人,与法定代理人或授权代理人的代理行为,其方式是一样的。"③拟制说的这种法人机关居于代表地位的说法,学理上习惯称代表说,有时也称法人机关准委任说、代理说。④

拟制说在法人内部构造上,通过代表制这一结构技术,可谓展现了一种复杂而务实的关系安排,针对法人构造作为人格体兼行动体双重需要的实际,一方面同样达成了法人作为行动体的特殊人格化机制,另一方面在处理法人和其所借助具体行为人关系问题上,因正视了两者之间存在主体区分的事实,而显得较为实在(可见学说上所谓拟制不等于虚构,而所谓实在则可能在某些具体的方面堕入神话),据此可以针对人性的弱点,恰如其分地设计出一套机关行为的内部控制体系。代表制的技术奥妙在于,它在法人之所以成

---

① 参见〔德〕福尔克·博伊庭:《德国公司法中的代表理论》,邵建东译,载《民商法论丛》,总第 13 卷,法律出版社 2000 年版,第 532 页。
② 参见 Huebner, AT, §13/Ⅳ/2;郑玉波:《民法总则》,第 190 页;黄立:《民法总则》,第 137 页。
③ Flume, AT, I(2), S.379f..
④ 参见 Huebner, a, a, 0, §13/Ⅳ2;黄立:《民法总则》,第 137 页;郑玉波:《民法总则》,第 129 页。德国、日本,以及我国台湾地区"民法"立于拟制说而采取了代表说,而瑞士和我国现行民法立于实在说采取了一体说。

为法人的问题上,虽然也是组织体人格一体化技术的体现,但是它的一体化,不是逃避实际问题的一体化而是合乎实际的一体化——法人机关的行为,依据主体不同而被区分(因此得以建立有效的行为和控制关系,通过它法人机关既可以自主行动又得以在与法人的关系上牢牢受制于一种围绕法人目的的行为控制机制),但同时其法律效果却通过归属而被一体化(因此使法人最终获取行动意义)。由于这种内部有所区分、外部相对一体化的代表制构造技术的应用,法人许多难以处理的问题得到解决,法人构造获得了较为完美的法学形式:被授予权利是法人,推动权利实现的意志是法人机关的意志。一方面得以在有效做出内部控制的基础上借用机关行为,另一方面得以让法人以自己名义承受权利、义务,表现其整体存在,如此可以在保障法人作为充分活跃的行动体的同时,更符合实际地维护和运用法人的整体性。具体而言,在内部关系上,机关与法人被视为两个主体,二者之间准用委任关系,机关由来自法人成员根据合议任命的个人担任,它的功能在于可依职权为法人提供自主而完全的意思活动,但这种意思活动受法人目的的约束,具体受职权范围与特定行为程序和方式制约,此外机关还须对法人承担失职责任;在外部关系上,法律为维护法人的整体性存在,通过把行为效果归属法人的处理又将机关的主体独立性消除,法人机关的行为效果名义上归于法人,在此外部意义上,法人与机关的关系不是主体与主体的关系,而是一体的关系。由此,代表制技术下的机关与法人之间的关系,也不同于民法上一般意义的委任关系或代理关系,后者并不区分组织意义上的内部和外部,因此不能满足法人内部构造的复杂需要。其间的微妙,可以套用哈特一句话来说明"在所有的情况中,一系列的行为或事态之所以能被统一起来,仅仅是因为它们处于特定的规则之下"。①

补充一点,学者有时将法人机关与法人的这种关系与自然人的监护关系相类比,机关之于法人如同监护人之于被监护人,法人机关被设想为法人的监护人,法人被设想为一种未成年人或精神病患者。② 但是,凯尔森指出,法人机关和法人的这种代表或者说准委任关系,不能简单地与自然人制度中的监护关系类比,因为以未成年人、精神病人与监护人之间关系类比于法人与机关的关系的做法,是将法人比附于自然人的产物,假设二者为相似的关系。

---

① 参见[英]哈特:《法理学中的定义与理论》,载哈特:《法理学与哲学论文集》,法律出版社2005年版,第34页。本文在后面有关部分对法人机关行为的复杂程序结构予以剖析,以揭示哈特这里所谓"处于特定的规则之下"的意味。
② 例如格雷就说:"现在人们将观察到,迄今为止,对法人来说并没有特别之处。另一个人的意志归属,与例如在一个监护人的意志被归诸于一个未成年人时所发生的关系,正好是一样性质的。"参见 John C. Gray, *The Nature and Sources of the Law* 51, 2nd ed. (Boston, 1938)。

但是,机关与法人的关系,作为法人的特殊问题之一,明显地是一个与自然人监护制度设计所不同的问题①,表面上看,是要解决法人行为所需要的意思问题的,但是毕竟与自然人的监护问题有一个实质的不同,监护人与未成年人的关系是两个伦理意义的主体人之间的关系,因此,法人在形式上是真正的无机物,不仅没有为法律行为的意思能力,而且根本就没有任何生物能力,不可能活动,但是自然人视线中的个人是有机物,即使没有足够的意思能力,仍可能有相当的意思能力从事事实活动。因此,法人基于团体本身完全没有任何活动能力的事实,其意义实现,需要的不只是行为的意思补充,而是完全的行为补充。此外,从伦理的角度而言,被监护人与监护人之间的关系,是两个严格主体的关系,只能是能力补充关系,绝对不能人格一体化,而法人与机关的关系则是目的与实现机制的关系,从目的的中心功能而言,可以在某些意义上[如外部关系上]进行人格一体化。②

（三）法人机关从事行为的复杂结构

法人机关的主要功能在于为法人提供完全的意思活动。习惯上,我们将法人的各个职能部门合称法人机构,将其中居于最外端的执行部门,称为法人机关或法定代表人。法人机关系由具体的人来担任的,而具体的人本身又是自然人主体,这里会引发在法人内部构造中如何得以将法人与法人机关在具体行为的归效问题上做出分界的问题:为什么个人在一定情况下,他的行为意义不属于自然人,而是属于法人呢？将个人的某些行为归入系为代表法人所为,往往受到以下观点攻击:个人的范畴均是自然人的范畴,个人行为都是自然人的行为,因此,法人机关行为不可能是自然人所为而同时又是法人的效果归属。对这种攻击,代表说其实可以很轻松地加以驳斥,个人的就是自然人的说法是不对的,自然人是一个法学构造概念,而个人是一个现实概念,二者并不等同,个人行为的意义归属在法律上被分立是可能的,将个人基于不同方式的行为分别归入自然人的意义范畴和法人的意义范畴,符合法律构造的主观特性。在民法上,法人机关的行为之所以被归为法人归效行为,是通过它遵循一套复杂的行为规范来决定的,这种行为之所以不同于个人的其他行为,是由于符合了一套法人机关的行为规范,所以就有了特定的意义。按照法人制度的组织行为规则,担任机关的个人只有在他的行为是依特定的规范方式所做出时,才属于作为法人机关而行为。

担任法人机关的个人作为机关而行为时须遵循的行为规范非常复杂。

---

① 参见〔奥〕凯尔森:《法与国家的一般理论》,沈宗灵译,中国大百科全书出版社,第123页。

② 同上注,第121页。

从以德国民法为代表的实证民法来看,它具备两个重要规范特性:其一,实质属性,必须以特殊职权为依托;其二,形式属性,法人机关行为之为法人机关行为,必须遵循一套复杂的程序结构。

首先,个人行为是否属于法人机关行为,取决于其是否为职务行为。一定的个人行为被视作法人机关的行为,是指他的这些行为的性质,与他的被授予的特殊职权有关。这种职权,在内部以法律和章程赋予法人机关的职权范围为依据;但是在外部,各国普遍基于对第三人保护的必要,建立了外观主义的客观标准,即"职务外观说"。法人不是孤立的存在,它是在与外界作用中或交往中的存在,各国民法因此在对外关系上,往往着眼于整体关系中各方面的利益并予以权衡,尤其就法人与第三人的利益关系加以平衡,保护第三人信赖利益,第三人可以信赖法人的对外事务机构或代表人的职务外观行为。

其次,个人行为是否属于法人机关行为,必须以是否经由一套符合组织化行为的程序规则来检验。在此,特定个人行为完全不同于普通个人行为。普通个人行为旨在自己的权利和义务的实现,由个人自主任意行使,但是法人机关行为旨在享有、承受和实现法人的权利和义务,虽然最终也由担任法人机关的个人以自主意思执行,但却必须由其依据法律和章程设定的机关行为的程序和方式做出,因而是由特定的个人以特定的法人程序和方式去实现的。这种区别,使得这些行为虽然由个人作出,却不能被当作个人行为,而是根据其与法人活动目的有关并符合法人机关行为的特定程序的特点被区分出来,称法人机关行为或归属于法人的行为,在法律上归效于法人。不过,程序规则是一套内含化规则,通常不能对抗善良第三人,主要作为内部关系上的控制保障。例如,当一个人做出不法行为,与该个人作为法人机关所必须履行的功能有一定联系时,即使未遵循机关行为的程序,也不能视为纯粹的个人行为,而是应视为归效于法人的不法行为,法人要对之负责,其责任承担也限于法人财产(即成员的设定财产)而不是个人财产。①

法人机关从事行为的程序规则,并非一般的行为程序规则,而是一种组织化结构的程序规则。在法人的整体性的内部,关系是复杂的,在法人与成员之间,在法人与法人机关之间,如果没有恰当的内部约束,显然难以保障法人活动的整体性和统一性。基于这一考虑,法律上为了保证法人机关具有为法人整体性目的而活动的特点,为其从事行为设计的程序体现为一套表现为法人内部职能系统构成及其活动关系的组织化结构。法人内部这一套组织规则和活动程序,有十分突出的意义,它既是法人机关从事行为的程序规则,

---

① 参见〔奥〕凯尔森:《法与国家的一般理论》,第114页。

也是处理法人内部组织系统关系的基本法。

首先，法人机关在法人内部组织结构上，不是法人唯一的职能机构，而是几个相衔接的职能部门的最后一个环节，这些职能部门在内部发生系统的联系，但到了最外部的一点，汇合由特定个人以法人机关名义而行为。例如，在社团，法人机关体现为董事会或董事，但社团整个职能机构系统一般最少包括股东会、董事会和监事会三个职能部门，分执权力、执行（对内管理和对外代表）和监督职能。这些部门并不是平行的，而是通过程序（procedure）规则被合而为一。

其次，法人各个职能部门内部，其行为作出，通常表现为一种复杂的行为汇合结构（体现为多数决行为），法人职能部门采取复合机构形式时，组成它的每个人和其他人一起构成整个职能，因此，在法人每个职能机关内部，又往往存在一个行为汇合问题，需要一个合议表决规则，以达成合而为一的行为。

再次，从整个法人的内部系统看，法人对外代表行为，是由诸职能部门依一定步骤和合议规则集众多行为汇合而成的，这些行为中的每一行为，从法律的角度看，都是一个不完全的部分行为。"部分行为与整个行为之间，部分机关与整个机关之间的区别的高度相对性，在这里清楚地展示出来。任何机关的任何行为都可以被认为仅是部分的行为，因为它只是由于和其他行为的系统的联系，才对那个唯一配有整个职能名义的职能……有所贡献。"[①]

最后，法人机关自身多采取复合机关形式，在内部活动关系上采取和议方式。[②] 例如在德国，数人组成董事会，执行事务，如章程无相反规定，由董事会集体在内部表决决议之（法律上一般事务与特别事务在决议上有不同表决人数要求），这种处理符合法人内部利益关系的平衡。[③] 为了保证机关人员的行为尽职，[采拟制说国家]民法还在法人机关与法人之间内部关系上

---

① 参见〔奥〕凯尔森：《法与国家的一般理论》，第221页中有关认识。

② 法人机关，依由一个人所执行，还是由几个人的汇合行为所执行，可以分为单一机关（simple organ）和复合机关（composite organ），通常多采复合机构，我国对其他法人内部机构多采复合机构，但法人执行机关区分对内的决议和执行机关与对外的法定代表人（如公司法上董事会属内部执行和决议机构，法定代表人属对外事务代表），内部决议和执行机关原则上采复合形式，法定代表人则采单一形式。

③ 民法上区分内部与外部，在外部为保护第三人信赖利益，淡化内部结构问题，甚至不采取共同代表方式（Gesamtvertretung），而采取单独代表方式（Einzelvertretung），每一执行职能人员（如公司法上每一董事）对外执行中，除章程另有规定，皆有代表权。参见《日本民法典》第53条、我国台湾地区"民法"第27条。

准用委任关系,使法人机关准用受托人义务和责任,对法人负责。[①] 另外,大陆法系国家还多在商法上专设法人机关的一些法定义务,以加强内部约束,例如公司法上规定的董事对公司忠诚义务等。[②]

  法人机关内部组织及其运行的复杂结构设计,从根本上说,是要维护和达成法人成员的整体性目的事业或共同利益的实现。对于法人机关的这种复杂化的组织化结构的行为程序设计,不是任意的,而是民主思想的应用,根据民主思想,无论国家还是社团,分权和合议是集思广益、实现最大共同利益和防止专断与谋私的可依赖的较佳组织手段。法人机关的担任者,由于所处的特殊位置,与单纯作为个体人存在承担的义务和责任不同,我们必须合乎逻辑地把法人整体性置于法人机关的个人之前,以法人活动的特殊程序和方式来调整这一特殊位置的个人。这好比在一个公权力机构,我们必须合乎逻辑地把特殊的社会责任置于官员们的个人责任之前,绝不允许官员们自由行为,他们有特殊的社会责任,是为社会履行那种责任的代表人。[③] 一般情形下的个人,可以任意行为,合法谋求自己的利益,但作为法人机关的个人,就不能那样自由了,他们必须以法人的利益为追求和限制,在组织化程序结构下行动。因此,不仅要在归属的意义上为法人确立权利、义务,而且还要在法人可行动意义上引入法人机关及就其行为的一套整体性组织化控制机制,使法人得以凭借特定组织方式使担任法人机关的特定个人去认真实现这些具有法人存在意义的权利、义务。这不能不说是一种相当深刻的法学创造。

---

  ① 德国、日本和我国台湾地区"民法"都规定了这种准用,如《德国民法典》第 27 条第 3 款规定:"董事会之执行业务,准用第 664—670 条关于委任的规定。"《日本民法典》和我国台湾地区"民法"甚至加重法人机关的逾越责任,强化内部关系。《日本民法典》第 44 条第 2 款和台湾地区"民法"第 28 条规定,逾越目的范围时,董事或其他有代表权人与法人对外负连带赔偿责任,强化对董事的制约。我国《民法通则》采取了实在说,因此对于法人机关无准用委任关系;1994 年《公司法》对公司法人规定了公司机关成员依法律或章程规定,对公司负有义务(《公司法》第 59—62 条,第 123 条),并在执行职务违反法律、章程时,给公司造成损害,应当承担赔偿责任(第 63 条),但是没有说明这种内部责任的基础,是准用委任关系而来还是出自简单的法定,理解上一般认为当时是遵循《民法通则》采取实在说,不过 2005 年《公司法》修改改变立场,转向拟制说的设计,除了继续规定有关董事的法定义务之外,也提供了准用委任关系的规范基础。

  ② 法人机关的内部约束和责任问题,准确地说,不是简单的只为解决法人与法人机关的关系,而也是解决法人机关与全体法人成员的关系,在法人内部,一切关系或利益冲突,都可转释为个人与个人的关系。

  ③ 参见〔美〕德沃金:《法律帝国》,李常青等译,中国大百科全书出版社 1996 年第 1 版,第 156 页。

五、结　语

本文主要在三个方面提供了关于法人的最为基础方面的一些理解。

其一，近现代以来民法所确立起来的法人主体，从规范实证而言是实实在在的，而绝非虚构。法人概念所包含的人格化，首先表现为在抽象的层面，法律依据法人设立规范承认那些在法律承认范围内设立的组织体具有主体地位，这种主体地位主要体现为具有权利能力。通过这种组织体人格化的承认，法律在法人组织范畴吸收组成它的各个个人在组织体的独立性，使之不可能通过还原的方式，逐一还原成个人成员的主体地位的相加。这种主体承认，除了权利能力赋予，也包括法人权利、义务的概念承认，还包括在对待法人如何得以成为一个行动体的态度方面。

其二，对待法人的态度，是将之实实在在设定为主体，且不是生造法人为自然人。拟制说和实在说在这里发生了分歧，这两种代表学说都有合理性，但也具有明显的片面性。拟制说从自然人仅得为伦理主体的意义上（这是正确的），极力将法人贬低为纯粹是法律技术拟制的产物（这是值得商榷的），实在说则认为法人不仅是一种社会实在（这是有一定道理的），而且是具有近似绝对价值的组织体，甚至是有思想、有道德能力的有机体（这是值得商榷的）。正确的理解应该是法人实体是法律认为需要做出主体承认的区别于自然人的另一类实体，这种个体（成员或财产）联合人格化的深奥处在于，其体现出一种认真把某些组织体当成是有别于个人总和的一个目的统一体的一种法律需要。

其三，作为方法论而言，拟制说更具有合理的成分。因为它更像是一种对法人概念的功能描述而非"词汇剥离"式的定义描述（在这一点上甚至哈特都忽视了），特别是它在法人制度设计中，能够在一定程度上重新还原法人概念于"句子之中"，成功指导了一种具有生活实在意义的复杂的法人内部结构的构建。① 拟制说正确地提出，法人概念所包含的人格化，在具体的层

---

① 哈特批评说，对于法人概念，拟制说和实在说都忽略了这一词汇本身并不具有代表或描述任何东西的功能，因此错误地采取了传统定义的方式来处理对它们的界定。哈特认为，对这些概念用传统方式定义的结果，等于是把词汇从句子中剥离了，对这一概念作出阐释的最好方式应该是将之置身句子之中，如此它的功能才能被全面看到。他说："我们一定不能把这些词汇拆开来，孤立地去看，而应该把它们放回到它们扮演独特角色的句子中去，从而进行一个整体的考量。"参见〔英〕哈特：《法理学中的定义与理论》，载《法理学与哲学论文集》，第 35 页，第 29 页。哈特的批评所包含的思想无疑是对的，不过他对于拟制说的内涵，尤其在法人内部构造方面的独特意义似乎有所忽略。

面还存在法人的内部合理构造要求,即法人在内部构成关系上应围绕法人整体性意义实现而设计,法人应既成为一种人格化的联合又同时是兼具行动力的联合。据此,法人享有的地位和所负的责任,总体上应合乎实际地按照一种德沃金所主张的复杂的、双阶段的推理方式,在人格化过程中达到一种法律功利主义。一方面,必须维护组织体依结合目的对于个人的超越,法人的独立地位和责任不是成员个人地位和责任的简单相加。另一方面,在维护组织体人格独立的同时,又要保障法人的行动力以及这种行动力的为法人利益属性,那么合理安排法人的行为机制就成为法人制度的具体要求。拟制说在此体现了相当的合理性,它用代表制技术去处理这个法人内部构造问题,既使法人得以借助具体行为人的行动力而使得自己成为行动体,又通过准用委任关系以及建立组织化活动程序,对法人机关进行内部授权与控制,使得担任法人机关的具体人能够紧密围绕法人整体性而进行活动。

拾壹　法人的主体性质再探讨[①]

一、法人主体的法律性质问题的背景

"法人"(Juristische Person)这一法律概念,为德国民法学者所创,正式运用于《德国民法典》,用以表述自然人以外的民法上的另一类具有承受法律关系资格的主体。所以,现代民法正式宣示了民法生活的舞台上有两类主体角色,即自然人和法人。[②] 在民法上,法人被认为具有主体地位,最核心的理由是法人有组织独立性,或者说在权利能力上具有独立性。法人的权利能力以及通过运用这种能力担当的私法上的权利和义务,虽然与成员的利益有关,但是并非可转化为成员自身的权利能力或权利和义务,而是独立于成员之外,归属于法人自身。法人运用其权利能力取得权利和义务,表现出其独立性,其中最基础的就是责任财产的独立。民法专门区分了法人成员个人的财产和归属于法人的财产,后者作为唯一的法人责任财产,即使法人不足清偿,其清偿极限也只限于自身名下的财产。[③]

依德国法学的意旨,阐释法人概念的最普通的办法,应与自然人概念对应,因为二者的实体基础不同。二者都不是自然生活的普通概念,而是被法

[①] 原载《民商法论丛——江平教授70华诞祝贺文集》,中国法制出版社2000年版。
[②] 从《德国民法典》的法人范畴看,法人的实体基础是社团和财团两类组织体。
[③] 大多数学者从实证法律分析出发,认为虽然法人组织体与受益人相关,或离不开财产及人的运作,但是法人的主体性是实在的,因为法律创造法人这个概念,从名义上赋予特定团体以主体资格,允许其以自身名义承受权利和义务。但一些法学家认为法人主体实在性的说法是不确切的,他们认为民法上赋予法人的权利能力以及法人实际具有的权利和义务(包括财产),形式上看属于法人自身,但实际上是属于特定个人或实际上属于特定目的。如德国法学家荷尔德和宾德的管理者说,布尔兹和和倍克尔的目的财产说,以及耶林和普兰涅尔的受益者说(Geniessertheorie)。这些学说分别注意到组织体的作用、运作、活动条件问题,揭开了法人的神秘面纱,但它们否定了组织体的实在性。参见郑玉波:《民法总则》,台湾地区三民书局印行1979年第11版,第110—120页;黄立:《民法总则》,台湾地区自行发行1994年版,第119页。

律构造来表述法律主体的概念,指向法律上的主体能力。① 法人概念,在民法上对应的概念不是生物意义上的人(Mensch),而是自然人(Natuerliche Person)概念。自然人的形体基础仍是一个生物意义上的人(human being),而法人的则是人类的团体。法人和自然人的实体基础不同,这种区别暗含了某种重要的法学意义:即使是生物意义人个体以外的社会实体,在民法上也会得到主体承认,这显示出民法上的"主体"在法律上并不一定具有与人性有联系的特别条件。② 因此,创造法人制度,折射了法律主体的法律构造本性,即,法律主体并非现实实体的自然转化,而是来自立法构造或承认,并非仅仅生命之个人才能成为法律主体。

  法人与自然人在形体上的差异,即人的社会实体与生物实体的差异,当然是最明显不过的事情。那么,在法律上,这种差异是不是也要反映出来,并且作为根本性的基础问题来对待呢?民法传统承认了差异,没有机械到用一个主体概念将作为法人的团体和作为自然人的生物个人完全一体化的程度。法人和自然人的制度区别是明显的,今天当我们探讨主体问题时,面对包括德国在内的民法国家的法律素材,都不能完全依赖一个统一的主体概念,而必须深入一步,去接受自然人和法人的具体区分的事实。换言之,民法上的主体制度是内部分离的。比如说,生物意义上的人皆为自然人,因出生当然取得权利能力,而团体则只有依法律规定条件完成设立,才成为法人,取得权利能力。③

  不过,尽管都承认法人与自然人的差异,法学家们在二者差异的程度问题上发生了严重的分歧。这种分歧从根本上说是由他们对于人的个体和社会组合的关系的观点决定的。生物人的个体和社会组合在我们的生活中,是不是同样的重要,或者说是不是有孰为目的实体孰非目的实体的问题?对于这个问题的不同认识,反映在主体观念上,引发了关于法人主体性质的争论:法人的主体性,与自然人比较,是否有非本体与本体的区别?二者仅仅因形体结构不同而作必要的制度区别,还是要作基本法律价值的区分?换言之,

---

① 参见〔德〕福尔克·博伊庭(Volker Beuthien):《德国公司法中的代表理论》,邵建东译,载《民商法论丛》,总第13卷,法律出版社2000年出版,第535页。
② 参见〔日〕星野英一:《私法中的人——以民法财产法为中心》,王闯译,载梁慧星主编:《民商法论丛》第8卷,第162页。
③ 对于人们从实体基础对自然人和法人所作的法律区分,奥地利法学家凯尔森表示反对,他认为法人与自然人都是法学上的构造,自然人也是一种"法人",man 与自然人的关系并不比 man 与法人的关系来得更密切,这才是自然人与法人的真正相似性。他认为传统法学在界定自然人时,说它是生物意义的人(man),而法人则是非人类的人(non-man),这种说法模糊了二者实质上的相似性。〔奥〕凯尔森:《国家和法律的一般理论》,沈宗灵译,中国大百科全书出版社1996年版,第109页。

法人的主体性,就其本质而言,与自然人可以相提并论呢,还是存在价值上的次级性?

法人主体性质问题的争论,到今天为止,还是民法学说争论的焦点,甚至也是其他法学领域的重大争论问题。这一争论意义重大,涉及如何比较自然人就法人的地位和制度加以设计的问题。这个问题探讨起来非常困难,到目前为止,以德国民法学为代表的学术传统所确立的法人制度实际上只是就对立争论调和和处理的结果,若干规则不能作形式逻辑的说明。

二、学说上的对立:拟制说与实在说

(一)法人拟制说:法人的主体性是非本体的

19 世纪初期的德国人,其思想处于康德哲学时期。这一哲学思想最重要的一个立场,就是主张个人的本位性。受到康德思想影响的法学家们,在法律上持唯个人主体论,主张仅有伦理上自由的人,才具有而且当然具有尊严之法律人格。① 法律上的权利,其基础是自然法上的"与生俱来的天赋权利",伦理的或生物意义的人,唯一并天赋地能够取得这种权利。② 近代《奥地利民法典》起草人蔡勒(Zeiller)说:"理性的存在,只有在决定自己的目的,并具有自发地予以实现的能力时,才被称为法律人格(Person)。"③《奥地利民法典》第 16 条规定:"任何人生来就因理性而获得明确的天赋的权利(angeborenes Recht),故得作为[法律]人格(Person)而被看待。"

19 世纪末之前的德国主要法学家都遵循了康德思想的主体路线。萨维尼是代表人物④,当他同意承认法人概念时,坚持要与自然人的法律主体属性从根本上区分开来,认为自然人为主体是法律当然承认伦理的人的结果。"所有的权利,皆因伦理性的内在于个人的自由而存在。因此,人格、法主体这种根源性概念必须与人的概念相契合。并且,两个概念的根源的同一性以

---

① 参见〔日〕恒藤恭:《法律人格的理论》,世界思想社,昭和 24 年,第 18 页以下。Hermnann Conrad, Individuum und Gemeinschaft in der Privatrechtsordnung des 18. und beginnender 19. Jahrhunderts, 1956, S. 22f.. 〔日〕星野英一:《私法中的人——以民法财产法为中心》,王闯译,载梁慧星主编:《民商法论丛》第 8 卷,第 162 页。

② Conrad, Individuum und Gemeinschaft, S. 22,25,26,28 f..

③ 〔日〕村上淳一:《德国市民社会的构建》,法学协会杂志,第 86 卷第 8 号,昭和 45 年,第 826 页。转引自〔日〕星野英一:《私法中的人——以民法财产法为中心》,王闯译,载梁慧星主编:《民商法论丛》第 8 卷,第 162 页。

④ 后来的继承者有普夫达(Puchta)、温德赛(Windscheid)、吉波(Kipp)、弗卢姆等代表人物。参见郑玉波:《民法总则》,第 119 页;黄立:《民法总则》,第 119 页。黄立认为此说确认了自然人与法人的平等待遇,这一理解殊值商榷,此说实质上反对将法人与自然人同等对待。

如下的定式表现出来:每个人——皆是权利能力者。"①他要求区别自然人与法人的主体基础,反对将法人与自然人同等对待。他仅仅把自然人看成是真正的主体,认为自然人是权利义务的当然主体,"权利义务之主体,应以自然人为限"。② 基于这个立场,他认为,团体人格并不是基于法人的本质产生的,而是为法律所拟制的,即法人之为主体,取得人格,是法律规定就某种团体拟制的结果,是"纯粹的拟制物"(als bloβe Fiktion),其实体基础是"人为创造的组织"(kuonstliche Anstalt)。自然人则不同,其法律人格,是从自然人的本质而来,其实体基础是伦理的人。这就是著名的法人拟制说或团体人格拟制说。法人拟制说是把法律主体与伦理的人紧密结合的体现。③ 对这种观点,我们也可以说,它是仅在严格区别自然人的基础上有保留地承认了法人的主体人格。

根据法人拟制说的立足点,向前还可以推出三个要点:

其一,法人仅仅是一种"观念上的整体"。④ 与自然人不同,法人不是一种社会现实中的实体,而是法律为了某种考虑将个人组合或财产组合视为具备整体性的一个实体而已。⑤

其二,法人由于与自然人的实体基础本质不同,具有不同的属性。(1)法人不具有意思属性。自然人以生物意义的人(Mensch)为主体基础,这种实体天然地能够自负责任地形成其法律行为上的意思,并通过意思表示的方式将该意思表达出来。而法人的实体没有意思,不可能进行生物人意义上的所欲和所为。这就是19世纪盛行的"个人意思说"(Personales Willensdogma)的由来。所以,有学者这样清楚地说:"只有生物学意义上的人,才能作为人自负责任地从事行为;只有自然人的所欲和所为,才能归属于法人。"⑥根据这个推论得出的结论是:法人没有意思能力,因而也没有行为能力。如此推

---

① Friedrich Carl von Savigny, System des heutigen romischen Rechts, Bd. III, II. S. 2f.. (〔德〕萨维尼:《现代罗马法体系》第3版第2卷第2页。)

② Beseler, System des gemeinen deutschen Privatrechts I, 4. A, 1885, § 66f..

③ Coing, Zur Geschichte des Begriffs Recht, in: Das subjective Recht und der Rechtsschutz der Personlichkeit, 1959, S. 19f..

④ Savigny, System des heutigen romischen Rechts, Bd. III, II. S. 312 f.. Flume, Allgemeiner Teil des Buergerlichen Rechts, I Bd, 2 Teil, Die juristische Person, 1983, § 11(I), S. 377f..

⑤ 凯尔森不仅反对社会现实中存在具有实体性的共同体或团体的认识,他连国家是社会统一实体的观点都加以反对。国家只是一个因法律秩序的等义用语,是虚构的人格化概念。〔奥〕凯尔森:《法与国家的一般理论》,第206页以下。

⑥ 参见〔德〕博伊庭(Volker Beuthien):《德国公司法中的代表理论》,邵建东译,载《民商法论丛》,总第13卷,法律出版社2000年版,第535页。博伊庭还在同文注17说,卡·施密特(K. Schmidt)在其《公司法》(第10章,12c,第260页)中指出,个人意思说知识的揭示,是萨维尼的功绩。

演,法人也没有侵权能力,也不具有犯罪能力。从这个意义上说,法人类似于"无行为能力的自然人或精神病人"①,是法律上的意思完全伤残者。(2)法人不具有自然人的人格属性。自然人的基础是精神和物质有机统一的单个生物人,具有生命等人格属性。法人的实体基础是人的组合,不是生物人本身,因而不具有生命等人格属性。这个理解表现在权利能力上,是法人的权利能力范围与自然人的应有差别,法人只具有一般财产能力,只是"具有财产能力的权利主体"(vermoegensfaehiges Rechtssubjekt)②,只能承受财产法律关系,不得承受自然人那样的人格法律关系。

其三,由于法人不具有意思属性,类似于无行为能力的法律上的"未成年人"或"精神病人",因此其参与法律活动,必须由根据组织法任命的一个或数个自然人来代表。③ 这个被任命的代表就是所谓"法人机构"或"法人代表机构"。法人和这个法人机构并不是一体的关系,而是代理与被代理的关系。"由机构来代表法人,与法定代理人或授权代理人的代理行为,其方式是一样的。"④法律为了使法人在形式上具有整体性,本应进行再一次拟制,但是民法上已经使代理效果归属于被代理人,所以第二次拟制失去了必要性。机构的行为,"并非法人自己的行为,而是为法人从事行为的机构的自身的行为",仅仅"作为一种拟制的结果,作为法人自己的意思",归属于法人。⑤

(二)法人实在说:法人的主体性是本体的

19世纪晚期的德国人,其思想发生了重大转变,格外重视国家和共同体的存在价值。法律思想界的许多人,例如拉德布鲁赫和基尔克等,举起了共同体主义的旗帜。德国法学家基尔克曾经表达了对社会政策和国家政策的高度热情。⑥他认为,我们在社会和国家中离不开无数超越了个人的甚至是时代相传的在社会环境下成长起来的组织。他在就任柏林大学校长的就职仪式上,以"人类团体的本质"为报告,在问到"为什么生活,为什么死亡"时

---

① 参见〔德〕博伊庭:《德国公司法中的代表理论》,邵建东译,载《民商法论丛》,总第13卷,法律出版社2000年版,第532页。
② 同上注。
③ 同上注。
④ Flume, AT, I, Bd., 2 Teil, S. 379f.。
⑤ Flume, AT, I, Bd., 2 Teil, S. 377f.。Savigny, System des heutigen romischen Rechts, Bd. III, II. S. 312f. 博伊庭:《德国公司法中的代表理论》,第534页。另外,萨维尼提出代理是被代理人(本人)行为的所谓"本人说",根据这种理解,法人机构代理说和法人机构与法人一体的观点在结果上比较接近。不过,萨维尼的代理行为性质的这种认识,在法人这个主体这里不好解释,法人既然被萨维尼看成是没有意思能力的拟制组织,怎么可能发出意思表示呢?
⑥ 参见〔德〕奥托·冯·基尔克(Otto von Gierke):《人类团体的本质》,1902年,第22页以下特别是第26页。参见〔德〕博伊庭:《德国公司法中的代表理论》,邵建东译,载《民商法论丛》,总第13卷,法律出版社2000年版,第538页。

说:"热爱整体,甚于热爱你自己。"①这一思想顺理成章的一个表现,就是主张团体和个人同样是社会的组成部分,为个人状态所不能取代,具有近似甚至超越个人的实体价值。这种思想表现在法律上,必然主张主体的二元性,那些具有实体特点的团体,一如伦理上自由的人,具有同样甚至更为尊严的法律人格。

这一时期的一些法学家,采取与萨维尼对立的态度来看待法人人格。他们认为,团体人格不是拟制的结果,法律规定团体人格,是因为社会现实存在具有像自然人一样坚固而独立的实体——共同体或团体。这就是说,法人的实体基础,是实在而有独立结构的,是适合于为权利义务主体的组织体。学理上称组织体说。② 这种关于法人的传统认识,把法人真切看作是具有实在现实基础的产物,导致了法人不仅在法律世界而且在现实世界与自然人相对而立的当然认识,法人被看作与自然人在实体基础上具有相当的相似性,实体与自然人一样具有独立结构的社会实体。

德国学者贝色勒(Beseler)和基尔克(Gierke)等甚至更进一步,以触向团体内部组织构造的分析,提出法人有机体说。这一学说认为,人类社会生活中有许多结合的组织体存在,它们皆有内在的统一性,有不同于个人意思总和的团体意思,因此本质上是与生物人一样的有机体,是一种具有生命力的组织体,是对内对外都实际表现出来的"联合人"(Verbandsperson),因此在法律上应有真实而完全的人格(wirkliche und volle Person)。③ 自然人指向之生物人,它的有机性在于具有意思这一因素,而法人指向之组织体,也有得以成为有机统一体的不同于个人意思总和的团体意思。这种法人有机体的观点,在当今世界有着众多的支持者。④

根据法人人格有机体说的立足点,向前也可以推出三个要点:

其一,法人本身是"社会的生活单位"(soziale Lebenseinheit)。法人是社会现实的独立实体,而不是一种"观念上的整体","并非由法律创造,而是由法律发现"⑤,是"一个现实存在"⑥主体。法人的实体基础虽然与自然人不

---

① 〔德〕基尔克:《人类团体的本质》,第35页。
② 此说由德国学者米休德(Michoud)所倡,沙利耶(Saleilles)承之。这一说既反对认为法人是拟制的,又反对将法人看成与自然人一样真实而完全。参见郑玉波:《民法总则》,第121页。
③ 参见〔德〕博伊庭:《德国公司法中的代表理论》,邵建东译,载《民商法论丛》,总第13卷,法律出版社2000年版,第537页。
④ 此说由贝色勒(Beseler)所倡,基尔克(Gierke)发展。参见郑玉波:《民法总则》,第120页;黄立:《民法总则》,第119页。
⑤ 〔德〕基尔克:《合作社理论与德国司法制度》,第609页。
⑥ 同上注,第611页。

同,不是一种自然实体,但它是社会生活中的社会实体,作为生物人的以个人或财产为基础的联合,具备了真实的整体性或区别于其成员的独立性,构成了"现实的整体人"(reale Gesamtperson),"具有特殊的社团形式结构的法人,是一种具备不可混淆的、集体的自我意识能力的活生生的社会组织"。①

其二,法人虽然与自然人不同,不具有自然肉体的实体基础,所以不一定非得具备自然人具备的一切权利能力②,如人格权利能力,但是具有"法律肉体"的实体基础,具有自己的意思属性。自然人以生物意义上的人(Mensch)为主体基础,这种实体无疑具有意思能力,法人的实体也有自己的意思,因为它的实体是一种由自然人联合而成的现实的肉体和精神的统一体,是"某种统一的、固定的共同意思的载体"③。既然把法人理解为"社会的生活单位",就应该注意到法人之通过其机构形成的整体意思,独立于任何成员的单独意思,并且与自然人的意思一样"自然"。④ 不过自然人的意思在于他自身的大脑,而法人的意思,通过其组织机构的媒介而获得,法人的组织机构就类似于法人的"法律肉体"。⑤ 所以,法人虽然不可能有生物人意义上的所欲和所为,但是可以通过其机构知道情况、欲为和所为。根据这个推论得出的结论是:法人也有意思能力,因而有行为能力。如此推演,法人也有侵权能力和犯罪能力。没有理由将法人设想成一种离开代理人就无法从事法律行为的"法律残疾",这样做只能在法律上使法人遭受无端贬值。

其三,法人的机构不是外部陌生人,而是法人组织的本质部分,并且与法人是一体的关系,而不是代表或代理的关系。社会实在说观点的这一部分被称为机构说,被任命自然人担任的机构,在机构说被称为"法人机构"或"法人机关",而不是"法人代表机构"。根据机构说,法人机构的行为效果归属于法人,并非法律根据代理关系的结果,而应理解为法人通过其机构自身从

---

① 参见〔德〕博伊庭:《德国公司法中的代表理论》,邵建东译,载《民商法论丛》,总第13卷,法律出版社2000年版,第537页;〔德〕基尔克:《合作社理论与德国司法制度》,第603页以下以及第620页以下;以及基尔克:《德国私法》,1895/1936年,第1卷,1899年,第67章I,第518页以下。拉邦德(Laband)也明确表示赞成此说,见《民法实务档案》第73卷(1888),第161页(第187页以下)。

② 参见〔德〕博伊庭:《德国公司法中的代表理论》,邵建东译,载《民商法论丛》,总第13卷,法律出版社2000年版,第536页。

③ 〔德〕基尔克:《合作社理论与德国司法制度》,第608页。

④ 同上注。

⑤ 拉邦德说:"法人借以从事行为的机构,并不是为法人从事行为以及代表法人的陌生人;因为机构是法人的本质属性。机构犹如法人的法律肉体,没有这个肉体,法人便没有生存能力。"载《民法实务档案》第73卷(1888),第188页。〔德〕博伊庭:《德国公司法中的代表理论》,第539页。

事行为的结果,即机构的行为就是法人的行为。① 基尔克说:"[机构这一法律概念]具有特殊性,不得同具有个人色彩的代理人概念混为一谈。这里涉及的并非代表某一个自成一体的人。而是——如机构在其管辖事务范围内适当地发挥作用,则整体之生命统一体得以直接产生效果。这即是说,通过机构,看不见摸不着的'联合人'表现为一个感觉着的、评价着的、欲为的和行为着的统一体。"②

三、德国制定法的态度:理论分歧的调和

由于上述争论不能解决,《德国民法典》在立法上遇到极大困难,直接的困难是对于法人行为能力以及法人机构地位的设计。如果像实在说那样,把法人看作是与自然人一样坚固且有独立灵魂的主体,那么,法人在法律上就可以取得行为能力,可以独立作为;反之,如果像拟制说所主张的,法人的实体是技术性的,那么,法人的法律主体功能就不得不借助个人的作为完成。

德国立法者在关键的问题上宣称采取不作结论的中间立场。起草者在《立法记录》中强调指出:"法人究竟是具有行为能力的实体,通过其机构自身参与交易,还是不具有行为能力,因而需要由他人[机构]来代表? 这个问题,应当由法学界来定夺。"③

一方面,民法典《立法理由书》采取了"法人作为人为创造之、缺乏意思的权利载体,必须由他人代表"之辞,并在民法典第26条第2款第1句后半句规定"董事会具有法定代表人的资格",似乎完全采取了拟制说。但是另一方面,民法典第31条的规定,对外将董事会责任行为(注意,不是法律行为)的法律效果,统统归属于登记社团,由此启发,对法人与法人机构的关系,绝不能用以意思表示为着眼点的代理关系作出解释,而是应通过吸收实在说来加以理解。④ 总的来说,在对外的关系上,以实在说为基础,法人机关没有分离于法人的地位,法人与机关构成一体;但是,在对内关系上,又以拟制说为基础,采取分离法人与法人机关的态度,如第27条第3款规定,董事会的

---

① 在这个意义上表达的特别明确的是索尔格/哈定(Soergel/Hadding):《德国民法典评注》,第1卷,总则,1987年第10版,第26条,边号3。转引自〔德〕博伊庭:《德国公司法中的代表理论》,第534页注释13。
② 〔德〕基尔克:《人类团体的本质》,第30页。
③ 《立法记录》第1卷,第1023页。刊印在慕格丹(Mugdan)编撰:《德意志帝国民法典资料全集》,第1卷,1899年,第609页。〔德〕博伊庭:《德国公司法中的代表理论》,第532页。
④ 《德国民法典》第31条规定:"社团对于董事会、董事会中的一员或依章程任命的其他代理人由于执行属于权限以内的事务,发生应负损害赔偿责任的行为,致使第三人受损害时,应负赔偿的责任。"参见〔德〕博伊庭:《德国公司法中的代表理论》,第533页。

执行业务,准用第 646 条至第 670 条关于委任合同关系的规定。

德国民法的这种做法是不得已的。但是,其立法立场是严肃合理的。德国立法以丰富的社会讨论为基础,在某些方面不能形成一致意见并且也没有某一观点具有绝对优势时,立法者并不武断地执某一观点进入立法,而是尊重分歧的实际。法律制定不完全都追求非此即彼,必要时可以保留分歧,预留法学争论的空间。正是基于这一立场,《德国民法典》没有出现法人具有行为能力这样的措辞,而是通过对法人与机关不同情形的关系的具体规定,机智地越过了这个难题。过去,我们往往只看到德国民法的形式逻辑的特点,却忽略它在诸多重要的地方并非如此——必要时它也遵守生活逻辑。所以,德国在法人的主体性问题上采取调和态度,不只是立法技巧的表现,也是它高明的立法境界的表现。

遗憾的是,其他一些国家在沿袭《德国民法典》时,往往失于体察《德国民法典》的良苦用心,置拟制说和实在说各擅胜场的争论实际于不顾,一味追求立法形式简明,简单地宣示某种立场。《瑞士民法典》在第 54 条明确规定:"法人依照法律或章程设立必要的机构后,即具有行为能力。"第 55 条第 1 款和第 2 款还进一步规定"法人的意思,由机构表示","法人对其机构的行为及其他行为承担责任"。这些规定,通过承认法人是具有意思的实体,享有行为能力,以及承认法人与法人机关一体化,等于法律上宣示只接受实在说。瑞士民法这一宣示的结果,给自己处理法人对机关的约束问题带来理论困惑,因为坚持实在说,意味着在内部不能承认法人和机关的分离关系,如此法人也就不具有对机关进行制约的独立地位。为了解决制约要求,瑞士民法只好自我矛盾,在第 55 条第 3 款规定机构行为人失职的内部责任,承认行为人(机构人员)与法人的内部分离关系;另外,瑞士也否定法人具有与自然人相似的人格属性,除了有关法律规定像保护商标等无形财产权那样保护法人名称或商号之外,没有承认法人可享有人格权。①

我国《民法通则》也简单地接受了实在说,第 36 条第 2 款明确规定法人享有行为能力,第 43 条规定企业法人对它的法定代表人和其他工作人员的经营活动承担民事责任。我国甚至在人格权上将法人几乎类同自然人作主

---

① 《日本民法典》措辞上似乎沿袭了德国法的中间立场,没有直接规定法人具有行为能力,第 53 条和第 44 条第 2 款反映了法人机构与法人的分离态度。但是第 44 条第 1 款又规定法人对其理事或其他代理人执行职务损害他人的行为须负责,这也是用代理理论不能解释的规定。目前日本学术界深受实在说影响,解释上往往吸收实在说,认为第 43 条隐含规定了法人的行为能力。

体设计,例如承认法人具有名誉、荣誉、名称权。① 但是我国《民法通则》又使用了法定代表人的概念,容易让人认为这是拟制说的表现,即表述法人机构与法人存在分离关系。

四、法人主体性质问题再讨论

前述对立的见解,使得法人主体性本质问题似乎陷入了不可解决的境地。拉德布鲁赫指出,法人现象一经产生,其主体本质问题始终是一个至今悬而不决的法哲学争议,人们始终不能令人信服地回答法人是像自然人一样坚固的主体,还是只是技术性的主体或者说并没有真正独立结构的实体。他说:"即这种法人的人格是否根据法律而产生、'拟制'或先已存在,它们是否只有法律上或法律前的现实,它们是否仅相对于法律存在或不依法律存在? 进一步说,此处便产生一个问题,即如果法律的确严格地将团体的权利和其成员的权利区分开来,那么团体的利益是否要完全地融在其成员的利益之中,而且,这种法律是否也因不过是技术上的理由而区分……也就是说,团体的这种独立权利是否也可用来保护独立的团体利益?"② 那么,有关法人主体性质的争论,真的是不可解决的吗?

我们应当注意,社会学甚至法哲学也曾试图回答法人的存在意义问题,以此论证团体人格化的基础、本质所在。作为法社会学的课题,它着力于对法人的实体基础团体的内在关系构造和社会含义作出事实的或者功能的回答——某些团体具备或应该具备独立的内在组织结构吗? 它们的内在结构会或应该会像生物个人一样具备独立性和一体性,因而应该区别于其构成的各个成员之简单叠加吗? 它们是否或者是否应该有近似于生物个人一样的本体性的社会价值,因此应该具有和个人相似甚至相同的制度地位? 以及这种独立的实体结构是否或者是否应该以团体意思为基础,确实有独立于成员的组织灵魂? 作为法哲学的课题,我们要研究团体现象的世界意义甚至超世界意义的问题——纳入法人制度的团体是先于法律的社会实在吗? 它们与个体的实在相比较,其合理范畴是什么?

费迪南·托尼斯曾经从纯粹的社会学角度研究了包括团体在内的社会关系。他在1887年出版的《共同体与社会》中,从社会学角度揭示论述了两

---

① 我国台湾地区"民法"也肯认法人具有名誉权。台湾地区学者有批评者认为,法人本质,不可能超出组织体特性,不能一如自然人类推适用,法人有团体意思(Gesamtwille)、有团体行为,尚可理解,但认为法人享有如自然人那样的人格权,则未免滑稽。曾世雄:《民法总则之现在与未来》,自行发行1993年版,第101页。

② 〔德〕拉德布鲁赫:《法学导论》,米健等译,中国大百科全书出版社1997年版,第63页。

种基本的社会关系。第一种是"共同体",这是一种在某种程度上共享相同生活方式的人所组成的公社或团体。它的成员们认为,相互关系本身就是共同体的目的,而不是达到某个特定目的的手段。使他们联合起来的因素是其自然愿望,即基于感情、同情、怀念或习惯与他人联合的愿望。第二种是"社会",这是一种有限关系,其基础是理性意愿,即一种为达到某个特定目的而作出的自觉规划。属于这种关系的人们,具有达到其目的的共同愿望,自觉为达到目的而联合起来,尽管在其他一些方面,他们之前可能是很不相同的、甚至是相互怀有敌意的。将各种社会关系划分为一个个类型相似的范畴是可能的。比如,家庭、学校、宗教团体、贸易行会或有限公司等。中世纪所存在的共同体式的社会关系,要比当代社会多,但是在现代社会,理性意愿基础上的社会关系则成为主要形式。[①] 这种研究结论,似乎说明团体和社会关系是自然愿望或理性愿望的必然产物,并且可以形成以共同愿望为基础的独立结构。著名的社会学家,如迪尔凯姆和马克斯·韦伯也都做过类似的研究。

黑格尔对于共同体和团体的研究则采取了纯粹哲学的路径。他在《法哲学原理》一书中,将包括家庭和国家在内的共同体纳入伦理性的实体概念之下,进行"精神"的推演。他提出,家庭以伦理性的爱为目的,同业工会以一定的客观普遍性为共同目的,国家以绝对普遍性为普遍目的。[②] 他的共同体体系建设在"伦理"之上,而"伦理是自由的理念。它是活的善,这活的善在自我意识中具有它的知识和意志,通过自我意识的行动达到它的现实性;另一方面自我意识在伦理性的存在中具有它的绝对基础和起推动作用的目的。因此,伦理就是成为现存世界和自我意识本性的那种自我概念"。[③]

这些研究当然有一定价值。这些角度的探讨,其意义在于我们得以因此不停地从一些超越的角度挑战涉及我们实际生活意义的那些问题,因此也是人类制度知识进步的源泉之一。然而,社会学、哲学角度的探讨虽然可能对于追求知识的进步来说是有效的,但是在制度设计者看来,他们提出的结论恐怕距离制度化的现实的合理论证要求还有很大距离。用纯粹的社会学考察或者哲学思辨来回答我们面临的现实的法律理论或者制度问题是不可能的,问题在于他们研究的立足点:过分依赖纯粹社会学方法或者哲学方法。对于现实制度设计要求的既合理又有效来说,几乎一切社会学或哲学领域的

[①] 参见〔英〕彼得·斯坦等:《西方社会的法律价值》,王献平译,中国人民公安大学出版社1990年版,第25页。托尼斯的研究目的在于提出与梅因相反的社会发展的观点,他认为,从"共同体"到"社会"的发展,带来"悲惨的冲突",即共同体的生活是各得其乐的生活,而"社会"的生活,则建立在理性的计算之上,趋于冷酷,较少带有感情色彩。
[②] 参见〔德〕黑格尔:《法哲学原理》,范扬等译,商务印书馆1961年版,第三篇"伦理"。
[③] 同上注,第164页。

研究，都不可能达成。因为，在人类生活世界中，没有什么制度形成或者发展的理由，不是受到各种历史的以及实际的交织着的无限多样的复杂思想、愿望、实际力量作用而成的，因此其合理性问题必须从现实的复杂中加以理清，从现实的人际关系中着手构建或实践，尽管这种现实的合理决断、现实的合理建设因为现实的错综复杂而几乎无从进行。① 总之，法人主体性质的解决，是一个经验的理性问题。拟制说也罢，实在说也罢，都要回到这个起点。

那么，怎么进行我们的法人制度论证呢？从制度的实际面向而言，或许最佳的论证就在我们自身的生活中。民主生活已经成为今日生活之基本方式，今天据以论证某项生活制度存废、具体如何构建的资源，通常不再是某个人的或者某个集团的思想、意识形态，而更多应是一种生活共识。一方面，由于人类从整体意识上而言，在历史的现实的结构中，在一些共识上必然有所沉淀积累，所以具体到我们需要什么样的团体生活，在一定时期，就不可避免会接受一些预设的目标，例如平等地享受追求个人最大幸福等，反映在法人制度设计上，就是我们个体与团体的关系，如何能形成一种能够平等创造每个个体人最大的幸福的生活结构。另一方面，现实永远是源头活水，在这种意义上，法人制度同时应该也是一种现实的生活思想的交流成果的汇集。所以，实际的法人制度，应该既受一些既定的人类进步思想意识的支持，又随时能够为现实生活中生动活泼的智慧与经验所启发，呈现出一种我们意想不到的灵活结构。因为如此，那种法律结构绝对一体化、法律体系绝对清晰化的东西，会随着与纷繁复杂的现实生活意识的融合交织、模糊重叠，而变得不再适合坚持。

因此，哪些团体应该人格化以及如何人格化？应随时以现实的生活材料为视点加以调适。这种调适非常复杂，而且随着人类的普遍愿望和认识的发展不断调整。个体状态和团体状态，是两种不同的形式，但是怎么样设置它们的关系，什么时候需要调整，这对在现实中生活的人们最为敏感。例如，1804年《法国民法典》对团体主体问题采取了有意不规定的态度，其目的在于对封建和宗教团体加以敌视。但是这种敌视态度遭到从中世纪就开始在一些城市发展的推动资本主义崛起的商业团体的发展的挑战。这一类商业团体从一开始就带有经济实用的特点，适应了发展和积累财富的需要，是个人意愿的经济形式。所以，否定法人制度并不符合当时法国人意愿中的生

---

① 例如，人类早期团体现象，一般建立在神秘主义意识上（或许开始是自然形成的）。在早期社会，人们对团体的崇信和依赖，逐渐发展到几乎完全牺牲个体存在的程度。我们研究早期家庭、国家以及宗教组织时，不难发现，广大的社会个体被这些团体控制着。在早期社会，那种自愿结合的团体生活是受到禁止的或者不受法律鼓励的。

活。结果在1807年,法国不得不制定商法典,承认商业团体中那些符合一定组织条件的团体,可以担当私法上的主体。承认法人制度,追求团体的社会价值的利用,也有超出极限的例子。20世纪初期,德国和日本对于社团和共同体如此崇信,提出了"热爱整体,甚于热爱你自己"的口号[①],导致个体终于沦为法西斯的牺牲品。结果,这些国家在二战后不得不为缩减控制性团体生活而奋斗。此外,当代公司制度、信托制度在组织方式、内部治理等方面的飞跃式发展,以及由此对于传统法人法则的自觉的或不自觉的不断突破,也可谓这种调适的精妙体现。总之,法人作为"国家已授予它权利以保护其利益"的团体人格化制度,应该是根植于我们现实并由现实不断验证的一种共同生活的合理方案。

[①] 参见〔德〕基尔克:《人类团体的本质》,第35页。

拾贰 合伙的多种形式和合伙立法[①]

一、导言：合伙范畴和形式的差异性

合伙是现实中一种不可缺少的经济组织形式。通常人们这样定义合伙：二人以上互约出资，以经营共同事业。严格地说，这一定义是不明确的。一方面，从法律性质上说，合伙是一种介于个人与法人之间的法律形式，但是，它并不是一类完全独立的主体，而是主体之间的一种特殊法律联合，合伙人以合伙契约建立一种追求共同目的的共同体，其核心内容是就合伙出资和经营财产产生共同联合关系；另一方面，合伙本身在范畴和形式上存在多种差别，难以统一界定。

我们发现，大陆法系与英美法系之间，甚至同一法系的不同国家之间，对合伙范围和形式的法律设定存在很多差异性。大陆法系一般将合伙区分为民事合伙与商事合伙两大类，其划分标准主要是合伙目的是否具有营业性。民事合伙，是"小商人"(minder kaufmann)程度和活动范围的合伙；而商业合伙，则是从事某种程度或规模的商业活动的，已达到"完全商人"(vollkautmann)程度的合伙。商事合伙，典型形态是无限公司（普通商事合伙），其组织结构复杂程度已经超出了简单的共同关系，而近似于法人；更广泛还可以包含两合公司甚至股份两合公司。合伙还存在一般合伙和隐名合伙的区分。法国将隐名合伙置于民法典中；《德国商法典》依次规定了无限公司（普通商事合伙）、两合公司（有限合伙）与隐名合伙（第335到第342条），开创了将隐名合伙纳入商法典的先例；日本也在商法典的商行为篇确认隐名合伙。英美国家对合伙的理解不及大陆法系广泛，在形式设计上另具特点。美国承认的合伙必须是从事营利性活动的共有者的联合体，其形式表现

[①] 原载《中国法学》1996年第3期。与江平教授合作撰写，系1995年全国人大财经委员会在深证举办的"合伙企业立法国际研讨会"上的报告论文。收录在全国人大财经委《合伙企业法、独资企业法热点问题研究》（人民法院出版社2006年版）。

为《统一合伙法》的普通合伙,以及《统一有限合伙法》的有限合伙。英国也将合伙限定为营利目的,但在合伙形式上不完全同于美国,除《合伙法》、《有限合伙法》的普通合伙和有限合伙(含隐名合伙)外,《公司法》还确立了无限公司。

所以,要对合伙下一个完备的定义很困难。迄今为止,我们并不是能够清楚地说明经常使用的"合伙"、"合伙组织"、"合伙企业"、"无限公司"等术语的准确含义及其之间的区别。各国合伙的理解和形式设计的差异性,给我们将要完成一部合理的合伙立法带来困惑和困难,但是另一方面,也告诫我们立法比较是必须也是有意义的事情。①

二、合伙形式差异性的形成

从早期合伙的实践看,合伙就已呈现形式多样的特点。罗马优士丁尼法中,因目的不同,将合伙划分为"商业合伙"(quaestuari)和"非商业合伙"(non-quaestuari),前一形式以营利为目的,后一形式则不具此目的②;根据合伙的结合程度,合伙还可划分为"共同体"和单项合伙,前者指人们组织起来的一种程度很高的结合,包括双方的全部财产,希腊人特称"共同体",后者指为了经营某种特定业务的合伙,例如买卖油、酒、小麦或奴隶。③不同形式的合伙最终是为了不同的目的而存在,这在当时所有分类形式中都能表现出来,必须强调的是,在那一时期法律对不同合伙形式已经存在不同调整,例如,在罗马法,对单项合伙与其他形式的合伙在解散事由上就有所区别,"在业务结束时,合伙也即随之结束"④。

随着历史的发展,合伙形式的多样化和差异性进一步形成,一种从商业目的与非商业目的区分基础上产生的形式与适用规则的分化日益明朗起来。这就是商事合伙与民事合伙的分化,作为一种客观的不可逆转的实践,商事合伙因商事活动日趋活跃而在形式上和调整规范上日益需要朝新的方面发展,以致和民事合伙愈来愈相区别。称 commenda 的海上商业贸易合伙与称

---

① 本文基于写作技术性考虑和讨论的方便,对有限合伙、两合公司、隐名合伙、辛迪加等合伙形式不详加讨论。
② 参见〔意〕彼德罗·彭梵德:《罗马法教科书》,黄风译,中国政法大学出版社1992年第1版,第379页。
③ 参见〔古罗马〕优士丁尼:《法学总论——法学阶梯》,张企泰译,商务印务馆1989年第1版,第179页。
④ 同上注,第180页。

compaynia 的陆上商业贸易合伙作为两种新型商事合伙形式逐渐在中世纪形成①,导致合伙在商事合伙的形式上已由早先的契约共同体发展为组织共同体。"中世纪西方商法用比较集体主义的合伙概念取代了比较个人主义的希腊——罗马的合伙(Societas)概念。"②美国法学家伯尔曼在研究中发现,康美达和 Compaynia 已经采用了一项基本的法律原则——"联合体成员的共同人格原则","虽然合伙只是根据协议建立的,但它构成了一种可以拥有财产、订立契约、起诉和应诉的法人。合伙人以合伙的名义联合行事,因而他们对合伙的债务负连带责任。"③

商事合伙的组织化不是偶然的而是必然的,它是合伙者在当时条件下为最方便地完成持久的商业活动所为的明智选择。商事合伙的组织化在欧洲大陆最终导致无限公司、两合公司的形成,甚至一些联合体终于在 16 世纪、17 世纪开始突破合伙形式的极限,发展为我们今天称为典型公司的股份公司。股份有限公司和有限责任公司因彻底的排他的独立法人责任和团体人格的高度组织化,从早期合伙的家族中区划出来,被今天的法律归入到一种比合伙具有更高形态的商业联合形式——营利社团法人之中。

商事合伙区别民事合伙起因于目的不同,完成于具体形式的组织性的差异,到此,商事合伙可以冠以"组织"称谓,甚至可以直接称为"公司",以别于"契约性共同体"。大陆法系立法确认这一分化现实,将民事合伙继续归于民法典的契约篇章,而将商事合伙纳入商法典区别规范,上升到组织高度加以利用。④ 民事合伙和商事合伙的分立格局成为大陆法系自近代法律形成以来的基本法律现象。自近代起,大陆法系立法明确将合伙区分成民事合伙与商业合伙两种形式,并以民法和商法分立其规范基础。《法国民法典》1804 年将民事合伙视为取得财产的一种方法,相当于一类债的关系。1807 年《法国商法典》承认了商事合伙。法国 1978 年修订民法典时,将原狭义的民事合伙改造为广义"人合组织"概念,涵盖所有商业组织,并建立一般规范,适用于民事合伙和包括商事合伙在内的各种商业组织。《法国民法典》这一修正还承认商事合伙也具有法人资格(经登记的商业组织都为法人),但民事合

---

① 参见〔美〕伯尔曼:《法律与革命》,贺卫方等译,中国大百科全书出版社 1993 年第 1 版,第 429—403 页;L. H 雷夫等:《公司的历史》,载《外国民法论文选》,中国人民大学法律系民法教研室 1984 年,第 53 页。
② 〔美〕伯尔曼:《法律与革命》,第 427 页。
③ 同上注,第 431 页。
④ 民事合伙,在早期大陆法系立法上,基本上被作为简单的契约关系看待,但随着对共同体特点认识的加深以及对第三人保护观念的加强,现在,民事合伙也已经被视为共有关系之上的共同体,契约性受到很多限制,而组织性得到一定重视。但总体而言,契约性在民事合伙中仍是决定性的,因此仍然属于关系共同体,关系在前,共同体在后。

伙(即未注册登记的合伙,也称"隐名企业")不具有法人资格。《德国民法典》将民事合伙视为一种特殊债的关系。《德国商法典》第1—4条规定了商事合伙的界定,但商业合伙,包括无限责任公司,具有名义上的权利能力,却不是法人。

民事合伙与商事合伙形式上分化绝不是一个单纯的事件,它是近代民商分立格局的开端和持续的重要一部分。民事合伙和商事合伙的分立,其合理性为一些学者所质疑。本文也要涉及这方面的讨论。上述商事合伙的实践促成的组织性特点的自动加强,即商业实践本身导致商业合伙形式特殊化而向组织体发展,可以视为分立的一个主要原因。新的商事合伙形式的整体性和组织结构性取决于持久经营、规模庞大、行动灵活的陆上贸易、海上贸易的要求。任何一种商业形式的确认或产生,必然要求法律在结构上进行合理变化。法律吸收任何一种新的商业形式,包括商事合伙形式在内,在法律上必然也是有关权利、利益的一次重新调整,甚至可能导致法律整个结构、体系的分裂重组。因为法律要给予商事合伙人以组织上便利,必须要关注第三人和单个合伙人的处境,这就不得不注意到组织背后的权利、利益。商法体系在近代甚至更早时期得以独立形成,便是因为这样的新的际遇。新的商业存在形式所要求的合理原则、概念、规则、程序、结构导致商法形成,"无论是新发现的罗马市民法,还是仅仅残存的罗马习惯法包括万民法,都不足以应付在11世纪晚期和12世纪出现的各国国内和国际的商业问题"。"新的商法体系的整体性,即它的各项原则、概念、规则和程序在结构上的一致性,首先来自它所属的商人共同体的整体性和在组织结构上的一致性"。[①]

后世主张民商合一反对民商分立(也是反对民事合伙与商事合伙分立)的有关立法和学理中,一个主要理由是认为商法制造了一种商人特权。中华民国中央政府中央政治会议(1929年)第183次会议决议关于"民商法划一提案审查报告书"中认为,历史上将商人视为一个特殊阶层,而在民法之外,另立商法,这是不能将人民平等看待的旧习。[②] 现在看起来,不管民商分立本身是否真的合理,这一有关商法在历史上出现的真实原因的分析却值得商榷。从历史上看,商法并非身份法或特权法,它虽然是因商人阶层主张而生并且作为一种商人之间专门适用的法律,但并非为特权而要求,反过来是为了破除封建特权法和教会法而生,旨在确认和保障商业发展所需要的平等秩序。德国法学家认为,在一个国家中,有无必要制定商法这一特别私法,不仅仅取决于该国的法律传统和经济发达的状况,还取决于人们是否已经认识

---

① 参见〔美〕伯尔曼:《法律与革命》,第413、431页。
② 参见郑玉波:《民法总则》,台北三民书局1979年版,第20—25页。

到,在经济生活中,就权利交往和稳定性之功利来说,一定的私人权利主体,以及是一定的法律行为(商行为)相对于一般私法来说在法律技术上更进步并在法律适用上更简易、稳定和安全可靠。① 所以,从本质上说,商法不是商人特权法,而是商事调整法,它基于商事活动的特点而立,对商行为者既有设权的一面,又有限制的一面。因此商法实际上也是特别行为法,商人的身份是因其从事的特殊行为(商活动)而来而不是因其他特殊赋予、加封,而且根据商法,商人不只是获得方便,也受一个全面规则体系或者说一个包含权、义、责结构的法律规则体系的调整。讨论民商分立,必须讨论或考虑普通私法行为与特殊私法行为、普通私法形式与特殊私法形式的差异性需要。商事合伙这一新形式在历史上出现,并且通过新的法律——商法来加以巩固,以与其他合伙形式相区别,在法律技术乃至法律价值上,就彼一时彼一境而言,是有相当深刻的合理原因的。

  反对民事合伙与商事合伙分立的另一个主要理由是,英美国家看起来不存在这种分化现象。英美国家不像大陆法系那样区分民事合伙和商业合伙,而是对合伙形式通过制定《统一合伙法》作了统一规定,其普通合伙概念,概括指一切为营利而建立的个人之间的非法人联合。所以,英美法的统一普通合伙近似于大陆法系的商事合伙。但是,英美国家在合伙规范问题上,以下几点不容我们忽视:其一,英美法上,关于"合伙"的范围比大陆法系的要更狭窄,只有"营利性商业"的共同体才可以构成合伙。② 这与大陆法系商事合伙较为接近,差别在于没有大陆法系商事合伙的程度、规模要求。在英美国家,非营利的共同体并不划入其合伙概念范畴,在大陆法系,民事合伙范畴却包括非营利目的合伙与未达程度、规模的营利性合伙。从这里看来,大陆法系着眼"商行为"来划分合伙,而英美国家无非不将非营利团体视为《合伙法》上的合伙形式罢了。例如,《英国上诉法院判例集》1903 年第 139 页所载怀斯诉永久信托公司案,形成下项规则:某些非营利性团体或俱乐部(如社交俱乐部、学术协会)不属于合伙,此类组织的成员对其委员会未经授权而设立的债务不承担责任;同时,成员除依组织章程认缴的费用外,对俱乐部的亏损不再承担责任。③ 其二,英美国家有关合伙的全部范畴虽然只与大陆法系的商事合伙比较接近,但其范围要更广泛。一方面适用的是"营利性"标准,另一方面对"营利性商业"多采取突破性解释。自由职业者的事业也被纳入统

---

  ① 参见〔德〕米勒·弗赖恩弗尔斯:《商法的独立性》,载《垲梅勒纪念文集》第 583 页,转引自范健:《德国商法》,中国大百科全书出版社 1993 年版,第 19 页。
  ② 《英国合伙法》第 1 条,《美国统一合伙法》第 6 条第 1 款。
  ③ 黄安生等编译:《英国商法》,法律出版社 1991 年版,第 208 页。

一普通合伙范畴,例如律师业、会计事务、股票经纪、专利代理、不动产代理、保险统计、建筑设计等都包括在内。其三,在合伙形式上,英国依《公司法》、《有限合伙法》规定有普通合伙、无限合伙,同时其1948年《公司法》和1967年《公司法》还确认了无限公司。① 总之,英美法系在合伙形式上,并不能被理解为将大陆法系的民商合伙不同合伙形式统一起来,应该看到,英美法特别关心商业活动中的联合体或共同体的特殊的形式要求,它们的合伙概念的范畴只及于所有营利的共有营业关系,排斥其他非营利共有关系或契约关系。从这种意义上说,英美法的"合伙"实际是广义的商事合伙而已。

至此,我们应注意到,合伙在法律体系中是以多形式的面目存在的,尽管在范畴、形式设计上有差异性,但不同国家是将合伙现象作为一个形式多样化的体系来对待的,无论这种形式是否被冠名为"合伙"。在这一体系中,商事合伙特别引人注目,因其组织结构的特点和从事的活动的特质导致了一套特殊的规范形式。

三、不同合伙形式的比较:主要以大陆法系民事合伙与商事合伙为比较

在大陆法系(以德、日为例),民事合伙、商事合伙分属民法典与商法典,在原则、程度、规则尤其是组织规范、行为规范诸方面呈现差别,其根本着眼点在于,商事合伙因为从事相当程度、规模的商行为(或以一个完全商人身份活动),在法律技术上需要作出简易、稳定和安全可靠的特殊安排。

(一) 商行为规范的特殊意义

我们理解民事合伙与商事合伙的区别时,习惯局限于组织法上或合伙组织规则上,而往往忽略商事合伙之所以区分出来的另一层也是更深层的意义,就是它所从事的有别于普通私法行为的"商行为",将遵守另一套以简易、稳定和安全可靠为原则的商法上的行为规范。这套商行为规范与普通私法行为规范的不同,我们完全可以从大陆法系如德、日的商法典中的商行为篇得到认识,甚至可以从《美国统一商法典》中得到印证。以商买卖为例,商事合伙组织从事买卖活动,便要适用商法上的买卖行为规范,因此它要遵守以下的特殊规则:买受人应负标的物检验义务、买受人应负瑕疵及时通知义务、允许买受人受领迟延时出卖人自助销售、适用消费者利益保护法、适用反不正当竞争

---

① 参见〔英〕佩林顿:《英国公司法》,上海翻译出版公司1984版,第8—20页。另,参见英国1948年《公司法》第1条(2)C、第6条、第7条(1)(3)、第11条、第124条、第126条、第440条等,1967年《公司法》第43条、第47条等。

法等。而作为民事合伙,它无须适用这些规范。区分商事合伙,应认识到商事合伙的意义是在一个体系化的商法之下实现的。没有一个商法体系化规范或一套合理商行为规范来区分调整,商事合伙的组织区分价值终究有限。

(二) 商事合伙与民事合伙组织上比较

当然,商事合伙以组织性极强区别于民事合伙,也是商事合伙的意义的重要一面。加强商事合伙的组织性,同样是由商事目的和商业活动的简易、稳定和安全可靠要求所决定的。

民事合伙作为一种普通私法上的法律关系形式存在,它是一个关系共同体,但还不是组织共同体。在民事合伙中,契约关系向共有方向发展,但没有向组织人格或组织整体性发展。因此,民事合伙在整体性问题上,仅达到关系共有体的高度:合伙财产并未形成集团所有权,而是合伙人直接共同共有①;合伙人是合伙的业务执行者,但这种关系准用委任关系而非代表关系,因而合伙人必须以全体合伙人的名义执行业务,否则其效果不归于全体合伙人②;不涉及商号问题;合伙人对合伙债务的责任,表现为共同责任和按份无限责任,因结合程度较低而不承担连带无限责任。③ 与这种共有关系相适应,合伙人之间、合伙人与第三人之间的关系主要是直接关系,中间未介入一个共同体人格,只考虑了共有及共同行为关系上的整体性问题。由此,合伙人之间在业务执行、财产状况检查、损益分配、股份处分、退伙、解散、清算问题上适用的是共有关系规则,彼此受共同利益约束。但这些关系不是在合伙人与组织之间发生,而是在合伙人与其他合伙人之间发生。在与第三人关系上,因其共有关系尤其因其追求合伙目的的共同行为关系,合伙人直接与第三人联结在一起,如合伙人的合伙业务执行代理权、合伙人共同责任和无限责任、双重优先原则④,都表现了这种共有关系中对债权人的较强保护,但考虑的仍是共有财产或共同行为关系,没有在中间树立一个组织人格。⑤ 总之,民事合伙构成的是共同体,这种共同体因契约性、共有、共同行为,导致相

---

① 参见《德国民法典》第718条、《日本民法典》第668条。
② 参见《日本民法典》第671条、《德国民法典》第710条。
③ 参见《日本民法典》第674条、第675条、《德国民法典》第735条、《法国民法典》第1857条。
④ 双重优先原则,指将合伙财产与合伙个人财产相互独立,合伙人个人债务与合伙共同债务分别立足于合伙人个人财产与合伙财产优先清偿。如《德国民法典》第719条、第733条第1款。
⑤ 法国是一个例外,民事合伙一经登记,即视为法人,因此享有主体资格。但是应该注意的是,法国民事合伙与商事合伙仍遵守两套不同的组织规范,商事合伙的无限公司是依商法典上的公司组织规范进行的。因此,在法国虽然承认民事合伙的组织性,但其内涵与商事合伙的组织性明显不同。

应关系规则复杂化,体现了一定的整体性,但终究未提升到组织整体性的高度,更未达到组织人格化的高度。民事合伙形式这种特点,取决于民事合伙目的的简单和对外共同行为的简单,无论合伙人本人还是第三人都未面临商事合伙中那种商业长期组织化经营所要求的简易(灵活)、稳定、安全可靠的要求的压力,也就没必要为加强组织性而负担组织成本(借用经济学上一个术语)或牺牲更多的个人自由。

商事合伙(无限公司)则不同,它不仅是关系共同体,而且也是组织共同体。商事合伙成为组织构造体,具有主体资格或者说一定程度的主体地位。商业合伙由于组织化的法律构造,使得合伙人联合在法律性质上突破共有关系及共有框架下的共同行为关系的层次,上升到成立组织名义人格、组织行为的层次。作为组织体,商事合伙通常需要通过登记确认,但有时也可以依据事实认定。在《德国商法典》中,无限公司不仅包括注册的无限公司,也包括未注册但实际从事商行为的合伙组织,这种事实商事合伙也得到承认,适用商法。① 因此,在大陆法系,不能简单地把商事合伙理解为僵硬的登记组织,即不能把无限公司作过于狭窄的理解,其范围包容性是广泛的。日本、意大利、法国、西班牙、比利时等直接规定无限公司具有法人资格。德国、瑞士等将无限公司视为非典型公司形态未赋予法人资格,但在技术上仍作一定意义的法律主体处理,在实践中视为有形式上权利能力,无限公司仍得受组织规范,并以商号名义应诉、起诉,以商号名义直接享有权利承担义务,以商号名义为行为并承担独立责任。

商事合伙(无限公司)的组织性,首先体现在组织要素的形成上,其组织性吸收契约性乃至共有性而化为彻底的整体性,形成集团人格:合伙必须在商号名义下进行活动;合伙必须和其他形式商人(公司)一样,遵守组织规则,如进行商业登记、建立商业账簿、正当选择和使用商号、依法选任商业使用人(经理人),可以进行合并或组织变更;合伙的解散、退伙、清算诸问题由民事合伙中合伙人之间进行转为商事合伙中由合伙人对公司进行;合伙财产以集团所有权(Gesamthandeigentum)的形式存在②;章程设定的执行业务股东

---

① 《德国商法典》第 123 条第 3 款。
② 在德国,商事合伙成员之间不能约定他们以共同所有权(Bruchteils gemeinschaft)的形式,而不是以集团所有权的形式享有合伙的资产,也不能约定他们之中的某个成员将对合伙的资产拥有权利。商事合伙的集团所有权不仅包括动产标的,也包括不动产,无限公司以商号的名义拥有之。民事合伙,只有全体成员才被认为是所有权的享有者,而商事合伙,成员只能为合伙目的占有或使用合伙财产,不能再以自己或共有名义享有。参见《国际比较法百科全书·合伙及其他个人联合体》,楚建译,法律出版社,第 92—102 页;《外国民法论文选》,中国人民大学法律系民法教研室 1984 年编,第 285—295 页。

是公司代表而不是其他合伙人的代理人;法院为公益可以强制解散公司等。

商事合伙的组织体性质,导致合伙人之间的共有关系为集团人格(或组织结合关系)所限制,主要转为合伙人与组织体发生关系,如竞业禁止条款、限制股东与公司间交易条款、公司与股东间的诉讼条款、公司与退股股东关系条款、公司与除名股东关系条款等,都围绕组织人格或组织化稳定结合的形成而形成。合伙人之间由共有关系、共同行为关系转化为组织内部关系——组织章程之下的结合关系,尽管在细节上有相似性,但在性质上已改变。传统合伙人之间之共有、共同关系在这里因集团名义所有、集团代表行为而削弱或隐没。

商事合伙的组织名义人格(或一定的主体地位)也使传统合伙人与第三人之间的关系为合伙组织体所阻隔,在无限公司,合伙人主要以股东身份、而不是以共有人或共同行为人身份,与第三人发生直接关系。民事合伙的合伙人的共同行为主体资格,在无限公司这里,为组织体以自身名义的单独行为主体资格所代替,商活动的双方是公司与第三人,不是全体合伙人与第三人。在责任问题上,无限公司成为直接责任主体,但基于合伙人对组织体的利用(便利却加大了第三人风险),股东负补充的无限连带责任,当然股东在补充地位情形下仍享有属于公司的抗辩权。

民事合伙与商事合伙在法律上的差异,概括起来,可以说是一个契约性共同体与一个组织性共同体的差异。在民事合伙,合伙人以共有人及其框架之下的共同行为人身份直接对外;而在商事合伙,合伙人转为股东,成为组织章程框架下的成员,无限公司以自己的名义之主体身份作为所有人和行为人对外活动。不同合伙形式的差异性来自合伙目的多样性——简易的、临时的合伙无须享受组织的便利和为此付出组织成本,而商事合伙需要以组织形式稳定地存在。关于商事合伙的组织性及导致的规范不同,最好的说明是:合伙人利用了组织体,因此享受了组织经营的种种好处(由权利、义务、责任结构表现出简易、稳定、安全的优势),但是也要接受组织经营的种种限制(也是由权利、义务、责任结构表现出简易、稳定、安全的优势)。

(三)英美国家合伙组织的特点

英美国家主要承认了普通合伙与有限合伙两种合伙形式。英国《合伙法》第1条给合伙下的定义是:"为了营利而从事活动的个人之间所建立的关系。"美国《统一合伙法》第6条下的定义是:"作为共有者从事获利性活动的两人或多个人的联合。"从总体上看,英美法系的合伙形式完全可以称为"组织",当然与无限公司比较,在组织性上有更不充分的特点,从这一角度而言,英美法在法律技术上更具精细性和灵活性。

具体而言,两个国家对合伙的态度都是视之为一种组织共同体,不过这种共同体的组织性不如大陆法系商事合伙那样强,但也绝对不只是字面上的"共有"或"共同行为"关系。在共有关系字面背后,英美合伙法承认合伙的商号权以及合伙以商号名义持有合伙资产甚至取得不动产的权利,就共同拥有财产的概念来说,这已经有了比较不同的含义。英国 1965 年《高等法院诉讼条例》和美国有些州的法律规定,合伙可以用商号名称(firm name)起诉和应诉。在美国,合伙得以合伙人的协议而形成,无须政府批准,但必须有合法的目的,如果进行某些行为,如律师业、医师业,必须要有执照才能开业者,则必须要向有关主管部门申领开业执照。在英国,合伙法对合伙的商号名称要求相当严格,合伙的商号一般应以合伙人的姓氏命名,在合伙人的姓氏之后,可加上商号(firm)或公司(company)字样,但不得加上有限(limited)字样,否则每天罚款 5 英镑。同时根据 1916 年的《商号名称注册法》(Rrgistration of Business Names ACT)的规定,凡在联合王国没有营业所的商号,如在商号名称中没有包含合伙人的真实姓氏或没有包含合伙人的真实教名的开头字母者,均须向主管部门进行注册登记。

美国现行经修订的《统一合伙法》有四个变化:(1) 抛弃了合伙因任一合伙人退伙而解散的传统规则;(2) 确定合伙人之间不必像受托人那样遵循严格的信托义务;(3) 在转让合伙资产方面,确认合伙为一独立主体;(4) 允许合伙被合并或变更组织。显然,修订加强了合伙的组织性,在财产权上,也已经向集团所有权靠拢。①

应予指出,英国公司法还承认了无限公司,它与合伙法中合伙组织不同,具有法人资格。贷款互助会、投资公司和其他一些几乎不可能欠债的公司都是用这种方式建立的。无限公司遵守一系列法定要求:登记时呈交特殊文件;对公司注册人员负有有关事项通知义务;制定符合格式的年度报告;禁止从事某些业务等。无限公司可以拥有或不拥有资本进行注册,股东的责任同其在公司内的利益成比例,但是它亦引申至公司所有债务。当出现债务时,不能对股东个别地起诉,只能对公司起诉。股东的责任从停止作为股东那天起,一年期满即告终止。② 因此,英国实际上确认了较多种合伙形式,包括无限公司与合伙法上的合伙组织等不同层次的合伙形式。

---

① Donald J. Weidner and John W. Larson, *The Revised Uniform Partnership Act: The Reporters' Overview*, 49 Bus. Law. 1, 12 (1993).

② 参见〔英〕佩林顿:《英国公司法》,上海翻译出版公司 1984 年版,第 15—16 页。另参见英国 1948 年《公司法》、1967 年《公司法》、1980 年《公司法》有关规定。

四、我国《民法通则》起草时的一个动向

我国在制订《民法通则》(1987年施行)时,起草者对合伙问题曾建议在"民事主体"部分设"合伙组织"一节。这说明起草者在当时已经注意到商事合伙(或营利性合伙)的组织化趋势,中国当时尚无商组织法,因此有必要在民商合一框架下的《民法通则》中明确解决这个问题,用"合伙组织"的概念和主体设计适应市场经济的需要。这一建议无疑极具有进步性,也符合现实需要。

遗憾的是,"合伙组织"的主张没有更深入地讨论下去,例如进一步讨论应以大陆法系为借鉴,还是英美法系为借鉴?组织化到何种程度?是否采用多种合伙形式?每一种合伙形式如何结构?等等。最后,根据一些人的建议,《民法通则》在有关部分用"个人合伙"的提法取代"合伙组织"的提法。"个人合伙"的提法,较"合伙组织"的主张实际上是一个倒退,这种提法把合伙立法从组织性问题转到谁有资格进行合伙的问题。这种动辄问资格的思维模式导致合伙形式在我国《民法通则》中分化为"个人合伙"和"法人合伙型联营"。我国现有法律体系中,合伙依参加人的身份不同,区分了五种合伙形式:(1) 自然人之间合伙,适用"个人合伙";(2) 中国法人之间合伙,适用"法人联营";(3) 从事个体工商业经营或农村承包经营者,很多情形下是一种"家庭合伙";(4) 外商与中国企业、经济组织之间合伙,适用"中外合作经营企业"的合伙形式;(5) 私营企业者之间合伙,适用私营企业法上的"私营合伙企业"。

以身份为划分的标准,显然是试图把法律作为控制手段的观念产物。在各国,采用什么标准划分合伙形式,本应考虑的是不同合伙目的所需要的条件之间的差异性,换言之,"标准"本是为不同合伙目的存在的。合伙形式原则上不以成员身份不同予以区分,例如,根据《美国统一合伙法》第2条的规定,合伙成员可以是"个人、合伙、法人以及其他联合体",英国合伙法也有类似规定。大陆法系商法典也同样不作因合伙人身份不同的合伙类型区分。当然,在合伙形式无须区分之外,对于某些合伙成员资格也可以作一些限制,也可以对某些情形的合伙成员,除规定应遵循一般规则外,必要时可设特殊条款。例如,《法国商法典》第12条规定,无限股东为法人而该法人担任经理时,"该法人的领导人应受与以其名义担任经理时同样的条件和义务制约,承担同样的民事和刑事责任。"《英国公司法》规定,当某一家有限公司或两家或两家以上有限公司控制一家无限公司时,无限公司在其年度报告中必须附

上相关文件。① 但是无论如何,这些技术性处理不可能导致应从成员身份上来划分不同合伙形式。

可见,我国《民法通则》虽然对于合伙作出规定,但其规范在技术上却存在严重的身份化局限。以个人、法人来划分所谓"个人合伙"与"法人合伙"是不适当的。以组织性划分合伙,如前所述,可以把不同经营目的、规模、性质的合伙实践按其在稳定、简易、安全上的不同需要恰当区分开来。以合伙成员的不同身份来区分基本需要相同的合伙,将其截然分开,除了人为制造限制和不公平外,并没有什么实际作用。从这里,我们可以引申一条认识——法律原本是社会结构的一部分,每一项法律制度都应该积极发现和承认合理的社会存在而不是人为设线控制之。在目前正在进行的合伙立法中,这个问题必须首先得到重视。

五、对我国正在进行的合伙立法的展望

合伙问题已经引起我国重视,目前有关机构正在加紧《合伙企业法》的立法起草工作。我们认为,我国正在进行的合伙立法,应该注意以下几个问题:

(一)对合伙范畴的整体考量问题

如何完整理解合伙范畴,是合伙立法能否在一个体系化的结构下进行的前提。从理论上说即使目前的合伙立法不打算对全部合伙形式予以解决,但也仍然要全面考虑合伙范畴,以为将来更好地进行体系化打下基础。

(二)当前合伙立法的重心问题

如果目前的立法打算解决市场经济实践急需确立的合伙形式的话,可以先就这一部分进行单行法的制订。现在面临的难题是,如果将我们将要出台的立法称为"合伙企业法"的话,其定义范围如何确定?是在采用大陆法系进行民事合伙和商事合伙区分的广义合伙范畴下以依据"商行为"为标准的商事合伙范围来确定,还是把合伙限定在英美国家所谓的"营利"界限之内[然后再往下进行以合伙人对外责任关系为基础的类型区分],抑或采取其他标准来确定?另外,律师事务所、会计师事务所等如何对待。我们认为,采用英美的"营利性"标准,确定我们的"合伙企业法"范围更为合适。在合伙形式上,也最好借鉴英美国家的形式,比如普通合伙、有限合伙等。此外,律师事务所等可借鉴英美经验,纳入合伙处理,但其设立、登记、管理等问题,宜作另行规定。

---

① 1967年《英国公司法》第47条规定。

（三）合伙组织性的规范问题

大陆法系的商事合伙或英美国家的营利性合伙在当前世界各国立法上都表现出强化其组织性的特质，这也是合伙事业稳定经营的实践要求。我们的"合伙企业法"必须注意吸收他国的良好经验，突破《民法通则》关于合伙的弱组织化规定的做法，朝强化组织体方向大胆设计，肯定其在市场经济中应有的主体地位。在此，可以大胆突破主体的自然人、法人的二元论主张，赋予合伙企业相当的权利能力，这也是世界各国的法律趋向。

（四）合伙立法的技术性问题

我们知道，法律技术的合理运用，可以使每一个法律形式都成为一个理性的规则结构，它使各方面的权利、义务、责任获得恰当的平衡。我们应转变立法宜粗不宜细的观念，从结构、体系乃至具体条款细节上尽力做到立法协调、精密。例如，合伙企业生效日，是以协议订立、登记，还是业务活动开始为确定，就是一个应该详细考虑的细节，无论采取哪一时间，都要做到不足之补救。又例如合伙财产范围，界定起来也是不易的。① 又如合伙解散或合伙契约解除的不溯及既往的规定，是不是应该为我国合伙立法加以吸收？又如合伙的税收问题，也应考虑配套立法，众所周知，西方国家合伙或无限公司之所以被大量采用，原因之一就是合伙或无限公司在税收上享有优惠，例如不征收法人税。与其他法律的协调问题也是立法技术上的一个重要问题，其中包括新旧法律的立、废的协调。

（五）无限公司问题

《公司法》制订中，无限公司虽未被明确为一种公司形式，但并未表明我国将不承认无限公司。正在进行的合伙立法将如何对待无限公司的问题，值得讨论。

有一种观点认为，无限公司之所以被确认，有些国家是出于立法技术上考虑，是对现存某些合伙组织在公司法上的认可。从我国目前的企业组织类型看，的确存在某些资本少、利润大的又有法人资格的企业，且仅负有限责任，这对于保护债权人和交易安全相当不利，通过立法使这些企业承担无限

---

① 目前的立法有倾向将合伙财产界定为："合伙企业存续期间，合伙人的出资、合伙企业经营收益以及所有以合伙企业名义取得的收益均为合伙企业的财产。"试比较美国《统一合伙法》中合伙财产的界定，该法第8条："合伙财产：（1）所有作为合伙人出资，带进合伙的或以后通过购买或其他方式获得的记入合伙账户上的财产，为合伙财产；（2）除非已表示相反的意图，用合伙资金获得的财产，是合伙财产；（3）不动产上的任何产权可以合伙的名义取得，这样获得的财产的所有权只能以合伙的名义转让；（4）对合伙用合伙之名所为的转让，尽管无限定继承的字句，除非已表示相反的意图，转让让与人的全部财产权。"显然这两个"合伙财产"的界定在范围上有差异，而且精细程度相差也较大。

责任更为妥当。此外，也不排除某些投资者自愿选择无限公司的名义和形式。①

从今天的各国实践看，无限公司作为一种公司形式，或在积极规范层面或在消极规范层面，有其存在的依据。在大陆法系，无限公司便是商事合伙的主要形式。在英国，公司法上也确认了无限公司，而在美国，公司法上并无无限公司，实践中无限公司被视为合伙处理。因此我们主张，我国合伙立法宜将无限公司一并纳入立法考虑，即使不作为一种单独的合伙组织形式予以规定，也要为它的"名义"存在提供一定的规范依据。

我们是否承认无限公司，在目前进行合伙企业立法中会使情形很微妙。如果我们承认合伙企业就是无限公司，鉴于无限公司组织性极强的特点，恐怕会像德国那样还要突破登记规范要求，承认事实上的商业合伙；如果我们采取美英那种组织性稍弱的"普通合伙"、"有限合伙"那种称谓的合伙形式，是不是也应不排除允许投资者使用无限公司形式和名义呢？美国的做法是法律上不承认无限公司形式，也不禁止名义上使用，但适用合伙法。英国则在合伙法之外承认无限公司，适用《公司法》中关于无限公司的特殊规定。

六、一点小结

通过立法比较，我们可以发现合伙形式的多样性和差异性这一显著特点。民事合伙与商事合伙形式上分化绝不是一个单纯的事件，它在大陆法系国家是民商分立格局的开端及重要部分。商事合伙与民事合伙的分化，作为客观的不可逆转的实践倾向日益明朗，概括起来，可以说是一个契约共同体和一个组织共同体的差异。商事合伙或营利性合伙在当前各国立法中均表现出组织性的特质。对商事合伙形式的确认，必然要求法律在结构上合理作出相应变化。我国当前进行合伙立法，应注意在一个体系化的观念下进行，并充分认识到此次合伙立法应是复杂社会结构变迁的一部分。

---

① 参见石少侠：《公司法》，吉林大学出版社1994年版，第51页。

第四部分　物权法理论

拾叁　物权法政策之辨：市场经济体的法权基础
　　　——略评《物权法草案》公开征求意见稿

拾肆　物权立法的合宪性问题
　　　——评物权平等保护原则违宪之争

拾伍　中国物权法制的变迁与展望
　　　——以立法检讨为视角

拾叁　物权法政策之辨：
市场经济体的法权基础[①]
——略评《物权法草案》公开征求意见稿

一、《物权法草案》讨论的意义和基点

全国人大常委会办公厅于 2005 年 7 月 8 日发布了"关于公布《中华人民共和国物权法(草案)》征求意见的通知"。该"通知"要求，公布"物权法三审稿"，由有关机构广泛征求和收集全国人大代表、有关部门、法学教学研究等单位以及广大人民群众的意见，并请媒体组织刊播讨论文章以及报道讨论情况和意见，以便进一步研究修改，再提请以后的全国人大常委会会议审议。[②]我国既有的法律中，起草过程如此郑重其事征求意见的并不多见，据有关媒体列举，自新中国成立以来大约是第 12 部，其他比如 1954 年《宪法》、1999 年《合同法》等。[③]

无论从物权法本身的地位，还是从现代立法的民主化精神来看，"三审稿"的讨论都是必要的。[④] 我国社会尤其是法律界、经济界人士，能否如立法机关期望的那样，体认立法"科学化"和"民主化"的精髓，充分贡献自己的真

[①] 原载《中国法律》杂志(香港)2005 年第 4 期，并收录于《律师文摘》(孙国栋主编)2005 年第 5 辑。

[②] 参见全国人大常委会办公厅：《关于公布〈中华人民共和国物权法(草案)〉征求意见的通知》，载中国人大网(www.npc.gov.cn，访问日期 2005-7-23)。

[③] 参见廖卫华：《物权法草案全文公布》，载《新京报》，2005 年 7 月 11 日。

[④] 按照"通知"的说明，之所以公布征求意见，一方面是因为"全国人大常委会坚持走群众路线，充分发扬民主，增加立法工作透明度的一项重大举措，也是推进立法科学化、民主化的有益探索"，另一方面，也是更关键的原因，则是立法机关认识到《物权法》具有重要意义，它是一部"明确物的归属，保护物权，充分发挥物的效用，维护社会主义市场经济秩序，维护国家基本经济制度，关系人民群众切身利益的民事基本法律草案"，所以"务必高度重视，精心组织，确保工作顺利进行"。

知灼见,立于历史、置身当下、面向未来,对《物权法》起草涉及的立法问题展开深度的讨论,成为决定这场立法讨论是否是一场高质量的立法意见征求的关键。由于我国正处在一个重要的经济和社会的转型时期,这场讨论也应该成为我国有关经济、社会和法律思想的重要商谈过程。

这场讨论会具有专业难度和相当的思想挑战。首先,物权法立法作为制定法技术的表现,在规范形式的层面,不得不采取一些经过法学提炼而成的术语、表达,这就使得这场讨论有了浓厚的专业话语色彩。所以,讨论要做到一方面要深入历史知识,获得一种关于物权法的深刻的历史理解,另一方面又要能够深入当下的社会实际,能够进行语汇切换,将专业话语与实践形态联系起来。立法必须根基于历史、服务于实践需要,不能成为一句空话,通过这场社会讨论应该体现出来。但这还不是这场讨论的最困难之处。

最困难之处在于,物权法规范所涉及的问题十分基础,按照"通知"以及"三审稿"第1条的说法,涉及"市场经济秩序"、"基本经济制度"这种根本的问题。这些问题与中国社会经济结构整体框架的最核心问题联系在一起,而在当下中国正在进行走向市场化这个特定背景中,这些最核心的问题应该如何处置本身还在社会的思考和讨论之中,具有相当的不清晰性,按照已故的邓小平先生的看法,是在"摸着石头过河"。所以,要在这种不够确定的走向中找到确定的物权法规则、原则,这本身既需要智慧又需要巨大的勇气。我们讨论和思考中国物权法立法,分析当前"三审稿"的优点和不足,主要是要在这个基本点上进行。

二、《物权法》的应取政策:市场经济的法权基础

(一)物权法正名的意义

"物权"和"物权法"术语来自大陆法系传统,尤其在德国民法为正式术语。我国1949年以来的法律文本中鲜有使用,对于不了解欧陆民法传统以及我国清末和民国法律史的人来说,它们可算是陌生的法律术语。物权法关涉"市场经济秩序",这是由物权法的内容和制度意义所决定的。物权(iura, the right in rem)概指民法财产权中具有支配性的那一类,包括所有权与他物权,在于确立财产的支配秩序,因此属于财产权利中的基础性权利,与体现交往性或交易性的财产权利对称,后者在术语上称"债权"(Credito, the Creditor's claim)。所以,从范畴上说,物权法是关于物权关系的法律规范的总称,但从规范本质上说,则是有关财产支配秩序的法,是财产法中的基本法。为此,"三审稿"宣示,物权法以"物的归属和[支配性]利用关系"为调整(第1条),以"明确物的归属,保护物权,充分发挥物的效用"为直接目标(第

2条)。

我国立法机关这次在立法草案中旗帜鲜明地使用"物权法"概念,本身就具有两个积极方面的符号意义。其一,表明了我国立法专业水平的提升,因为使用"物权法"和"物权"这样的概念,意味着立法者能够理解接受这些概念所代表一整套法学理论和实践知识,这套知识是由欧陆法律文明发源并经过长期实践完善形成的,是值得人类共享的制度文明成果。其二,在某种程度上也是法律全球化意识深化的结果。因为,使用"物权法"和"物权"的概念,表明我们愿意对于相似问题的制度建设,采取相似的立场和方式,在很大程度上接受或者吸取人类有关法律文明尤其是欧陆相关法律文明。

物权法在我国得到正名,还有一个更为特殊的意义,那就是标志着我们已经接受了由这个法律名词所代表的财产领域的一种有关的社会治理观念。物权法至少意味着,用民事权利的方式或者说主要以民事权利的方式来安排一个国家内部的人对物的关系,这是早期市民社会国家如罗马以及近现代以来市场经济国家的主要特点之一。因为,物权法的任务主要在于对一国之内的人和物的支配关系用划定权利的方式作出基本安排,包括确立物权诸类型,规范其取得、变更、消灭方式等。这种安排意味着在对待财产基础的问题上,将财产支配关系纳入到平等者之间的关系轨道,避免财产享有和运营的权力化,从而维护经济市场运行的基本条件。① 没有市场就没有经济效率,这已经是不言而喻的道理,而市场的前提是多元主体的竞争参与,能否竞争参与又取决于地位是否平等。

(二)为什么应该取向市场经济体的法权基础

过去很长一个时期里,我们在财产领域固守一种"非物权论"的意识形态,认为不能用物权的方式去安排财产支配秩序,而应该用国家权力的方式去安排财产支配秩序。这样,财产领域的基础法实际沦为"国家财货法",不仅主要生产资料在名义上被纳入社会所有,或由国家所有或由集体所有,而且其运营或利用,也完全由国家或集体以权力的方式决定,主要采取划拨和分配方式,没有市场和交易。这种绝对排斥物权方式的财产安排导致了集体生产的无效率,从而导致了人民生活的极度贫困和国家的经济困难。

1978年起,我国开始进行改革开放,逐渐将市场化确立为目标,其中重大举措之一就是释放社会经济创造力,包括在财产领域恢复市场、改进财产运营、增进物的利用效率。但是,我们的改革在财产权的基础问题上没有深

---

① 关于财产权形式和个人自由的关系以及国家与市场的关系,请参见〔美〕布坎南:《财产与自由》,韩旭译,中国社会科学出版社2002年版;季卫东:《中国宪法改革的途径与财产权问题》,载《当代中国研究》1999年第3期(总第66期)。

化下来。早些年,我们曾经在国有企业改革上做文章,通过国家所有权和经营权分离的方式,即通过承认国有企业享有经营权这样的物权地位,试图培育市场主体,理顺国有企业之间以及国有企业和其他企业之间的经济交往关系。[1] 但是由于国有资产管理体制没有实现权利关系化的转型,在国家和国有企业的第一层经济关系上,就不符合市场的要求,所以改革多年,市场主体先天不足的问题始终成为困扰。[2] 即使后来将国有企业、集体企业推向公司制,也只是在有限的意义上缓解了这个困扰。市场因为财产关系这条链条,时时在最基础环节受到权力因素的制约和干扰,因而市场始终不能很好地发育、发展。

不仅企业经营存在市场不能的问题,广泛的财产运营领域都存在相似的问题。僵化的国有、集体所有的体制,导致了国家大量的不动产和动产陷入非市场化的困境。以房地产市场为例,中国城市的土地经济在国有体制下,即使采取出让方式,仍然不能改变土地以及资金等和政府政策资源有着千丝万缕的联系的状况。在权力管理体制的前提下,即使受让取得土地,这种取得仍然无法摆脱权力分配的痕迹。所以,房地产商们在运营策略上,大多是进行项目运营,而非进行长期市场化的运营,因为取得土地的价格,基本上决定项目的利润,所以发展商愿意依附于土地运营中权力关系而更少考虑土地运营的市场因素。许多发展商乐于成为项目操盘手,实质上是运作商,而非投资商。这些年,中国地产业一直在试图走出靠关系运作土地,用土地运作资金,两者结合产生利润的惯式,但是总是步履维艰。[3]

上述实践表明,市场化障碍中的一个根本性原因,正是国家财货体制——绝对意义上的国有和集体所有。20 世纪 90 年代中期,我国已明确将全面建成社会主义市场经济作为国策。特别是今天,在已经加入 WTO 之后,争取国际社会对于我国是市场经济体的承认,已经成为我国目前最重要的现实目标之一,那么全面市场化当然是取得这种承认的前提。但是,如果我国今天在财产基础关系上不能解决市场化的需要,而是仍然维持过去那种国家

---

[1] 参见李开国:《国营企业财产权性质探讨》,载《法学研究》1982 年第 2 期;江平、康德管、田建华:《国家与国有企业的财产关系应是所有者和占有者的关系》,载《法学研究》1983 年第 4 期。另参见 1984 年 10 月十二届三中全会通过的《中共中央关于经济体制改革的决定》,确立了所有权和经营权分离(即"两权分离")的改革指导思想。

[2] 参见梁慧星:《论企业法人与企业法人所有权》,载《法学研究》1981 年第 1 期;沈敏峰:《论法人所有权》,载佟柔主编:《论国家所有权》,中国政法大学出版社 1987 年版;杨志淮:《绝对所有权与相对所有权——试论国营企业的所有权关系》,载《法学研究》1985 年第 2 期;董安生、刘兆年:《论企业财产权的二重性质》,载《法学研究》1988 年第 2 期;何山、肖水:《从"两权分离"到"双重所有权"》,收录《民事立法札记》,法律出版社 1998 年版,第 165 页。

[3] 参见陆新之:《中国房地产多空之辩》,载《全球财经观察》,2004 年 11 月 29 日。

财货权力体制,那么市场建设就会是一句空话。而中国走向全面市场化的道路,在财产领域只有一条,那就是全面建立物权制度,实现财产基础安排上较为彻底的市场化。因此目前起草中的物权法,能否较为彻底地实现市场化,成为验证我国是否具备市场经济的法权基础的基本标志。

(三) 我国物权法当前的三个任务

我们注意到,在西方国家,物权法采取的核心原则是私有权原则,也就是说,对物的归属的配置安排,采取"私人治产"的原则,全面开放私人所有,私人可以拥有物的范畴几乎不受限制。这种"私人治产"的意义在于:一方面,私人获得财产支配地位,在财产领域取得充分的自主和决定空间,从而也就获得了在经济领域自由发展的空间,具有经济抉择的自由,可以决定是否消费自有物,也可以决定是否用于交易、生产或投资;另一方面,在适当的法律控制下,私人完全可以站在权利人追求财产利益的角度并且平等地行使权利,这样就可以形成真正的市场交易和竞争,从而带来效率和经济公正。①

我们同样注意到,我国宪法上采取了一种不同的基本经济制度,即社会主义经济制度,所以我国当前物权法的制定也就遇到一个前所未有的课题,那就是不能像西方国家那样,在全面确立"私人治产"的基础上解决产权配置问题。在维护公有式配置的这个前提不动摇的情况下,物权法要保证作为市场基础来构建,其立法问题就显得极为复杂。这个问题已经为我国经济学界和法学界广泛讨论。这些年已经形成这样一些共识:首先,国有、集体所有权应该成为一种真正的民事权利,不能有名无实,最基本的要求之一是公有财产在享有和运营中应该引入市场效率机制,遵循民事权利享有和行使的原则,不能采取权力化运作方式或者类似的方式;其次,必须建立市场中财产充分运营必需的物的支配性利用体制,尤其在国有、集体所有垄断土地和重要资源的体制下,应该根据中国这种国情确立充足有效的他物权体系,使得这些特殊物可以借助这些他物权形式从所有权人手中分离,根据市场需求通过市场规则配置到位。最后,在国家、集体和个人多种所有权并存的前提下,诸财产主体应该在地位上平等,因为只有这样才能培育真正的市场主体,市场竞争才能形成。

应该说,这也是我国当前物权法面临的三个主要任务。只有完成这三个任务,我国物权法才能在遵循宪法之同时,达成"维护社会主义市场经济秩序"之使命,较好地确立我国作为市场经济体的法权基础,实现财产基础安排的权利化和富有效率化。

---

① 参见〔德〕沃尔夫:《物权法》(第20版),吴越、李大雪译,法律出版社2004年版,第49、51、52页。

三、对《物权法草案》公开征求意见稿的简略述评

（一）既有立法讨论小结

从有关媒体组织的讨论文章看，对于立法机关的讨论吁求，社会反响比较热烈。一些讨论作出了热情洋溢的赞美，但也有不少讨论在具体的方面或者整体上作出客观审视，有的甚至提出了中肯的质疑。[①] 这说明我国民众对于这场立法讨论的态度是认真的，对于这部涉及面十分基础、调整问题十分敏感、与自身生活利益最为密切的财产基本法的草案，愿意高度参与，在一种冷静的心态下进行有益思考。我们也有理由期望，基于这些诚恳的建议，立法工作机关将来在进一步修改征求意见稿时，能够做到有所取材。当然，"通知"将意见汇总限于8月20日以前的做法似乎有些机械，应该延长，给予社会各界充分的反应时间。只有这样，立法才不至于流于形式，立法机关才能够真正集思广益并且顺应时代精神，最终形成具有广泛社会代表性而且经过深刻论证的物权法议案。笔者作为一个民法学人，在此也打算作一点简单述评。

（二）公开征求意见稿的体例等特点

《物权法草案》在总体安排上为5编外加附则，计20章，共268条。第1编"总则"，对物权的共同性问题作出规定，包括一般规定，物权的设立、变更、转让和消灭，物权的保护三章；第2编"所有权"，包括一般规定，国家、集体和私人所有权，业主的建筑物区分所有权，相邻关系，共有，所有权取得的特别规定六章；第3编"用益物权"，包括一般规定，土地承包经营权，建设用地使用权，宅基地使用权，地役权，居住权六章；第4编"担保物权"，包括一般规定，抵押权，质权，留置权四章；第5编"占有"，仅一章"占有"。从这一体例安排可以看出三个明显特点：其一，以权利分类为线索进行体例安排，从所有权、用益物权、担保物权到占有，体现了一种物权法立法的权利中心主义色彩。其二，重视使用抽象规范技术，整部法律有总则，各编又多有一般规定。其三，附则主要是对使用的一些概念进行界定，体现了重视操作性的一面，也体现了该法愿意使用法学概念的一面。

（三）征求意见稿的优点

可以看出，这部草案在法律结构和具体内容上下了很大工夫，从编章安

[①] 参见沈路涛、邹声文、张宗堂：《聚焦物权法草案与生活关系密切的12个方面》，载新华网（www.xinhuanet.com，访问时间2005-7-10）；重庆晚报2005年7月16日报道《老百姓：物权法草案有些条文看不懂》；东北新闻网专访《物权法草案存在五点缺憾》，载东北新闻网（http://house.nen.com.cn，访问时间2005-07-18）。

排到具体条文拟定都凝集了相当深入的思考。所以,这部草案的优点也是一目了然的,至少有四个方面:其一,命名为"物权法",这说明立法机关愿意选择物权方式而不再是国家权力、集体权力的方式安排中国的财产秩序,这个应该是我国市场经济建设的一个重要思想成果。其二,这部草案很大程度上借鉴了其他国家物权法实践的成果,因此内容上比较完整,其他市场经济国家物权法的基本框架在这个《物权法草案》中有所体现。其三,弥补了过去立法的一些缺憾。过去我国没有确立的一些非常重要的物权制度,这部草案作出了确立和规范,比如对占有制度的确立和规范,又比如对地役权和居住权的确立和规范。过去比较混乱的一些物权法问题,这部草案也试图作出明确,比如不动产登记及其统一化制度。过去实践中主要靠规章、地方性法规来规范的物权法问题,草案在法律的层面进行了明确规范,比如建筑物区分所有权制度。其四,也是非常引人注目的一方面,在涉及市场经济秩序基础的关键问题上,草案没有回避矛盾,最后形成了决定,应该说,这在一定程度上巩固了这些年改革开放的成果。比如,在维持区分国家、集体、私人所有的前提下,对于财产主体平等保护的问题,草案虽然没有明确提到"平等保护"字样,但是通过实际规范达到了这种效果。第7条规定,"权利人享有的物权受法律保护,任何单位和个人不得侵害";第47条规定,"国家、集体和私人所有权受法律保护。禁止任何单位和个人用任何手段侵占或者破坏国家、集体和私人的财产"。这些规定没有再提国有财产的神圣性,等于承认了保护上的平等。再比如,草案对于国有和集体所有产权的模糊问题也有所重视,也试图对其行使主体和方式作出明确(尽管这种明确方式具有笔者在下文指出的致命缺陷),大致上,国有财产由国务院或者具体支配的国家机关、事业单位、政府代表行使权利(第54条,56条,57条,58条),集体财产原则上则由各集体经济组织或者村民委员会、村小组代表行使权利(第62条)。

(四)征求意见稿的明显不足

这部草案的缺点也是明显的。媒体上一些批评意见认为,整体上制度创新不足,语言不够规范和严谨,条文不够细致,某些规范过于空洞等。这些批评意见不失中肯之处。笔者认为,上述批评意见中,最具有洞察力的是关于创新不足、抽象技术使用过度、失于严谨这三条。

首先,关于制度创新问题。这部草案在定位上如果打算坚持维持既有法律基本不变,那么这种定位应该是值得商榷的。笔者赞成,在改革时期,新法制定应该注意法律的稳定性要求;但是同样也赞成,既然是改革时期的法律制定,就不应该是简单地汇编,不应该简单地维持过去的法律规定不变,而应该发挥立法应有的意义,有所选择、有所发展,成为对于过去改革成果的全面巩固。有巩固当然就有革除、改变,就有创新。那么,过去几十年来我国的改革成果是什么呢？当然就是步入市场化轨道。对于物权法来说，就是应该成为全面市场化的财产基础法，为我国成为市场经济体提供充分的法权基础。所以，《物权法草案》应该在两个方面有所攻关。

一方面，在国有、集体所有、私人所有区分的框架下，不仅要解决平等保护问题，还更应该解决财产享有和行使的权利化问题，因为只有这样市场完善才成为可能。现在主要的问题不只是私人所有权保护不足，最重要的是国家所有、集体所有并没有做到真正的物权化，而是有着浓厚的权力化色彩。草案虽然考虑到产权模糊的问题，但是其关于国有、集体所有行使方式的规定，根本无助于改变问题，因为这个问题的起因正在于所有权行使方式权力化，而草案在这方面完全保留了权力化享有和行使方式。所以，第54、56、57、58、62条等条文必须作出重大修改。起草过程中曾有学者建议引入"法人治产"模式，应予重视。所以，如何淡化社会所有中的管理（包括国有资产管理）色彩，强化其民事权利的性质，是一个还有待解决的物权立法课题，否则我国物权法永远不能成为真正的市场基础。

另一方面，由于采取国有、集体所有为主的所有权结构，那么就必然带来市场利用渠道不足的困扰问题，在这方面必须下大工夫，设计出一些独特的市场化方式的用益物权来，使得国有财产、集体财产可以顺利进入到市场利用人的支配范畴。但是草案除了维持建设土地使用权、农村土地承包经营权、宅基地使用权以及增加地役权、居住权外，不仅别无创新对策，对于前述几种主要用益物权的取得、行使和交易中存在的非权利因素也剔除不够。至于担保物权，立法更是谨小慎微，对于新经济条件下的权利移转型担保方式几乎完全不敢涉及，据说是因为一些新型担保方式难以理解。但是既然是立法，那就应该知难而上，绝对不应该回避当下的实践需要带来的挑战，否则就是为完成立法任务而立法了。当然还有其他一些规范不足问题，包括所有权取得方式等。

其次，是立法的抽象技术的使用问题。制定法要使用抽象技术，这是必然的，因为这样一方面可以使得立法体现出经济性，另一方面也可以显示其系统化的特点。但是抽象应该恰到好处，用过了不免显得空洞，用错了甚至导致负面的实践效果，因为抽象条款是进行系统解释的依据。讨论中一些人抱怨《物权法草案》不好理解，这与抽象技术过度使用也是有关系的。《德国民法典》是世界上有名的抽象法典，能够抽象的一定抽象，能够进行一般规定的一定作出一般规定，然而在物权法这一部分即第三编，却没有总则。这是为什么呢？大概是因为立法者意识到诸物权类型在具体的取得、变更、消灭、效力包括保护方面都有重要差异，无法大而划一吧。然而我国这部草案却不仅有了总则，而且在各编还大都有一般规定，其中总则就有44条之多。实际上,其中很多所谓一般性条款根本不宜成为系统解释的依据。仅就"总则"第3章关于物权保护而言,笔者认为,其中抽取出一般意义的物上请求权的做法,不仅称不上创举,还可能是败笔,因为不同类型物权的构成千差万别,其得物上请求的条件也不同,因此具体各异,有所类似那也是似是而非。所以,其他国家民法都只在具体的意义上规定基于所有权产生的请求权、基于占有产生的请求权[①],然后在其他物权进行一定条件限制的准用。

再次,便是我国立法中经常受到诟病的严谨性问题,《物权法草案》也不能避免。有的属于明显的知识性失误或表述欠当。例如,《物权法草案》第2条关于物权法调整对象的规定,称"本法调整平等主体之间因物的归属和利用而产生的财产关系",但是这一表述明显是不严谨的。物的利用可分物权式利用和债权式利用,甚至还有其他意义的利用,这些分别归入物权法、债法或者其他地方,怎么可以都纳入物权法的范畴呢? 正确的表述可以考虑"因物的归属和支配性利用"。又例如,第4条关于物权应当公示的规定,存在明显的两个表述失误:其一,该条文将"占有"作为动产的"公示"形式,显然误读了比较法资料,在比较法上所谓动产"公示"的并不是指"占有"状态本身,而是"交付"即"占有转移"这种事实行为;其二,我国《物权法草案》在此措辞上就"物权"本身全面确立"公示"要求,而其他国家通常只就"物权变动"作出公示要求,"物权应当公示"的原则表述不仅与市场化观念发生悖逆,而且势必导致立法不得不规定大量例外,常态和特例颠倒。

有的属于与宪法和其他法律规定欠协调,尤其是草案一些规范的表述未能配合宪法的表述。例如,草案在第68条规定,"国家保护私人的所有权,禁止以拆迁、征收的名义非法改变私人财产的权属关系"。应该说,草案这里的倾向的确是非常好的,明确地禁止非法拆迁,意识到拆迁尤其是野蛮拆迁已经成为社会问题,因此希望借助物权规范来加以禁止。但是,该条款在措辞上将拆迁与征收相提并论,意味着承认了在征收之外还有一种所谓拆迁的权力,如果是非法的则予以禁止,但如果是合法的则应予容许。但是事实上,我国宪法对于私人所有权的公权力限制,只承认一种情况即征收征用,而并没有在此之外还允许可与征收征用并列的一种所谓拆迁。即使进行征收和征用,也必须符合三个严格要件,即必须为了公共利益,按照法律的程序进行,并给予补偿。所以,草案第68条在措辞上容易造成混乱,使人认为在征收征用之外国家还有一种所谓拆迁的独立权力,只要不是非法的便可以不受法律禁止。实际上,宪法并没有承认一种独立意义的"合法拆迁"的存在,而只有

---

① 参见《德国民法典》第三编第一章第861、862条以及作为限制的863、864条;第三章第四节"基于所有权产生的请求权"。

一个命名为"征收征用"的公权力。物权法强调对非法拆迁的禁止不是坏事,但是应该放到征收的项下来处理。

作为旨在"明确物的归属"、"发挥物的效用"、"维护社会主义市场经济秩序"、"维护国家基本经济制度"的法律,《物权法》起草确实是我国社会经济生活中的一件大事。我国当前《物权法》起草,不仅与目前正在进行的市场经济建设息息相关,为建立社会主义市场经济法律体系立法目标的重要一环,而且也是我国社会向市民社会文明转型历史中的一个立法事件,因此认真向社会广泛征求意见,耐心地讨论其中重大的原则规范问题包括涉及的规范技术问题,是这部立法是否具有合理的市场财产基础法品质的保障。所以宜缓而不宜速,切不可一味追求立法神话而遗留下致命的立法缺憾。在加入了WTO的今天,我们更有责任使《物权法》成为国际社会见证中国已经无争议地成为市场经济体的证据而不是相反。

总之,物权法应该成为我国市场化的法权基础。可以想见,这部草案遇到的批评与赞誉会一样多。一个重要的问题是,立法机关能否收集到足够的信息,进行足够从容的思考,在不久的将来拿出一个更完善的修改稿来。

拾肆　物权立法的合宪性问题[①]
——评物权平等保护原则违宪之争

一、引言:问题的提出

"物权立法的合宪性"这一话题,在最近一个时期格外惹人瞩目。前些时间,在这方面出现了一些有趣的争论。2005年8月12日,北京大学法学院法理学教授巩献田在网上发表了一封公开信——《一部违背宪法和背离社会主义基本原则的〈物权法〉草案》(以下简称公开信)。巩先生在他的公开信里主要阐述了四个观点:第一,《物权法(草案)》提物权平等,而不提公有权神圣,是对《宪法》第12条和《民法通则》第73条关于"社会主义的公共财产神圣不可侵犯"这一核心条款的废除,是违宪的;第二,草案在形式上是平等保护全国每个公民的物权,核心和重点却是在保护极少数人的物权,是将富人的汽车洋房与乞丐的要饭棍平等地保护;第三,草案背离社会主义原则,开历史倒车;第四,"草案将会导致国有资产进一步流失"。[②] 所以,在这封信中他至少提了四个批判,但是从这封信的标题就可以看到,最引起法学界和立法机关注意的,是他将物权法的合宪性问题用尖锐的方式提了出来。

这封信产生了巨大的反响。就法学界而言,从媒体见到的郑重其事的集体回应就有三次。一是,2005年末在扬州召开的中国民法研究会年会上,一批民法学者联名上书中央,要求立法机关排除不必要的干扰,恢复《物权法》正常的制定进程,而且表示"大家都很气愤","如果物权法起草工作因此被搁浅,将会引起整个民法典制定进程的停滞"。二是,针对公开信认为《物权法》没有在防止国有资产流失方面有所作为,2006年2月17日,中国法学会

[①] 本文系2006年3月16日作者应邀担任中国人民大学"民商法前沿"演讲人的书面整理稿,原刊于《中国法学文档》2006年第1期。

[②] 参见巩献田:《一部违背宪法和背离社会主义基本原则的〈物权法〉草案》,该信在网络上广泛传播,读者可通过关键词检索。

召集法理学专家、中央党校的有关学者、民法学专家,就"物权法与国有资产的保护问题"召开小范围的研讨会。参与《物权法》起草的部分学者与会。会上对《物权法》草案与维护社会主义公有制、与国有资产保护、与"三个代表"的关系等进行了研讨,并形成书面意见上呈中央。三是,2006年2月25日,中国民法研究会和中国人民大学法学院联合召开"物权法与中国和谐社会建设"研讨会。报道说,这次会议被视为2006年2月17日研讨会的延续,围绕建设和谐社会、如何制定和完善物权法再次研讨。出席研讨会的几乎囊括了国内所有顶尖民法学学者,与会专家学者一致呼吁,目前的物权法草案已经成熟完善,应该尽快启动立法审议程序,确保《物权法》尽快施行。[①] 另一方面,支持公开信的也有一些人,在"乌有之乡"网站可以看到类似言论。[②]

到目前为止,法学界包括民法学界的一些同行作出了很好的回应或者说深度讨论,各方面的意见都有,但是我感到仍然有讨论的空间和必要。下面我主要集中谈物权立法的合宪性问题,在我们大力提倡法治、宪法至上的今天,宪法和法律、宪法和立法的关系确实是一个需要厘清的课题,而这个问题在我们以前的民事立法中讨论不是很深。对于巩献田先生提出的国资流失、实质平等的问题,我在最近在对外经贸大学和中国政法大学的讲座里有具体回应,基本结论是不赞成他的论证,有兴趣的读者可从网络读到,在此不复赘言。

二、讨论关于"物权法草案违宪"批评的三个前提

(一)第一个前提,应去情绪化地认识有关批评意见的性质

良性的讨论需要一个去情绪化的解读视角,应该以一个冷静的心态看待对手提问。我看到网络上关于这场讨论的一些讨论,反对的支持的都有,但不少是带着情绪的。比如说有撰文说要"剥巩献田的皮",这种文风难说里头没情绪。更有从动机论上指责,说某人不过是想"搏出位",捞点钱,让所有的中国人知道法学界还有他这么一位兢兢业业的老教授。当然,有情绪也是可以理解的,古人云,道不同不相与谋嘛! 不过,如果我们认为有必要而且也可以用讨论的方式来解决争论的话,那么情绪化的批评应该不是有效的方式。

[①] 参见赵蕾:《一封信挡住物权法草案?》,载《南方周末》2006年2月23日版。
[②] 最近我在网上看到的一个资料是2006年3月5日支持者举办的一个的论坛讲座资料,题目是《谈谈〈物权法(草案)〉的若干问题》,发言人包括北大、人大、法大的几位法学教授和经济学教授。

我以为,针对公开信提出的批评加以讨论还是有必要的。应该注意这样一种背景,自 2005 年 7 月立法机构就《物权法草案》公开征求社会意见以来,《物权法草案》讨论本身即成为此次物权法立法的一个重要部分。按照立法机构的说法,这种广泛征求社会意见的方式是为了实现立法的民主化和科学化。所以正在进行的针对物权法的讨论以及对这些讨论的处理方式,都具有特殊的意味,是我们观察立法民主机制的平台。实际上,在我看来,巩先生的公开信既然是在立法机构公开征求意见的倡导下发生的,我们就应该将他的意见当作一类立法意见来认真对待,而不能看作是出风头、无事生非。在某种意义上可以说,巩先生是在尽一个公民的职责,是在呼应立法民主化、科学化的举措。他提出来的问题、提出问题的方式和有关的回应,都已经成为此次《物权法》起草中的重要事件,它们与物权法本身一样值得研究。民主的对话方式,首先应该采取宽容的对话心态,要有耐心地心平气和地与人商谈的心态。即使对手提问的方式咄咄逼人,观念上让你受不了,还是应该讲道理。

(二)第二个前提,讨论应该采取规范的方式

既然是立法讨论,那么就应该按照立法讨论规范进行,检讨立法原则、程序也好,检讨具体内容也好,应该称得上一种科学的或者说合理论证的立法政策辩论。立法讨论最忌讳的地方,就是采取自设正确或者假想前提的论证方式。所谓自设正确,是指批评者先自我设定或者说武断认定某种正确的讨论前提是什么,然后说对方背离了它,然后对于背离者作出否定。在这里,我不是说,要绝对反对意识形态式的论证,只要有人提到社会主义字眼就是自设正确。

实际上我承认"社会主义"这一意识形态术语不是与中国目前的立法讨论无关的。网上有很多人对于公开信用"社会主义"一词说事比较不满,认为这是"文革"遗风,"恍若隔世"。但是不要忘记了,社会主义意识形态术语从中国现有的政治法律结构、从宪法和基本法法律文本来说,并不失为说事的论据呢。因为,中国现行《宪法》里面屡屡提及社会主义,特别是在序言宣示"坚持社会主义道路",在总纲第 1 条确立"中华人民共和国是工人阶级领导的、以工农联盟为基础的人民民主专政的社会主义国家"。就此而言,谁能够否定它是中国立法论证的有效依据呢?

但是,我要特别强调,即使使用社会主义意识形态作为论证前提,也绝对不能采取自设正确的方式,谁要使用社会主义意识形态作为论证前提,谁就同样有义务首先必须能够有效地给出论证,中国宪法中使用的社会主义一词应做何解,而不能任意解释,然后强加于人。遗憾的是,在公开信里,批评者不时存在这样一种严重缺陷:随意设定自己单方面作出的某种意识形态理解的正确性,然后对《物权法草案》进行指责。比如说,公开信指责,草案迎合了资本主义民法原则和资本主义全球化以及新自由主义经济学谬误,在"奴隶般地抄袭资产阶级民法",背离了马克思主义的社会主义立法原则和传统,同西方资本主义的立法原则和传统没有什么根本和原则区别。但是这种指责的前提,所谓马克思主义的社会主义立法原则和传统应该如何理解而且这种理解为什么正确,在很大程度上批评者没有给出有效论证,因此等于是自设的。此外,就立法讨论而言,只有经得起现实分析的意识形态才能成为论证依据。虽然我们并不排斥意识形态式的讨论,但这种意识形态论不应该是终极的,立法论证更应建立在社会合理需要的论证上,意识形态也应服务于现实社会的合理立法诉求。

(三) 第三个前提,应该承认公开信发起的讨论属于物权法的范畴

巩献田先生在最近的一些文章中对于有批评者说他不够专业有些愤慨。我觉得可以理解,应当承认,公开信的问题并非不具有专业性。巩先生特别强调,他反对的是整部法律的基本原则和精神,而不是具体的技术问题,《物权法草案》中的绝大多数条款(要素)和具体原则是对的和好的,但是一旦纳入整部法律(系统)后就发生质的变化了。"我反对整部法律的基本原则和精神,并不反对98%的条款"。可见,巩先生在公开信已经限定,自己是针对这部《物权法草案》的基本原则和精神加以反对的。只要我们承认物权法存在基本原则这样的东西,那么我们就不能说他的提问不属于物权法的范畴。尽管他的论证有时游离在立法论证规范之外,但是他关于物权法违宪的质问本身,却指向了物权法的基本问题,如果我们承认《物权法》制定必须考虑与宪法的关系的话。

具体来讲,关于《物权法草案》违反宪法的置疑,体现在公开信的两个观点中,即第一个观点和第三个观点。在第一个观点中,公开信认为,《物权法草案》对《宪法》第12条和《民法通则》第73条关于"社会主义的公共财产神圣不可侵犯"这一核心条款的废除是违宪的。所以这一观点提出的显然是直接的违宪置疑。在第三个观点中,公开信认为草案背离社会主义原则,开历史倒车。这个观点与宪法问题也有关联,由于社会主义是宪法多次使用的一个意识形态术语,所以它间接置疑的实际也是《物权法草案》违宪问题。

三、认真讨论关于"物权法草案违宪"批评的三个意义

(一) 第一个意义,践行立法民主政治

认真对待和讨论巩先生的公开信,属于当前立法民主化方略能否践行的一个体现。最高立法机关在《物权法》起草中亮出了立法民主化、科学化的架势,广泛征求社会意见,让世人瞩目。这种采取立法讨论的做法,可以发掘

和辨析各种立法信息,有助于立法政策合理的形成和决断。这是立法专断走向立法民主的体现。《物权法》起草如果真的能够贯彻广泛接受立法社会讨论的初衷,那么可以看作是中国立法模式开始由中央独断立法体制转向社会协定立法体制的一个标志。特别是物权法这样一种法律,它本来就不是在政府和个人之间建立关系规则的,而主要是在个人之间建立关系规则的,就政府而言确立的是一个政府不能任意干预、参与的范围,一个适度隔离政府管制?就个人而言确立的是主要由私人依据规则自行合作的空间。因此,就更需要社会成员的广泛立法参与。

在此解释一下社会协定立法及其意义。社会协定立法属于社会控制论决策系统的范畴,是当今社会政治体系中通行的立法模式。在这种模式里,立法结果不是出自立法机关的擅断,而是被涉及的社会成员互动式参与讨论的"共同"结果或者后果;法律秩序不是在立法机关的单纯想象中制定的,而是在受到影响的主体相互信息沟通和利益妥协中产生的。立法机构虽然仍然拥有最后的立法权,可以决定是否通过一种法律,但是立法内容的形成取决于社会讨论。这种立法模式是现代政治哲学和立法学的见解产物,其哲学或者说政治学的基础是:任何一个行动者,不论是公共的还是私人的,都没有解决复杂多样、不断变动的问题所需的所有知识和信息;没有一个行为者有足够的能力有效地利用所需的工具;没有一个行为者有充分的行动潜力单独地主导控制系统。① 另外,这种立法也易于执行或遵守,因为任何立法在随后执行的过程中,都是要与其涉及的社会成员,包括政府、社会组织、私人部门等发生互动关系,立法者为了避免将来实践时被动,最好的办法莫如立法时就采取主动放权和社会合作的方式。在这个意义上说,开展普法不如开展立法讨论,普法更像是一种排除民众参与或者愚民的立法及其实践的补救措施。

公开信的主人勇于而且愿意在立法机构公开征求意见期间作出尖锐置疑,从发言的时机上看,是对立法讨论的一类发动和参与,完全称得上是立法讨论的正当参与。这不正符合本届最高立法机关公开《物权法草案》,确定物权法采取立法民主化、科学化方略的初衷吗?所以,认真对待公开信的意见,是认真对待立法讨论、立法民主化的当然逻辑。看起来,目前立法程序放慢一点,如果是为了认真讨论这些问题,并且是要真正地民主式地讨论这些问题,绝对是一件好事情。立法高层千万不要因为社会主义原则、宪法"神圣"、实质平等、国资流失这些字眼就缩回去,放弃立法民主、科学化的初衷,

---

① 参见〔英〕R. A. W. 罗茨:《新治理:没有政府的管理》,由杨雪冬译自 http://www.law-thinker.com/new.php?id=565。

而是应该继续保持公开接受讨论的勇气,是谓广开言路,言无禁忌。如果道理存在于巩先生的一方,那么我们就应该在物权法中还他一个说法;如果道理在于起草一方或者其他什么人,而这些道理将导致我们的物权法应该与巩先生的所理解的意识形态或者其他什么东西决裂的话,那么从民主的立法初衷来说,就应该毫不犹豫地走下去。

(二)第二个意义,厘清立法和宪法的关系

公开信关于"物权法草案违宪"的置疑,并不是针对一般的法学问题,从法治原理以及宪法政治角度来说,这是立法者绝对不能回避的讨论。中国是个成文宪法的国家,1982年《宪法》第5条规定:"国家维护社会主义法制的统一和尊严。一切法律、行政法规和地方性法规都不得同宪法相抵触。一切国家机关和武装力量、各政党和各社会团体、各企业事业组织都必须遵守宪法和法律。一切违反宪法和法律的行为,必须予以追究。任何组织或者个人都不得有超越宪法和法律的特权。"1982年《宪法》几经修改,1999年《修正案》第13条规定:"宪法第五条增加一款,作为第一款,规定'中华人民共和国实行依法治国,建设社会主义法治国家'。"由此,中国宪法确立了法治原则和宪法至上原则。

公开信关于"草案违宪"置疑的逻辑路线是,既然一切法律、行政法规和地方性法规都不得同宪法相抵触,那么《物权法草案》就必须完全依从宪法规定来起草,那么现在去掉《宪法》上第12条"神圣"标签就是违宪行为。这个问题不能不说提得非常尖锐。在最近一个论战言论中,巩先生还再次质问:"有的朋友问,既然物权法有'比比皆是的条款'规定了对于公共财产权利的保护,那么为什么非要写上'社会主义公共财产神圣不可侵犯'这一条呢?那么,我就要问,既然保护公共财产的条款'比比皆是',为什么就单单不写这一条呢?只要写上这一条,并不需要'比比皆是',因为民法主要是规范公民和法人财产权利的,只要把我国社会主义关于财产权利的最重要最基本的原则,也是公民、法人财产权利的保障和前提的这个条款写上,那不更节约条款吗?"①所以,《物权法草案》如何对待现行宪法有关条款及其表述,确实是一个需要加以合理回答的问题。

(三)第三个意义,深化对物权法意义的认识

从《物权法》的立法主旨的角度,这提醒了我们确实存在意识形态的讨论必要。所谓意识形态,可以说就是对某种社会形态的追求和主张。中国立法起草过程提出意识形态讨论,物权法绝对不是第一次,也绝对不会是最后

---

① 参见巩献田:《强调保护国家财产就是"不保护"公民个人合法财产吗?问〈物权法〉草案某些起草者》,该文可在一个叫"乌有之乡"的网站读到。

一次。任何民事立法就都不只是规则简单的技术安排,必然同时涉及社会的根本利益安排,物权法作为民法一部分,指向的是基本经济制度,或者说经济制度的根本安排问题,所以,物权法立法目标的讨论势必触及观念、意识形态的抉择层次。① 民事立法在中国历来都是一个事关国家意识形态的尖锐问题,在晚清和民国时期,是一个是否以及如何由等级的、国家完全控制的封建主义向市民社会化转变的转型问题,而在1979年以后的中国则是一个是否以及如何从政治国家泛滥、计划支配经济的极端社会主义向释放自治、经济市场化转变的转型问题。

公开信显然是提出了这样一种意识形态的讨论要求。过去,通常是国家经济和政治领域的改革派积极地利用各种立法机会,包括修宪时机,提出重新讨论有关社会形态、政治形态的观念的要求,而保守派往往对之讳莫如深,而这次是保守派在原教旨主义的立场主动挑战,这不是一件好事情吗?所以,认真回应公开信的质问,可以在观念的层面深化对物权法的当前定位认识。实际上,这场讨论完全应该在多角度的意识形态的方面充分展开。《物权法》起草包括公开征求意见中,提出进行意识形态层面讨论的,其实不止是巩先生一人,而是有很多的人。巩先生只是以一个历史回声的立场提出主张,而在这之前之后出现了或者正在出现许多其他立场的有关社会形态的愿望。如果我们只注意巩先生的意识形态要求,而不理睬其他人的主张,这就完全谈不上立法讨论和立法民主化。

《物权法》起草中存在很多其他讨论。有的是技术性的,比如围绕占有设计、居住权确立、典权存废、物权行为的去留等进行讨论。但是在《物权法》和《民法典》的起草过程中,始终存在一种关于市场化的主张,并由此对《物权法草案》展开了激烈的或者委婉的批评。比如,江平教授提出,《物权法草案》存在财产权利的城乡二元分割的反市场化问题,尤其在土地问题上,现在面临的主要问题只是如何进一步开放。随着市场化进程的提升,越来越需要扩大土地的流转范围。② 苏永钦教授则对于中国农村地权制度是否预设一种新封建主义表达了深刻的忧虑,并且还对于财产自由化和松弛物权法定主义抱有期望。③ 梁慧星教授对于《物权法草案》的现代化程度不足有所批评,他屡次呼吁应重视让与担保等制度的确立。④ 孙宪忠关于国家所有权

---

① 1986年《民法通则》制定前后所谓"民法与经济法之争",便属于这种类型。
② 参见江平:《主要问题是财产权利的城乡二元分割》,载《南方周末》2005年7月21日。
③ 参见苏永钦:《物权法定主义松动下的民事财产权体系》,载《月旦民商法杂志》2005年6月第8期。
④ 参见梁慧星:《对物权法草案(第四次审议稿)的修改意见》,载《中国法学文档》2006年第1期。

制度向旧理论退让也作出了批评。① 还有其他学者关于不动产登记应朝市场化方向统一和简化的呼吁,等等。这些关于进一步市场化的要求,与巩先生的要求针锋相对,《物权法》的立法者也应该予以足够的重视。

那么,为什么唯独巩献田先生的争论如此引人注目呢？我想大概是因为,在这次《物权法》起草中,尽管存在一些犹豫,但是主要的起草专家在意识形态上大抵取得了默契,那就是市场化,原本的争论只是程度和步伐问题。但是巩先生的公开信不一样,在这场立法讨论中,他因发出历史的回声而成为另类,所以引起广泛关注,甚至遭遇一片喊打。但是我们应该有这样的意识,所谓民主商谈,应该是各种异议的汇合之协商的过程,所以立法既然民主化,立法讨论也就不能成为主流思想的一言堂,始终应该采取耐心对话的态度。改革的成功不是一种新思想、新方式对于旧思想、旧方式的简单压制、取代,而应该是使之悦服、让步——即使不让步,也无须镇服。反过来也应该是这样。

何况,在这次论战中,公开信提出来的问题,正好可以让我们好好思考一下历史和法治这些极有价值的论题:我们怎样对待历史中的意识形态遗产,怎么样理解宪法之于改革立法的权威,怎么样对待现实难题？从某种意义上说,公开信正是在历史的意境和现实的忧虑的双重背景中,使用了最明确的话语,重新搬回当前社会和法律改革的礁石——某种形态的社会主义原则或者社会主义还要不要？宪法中的"神圣"标签还尊重不尊重？这些问题是作为持有市场经济观念的《物权法》起草者休想绕过去的,是作为基本财产制度安排的物权法休想绕过去的。《物权法》起草,如果是打算以立法名义来达成某种改革安排或者说确立改革成果的话,那么它的成功首先取决于某种意识形态的确立。

江平先生敏锐地看到了这一点,如是说:"我们现在面临的是有关改革开放的第三次争论,这位教授本人也曾公开表示过,其实主要并不是对物权法有意见,主要是对改革开放有意见,改革开放了,削弱了国有企业,削弱了国有资产的地位,扩大了民营企业,加强了私有制的保护,因此这是违反宪法的。"②

---

① 参见孙宪忠:《中国当前物权立法中的疑难问题》,载《社会科学论坛》2006年第1期。
② 蒋安杰:《物权法草案因公开信搁浅学界首度回应违宪质疑》,载《法制日报》2006年2月28日。

四、有关回应及其不足

（一）关于草案违反《宪法》第12条置疑的回应

依据《宪法》第12条"社会主义的公共财产神圣不可侵犯"的规定，公开信认为，《物权法草案》拿掉了"神圣"，废除了《宪法》和《民法通则》中调整财产关系的最核心条款"社会主义的公共财产神圣不可侵犯"，实质上妄图用"私有财产神圣不可侵犯"的精神和原则取而代之，这是违宪行为。换言之，《物权法》去掉公有财产"神圣"，便是违宪。在公开信所有的批评中，这个挑战最难应付。《物权法草案》当然不能违反宪法。任何法律都不得与宪法抵触，在程序上在内容上都不能违反宪法，这是毋庸置疑的现代法治原理。从这个意义上而言，巩先生的这个论证角度是立基于立法常识的。

从媒体报道看，有关民法学家作出的回应是："在商品流通领域，国家财产、个人财产要神圣就都神圣。马克思说过，商品交换是天生的平等派，只有对所有财产平等保护，商品交换才能进行，市场经济才得以建立。"①这段商品经济或者市场平等论，在当前民法和经济法论证时曾经起到一言九鼎的作用。但是在这里，就《物权法》去掉公有财产"神圣"是否便是违宪的质问而言，显而易见其回应力度不够，而且还有些"王顾左右"的意味。既然宪法上白纸黑字只写了公共财产"神圣"，这种情况下硬要去讲个人财产神圣就有点拿着鸡蛋碰石头的味道了，既然宪法高于一切，那么抬出马克思的语录也是没有用的，因为只要马克思的这段平等论没有明确写进宪法，那么写进了"中国宪法"的"公共财产神圣"就可以通吃，哪怕是经典大师！

比较起来，宪法学界的一些回应更有针对性。中国人民大学韩大元教授认为，考察物权法的宪政依据问题，主要看法律基本原则、价值取向和规定上是否符合宪法的原则和宪法精神。如果宪法不保护私有财产权，宪法就失去了现代价值，宪法从1982年开始几次修改，它对私有财产地位的肯定是不断进步和发展的，在宪法学者看来，宪法上的财产权是基本权利，而基本权利的核心价值是针对公共权力而言，即公共权力不能滥用，这是宪法规定的财产权基本目的。从宪法实施的这样一个过程来看，从实现国家尊重和保障人权的基本要求来看，若立法机关不及时制定《物权法》，造成宪法保护的公民权利得不到有效保护的时候，会带来很多问题。② 不过，这种回应在为什么可

---

① 赵蕾：《一封信挡住物权法草案?》，载《南方周末》2006年2月23日。
② 参见蒋安杰：《物权法草案因公开信搁浅学界首度回应违宪质疑》，载《法制日报》2006年2月28日。

以拿掉公有神圣标签问题上还是回答不够直接清楚。

(二) 关于草案违反社会主义原则的置疑的回应

公开信认为该草案背离社会主义原则,开历史倒车。民法学家,尤其是老一代的毕竟是经过政治风浪的,对于这种论证方式的威慑力看得比较清楚。所以,他们几乎都明确表示与巩先生一样,坚持社会主义的意识形态立场。所不同的,他们不赞成公开信的原教旨主义解释立场,提出了一种发展的解释观。我特别拜读了一些回应。比如王家福先生,他是这样回应的:"《物权法》的制定,关系到中国社会主义初级阶段的基本经济制度的巩固和发展,关系到我们改革开放成果的巩固和发展。我们从单一的公有制变成社会主义初级阶段以公有制为主,多种所有制形式共同发展的模式,是社会主义运动的重大进步。这个制度需要有物权法固定下来,把它规范下来。物权实际也是人的基本权利,如果没有健全的物权制度,我想人不可能有尊严和体面的生活、物质财富。物权法的制定对中国的健康发展都有极其重要的意义,对今天中国融入世界经济,对改革开放也有很重要的意义。"①在这里,王家福先生提出了一个从"社会主义运动的重大进步"解读社会主义的视角,并且暗示了中国已经融入了世界经济,中国面临人权的财产意义的确立问题。另一位民法界的元老江平教授回应说,"必须制定一部既体现改革开放,也符合科学精神的《物权法》,倒退式的《物权法》我不赞成。"②论证方式上也大抵相似,不过他回避了社会主义这个术语,大概是想使得论战更留有余地。当然,这些回应虽然精彩,但对于有关合宪违宪的问题并未作出有针对性的分析,还有再讨论的余地。

五、我针对"物权法草案违宪"置疑的两个回应

下面,我谈谈自己对于公开信有关《物权法草案》违宪的置疑的看法。在这里为了讨论的方便,我颠倒一下回应问题的顺序,先谈《物权法草案》违反社会主义原则的问题,然后再谈《物权法草案》违反宪法第12条的问题。

(一) 对"草案违反社会主义原则"置疑的回应

公开信认为《物权法草案》已经违反了社会主义原则,在这里,他的实际质问是——社会主义还要不要。因为巩先生的意思包含了两个判断,一个是

---

① 《民法学者首次集体公开回应"物权法违宪"质疑》,载《中国青年报》2006年2月26日,http://www.cymedia.com.cn。

② 同上注。

事实判断,另一个是价值判断,事实判断是说草案违反社会主义原则,而价值判断便是这种违反是不对的。这样一来,被提问的人似乎只有要和不要的选择回答了。我当然不会回答不要,大家应该相信,我还是有些政治智慧的。至于其他物权法专家,我想也一定不会回答不要社会主义原则。

  在这里,我要就巩先生的前提先纠缠一下,我要反质问他,你怎么能够认定《物权法草案》就违反了社会主义原则呢?或者说,违反了宪法上屡次提到的那个社会主义术语呢?这样一来,巩先生就有了解释义务,因为我指出了一个法律争诉的常规,谁主张谁举证嘛!这个义务是一个宪法解释义务,巩献田先生认为《物权法草案》违反了宪法上的社会主义原则,那么宪法解释的义务应该是他的。宪法解释是门艰深的学问,对于这门学问,由于我们国家的宪政实践还比较薄弱,所以基本上还是空白的。现在巩先生引出了这样一个解释要求,就必须运用好这门学问。那么,他首先应该解释清楚宪法上的那个意识形态术语"社会主义原则"或者"社会主义"是什么意思。遗憾的是,现行宪法中没有任何地方给出了明确定义。在这种情况下,巩先生要给出一种"就是这样"的宪法解释恐怕就有困难了。好的,现在我们退一步,允许他超出宪法文本去解释,甚至可以去思想智库寻求解答,比如说在"马、列、毛、邓"还有当代的"江、胡"等社会主义政论家那里求证。但是我要提醒他两点:第一,这些政治理论家之间也有差异,不太容易找到一个并无二致的答案。比如说,我们到目前为止,都还不太容易说清楚"实践出真知"、"摸着石头过河"、"与时俱进"这些不同时期的智慧术语的实际所指,这些术语倒暗示了社会主义是一种开放的实践形态,关于社会主义的解释,原教旨主义的做法要不得。第二,这些人都承认真理主要存在于人民那里,所以他还应该同时去十四亿或者六十亿人民那里去提炼。

  那么这是一个多么大的工程?所以,我看巩先生恐怕一生也穷尽不了这项关于社会主义定义的研究。一本论语就让多少老秀才白了头啊!也就是说,巩先生对于现行宪法上说的社会主义一时间并不能给出所谓正确的界定,甚至说,凭其学识和精力恐怕也不可能给出所谓正确的界定,那么还是留待在实践中由我们的"人民群众"一起去摸索、开创、试验吧。实际上,公开信上除了自设正确之外,也确实没有给出一个有关宪法上的社会主义的充分的论证解释。既然都还说不清楚宪法中的社会主义一词何谓,巩先生怎么可以一下子就说,《物权法草案》违反社会主义原则了呢?草案违不违反社会主义原则这个问题因之只好讨论,但讨论归讨论,在讨论不出结果之前最好作无罪推定。这个问题也只好搁置起来。所以,我的结论是,社会主义当然要,但是从宪法解释学上来说,社会主义是什么你巩先生也还说不清楚,所以至少你不能给《物权法草案》简单地戴上那顶"帽子"。

（二）关于"草案违反《宪法》第12条"的回应

《物权法草案》没有重复《宪法》第12条"社会主义的公共财产神圣不可侵犯"中的"神圣"标签，是不是违宪？或者说，《物权法草案》置《宪法》第12条的"神圣"标签于不顾是不是后果很严重？法律不能违反宪法，这是巩先生的认识，这说明巩先生关于宪法是基本法的意识很敏锐。而《宪法》第12条的确有"社会主义的公共财产神圣不可侵犯"的措辞，巩先生也敏锐地看到了。一般来说，如果照搬宪法上的条款到部门法，应该严谨得一字不能少，否则就有违反宪法之嫌。现在巩先生发现《物权法草案》恰恰就找不到神圣两个字。宪法上社会主义公有财产神圣的独特表达，变成了《物权法草案》的第46条的"国家、集体和私人所有权受法律保护"。社会主义的公共财产专有的神圣没有了，但是能否说这就是违宪呢？又是一个复杂的问题。应该说明，在此，论证为什么拿掉神圣标签的义务应该在《物权法》起草者的一方，因为是他们拿掉了"神圣"这一个宪法用词。我看可以从两个方面说明理由。

首先一方面，起草者可以辩解说，宪法上的"神圣"二字应该是指"绝对"，因为在西方的民法理论（但不是法典表述）中，近代之始曾有过"私有权神圣"的说法，所以中国现行宪法的"公共财产的神圣"的表达应该也可以理解为是在这种绝对的意义上做出的。如果说"神圣"只是指"绝对"，那么《物权法草案》在这个问题上好像并没有否定绝对。草案第46条后一句确立了一般意义的财产的绝对受保护原则，即"禁止任何单位和个人用任何手段侵占或者破坏国家、集体和私人的财产"，实际上表达了各种财产绝对不受侵犯的意思，"禁止任何单位和个人用任何手段"就是指绝对。在《物权法草案》中，公共财产在保护上几乎没有受到其他限制，所以财产的绝对保护原则没有松动，而私有财产由于受到征收征用等限制，使这一绝对被相对化了。换言之，这一财产绝对化原则，就公共财产而言，草案几乎完全贯彻了下来，并没有在其他条款中走向相对化，在公共财产的范围、行使和保护的问题上还没有看到哪个条款使之与过去相比相对化了，倒是个人所有权、个人产权的保护有很多相对化的条款，比如说草案第48条和第49条的征收、征用主要是针对私产的而不是针对公共财产。所以，草案第46条虽然没有强调公共财产在绝对性上与私产有所区别，但实际规定上是有区分的。《物权法草案》还特别清楚地宣示维持国有经济的优势地位。草案第50条说"国家维护公有制为主体、多种所有制经济共同发展的基本经济制度，发挥国有经济在国民经济中的主导作用，巩固和发展公有制经济，鼓励、支持和引导非公有制经济的发展"。这里还要顺带说一句，就是在近代西方民法典，也没有直接用过绝对这样的字眼，更谈不上神圣这样的出自神话一般的术语，绝对或神圣这样的表述只是学者们从条文中归纳出来的。为什么不用这样的字眼呢，因为这种词太过抽象、模糊,无法操作。再补充一点,西方民法上的财产绝对化原则在今天已经受到社会化的修正。

其次一方面,也许巩先生非要坚持说中国宪法上的"神圣"二字,与"绝对"还不是一回事,而是另有其解,应该固执地从字面的意思去解,是指神殿里神圣那样的神圣不可侵犯。那我就要反质问他了,这个宪法上的公共财产神圣,难道真是指这个神殿里、云里雾里的神啊圣啊的什么的吗?难道中国现行宪法制订者是一群神秘主义的教徒?这可不是共产党人的解释作风。共产党人不信神,更不应该信装鬼弄神的东西。所以,我们应该可以断定中国宪法中的"神圣"二字,绝对不能采用这种神话式的语义解释。如此说来,"神圣"两个字入宪,如果非要说不是指绝对的话,那么与其理解为神秘主义思想的表达,还不如看作一类用词夸张。所谓夸张,就是指一种放大的语气,或者说,一种虚词意义的表达,就像"啊"、"噢"这样的用词一样。

讲到神圣的问题,我们应该回顾一下政治学和哲学的发展轨迹。我们知道,过去或者说早期人类文明的一段时间,人类曾经处在信仰时代,神圣之于人类确实占据过重要的位置。国家权力或者说政治权力的论证基础,一度是君权神授。一些人借助装鬼弄神,什么高祖斩白蛇之类,来神圣化政治权力,神圣化帝王的权威,号称天子或者其他什么。14、15 世纪的文艺复兴,16 世纪的宗教改革,17 世纪的科学革命,以及 18 世纪的启蒙运动,奠定了西方现代社会思想的形成,西方进入了理性时代。西方的理性主义推掉了自然神和上帝神,但又发展出来一个理性神——并一度建立了一个理性神殿。国家和国家权力被绝对理性化、绝对理性被神圣化。但是经过 20 世纪的痛苦经历和最后努力,当代的政治哲学已经清楚了什么叫做时间和认知的有限性,理性不再神圣,政治家开始接受为政的谦卑。"神圣"两个字被从政治学中勾掉。国王绝对不负责任已经从神话变成鬼话。所谓合理,只不过是建立在比较论证的基础上更有道理而已。现在的政治学口号是:在生活中试验!在试验中修改!人们不再固执于寻找恒久的基础,而是寻求非理性主义、非普遍主义的团结和幸福。正如罗蒂所说,所谓进步不过是原因发现的进步或者说语言描述上的成功而已,而不是什么真理的胜利。①

不幸的是,当代中国很多人还迷恋于这种神话生活,不仅乐于神化现实中的人物故事,而且也乐于神化现实中的国家、国家权力甚至是国家财产。实际上,这些年神话政治意义的公有实践导致了巨大的灾难。公有神话,首先意味着无休无止的计划、大跃进、全民大炼钢铁、粮食高高产。幸好,在付出巨大的代价之后,我们已经对此有所反思。其次,公有神话意味管理者腐

---

① 参见〔美〕罗蒂:《偶然、反讽与团结》,徐文瑞译,商务印书馆 2003 版。

败和经营者低效,国有资产大量流失、无限损失。"华源"那样的神话国有企业到处都有,最后为了不让神话幻灭,只好组织抢救、"火线重组",买单的最初是国家,最终是老百姓。① 仅在 2004 年,中央企业清产核资出各类损失 3521.2 亿元。② 国有政策银行和商业银行既是国资流失和损失的主渠道之一,又是最终的形式上的承担者,于是建立信大、华融、长城、东方资产管理公司,将不良资产不断地剥离,然而终究是障眼法,挡不住不良资产不断地成倍再生。8%的国际标准的资本充足率,成为中国的国有银行永远不可达到的目标(根据一份 2000 年的数据,中国建设银行当年的资本充足率是 5.37%,如果除去国家的政策举措因素,包括降低所得税、补充资本金等,最后甚至达不到 3%)。最后没有办法,国有商业银行只好上市了。最后,公有神话意味国有公害的泛滥。中国这些年企业公害已经到了令人恐惧的地步,而其中的原因部分是国家管理机器的失职,部分则是公有财产失于管理。类似中石油吉林石化双苯厂爆炸引发的巨大公害比比皆是。这种公害的特点往往同时伴随着信息隐瞒,剥夺受害人知情的权利,为什么呢? 因为要维护、美化神圣者的形象。公有神话,还刺激了权力寻租,滋生商业腐败。一篇关于房地产的文章说,尽管房地产行业成为中国当今炙手可热的营业,却几乎没有一家进入纳税 500 强的房地产企业。为什么呢? 因为权力寻租纵容了坏孩子,就好像马克·吐温《坏小孩的故事》的现行版。世界银行 2005 年 9 月中旬公布的全球 155 个经济体系的"营商环境报告",中国排名第 91,可见营商环境甚劣,其中原因之一就是贪污盛行。③ 公有神圣,还意味可以不负责任,尤其是对于环保、知识产权、劳动法可以漠视。所以,我们见到国企改制到境外上市,境外机构的一项特别要求就是我们这些国企必须提供符合环保、知识产权、劳动法条件的报告,原因便是我们的国企在这方面臭名昭著。总而言之,面对这台庞大无比的近乎垄断式的国有神话机器,"无人能够安心度日"。

六、一点补充:物权立法应在何种意义上尊重宪法?

公开信关于《物权法草案》违宪指责不能成立已经是很清楚的了,因为对宪法解释这门学问还没有掌握好,对于神圣政治论早已为历史遗物还没有认识到。但是,到这里为止,我并没有得出《物权法草案》就是合宪的结论。

---

① 参见《华源危机》,载《财经》2005 年第 24 期。一个只有自有资本 9.07 亿元的国控企业,竟然能够通过银行借贷并购投资达数百亿,最后导致大面积崩塌,只好由国资委主导善后减震。

② 参见《华源危机》,载《财经》2005 年第 24 期。

③ 参见林行止:《贿赂促进商务,公平竞争荡然》,载《财经》2005 年第 24 期。

《物权法草案》是否合宪,这个问题可以再讨论。

但我们现在至少可以说公开信的指责的论证是不成立的,所以我今晚的讲座目的已经达到了。还有点时间,我下面想简单补充说说物权法立法和宪法关系的处理问题,因为对于这个问题的认识,有助于我们明白《物权法》起草者在立法过程中应该如何对待所谓合宪问题的问题。这个问题展开来,包括以下一系列问题:物权立法过程中起草者必须毫无疑义地屈从宪法吗?起草者必须有义务正面论证草案合宪吗?或者如果起草者不给出这种论证,就可以推定草案不合宪吗?

首先,要认识物权立法和宪法的可权衡关系。

法律不得与宪法抵触,这是现行宪法的明确规定,物权法作为法律,也应该遵守这个原则,不得与宪法抵触。公开信在这一点上实际起到了提醒作用,因此还是有意义的。过去我们很多立法往往不太注意这个不得抵触宪法的前提,因此最后制定出来的法律也确实出了不少问题。

但是,这里需要提醒的是,法律和立法两个概念存在一些重要的区别,要认识到它们是不同的两个概念。法律是立法的结果,已经完成被赋予效力的过程,所以当然不能违背现行宪法。但是立法不同,指的是一个正在使法律产生的过程,所以在这个过程中重点考虑的应该是社会的合理规则需要是什么,在立法这个过程中宪法至上的原则不是唯一的,如果面临的社会需要与现行宪法相违背,那么就存在一个取舍问题,也就是说在立法过程中,会出现一个是需要修宪还是放弃立法的权衡。所以,立法可以不是简单地对既有宪法文本的屈从,而应该可以同时提出权衡的要求,必要时可以提出修宪的要求。目前正在进行的《物权法》起草属于立法范畴,是新法的形成过程。所以,在这个意义上说,如果即使公开信的观点成立,也不能说《物权法草案》就应该彻底搁置,而是应该作出权衡才对,也该同时反过来看看宪法有无修改的必要。大凡改革性质的立法都往往面临这样的情境。

其次,要认识到作为私法的物权法与其他法律又有微妙但重要的不同。

宪法作为根本大法,一方面确立国体和政体,另一方面确立公民基本权利,因此可以说是以民权为基础规范和限制国家权力的。法律区分公法和私法。公法由于直接涉及国家权力的行使问题,所以其制定必须有明确的宪法依据,立法者制定公法时,有义务论证其制定具有宪法依据。我们通常所说的违宪审查,便是多指向公法或者政府行为,主要在这个意义上警惕和防止公共机器超越宪法之外。但是我们几乎见不到有针对私法内容的违宪审查先例。这是因为,私法是划定私人生活的自主空间的,属于康德所谓的全部法律的内在体系和本来是不需要说出来的法律,宪法不仅不能直接去限制公民的私权,而且还必须将公民的私权确立和维护奉为宪法基本原则条款,包括尊重和保护个人自由及其财产的权利,所以私法制定无须顾及宪法上是否有明确授权依据的问题。所以,我们看到,在那些有成文宪法的国家,制定民法典并不需要在法典中明确其制定民法典的依据出自哪一条,便是这个道理,《法国民法典》、《德国民法典》、《日本民法典》等莫不如此。物权法属于私法,按理说应该只去规范那些纯属私范畴的财产关系,在这个角度也无须从正面寻找宪法依据,反过来,宪法应该致力于维护个人基本物权。由于涉及国家所有权、集体所有权、公有企业这些问题,现在的《物权法草案》才变得复杂起来。这时有两种选择,要么这些公有权利和企业形式彻底采取民事权利和民事主体的形式,如果这样就应该平等化;要么保持公有对个人权利和主体地位的优势地位,这种情况就接近于确立公权力了,那么倒反而要论证为什么公有应该有优势以及在什么意义上可以有优势,所以需要宪法的依据和限定。但不管哪种情况,就私权和私主体那一部分规定而言,起草者都不需要去论证宪法基础。现在公开信要求《物权法草案》应该维持公有的"神圣性",那么在这一点上,倒是巩先生就有义务去论证在宪法而言为什么应该如此。巩先生尽管举了《宪法》第12条,但是除了给人有点神怪的感觉之外,他并没有就这个字迹模糊的条文给出令人信服的解释。

七、几点结论:《物权法》起草的走向

从上面关于《物权法》起草违宪争论的讨论和分析中,我以为可以得出几个启发,这些也是对《物权法》起草未来走向的期望。

第一,《物权法》起草面临一个去神化的努力。

针对宪法中的许多抽象、模糊的用词,尤其是那些意识形态用语,不能陷入神话般的解释语境,而应该立足现实分析、现实实践,在生活中实践,在实践中生活,提炼智慧,发掘法律原则和规则。何况,今日之世界,从全球化和世界合作所发展出来的规则已经以一种国际法则的形式而被各国逐渐体认,在这个意义上,中国宪法的解释和发展也不能游离在我们加入或者融入的国际法则之外。另一方面,应该继续坚持立法民主,并以开放的心态就物权法涉及的意识形态展开深入讨论,这是使得立法合理的重要前提。

第二,不能只简单地使《物权法》立法屈从宪法,必要时也应使宪法与立法同步。

既然是立法民主化、科学化,那么就不应该预先用既定宪法条款锁定讨论和争论,而是应该充分尊重社会意见,形成一个社会协定基础上的《物权法草案》,在此基础上再来检讨与宪法的关系。如果发现无法通过宪法解释来支持物权立法的合理要求,那么就应该考虑宪法的适时修改了。也可在搁置

合宪争议的情况下,对《物权法》采取试行的办法,通过试行以观后效。立法或者说改革,千万不要被陈腐的宪法解释绊住了脚。

第三,打破立法迷信论。

这场广泛的呈现出许多难以确定意味的物权立法讨论,提示了我们立法其实是不过是各种信息、观念、利益和其他多方面的东西的作用产物,这也表明在复杂多变的世事面前,任何决断可能都只是具有相对的合理性。所以对立法、对法律都不可迷信。就目前的《物权法》起草而言,我们不应再抱有追求建立一个宏伟、永恒的法律体系的野心,因为这在当代政治哲学上是荒诞的,而是应该有智慧也有勇气去接受一个具有合作与妥协特质的法律架构。今天的立法学与美学相似,所谓美,便是指善变而言,法在今天只有善变才能顺应时世,合乎世理。前段时间公司法的大篇幅修改,即是这样的立法例证。

第四,《物权法》的起草面临一个实现国家善治的要求。

《物权法》起草要与国家善治的目标统一起来,在财产分配的领域促成这一范畴的国家善治。这次公开信提到分配不公的问题,应该说关心的问题很好,《物权法草案》在分配公正的问题上确实还值得进一步论证。我本人对于《物权法草案》在这方面也有很多疑问。但是公开信的立场却是依从了一种老掉牙的在政治哲学中已经沦为遗迹的实质主义公平分配论。对于分配的公正问题,罗尔斯的《正义论》有很深刻的研究。

"善治"是世界银行最新提出的口号,成为世界银行向第三世界国家贷款政策的主导思想,旨在改善政府管理。"善治"涉及:一种有效率的公共服务、一种独立的司法体制以及履行合同的法律框架;对公共资金负责地进行管理;一个独立的、向代议制的立法机构负责的公共审计机关;所有层次的政府都要遵守法律、尊重人权;多元化的制度结构以及出版自由。[①]

从中启发,就《物权法》起草而言,至少应着力两点:其一,力求最小国家的治理。减少公有应该成为《物权法》起草的考虑重点。因为为了实现公共服务中的效率,世界银行发现有效的办法是:鼓励竞争和市场的发展;改革公务员队伍,减少冗员;制定预算纪律;对国有企业实行私有化;下放行政权力;以及更有效地利用非政府组织。其二,致力于财产分配的公正,这种公正只能是某种程序性的。这些确实仍然是我们现在的《物权法草案》还没有得到很好的讨论和论证的方面。我认为,未来的物权立法必须花工夫讨论好这些

---

① 参见〔英〕R. A. W. 罗茨:《新治理:没有政府的管理》,由杨冬译自 http://www.law_thinker.com/new.php? id = 565。

问题。①

附录：讲座要点

* 为什么唯独巩献田先生的争论如此引人注目呢？我想大概是因为，在这次《物权法》起草中，尽管存在一些犹豫，但是主要的起草专家在意识形态上大抵取得了默契，那就是市场化，原本的争论只是程度和步伐问题。但是巩先生的公开信不一样，在这场立法讨论中，他因发出历史的回声而成为另类，所以引起广泛关注。

* 巩献田先生认为《物权法草案》违反了宪法上的社会主义原则，那么宪法解释的义务应该是他的。宪法解释是门艰深的学问，对于这门学问，由于我们国家的宪政实践还比较薄弱，所以基本上还是空白的。现在巩先生引出了这样一个解释要求，就必须运用好这门学问。那么，他首先应该解释清楚宪法上的那个意识形态术语"社会主义原则"或者"社会主义"是什么意思。遗憾的是，现行宪法上没有任何地方给出了明确定义。在这种情况下，巩先生要给出一种"就是这样"的宪法解释恐怕就有困难了。

* 也许巩先生非要坚持说中国宪法上的"神圣"二字，与"绝对"还不是一回事，而是另有其解，应该固执地从字面的意思去解，是指神殿里神圣那样的神圣不可侵犯。那我就要反质问他了，这个宪法上的公共财产神圣，难道真是指这个神殿里、云里雾里的神啊圣啊的什么的吗？难道中国现行宪法制订者是一群神秘主义的教徒？这可不是共产党人的解释作风。共产党人不信神，更不应该信装鬼弄神的东西。所以，我们应该可以断定中国宪法中的"神圣"二字，绝对不能采用这种神话式的语义解释。如此说来，"神圣"两个字入宪，如果非要说不是指绝对的话，那么与其理解为神秘主义思想的表达，还不如看作一类用词夸张。所谓夸张，就是指一种放大的语气，或者说，一种虚词意义的表达，就像"啊"、"噢"这样的用词一样。

* 法律和立法还是有一些重要的区别的，要认识到法律和立法是不同的两个问题。法律是立法的结果，已经完成被赋予效力的过程，所以当然不能违背现行宪法。但是立法不同，指的是一个正在使法律产生的过程，所以在这个过程中重点考虑的应该是社会的合理规则需要是什么，在立法这个过程宪法至上的原则不是唯一的，如果面临的社会需要与现行宪法相违背，那么

---

① 值得欣慰的是，我看到一则报道称，"吴邦国在今天上午进行的人大常委会工作报告中称，《物权法》列入今年立法计划。吴邦国在报告中称，目前，正根据各方面意见和建议，修改《物权法草案》，待条件成熟后再提请审议"（参见中国网2006年03月09日10:05消息）。看起来，立法机构关于物权法立法民主化、科学化的初衷并未更移，而且仍然愿意集思广益，所以似乎可以期望，社会协定式的去神化的中国物权法有可能成为现实。

就存在一个取舍问题,也就是说在立法过程中,会出现一个是需要修宪还是放弃立法的权衡。所以,立法可以不是简单地对既有宪法文本的屈从,而应该可以同时提出权衡的要求,必要时可以提出修宪的要求。

* 作为私法的物权法与其他法律又有微妙但重要的不同。公法由于直接涉及国家权力的行使问题,所以其制定必须有明确的宪法依据,立法者制定公法时,有义务论证其制定具有宪法依据。我们通常说的违宪审查,便是多指向公法或者政府行为,主要在这个意义上警惕和防止公共机器超越宪法之外。但是我们几乎见不到有针对私法具体内容(程序例外)的违宪审查先例。这是因为,私法是划定私人生活的自主空间的,由于现代宪法并不直接去限制公民的私权,包括个人自由及其财产的权利,所以私法制定无须顾及宪法上是否有明确授权依据问题。所以,我们看到在那些有成文宪法的国家,制定民法典并不需要在法典中明确其制定民法典的依据出自哪一条,便是这个道理,《法国民法典》、《德国民法典》、《日本民法典》等莫不如此。

* 《物权法》起草面临一个去神化的努力。针对宪法中的许多抽象、模糊的用词,尤其是那些意识形态用语,不能陷入神话般的解释语境,而应该立足现实分析、现实实践,在生活中实践,在实践中生活,提炼智慧,发掘法律原则和规则。何况,今日之世界,从全球化和世界合作所发展出来的规则已经以一种国际法则的形式而被各国逐渐体认,在这个意义上中国宪法的解释和发展也不能游离在我们加入或者融入的国际法则之外。另一方面,应该继续坚持立法民主,并以开放的心态就物权法涉及的意识形态展开深入讨论,这是使得立法合理的重要前提。

拾伍　中国物权法制的变迁与展望[①]
——以立法检讨为视角

一、前　言

2007年《物权法》在一种前所未有的立法热潮中产生,从而也使得我国民事立法获得前所未有的声势,一个"民法典的时代"似乎呼之欲出。[②] 然而,对于这部社会动静很大、政治意味浓厚的《物权法》[③],法学界形成两种截然不同的评价。一种乐观的观点认为:"公布的《物权法》是中国国家政治生活、民主法制建设里程碑式的一个事件"[④]、"这部法律将引领中国走向'私法'时代,开启民众的维权意识,未来将给整个中国的经济社会文化带来深刻影响"[⑤]、"我们的《物权法》敢说在世界上是先进的。和西方的《物权法》相比绝不落后……《物权法》的基本精神、指导思想,基本原则是非常先进的,采纳国际上的共同规则,同时又符合中国国情,决不会一颁布就落后,就过时"[⑥];

[①]　原载《月旦民商法杂志》2007年第8期。本文初稿曾在浙江财经学院、上海政法学院、温州律师业界、湖南大学、南昌大学、中国政法大学等单位讲演使用,感谢这些单位的盛情邀请。讲演期间参与者的讨论和提问对笔者亦甚有启发,在此特别致谢。

[②]　《物权法之立法展望:"民法典的主干都已完成"——物权法主要起草人之一王利明谈未来中国民法典》,载《新京报》,2007年3月19日。

[③]　2005年全国人大常委会2005年7月1日决定倡导"立法民主化和科学化",向社会发布"公开征求意见稿",引起极大社会反响,据全国人大常委会法制工作委员会公布信息,截至2005年8月10日回收意见10032条。参见河中舟:《谁在向物权法提意见》,载《中国新闻周刊》,242期,2005年8月29日。其中,北京大学法理学教授巩献田有关草案违宪的上书,引起一场声势浩大的思想观念交锋。参见赵蕾:《一封信挡住物权法草案?》,载《南方周末》,2006年2月23日。

[④]　《物权法之立法展望:"民法典的主干都已完成"——物权法主要起草人之一王利明谈未来中国民法典》,载《新京报》,2007年3月19日。

[⑤]　参见《物权法将通过,中国迈向"私法时代"》,载香港《文汇报》,2007年3月8日。

[⑥]　梁慧星:《物权法世界先进　个人财产同样不可侵犯》,载《燕赵都市报》,2007年3月27日。

另一种审慎的观点则认为:《物权法》制定显示多种重大理念的冲突,其立法思维明显滞后于现实实践,故对其成就不宜过分乐观,"《物权法》能管十年就不错了,随着经济发展,物权和土地制度都会发生变化"①。可见,这部《物权法》究竟取得多大的成就,还值得进行一番实证分析。为此,本文选取立法检讨这一角度,希望借助对物权法制度变迁情况的考察,由此认识其实际贡献,从而对于未来发展空间进行一些预期思考。

中国的物权法制,此前系以1986年《民法通则》有关规定为中心。《民法通则》第五章"民事权利"第一节"财产所有权和与财产所有权有关的财产权",以13个条文(第71条至第83条)确立此一时期中国物权法制的框架基础。中国在1949年废除包括1929年《中华民国民法典》在内的《六法全书》②,在财产领域全面推行社会主义财产制度,尤其在土地、房屋、企业经营采公有化模式,确立国有和集体所有为主体的财产制度,私有被压至最低限度,定限物权基本退出经济生活。因此可谓几乎没有物权,公有意义的所有权也几乎成为当时唯一的财产权形式。正如江平教授所言,这一时期,"由于不承认在国家所有制内部有双重财产权,就导致把民法中的'物权'和'所有权'等同起来,不承认还有所有权以外的其他物权,并把所有权以外的其他物权都看作是私有制下特有的现象"③。这种立法思维,可以归结为"对物的管制"。1979年开始,中国开始推行改革开放。首先,在企业领域进行开放,允许三资企业、联营企业、个体企业和私营企业的发展。接着,在合同领域,缩减计划合同,鼓励自愿交易。1982年,《宪法》公布,引入一些财产变革的元素,但同时明确,继续坚持一种极度强化公有为主体的体现物的管制色彩的基本经济制度。

1986年,《民法通则》公布,确立新时期的民事通则,其意义旨在恢复民

---

① 袁飞、江平:《物权法显示四大理念冲突》,载《第一财经日报》,2007年4月12日。
② 晚清以前,中国自承中华法系传统;晚清以降,中国法制出现截然的转向。1840年的鸦片战争导致清朝被迫直面西方文明,1910年在法制变革中形成《大清民律草案》,全然采用西方大陆法系的民事制度和民法典编纂方法。该草案因清廷迅速覆亡而未及颁行,但足以导致中国法律和法学开始发生根本转型,西方民法及其观念自此影响中国。1929年起,中华民国民法典各编陆续公布,成为中国第一部正式民法典。此部民法典继承《大清民律草案》,体例近于1900年《德国民法典》,各项制度安排及其内容也相仿,略作变化和简化。其中,第三编"物权编"于1929年11月30日公布,次年5月5日施行,总计209条(第757条至第965条),明确以私有权为中心,其定限物权体系包括地上权、永佃权、地役权、抵押权、质权、留置权,并对占有予以保护。
③ 江平、康德管、田建华:《国家与国营企业之间的财产关系应是所有者和占有者的关系》,载《法学研究》1987年第4期。

法。① 但是《民法通则》是处于改革时期的法律,具有转型时期的明显特点。一方面,其第五章第一节没有使用物权概念,而是模糊使用财产权概念,反映"谈物色变"、"非物主义"这些观念还有强大的影响;另一方面,该节的体系基础又体现对于当时正在逐渐推进的以适度发展商品经济为目标的经济体制改革的配合,即确立"所有权和使用权、经营权分离"的体制。② 此一时期的财产法体系,还包括管理色彩浓厚的有关土地的几个重要规范,即 1986 年《土地管理法》(1988 年、1998 年、2004 年修订)、1994 年城市房地产管理法、2002 年《农村土地承包法》、有关担保的 1995 年担保法,以及其他法律法规,例如 1984 年森林法、1986 年渔业法(2000 年修订)、2003 年物业管理条例、2001 年城市房屋拆迁管理条例等。

严格论之,《民法通则》上确立的"两权分离"的财产体制,不过是一种有限度的物权法制。1986 年《民法通则》由于受到 1982 年《宪法》限制,继续坚持具有浓厚公有制色彩的"财产管制法制",与体现以个人财产自由为追求的全面物权体制之间尚存在巨大鸿沟。③《民法通则》财产权体系的基础是:在依旧严格维持国有、集体所有为主体的前提下,有限地借鉴西方的用益物权观念,从国有、集体所有中分离出"使用权"和"经营权"。具体而言:首先,在主要的问题上,即所有权设计上,不采取体现财产意义的客体区分,而是采取体现政治意义的主体区分,确立国有、集体和个人财产所有权的分类基础,强化国有、集体所有的主体地位,强调对物的管制性。《民法通则》第 73 条、第 74 条、第 75 条分别规定国家、集体和个人财产所有权的范围和地位,明确国有、集体所有对于土地和其他重要资源的垄断地位,以及保护上的特殊性,明确在有限的范围承认和保护个人财产所有权。此种体制,不旨在体现财产自由,而在于体现财产控制,通过财产主体上的特殊构造——国有、集体所有,达成对财产的政权化控制。其次,《民法通则》基于发展商品经济的考

---

① 谢怀栻先生认为:"民法通则的制定是我国民事立法中的一件大事,改变了我国没有民法的历史(在这以前,婚姻法被认为是一个独立的部门法,经济合同法被认为属于经济法,都不是民法)。"参见谢怀栻:《民法总则讲要》,北京大学出版社 2007 年 1 月版,第 45 页。

② 这种"两权分离"的观点,在政治决定上,最早见于 1984 年 10 月中国共产党第十二届三中全会通过的《中共中央关于经济体制改革的决定》。在民法学界,相关论述可参见江平、康德管、田建华:《国家与国营企业之间的财产关系应是所有者和占有者的关系》;李开国:《国营企业财产权性质探讨》,载《法学研究》1982 年第 2 期;佟柔:《论国家所有权》,中国政法大学出版社 1987 年版;佟柔、史际春:《我国全民所有制"两权分离"的财产权结构》,载《中国法学》1990 年第 3 期。

③ 正是因为如此的有限立场,那一时期的有关土地、国有企业、集体企业的具体规范并没有纳入民法范围,而是以特别的法律、法规形式制定出来,保持浓厚的管理法的色彩。

虑,在一些方面或在一定程度开始有限度承认"物权化",特别是在土地和自然资源与国有企业这两个重要环节上,引入"两权分离"理论,确立土地使用权与承包经营权(第80条)、自然资源使用权及承包经营权(第81条),以及国有企业授权经营权(第82条),承认其具有相当于物权的绝对效力。

那么2007年3月16日公布的《物权法》,在这一基点问题上,采取怎样的姿态呢?它和《民法通则》的"财产法制"拉开多大距离呢?对这一问题的考察应该是我们认识和评价《物权法》真实意义的出发点。

二、《物权法》的框架特色与观念基础

《物权法》的基本框架为:由五编构成,外加一个小附则,总计247条。在数量上而言,规模可观。① 第一编,总则,下设三章(基本原则;物权的设立、变更、转让和消灭;物权的保护),共38条(第1条至第38条);第二编,所有权,下设六章(一般规定;国家所有权和集体所有权、私人所有权;业主的建筑物区分所有权;相邻关系;共有、所有权取得的特别规定),共78条(第39条至第116条);第三编,用益物权,下设五章(一般规定、土地承包经营权、建设用地使用权、宅基地使用权、地役权),共53条(第117条至第169条);第四编,担保物权,共四章(一般规定、抵押权、质权、留置权),共71条(第170条至第240条);第五编,占有,一章,共5条(第241条至第245条);附则,共2条。

在结构形式上,《物权法》存在四个突出特点:

第一,取总则规定。在起草过程,就是否需要总则以及需要多大规模的总则,曾经出现不同意见。② 最后,立法采取"大总则"的思路,虽然在条文数量上进行控制,但其范围包括"基本原则"、"物权的设立、变更、转让和消灭"(实际为"物权变动的一般规定")、"物权的保护"。这是其他国家所没有的,

---

① 但从比较角度而言,我国的《物权法》并不具有条文数量上的优势。《法国民法典》,其相当于《物权法》的第二卷"财产及对于所有权的各种变更",从第516条至第710条,共195条,但《法国民法典》对于不少物权的取得方式以及几乎所有的担保物权,都放在第三卷"取得财产的各种方式",因此其在条文总量上还是胜于我国。《德国民法典》的第三编为"物权法",从第854条到第1296条,数量上远胜于我国。当然,仅数量多并不能代表就是世界先进,只能在是否更细致方面作为证据。不过,细致有时是制度能够深化的标志。

② 在《物权法》起草过程中,孙宪忠教授是力主"大总则"的代表。参见孙宪忠:《中国当前物权立法中的疑难问题》,载《社会科学论坛》2006年第1期;笔者则对制定总则的必要性持排斥态度,参见龙卫球:《物权法政策之辨:市场经济的法权基础——略评物权法草案》,载《中国法律》2005年第4期,第9页。

相较而言,即使最具抽象立法特点的德国,在物权编也没有使用总则技术,而是采取具体到具体的规范方式。①

第二,《物权法》在所有权编,以所有权主体区分作为全编规范的重点和起点,其第五章主题为"国家所有权和集体所有权、私人所有权"。相较之下,《法国民法典》和《德国民法典》都是以所有权客体区分作为所有权制度起点,并以不动产规范为重点。

第三,《物权法》在具体物权类型,尤其是用益物权上,存在明显的独特性,其典型者为建设用地使用权、土地承包经营权、宅基地使用权、地役权,而不是像《德国民法典》那样,为地上权、役权(地役权、用益权和限制人役权)、先买权、物上负担等,或者如中华民国时期那样,为地上权、永佃权、地役权等。

第四,《物权法》将占有制度置于末尾。对比起来,以占有制度确立作为表征的《德国民法典》却将占有置于物权编之首,作为全部物权法的开始。

在此值得提出思考,为什么形成这些差异呢?它们要着意强调什么"法律特质"呢?对此,仅依简单的国情差别论并不能提出满意的释疑。实际上,《物权法》之所以作出如此安排,归根究底是因为其所取观念基础之根本不同,因此在立体体例和形式上需要体现上述特殊差异。例如,《物权法》之所以要引入一个总则,并非希望在立法抽象思维方面胜于德国人,而是有关起草者希望借助它来强调一些东西,尤其是一些观念方面。其中,第一章为"基本原则",作为最直接的对于《物权法》所取目的和原则的宣示,至为明显地体现了中国现时期物权立法的独特观念:财产管制与财产自由的平衡。

《物权法》第4条确立了"物权平等保护原则",②承认对于国家、集体和私人物权的"平等保护"。按照通行认识,此为《物权法》在观念上取得的最大进步。众所周知,"平等保护"是《物权法》起草中的核心观念议题。在起

---

① 试比较一下最善于抽象的《德国民法典》,其构成共九章,后改为八章:第1章,占有(第854条至第872条);第2章,关于土地上权利的一般规定(第873条至第902条);第3章,所有权(第903条至第1011条,下设五节,分别是"所有权的内容"、"土地所有权的取得和丧失"、"动产所有权的取得和丧失"、"基于所有权的请求权"和"共有");第4章,地上权(第1012条至第1017条,被1919年地上权条例取代);第5章,役权[第1018条至第1093条,下设三节,地役权、用益权(具体含物上用益权、权利上用益权、财产用益权)、限制人役权];第6章,先买权(第1094条至第1104条);第7章,物上负担(第1105条至第1112条);第8章,抵押权、土地债务和定期土地债务(第1113条至第1203条,下设二节,抵押权;土地债务、定期金债务);第9章,动产和权利质权(第1204条至第1296条,下设二节,动产质权、权利质权)。另外,德国还制定专门的建筑物区分所有权条例。

② 从措辞上看,该条并未明确提"平等"二字,但是由于没有强调公有财产神圣,因此被认为实际上确立平等。王兆国副委员长在大会上所作的"有关物权法草案的说明",在第三部分第二项明确阐释其为"平等保护"。

草过程中,对于应否确立"物权平等保护原则"的问题,曾经引发一场激烈的争论。一种观念认为,《物权法》确立"平等保护原则"即构成违宪;而主要起草专家则认为,《物权法》的鲜明特色就在于要确立"平等保护原则","平等保护是《物权法》的首要原则,也是制定《物权法》的指导思想"。①

毫无疑问,《物权法》得以确立"平等保护",在我国物权立法观念上是一个重要突破,因为平等保护之谓,意味着国有、集体身份在私法保护问题上的降低,也意味着对私有财产提供法律保护的庄重承诺,就此而言,《物权法》确实"具有时代意义,因为它将一个名义上还是社会主义制度的资本主义国家的个人私人财产保护写入国家正处在演变过程的法律当中"。②

然而,《物权法》确立"平等保护原则"本身,却也恰好突显出这部《物权法》依旧保留了转型时期的明显痕迹,它在观念上只是走出一小步。首先,"平等保护"本身是一种中国特色,其推行平等保护的前提,是在物权法中要继续维护国有、集体、个人所有这种体现社会主义基本经济制度色彩的主体区分,③从而在根本的方面得以继续维护对物的管制体制;其次,"平等保护"不等于"平等对待",国有、集体所有保护上可以平等,但是在基本地位对待上不能平等,依旧要求保持其特殊主体性地位。由此而言,中国物权法与追求全面财产自由、完全市场自由的西方物权法,还相距甚远。所以,在公有为主体的前提下,物权法所确立的他物权体系,也就依旧不能摆脱民法通则时代以来的"两权分离"的特色思维。换言之,《物权法》真正的观念基础,并未摆脱《民法通则》时代的观念延续,其进步之处,仅在于分离的更为推进的

---

① 北京大学法理学教授巩献田于 2005 年 8 月 12 日在网上发表一封题为《一部违反宪法和背离社会主义基本原则的物权法(草案)》的公开信,批评草案的"平等保护原则"违反现行宪法第 12 条。此信引起巨大反响,引发一场空前的论战。参见赵蕾:《一封信挡住物权法草案?》。主要起草专家的最后回应情况,可参见王利明:《物权法的鲜明特色在于确立平等保护原则》(在 2007 年 1 月 16 日中国法学会主办"物权法与建构社会主义市场经济体制理论研讨会"上的发言),网址:http://news.sina.com.cn/c/l/2007-01-16/184412054017.shtml(上网日期:2007 年 1 月 16 日)。2007 年 3 月 4 日,即第十届人大五次会议开幕前夕,百余名反对物权法公布的人士,再次以研讨巩献田新书《巩献旋风实录:关于物权法(草案)的大讨论》为名,在距人民大会堂不远的北京市委党校举行聚会,指该法律草案虽七度修改但依然违宪,并称中国的前途与命运现在真正到了"最危险的时候","最大的问题是没有把宪法中第 12 条'社会主义公共财产神圣不可侵犯'写入物权法,更不把它具体化",参见《苹果日报》,2007 年 3 月 4 日。

② 参见《物权法的通过将有划时代的意义》,载《纽约时报》,2007 年 3 月 9 日。

③ 对于"平等保护原则"的这种局限性,王利明教授理解得比较透彻。他说,在这部法律草案中,之所以充分地体现中国特色,首先是因为它确立平等保护的原则,保护各类所有权的原则。从西方国家的物权法来看,他们都是保护私有财产权的法律,不存在所有权的类型化问题,所以西方国家的物权法也不存在平等保护问题。在我们国家,要维护巩固社会主义基本经济制度,体现多种所有制共同发展的客观需要,才在物权法确定平等保护原则,所以平等保护原则才是真正体现社会主义的特色。参见王利明:《物权法的鲜明特色在于确立平等保护原则》。

一些方面。以下，我们不妨来看看《物权法》的独特观念基础与其框架形式的独特安排是如何发生关联的。

（一）第一编"总则"的制度安排

第一章"基本原则"，在确立"物权平等保护"（第4条）、"物权法定主义"（第5条）、"物权变动公示"（第6条）等原则之前，首先予以强调的是该法的政治功能和政治原则。其中，第1条为"目的条款"，设定物权法双重政治功能，即"维护国家基本经济制度，维护社会主义市场经济秩序"。由此决定，第3条确立物权法的政治原则，是"坚持公有制为主体、多种所有制经济共同发展的基本经济制度"、"国家巩固和发展公有制经济，鼓励、支持和引导非公有制经济的发展"、"国家实行社会主义市场经济，保障一切市场主体的平等法律地位和发展权利"。可见，公有主体和市场经济的混合追求，构成物权法的政治准则和观念基础。这无疑是一种矛盾。然而，这种矛盾的状态较之单纯追求公有主体论已经有一些重要进步，但仍然不具有根本的超越。为此，为了顺从这种矛盾中的政治立场，也为了避免过于向市场倾斜，物权法甚至在物权主体的概念使用上放弃民法通则确立起来的更具有平等确定性的自然人、法人概念，转而退回使用国家、集体、私人、单位这些政治化概念，以凸显国有、集体物权的主体性、特殊地位及其特殊政治功能。

（二）第二编"所有权"的制度安排

第五章"国家所有权和集体所有权、私人所有权"，其之所以仍然以主体区分作为所有权制度的起点，正是因为在涉及所有权及其他物权制度安排的根本问题上，《物权法》要毫不犹豫地保持与《民法通则》及现行《宪法》的一致性。一方面，它继续强调确立国家所有权、集体所有权、私人所有权的区分的基础性以及国家所有、集体所有的垄断地位。不仅如此，《物权法》还有一些强化的表达。例如，在语法上故意颠倒一般用法，在该章主题词中，将"和"字连接在"国家所有权"与"集体所有权"之间，旨在强化它们与"私人所有权"的某种不可共语性。又如在这一部分，还制定部分国有化条款，第49条对于野生动植物资源构成预设国有化①、第50条对于无线电频谱资源

---

① 此条制定有一个小插曲，耐人寻味。在起草过程，对于这一条款的制定在民法界一直存在反对意见。而且在提交最后审议之前，也只涉及"野生动物"。在全国人大最后审议中，有一位代表忽然提议，应增加"野生植物"，最后付决稿便轻易作出添加，真可谓"得来全不费工夫"。

构成现行国有化①。有学者认为,第52条也具有预设国有化的嫌疑②。另一方面,它也继续维持民法通则以作为推进市场经济而引入"两权分离"的作法,确认了国家机关、事业单位对所支配国有财产的用益权(第53条、第54条),公司或企业出资者的社员权(第67条),以及企业法人的财产权(第68条)等。这些虽然在民法通则和1994年公司法已有反映,但是《物权法》通过自己独特的重复表达对之进行巩固和发展。

(三)第三编"用益物权"的制度安排

该编确立的几种典型的用益物权,即建设用地使用权、土地承包经营权、宅基地使用权、地役权,与西方的他物权,在体系和内容都有巨大差异,这是因为这些用益物权都是建立在公有土地上,因此反映一种首先不得损害以公有为主体的"利用"模式,而不是像西方那样反映一种首先是追求"财产自由化"、"市场化"的"利用"模式。先来看建设用地使用权。它建立在国有土地上,与西方的地上权主要建立在私人土地上相区别,因此在设定方式、设定主体、权利内容上存在诸多后者所没有的公有化功能限制,因此难以像地上权那样成为"全面使用物权"。再看土地承包经营权、宅基地使用权。它们是农村土地采取集体所有制所导致的分离需要的产物,旨在维持集体所有的情况下,较为有效地推进农用土地经营、满足农民最低居住要求。西方由于土地基本私有,并无这一问题,因此基本无此类物权。因此这些农地利用物权显然也不会是完全财产化意义的"使用物权",因为其取得具有浓厚的分配痕迹,其具体利用、流通亦受诸多集体化机制限制。至于地役权,由于同样建立在公有土地上,与西方之地役权的市场化特点当然不能并同而语。其他如采矿权、渔业权等取得物权,大致亦同,具有相当的分配属性。

(四)第五编"占有"的制度安排

《物权法》承认对占有予以保护,属于在我国的制度新创,但是该法也明确采取一种限制态度。占有一编并不像《德国民法典》那样置于"物权编"之首,这是因为我国物权法并不打算将自己定位在"事理主义"的路线上。德国将占有视为物权法的基础,是因为按照普赫塔的揭示,就像人格问题是人法的基础一样,占有是物权法的前提,占有是论证物权事实和关系的事理所在。在很长一段时期,我国对于物权的取得、变动、消灭,都是采取"意志主义"路线。例如国有财产的形成,主要是依靠国有化措施完成的;集体财产也

---

① 此前,国务院和中央军委在1993年的《中华人民共和国无线电管理条例》,最早以行政法规形式对无线电频谱进行国有化。见第4条:"无线电频谱资源属国家所有。国家对无线电频谱实行统一规划、合理开发、科学管理、有偿使用的原则。"物权法第50条以法律方式对这一国有化进行合法化。

② 参见梁慧星:《物权法草案第六次审议稿的若干问题》,载《比较法研究》2007年第1期。

主要是依据集体化手段完成的;"按劳分配"作为私人财产的主要取得方式,重点并不是"按劳",而是体现国家、单位意志的"分配";也正是因为如此,《民法通则》在承认事理取得方式上表现得相当冷漠。《物权法》虽然将占有保护予以确立,但是并没有打算走到"事理主义"那么深远,而是将占有放在末尾,从而维护《物权法》通过第二编"所有权"主体区分所体现的政治结构的基础性,以及《物权法》的"意志主义"色彩。所以在《物权法》起草过程中,虽然存在承认先占、取得时效、添附等作为取得方式的呼声,但是它们最后均被排除在法律明确承认之外的原因也就不难想象,而就善意取得、遗失物拾得的规定,生出诸多争议也就可以解释。

通过上述分析,可以看到《物权法》立足的观念基础,虽然出现一些变化,例如向市场自由论、事理主义方向作一些让步,但是在"公有主体论"、"两权分离"、"意志主义"这些主要方面,仍然主要采取固守姿态,与《民法通则》保持相当的一致性。《物权法》在起草过程中,常常觉得进退两难:传统体制觉得出离太多,而现实需要又觉得裹足不前。一方面,作为改革开放的立法,需要表达出改革的、发展的、市场的,甚至全球化经济的要求;另一方面,作为立法手段的体现,受到既有立法观念支配和各种立法因素的影响,又不得不表现出任意的、滞后的、唯政治的一面,难以与现实正在进行的社会发展保持同步。如果《物权法》屈服于表达与现行体制的政治配合意识,便会损害市场的合理要求,反过来,如果《物权法》打算深化物权规定、进行利于市场的制度创制,便总是要面临与现行宪法和行政法规产生对立的风险。最后,《物权法》虽然立法动作很大,还是选择走在渐进的路上。那种关于《物权法》公布,即生"政治质变","象征已从社会主义框架走出,更自信地迎向'全球化'规范"的说法[①],即使不是一厢情愿,那也是夸大其词。

三、《物权法》的主要创制及其简略评析

然而,《物权法》亦不乏一些有意义的创制,在制度层面而言,引起中国现行物权法制发生若干重要变迁。具体如下:

(一)物权法首次正名

我国于2007年《物权法》是中国首部以"物权法"命名的单行法,也是1949年以来我国首次在立法中使用"物权"和"物权法"概念。"物权"和"物权法"术语来自大陆法系传统,尤其在德国民法为正式术语,以"人对物的直接控制力"的明确表达,表彰一种政治哲学主张,那就是通过个人对物的支配

---

① 《物权法石破天惊 深层政治变革》,载《中国时报》,2007年3月4日。

法权秩序的绝对确立,树立个人的完全主体地位或者说个人对于物的完整的意志自由①。因此"物权法"、"物权"概念强调的是个人对于财产的自主性和独立性,强调市场自由和财产自由。西方民法尤其是其中的所有权制度从近代以来,就主要定位于对于个人自由和安全的确保上②。所以西方自近代以来,物权制度有两个要点:

1. 主要采用罗马式的抽象所有权概念,以此建立对于人而言的"自由的完整的所有权结构",以清除分割所有权下与封建关系或者等级秩序的联系③,并且又主要以私人所有权为物权秩序的起点,以此确立个人财产自由,实现个人意志和人格能力在财产中的定在和实存。④

2. 在所有权外,又广泛承认其他物权,特别是多种用益物权。这是因为一方面,自由本身会对所有权的实现提出这种现实要求,应允许所有权人以授权用益的方式处分自己的财产;另一方面,由于商品生产和财产流通愈来愈成为现实世界的伦理,而资源有限,在所有权那里,真正的价值也就应该是"使用和用益",从"所有"而转向"利用"。⑤

我国自1949年以来的法律文本中,一直排斥物权法和物权概念。特别是1979年之前,中国基于社会主义政治思维,致力于实践消除"人剥削人"现象的公有理论,因此要消灭个人物权,推行国有化和集体化,建立"国家"和"集体"对物的控制秩序。⑥ 现在,给物权法正名,这本身虽然不是直接的制度创制,但念其对于观念变化的作用,意义也不容忽视,至少可以从中显见:我国立法者在用名上敢于对"非物主义"作出旗帜鲜明的超越;愿意考虑就相似问题采取与西方物权法相似的立场和方式;能够正视和考虑物权法概念

---

① 参见〔德〕萨维尼:《当代罗马法体系》,1840年,1卷2编,第52—57节。

② 边沁认为,民法的目的,在于通过权利和义务分配,达成提供生计、产生富裕、促进平等、保证安全的法律功能,自由是安全的一个分支。其中,(私人)所有权的意义在于建立一种已经确立的预期安全,这一权利征服对于劳动的自然逃避,使人拥有一个地上的帝国,结束民族的迁移生活,产生对于国家的爱和对于后代的顾虑,限制享受而不需要劳动的欲望。参见〔英〕边沁:《立法理论》,李贵方等译,中国人民公安出版社2004年版,第120页以下。关于财产和自由的关系,还可参见康德、黑格尔和布坎南的相关著作。

③ 参见〔德〕罗尔夫·克尼佩尔:《法律与历史》,朱岩译,法律出版社2003年版,第238—240页。

④ 黑格尔说:"在(私人)所有权中,我的意志是人的意志;但人是一个单元,所以所有权就成为这个单元意志的人格的东西。由于我借助于所有权而给我的意志以定在,所以所有权也必然具有成为这个单元的东西或我的东西这种规定。这就是关于私人所有权的必然性的重要学说。"〔德〕黑格尔:《法哲学原理》,张企泰译,商务印书馆1961年版(1995年重印),第55页。

⑤ 参见〔日〕我妻荣:《新订担保物权法(民法讲义Ⅲ)》,东京岩波书店1990年版,第2页。转引自蔡明诚:《民法物权编的发展与展望》,收录于谢在全等:《民法七十年之回顾与展望纪念论文集(三):物权·亲属编》,元照出版社2000年版,第45、51页。

⑥ 参见王明初:《社会主义公有制理论溯源》,载《荆门大学学报》1997年第12卷第4期。

所表征的由欧陆法律文明发源并经过长期实践形成的相关制度文明成果,考虑接受由物权法概念所代表的财产领域的一种有关的社会治理观念和方法。

(二) 统一的物权交易公示制度,尤其是不动产交易登记制度的建立

《物权法》总则第二章"物权的设立、变更、转让和消灭"(该部分有点文不对题),实际上是有关物权交易的一般规定,即交易公示制度。从《物权法》制定时我国现行物权交易公示制度言之,由于登记机构多头[①]、登记规范凌乱,立法基础混乱,加之不少规范存于法规、规章层面,又多缺漏,所以该部分应为现行物权法制的一个重要变迁,特别是第一节的不动产登记制度。这里最重要的变迁,首先,是登记制度的定位转向问题,其次,才是具体内容的变化。《物权法》将登记制度纳入规范,意味着改变过去不动产登记制度的管理法属性,将其转为物权的附属制度,归于广义民事法范畴。

《物权法》第二章第一节的不动产登记制度,主要涉及的是不动产交易登记规范,但又不限于此,也扩及登记效力、登记簿效力、预告登记等广义不动产登记制度。在具体制度方面,其内容主要包括:(1)确立不动产交易的登记生效原则(第9条、第14条)。(2)确立统一登记原则(第10条)。(3)确立登记便民原则,即按件收费原则(第22条),并禁止评估、年检以及其他增加权利交易人负担的行为(第13条)。(4)确立登记的权利推定效力和登记簿的证据优势效力(第16条、第17条)。(5)明确登记程序和登记机构的权限、职责(第11条、第12条、第13条);规定登记机构具有一定的实质审查权(第12条)。(6)确立利害关系人的查阅、复制权(第18条)。(7)确立更正登记制度(第19条)。(8)确立预告登记制度(第20条)。(9)确立当事人虚假登记的民事责任和登记机构的错误登记的民事责任(第21条)。

当然,此处不足也是明显的。首先,置于总则部分,这就导致登记基点的模糊。《德国民法典》没有以抽象、一般化的方式规范不动产交易公示制度,而是在具体制度意义上作为"土地上权利的一般规定"加以规定,因此其不动产交易登记基点非常明确,即首先是土地所有权登记(土地登记法),然后是土地所有权转让登记。其次,由于登记基点(第一登记点)的模糊,难以明确统一登记的机构和方式。《德国民法典》以土地所有权登记作为起点,使得其作为统一点也非常清晰、合理,其他有关不动产物权取得、变动的登记,均可处理为"土地上权利的内容变更"而置于土地所有权登记项下,并通过转引性规范使其他土地物权的取得、变动可准用有关土地所有权转让的登记规范(第877条),达到精简条文的效果。再者,刻意在原则上强调不动产交易

[①] 到目前为止,除了上海和少数地方外,多数地区包括北京在内一直处于分割登记的状况。其中,上海在1995年通过颁布《上海市房地产登记条例》统一房地产的登记。

合同生效与登记效力的区分(第 15 条),导致对于不同类型不动产设立、交易之间的区别,尤其是不动产所有权交易和其他物权设立、变动之间区别的认识模糊,易引发实践适用的困惑。

(三) 物权保护体系尤其特殊保护体系的确立

《物权法》在总则第三章,以一般化方式规定物权的保护体系,特别是确立几种物上请求权。这些方式在其他国家虽然历史悠久,但在我国物权法中加以明确,尚属突破。物上请求权规范,作为物权的特殊保护规范,完善物权效力规范,使物权得成为物权。从规定上看,计有四种:确认请求权(第 33 条)、返还原物请求权(第 34 条)、排除妨碍请求权(第 35 条)、消除危险请求权(第 36 条)。其不足是:没有明确规定物上请求权是否适用时效;确认请求权的定性存在疑问;将物上请求权一般化,势必对一些类型的物权,导致具体适用的困难。①

(四) 有关征收(含征地、拆迁)、征用限制规范的设立

《物权法》第 42 条、第 43 条、第 44 条在限制的意味规范征收、征用行为,虽然此前 2004 年《宪法修正案》②和 2004 年修改的《土地管理法》③已经对征收、征用作出限制规范,但考虑到《物权法》的民事法性质,这些规范仍然属于在民法上有所创制。特别是考虑到愈演愈烈的"圈地运动"和"拆迁运动",以及其中非法征地、拆迁等恶性侵权行为导致的社会不稳定的现实,这些规范更具有现实意义。《物权法》中的这些规范,首先明确对于征收、征用限制的前提,在于尊重和保护个人、法人的物权(将第 42 条、第 43 条、第 44 条安排在第 39 条、第 40 条之后的推论),这样就理顺国家权力和物权的关系,后者构成对前者的当然限制;其次,明确征收的限制条件是,"为了公共利益"、"依照法律规定的权限和程序"和"应予补偿"(第 42 条第 1 款),明确征用条件中的"紧急需要"的限制(第 44 条);再者,明确征地、拆迁都是征收项下的具体表现,其前提必须是首先应成立征收(根据第 42 条第 2 款、第 3 款推论);最后,一定程度明确征地、拆迁的补偿范围,在征地的情况下,特别强调社会保障的安排(第 42 条第 2 款、第 3 款)。不过,此部分缺失在于:对"公

---

① 比较起来,《德国民法典》采取的是具体规范的模式,在所有权部分具体规定基于所有权的请求权,在占有部分规定基于占有的请求权,在其他物权分别情况另作出准用或者变化规定。

② 参见《中华人民共和国宪法修正案》(2004 年)第 20 条:"宪法第十条第三款'国家为了公共利益的需要,可以依照法律规定对土地实行征用。'修改为:'国家为了公共利益的需要,可以依照法律规定对土地实行征收或者征用并给予补偿。'"

③ 参见《中华人民共和国土地管理法》(2004 年修改)第 2 条第 4 款、第 45 条至第 51 条、第 78 条、第 79 条。其中,第 2 条第 4 款规定为:"国家为了公共利益的需要,可以依法对土地实行征收或者征用并给予补偿。"

共利益"没有作出相对确定的界定;补偿的基础(例如牺牲请求权)以及标准还不够明确和具体,也未考虑增益补偿的问题;最关键的是,表述方式是站在国家"可以"的立场,模糊物权本位。

(五) 建筑物区分所有权制度的确立

《物权法》在"所有权"编用一章(第六章)的篇幅,较为系统地规范建筑物区分所有权这种现代社会建筑物催生的新型所有权形态。这一部分也是起草过程中受瞩目的一个议题,是由于在现实生活中开发商和业主的利益冲突愈演愈烈而又缺乏合理规范处理的缘故。此外,也是由于既有的一些规范主要在法规和规制层面,因而存在以行政规范越位民事问题之弊的缘故。因此《物权法》这一部分明显具有创制意义。其主要内容为:(1) 承认对专有部分的可区分所有(第70条)及其行使的特殊限制(第71条);(2) 确立业主对共享部分的共有(互有)关系及放弃和转让限制(第72条);(3) 规定业主和开发商的产权区分,明确道路、绿地、其他公共场所、公共设施和物业用房的业主共有属性(第73条、第74条);(4) 规定业主的共同管理的组织化方式和效力(第75条、第78条、第83条第2款)、业主大会的职权和议决方式(第76条);(5) 规定业主的义务(第77条、第79条、第80条、第83条);(6) 规定物业管理的产生和地位(第81条、第82条)。但也遗留有明显不足:没有明确规范土地使用权的共同持有以及移转问题;没有明确规范公用部分、附属共有部分的移转问题;车库车位归属存在相当的模糊性(第74条);没有明确业主大会、业主委员会的产生和组成,以及业主委员会的地位。

(六) 所有权制度的其他发展

《物权法》在所有权制度的其他方面,如相邻关系、共有及所有权的取得规定上都有些值得一提的发展。(1) 相邻关系规则。《物权法》作出细化工作,以前《民法通则》只有第83条一个条文,《物权法》发展为九条(第84条至第92条)。但不足也明显:体系思考欠缺,特别是没有设置"容忍轻微侵害"的一般相邻义务条款(例如《德国民法典》第906条);对于分界、界墙等最易于引发相邻关系的问题失于规范;未予明确相邻容忍牺牲补偿请求权的性质。(2) 共有规则。《物权法》第八章对于共有作出专章规范,计13个条文(第93条至105条),使过去过于简陋的规范得以细化(民法通则只有第78条一个条文),也改正过去司法解释一些误解(例如第103条)。但规定的合理化程度、精细度,从比较法的经验看,还有若干改进空间(例如第97条、第101条规定)。(3) 所有权取得的特别规定。物权法以第九章专章规定几种所有权的特别取得方式,包括善意取得(第106条至第108条);拾得遗失物(第109条至第103条);拾得漂流物、发现埋藏物或隐藏物(第114条);从物取得(第115条)和孳息取得(第116条)。这些规定中善意取得、从物取得、孳息取得属于新规范,其他几种取得方式与民法通则比较也有所修改,从某种意义上丰富物权取得规定,并且一定程度承认"事理主义"。但不足仍然明显:实践中亟须作出规定的添附、取得时效、先占等取得方式,依旧缺失规范;过度的道德考虑往往取代实际思考;没有很好区分不动产和动产的所有权取得。

(七) 用益物权的发展

《物权法》在用益物权方面,也作出一些创制和发展。(1)在第十章"一般规定",为用益物权发展留有余地(第117条),确立用益物权人获得征收、征用补偿的权利(第121条),明确承认一些用益权或取得物权(第118条、第122条、第123条)。但不免挂一漏万,没有提及典权、林业权、优先权等。(2)土地承包经营权有所发展。在起草过程中,学者曾呼吁增进集体土地所有权、承包经营权、宅基地使用权的自主性、流通性。①《物权法》最后除了在第129条对于土地承包经营权人获得征收补偿的权利作出新设规定,以及在体例上将土地承包经营权提到典型用益物权之首,表示重视的姿态外,其他方面基本采取维持原状的态度,保持与农村承包经营法的一致性。(3)建设用地使用权有所突破。承认分层使用权(第136条);明确建设用地使用权的收回属于征收、应予补偿,并应退还相应的土地出让金(第148条);规范建设用地使用权的续期问题,其中住宅建设用地使用权得自动续期(第149条)。这几项都是重要发展。其他方面变化不大。(4)宅基地使用权。基本上维持既有规定。(5)新立地役权制度。这是显著突破,是从无到有,尤其在我国土地公有的情况下,新添此项不动产利用物权,无疑具有特殊的释放土地价值、促进土地效率的意义。其不足在于:作为一种广义的不动产地役权,对于为现时土地所有人利益的地役权和非为现时土地所有人利益的地役权本应有所区别规范,但这方面有所缺失;没有依据义务不同而作出类型区分并作出不同规范,使得地役权内容设计过于笼统;对于地役权的消灭规范不够周延;对于供役地权利人解除权留下过多的擅断空间等。

(八) 担保物权的发展

《物权法》第四编"担保物权"对于1995年担保法有所发展。主要体现

---

① 例如,江平教授认为,《物权法草案》存在财产权利的城乡二元分化问题,尤其在土地问题上,现在面临的主要问题只是如何进一步开放。随着市场化进程的提升,愈来愈需要扩大土地的流转范围。参见江平:《主要问题是财产权利的城乡二元分割》,载《南方周末》,2005年7月21日。苏永钦教授也对中国农村地权制度是否预设一种新封建主义表达了深刻的忧虑。参见苏永钦:《物权法定主义松动下的民事财产权体系》,载《月旦民商法杂志》,2005年6月第8期。

为:对担保法和有关担保的司法解释作出整合,比较充分地反映既有司法成果;在一定程度扩展权利质权的客体,例如将应收账款列入其中;广泛承认动产抵押,吸收英美法系浮动抵押的一些观念和做法。但问题也明显存在:例如对于浮动抵押的特殊条件,认识有所欠缺①;担保类型、内容的规定比较滞后、偏窄,对于实践中需要承认的让与担保等未予规定;对实践中存在的营业质问题未作专门规范;在技术上没有处理好担保法有关部分的废止问题,给司法实践遗留下甄别法律适用的负担(第178条)。

(九) 占有保护制度的确立

《物权法》第五编"占有",属于新设制度。此编5条规范,涉及两个范畴:本权人和占有人的关系规则,通过区分善意、恶意占有来区分处理占有人与权利人的关系(第241条至第244条);占有保护规则,承认三种基于占有的请求权(第245条)。确立占有保护制度,对于我国现行物权制度的深化具有深化意义,即在财产领域开始致力于追求更进一步的"平和秩序"。不足之处在于:该编置于《物权法》末尾,并被处理为一个"微小制度",意义受到局限,因此关于占有的推定意义、占有取得和消灭、占有范围等均无规定,不可避免地导致其远不能满足实践的需要,并在技术上为司法中的占有认定带来巨大的不确定性。

四、未来的展望:代结语

《物权法》对于既往的我国物权规范进行法律位阶的缝合和细化,因此之故,《物权法》的公布,以其制度化成就,将会对于我国未来物权法制发生相当大的影响。在具体的制度内容方面,例如在物权类型的突破,在物权交易的市场化构建,在物权取得的事理主义认许,在强化物权的保护等方面,《物权法》都作出了明显的创制。《物权法》之后,一方面,其他法律部门,尤其是与物权资源管理有关的行政法规将会发生显著调整。目前国务院有关部门正在紧锣密鼓修改《物业管理条例》、《城市房屋拆迁条例》,正是此理。另一方面,法律释义学和判例实践将在物权法的未来制度发展中将占据不可忽视的地位。

然而,并不能说我国的物权制度化已大功告成,一个后《物权法》时代已经呼之欲出,今后物权法制的发展可主要依靠法律释义和判例创制。2007年《物权法》对于中国物权法制影响固然巨大,然而这种影响终究是局部的内容方面的而非根本性的。拉伦茨先生所倡导的法学方法论时代,只在制定

---

① 对于这一问题的批评,可参见梁慧星:《物权法草案第六次审议稿的若干问题》。

法较为健全成熟、法秩序相对稳定的基础上才能到来,因为释义式法学是一种以"以某个特定的,在历史中逐渐形成的法秩序为基础及界限,借以探求法律问题之答案的学问"①。我国的"物权法秩序"还没有真正"在历史中逐渐形成"。

《物权法》观念基础显示,它是一场未竟的立法事业。《物权法》无论是从财产自由、市场化程度,从经济效率的角度,还是从物权形式丰富性方面,都存在观念瓶颈的限制。以观念基础而言,《物权法》尚处于转型时期的思维之下,未能对既有产权安排观念作出根本突破,虽然将"公有神圣"发展为"公有与市场兼顾",然而仍然保留了很强烈的物的管制特色,其公有体制下"两权分离"的轨迹,始终不能离开作为分离基础的国家、集体所有权最初的限定性,不能摆脱对于物和财产的管制思维。中国当年推行国有、集体所有体制,实际是将土地等重要资源合并到政治里面,形成特殊的一种政治经济模式,从而达成特殊的政治追求和治理。根据这种模式,国家和大大小小管理官僚(包括村官)采取行政化或类行政化的合作模式,就可以轻易实现各种控制。国有企业体制也有同样功效。这种政治经济模式不信任财产,加之财产以沉重的镣铐,在法律安排上采取限制甚至取消物的财产属性的手段。

自《民法通则》以来,在这种政治经济体制下,由于要求固守以公有制为主体的立法思维,导致数次创制市场化物权体系的努力不可避免地异化为创制必须与政治问题紧密关联的特色"物权"的努力,它们首先受命于某种既定政治功能的实现,并且几乎丧失财产功能。建设用地使用权、土地承包经营权、宅基地使用权的创制和发展都遭遇这样的尴尬。《物权法》在其制定中,也基本上服从传统的政治经济模式的要求,所以尽管《物权法》作出若干创制,作出若干完善,但是存在不容忽视的根本缺失,即未接受一个立足财产自由、市场自由的完全物权法体系。

2007年《物权法》立法止步之处,正是思考我国物权法制未来发展之处。探求未来我国物权法制的走向,一个中心的课题是需要重新思考政权、政治和财产的关系问题。唯有如此,我们才能最终理解,我们所需要的"物权法制"是一种什么样的法制:为物的财产性,为物的市场功能,为物的人格定在,还是为国家、集体对于物的控制使命?财产治理政治化曾经是我们的一种社会理想,但是这么多年来我们为这种理想已经付出沉重的代价,牺牲经济和个人自由,也滋生许多恶性的国家、集体寻租行为。财与政合一的方式既然

---

① 参见〔德〕拉伦茨:《法学方法论》,陈爱娥译,台北五南图书出版公司1996年版,第1页。

已经"试错",现在到了我们重新寻求实现社会公正的方案的时候,应该考虑在相对独立的意义上将财产从政治中予以分离的时候。如果承认,能够促进财产自由、市场深化才是判断《物权法》是否世界先进的主要标志,那么就可以断言,《物权法》在未来有很大的修改余地。

中国物权法制将来的发展应朝向一种更具完全的形态。即,将《物权法》发展为一部全面的《物权法》,当为未来物权法制建设的目标。

第五部分 债法理论

拾陆 债的本质研究:以债务人关系为起点

拾陆 债的本质研究：
以债务人关系为起点①

一、引言：澄清债的更为本质的知识

"债"亦称"债的关系"(Schuldverhaeltnis)，是民法法系国家通行使用的一个法律概念，作为以某种方式（债的方式）相关联的诸具体法律现象的共同表达形式，为"债法"统一规范奠定了不可或缺的法律技术基础。例如，《德国民法典》第二编"债务关系法"或曰"债法"，便是这种统一化体制的例证。在实践中，作为一个规范中的概念，债不能回避释义问题，因为规范适用只有在规范得以具体澄清的基础上才可能进行。而且，对债的本质回答也决定着对整个债法的构建基础的设计或理解。然而，通过考察可以发现，债的释义存在很大的不确定性，这种不确定性有很多表现，其中最主要的是债的本质理解问题：债是两人或多人之间的各种法律联系的集合，其中，有债务，即一方当事人对于另一方当事人负有提供某种给付的义务，也有债权，即另一方当事人要求提供给付的权利②；那么，这些构成债的关系的内容中，孰为本质的呢，或者说债权人关系与债务人关系何者才是本位的呢？遗憾的是，对此尽管有这样那样的回答，但鲜有作出缜密论证者，尚难说已有确定的共识。

"债"的本质释义所以困难，原因是多方面的。债首先是一种历史的形成，尤其在民法国家，债这一通用概念存身在继受的话语背景之中，这样其本质解释问题，便必然面临既要避免形而化之的唯历史渊源论又要避免对历史联系完全视若无睹的双重难题。进而，在有关债的定义的简单考察中，还可

---

① 原载《中国法学》2005年第6期。本文系作者主持的教育部杰出青年教师资助项目"现代债法的基本理论研究"成果的一部分。

② 参见〔德〕拉伦茨：《德国民法通论》（上），王晓晔等译，谢怀栻校，法律出版社2003年版，第40页。

以看到所谓罗马式定义和德国式定义的语词表述似乎存在巨大差异,这就更增添了释义的复杂性。当然,对于置身于今天的实践者来说,应该不是旨在寻求一种跨时空的有关债的本质解释,这种观念本身就是不可思议的,甚至也不是要固守过去历史的一点静态地求取一种有关发生的解释,因为我们面对的首先是正在进行的生活而不是考古。毋宁说,我们的任务应该是,通过对有关材料和事实的分析,提出在特定的当下应当接受的一种有关债的本质的知识,通过这种知识的帮助,我们得以赋予当下的债法生活以某种堪称必需的意义,反之,如果缺少这种意义的支持,债法不仅会失去光彩,甚至可能会把我们推入一种本来我们经过深思熟虑便要断然拒绝的不合理生活。但是,这种当下意义的确定,却又绝对不是一个简单的历史时间定位问题。所以,即使以现代债法为对象,有关分析也必须立于更复杂的视角。

其次的一面也是更关键的一面,在民法国家,尤其是作为现代民法代表的德国,债的概念使用又是一种特定立法技术的体现,这就更使得债的本质释义问题变得微妙——这种微妙的体会,受制于对民法法系立法技术特点的把握,换言之,不同的立法技术左右不同的解释实践,所以只有深刻地理解债的规范概念所由来的民法法系的立法技术特点,才能够找到理解"债的概念"本质的出发点。法律要达成规范作用,首先需要借助"作为确定性的辅助"的表达技术明示出来,以达成实践操作要求的可能性、确定性和有序性。① 到目前为止,这种确定性的表达技术有两种典型方式。一种是具体化的,最绝对的是普通法系的判例法方式,这种方式将规则叙述完成在对于示范案件的有关事实与判决情况的具体叙述中;另一种是抽象化的,最绝对的是民法法系的制定法尤其是法典形式,这种方式深受法学表述思维的影响,吸收法学提炼形成的层次分明的概念,通过使用这些法学概念来叙述规则,使法律表达显得十分简洁但也十分抽象。② 德国民法在19世纪晚期更是几乎完全屈服于概念法学的学术威望,接受了高度概念化的表达技术,致使其抽象性名噪一时。③ 这两种不同的立法技术,不仅在形式上使得两大法系得以划分,而且在实践中也促成了不同的规范提取及

---

① 参见〔美〕本杰明·N.卡多佐:《法律的成长:法律科学的悖论》,董炯、彭冰译,中国法制出版社2002年版,第3—4页。

② 关于民法法系法学发展与立法形式的关系过程,可参见〔英〕巴里·尼古拉斯:《罗马法概论》,黄风译,法律出版社2003年版;〔美〕艾伦·沃森:《民法法系的演变及形成》,李静冰、姚新华译,中国政法大学出版社1992年版;F. Wieacker: *A History of Private Law in Europe-with particular reference to Germany*, Translated by Tony Weir, Oxford: Claredon Press, 1995;〔德〕霍尔斯特·H.雅科布斯:《十九世纪德国民法科学与立法》,王娜译,法律出版社2003年版。

③ 参见〔德〕霍尔斯特·H.雅科布斯:《十九世纪德国民法科学与立法》。

其适用、解释的要求。例如,在判例法,便要求司法者应当能够尽量收集相关的判例,通过对具体判例的归纳和推论的方法,从中整理、发展出待适用规范,并在此基础上完成确定的适用释义,是一个从具体到抽象(具体——归纳和推论——再到具体)的过程。反之,在制定法尤其是法典法,却可能要求遵循一条几乎相反的路线,即从抽象到具体(抽象——具体分析——再还原抽象)的规范提取和解释路线。

然而,问题却出现了,在法律概念化的抽象表达的精致外壳下,实践者由于不应有地时不时忽略概念法的技术特点之特殊要求,不仅出现了过度痴迷概念形式逻辑的故步自封以致扼杀法律现实成长的问题,而且,更令人忧虑的是,法律实践甚至法学研究常常不免陷入形式化解义的困顿。法律概念化的前一个实践问题已经广受学者诟病[1],但后一个问题却还没有受到应有重视。民法典使用的诸般法学概念,本身经由丰富的归纳提炼并借助法学定义构造而成——概念化之过程也是其丰富内涵的内敛过程,由于与法学间隔或者不同法域间辗转借鉴的缘故,实践者往往只看到其语词表达的形式含义,而失于关注其潜存的内在意蕴。具体到债,这就是说,由于"债"这个高度形式化的用语之存在,在我们的头脑中,通常容易形成关于"债"的高度形式化的解义意识,特别在有关个别法条之表达过于简单片面或者有导致理解歧义的危险时,更容易引发这种形式化痼疾。实际上,概念法的所谓缺陷,虽然与

---

[1] 法律成长是法律的双重需要之一,即"法律必须稳定,却不能静止不变",参见〔美〕卡多佐:《法律的成长:法律科学的悖论》,第4页。耶林将这种概念固定思想称为"概念天国",参见 Rudolph von Jhering, Im Juristischen Begriffshimmel, in Schertz u. Ernst, in der Jurisprudenz, 11. a ed., 1912. 霍姆斯、庞德也对这种意义的法律概念公理化危机提出了中肯的批评。霍姆斯认为,"法律系统能像数学那样依据一些一般公理进行运作,是一个谬误","谬误就是认为促成法律发展的唯一力量就是逻辑","一般命题不解决具体案件","当遇到问题时,单一的逻辑工具是不够的";庞德在《法律史解释》和《机械法理学》认为,法律发展仰仗于"对既有的、无视事实真相并常常与事实相抵触的法律概念进行严密的逻辑推演"是一种完全错误的信念,他使用了许多贬抑性的字眼形容这种错误的方法,如"机械的"、"自动售货机"、"形式的"和"概念主义"。参见 Oliver W. Holmes, *The Common Law*, Little, Brown and Company, 1881, 1991; Roscoe Pound, *Interpretations of legal History*, Cambridge, 1923 (中译本参见邓正来译,中国法制出版社2002年版); Pound, Jurisprudence, St. Paul, Minn, 1959。另,参见 H. L. A. Hart, *Jhering's Heaven of Concepts and Modern Analytical Jurisprudence*, in H. L. A. Hart (ed.), *Essays in Jurisprudence and Philosophy*, Oxford University Press, 1983, 265.

其过度追求抽象表述有关①,但很大程度更是实践者不能遵循其特殊要求而为实践的结果。概念法的初衷,并非要简化实践者的工作,使其只需充任一个"技师"的角色,恰恰相反,它对于法律实践提出了更高要求,透过概念化背后的法学思维的品味,要求实践者时刻以一种更系统更丰富更接近本质的思想方式对待具体个案的法律适用要求。换言之,概念法实践必须以深化规范解释为前提。但是,由于现实通行的实践思维并没有理会概念法的这一深刻方面,而是浅尝辄止于概念的形式表层,导致了概念法实践的片面与不深刻,也导致了对概念法不应有的贬低。

法可以说是社会生活的一种组织形式,这种组织形式本身是通过应然规则而向社会提出要求的,因此法律组织作用的发生,就取决于执行者和社会对于规则的正确阐述和理解,在此基础上才谈得上执行或运用,所以法学最起码的一个任务应该是能够提供有关规则的正确阐述。本文的研究便是由这种深化意识所促成的。假设概念法成为法律表达已经接受的形式,那么在概念法背景下,法学研究的一个目标便应该是去注视诸概念的内在隐蔽的方面并且竭力将其内在意蕴彰显出来。在实际生活中,被"债"的概念表象所掩盖的或者个别法条表达所不及的,往往正是债的制度的内在机理依存之所。笔者试图在严格遵循由概念法立法特点所决定的独特的释义路线的前提下,通过更完整的揭示方式,对债进行有说服力的本质质疑,或者说澄清有关债的易被忽略的然而或许是更为根本的内涵。概念法的立法技术特点,以《德国民法典》为例,它是以概念的抽象化以及对概念进行严格的界定而著称的,其体系特点是将概念分为一般的概念和特别的概念,通过概念的逻辑关系和上下属关系将整个材料作出划分。② 债的概念属于民法典第二层次的抽象概念,却是债法部分最高层次的概念。所以,债的本质的一般性释义,根据以上的概念法特点,至少应遵循以下两个方法立场:其一,债既然也是概念的抽象化的产物,那么其释义就必须还原到抽象化之前,唯有如此才能够

---

① 一种批评因此指向了概念法本身,要求通过清除或者尽量克制使用概念法技术来解决其法律实践的解释难题。这种建议无疑是有益的,然而却可能导致法律表达的臃肿以及最令人忧虑的那种因过于具体化而导致的诸规则关联思考的欠缺,从而导致法律治理难以成为一种协调性的治理,而协调正是社会生活和谐的要求。实际上,无论具体意义的判例法还是抽象意义的制定法,在法律表述本身同样都存在过于绝对问题。在判例法国家,有关方面试图通过法学系统思维的努力进行矫正,英美国家从事的法律重述的工作即如此;在法典化国家则相反,有关方面试图通过填补具体材料的努力加以弥补,民法国家展开的法典评注工作便是。所以,任何针对概念法技术的单方面的指责都是欠公允的。人们从中受启发开始思考是否存在一种介乎中间的立法技术,《美国统一商法典》似乎就是这样一种尝试,是一种削弱了的概念化表达与评注相结合的方式。

② 参见〔德〕拉伦茨:《德国民法通论》(上),王晓晔等译,法律出版社2003年版,第38页。

发现概念化过程所省略的内在意蕴,此项解释可称为回归现象的解释或曰事实解释。但要注意,这里的现象或事实并非指待决个案的事实,而是概念形成的事实,所以此项解释意识要与面向个案适用时所谓"问题意识"区别开来。① 其二,对于法典来说,体系具有重要的意义,每一个概念、每一条规则都是立法者深思熟虑的排列,彼此发生特定联系。所以,就此体系观而言,在债的本质释义,我们首先必须体会体系安排的寓意,包括关注概念之间的种属关系、相对性或兼容性以及与法律思想和原则之间的内在联系②;其次还应认识到,由于债是债法中最抽象的范畴,其适用范围非常广泛,本身还不足以成为调整某一过程或生活事实的具体手段,所以必须下放到下位概念或具体规范中才有可能触及其本质理解。为达到这一目的,我们必须检视债法分则中的有关法律规定,我们的目光因此也应不断地在法典的各编之间游弋。③

  需要说明的是,本文的课题无疑具有一些实践的意义,比如说对于正在进行的中国民法典起草或许可以提供一种有关债的关系本质问题的基础思考,这种思考也有助于提醒起草者应该慎重对待债法的基础定位问题。但是,本文的初衷并无意于对于这一重大立法课题提供任何具有针对性的建议,这是因为,一方面,作者认为,任何针对性的立法建议都需要以针对性的立法研究为基础,而作者在本文只打算进行一般性的理论探讨,由"债"的概念抽象化引发的解义问题入手,提出有关其概念本质质疑和探讨的方法思路,进而展开具体论证。作者愿意在将来另有时间时,再对我国当前民事立法涉及的"债"的法政策问题进行专门思考。另一方面,作者也相信,任何关于法政策的有效思考,都应建立在对所涉及对象的基础内容作出较彻底的理论考察之基础上,具体就我国有关"债"的立法而言,这方面的基础研究也应排在优先位置。令人遗憾的是,到目前为止,有关"债"的基础问题的研究在我国几乎阙如,这与目前民法典起草中正在进行的有关"债法体例架构"的

---

  ① 概念抽象化意味着规范表达的高度形式化,概念越抽象,表达便越趋于形式化,表达含义便越不明确。然而,面向具体问题的法律实践,总是要求必须就待回答的具体问题给出具体的规范指示,这里就发生了由抽象转为具体的概念法的解释任务。由于本文不涉及个案适用命题,而是只关乎债的本质的一般性研究,所以有关讨论可以忽略。
  ② 参见〔德〕拉伦茨:《德国民法通论》(上),王晓晔等译,法律出版社2003年版,第38页。
  ③ 同上注,第40页。

热烈讨论似乎不甚相称。①

二、有关债的两种看似对立的界定方式

关于"债"或"债的关系"的概念理解,可以先从关于"债"的定义考察入手。这是因为,由概念法的特点所决定,法典上概念的使用通常都要辅助以严格界定。定义是界定法律概念的重要手段,因此也是理解法律概念的规范含义的捷径。定义的意义在于,对概念预先作出说明,以达成理解上的可确定性,其具体方式是,"作为一种文字上的启示,它主要是标明界限或使一种事物与其他事物区别开来的问题,即通过一个区隔语来给出语言上的解说"②,或者说是"一种概括复杂现象的思维表现方法,是人们认识了的现象的属性或观念的表述"。③ 概念法要具有可操作性,就必须借助定义方式对其使用的概念进行阐明,否则,如果有关法律概念不能被有效地阐明,那么以此形成的法律规范便无法被确定地实践。④

罗马法拥有发达的债的制度,是民法法系债法的共同起源。债的概念(obligatio)以及债法是罗马法长期的独特的发展结果,而同时代的其他国家或地区的法律文明都没有能够发展出类似的概念和法律制度来。在法律成熟期,罗马法使用 obligatio 一词表示"债",该词因此成为后世有关"债"的总词源。obligatio 一词不见于罗马古代法,《十二表法》只知有 nexum(实际上是

---

① 目前我国民法典起草有关债法争论,并未涉及债的本质问题,已经成为核心议题的主要是"债法的统一与分离"这一债法体系架构问题。这场讨论主要发生在江平教授和梁慧星教授之间。前者主张废除债法总则,其形式理由为"删繁就简",实际理由为债法内部具有分离性。这一债法分离运动观点得到了部分学者的呼应。反之,后者则强烈呼吁保留债法总则,其形式理由是债的体系化需要,实际理由为债法应具有统一性,这一立场也得到另外部分学者的赞同。参见江平、梁慧星、王利明:《中国民法典的立法思路和立法体例》,载《月旦民商法杂志》2003年3月特刊;另参见魏振瀛:《论债与责任的融合与分离——兼论民法典体系之革新》,载《中国法学》1998年第1期。

② H. L. A. Hart, *The Concept of Law*, 2 ed., Oxford,1994, p. 13. 中文译本,参考张文显等译,中国大百科全书出版社1996年版。

③ 〔美〕E. A. 霍贝尔:《初民的法律》,周勇译,中国社会科学出版社1993年版,第18页。

④ 在概念法中,有时一些法律概念直接由立法规范作出定义,此种定义之所以由规范来明确,一方面是立法者认为为了避免理解歧义实有规范化的必要,另一方面也是其自认有所把握。定义方式或者是列举属性和特点,或者是抽象本质属性,不一而足。但是大多数法律概念尽管在立法中被使用,却并未有规范定义,其中有的早已形成通行定义,故无须立法赘言,有的则完全因为争论不休一时没有定论,故只好放弃立法武断,立法者有意遗留给司法界依据学术和实践进行决断。

金钱借贷),nexum 也可以用以移转物的所有权,而且看重形式。① 在公元 6 世纪《国法大全》的文献中,罗马法有两个关于"债"的权威定义,这两个定义大同小异,均由债务人的义务入手,界定债为"其他人必须给我们某物或者做或履行某事"②,换言之,在债权债务关系中,首先发生债务然后才对应生出债权,是债权对应于债务,而非债务对应于债权:(1)《法学阶梯》的债法部分区分为契约和准契约之债以及侵权之债,前者规定在第 3 卷第 13 篇,篇名为"obligatio",后者规定在第 4 卷。在第 13 篇序言中,对"债"进行了一般性界定,称"债是法律关系,基于这种关系,我们受到约束而必须依照我们城邦的法律履行某种给付"(obligatio est iuris vinculum, quo necessitate adstringimur alicuius solvendae rei secundum nostrae civitatis jura)。③ (2)《法学汇纂》承保罗的定义:"债的本质不在于我们取得某物的所有权或者获得役权,而在于其他人必须给我们某物或者做或履行某事。"(obligatiohum substantia non in eo censisitit, ut aliquod corpus nostrum aut servitutem nostram faciat, sed ut alium nob is obstringat ad dandum aliquid vel faciendum vel praestandum)。④

《法国民法典》没有关于债的一般规则,也没有对"债"进行一般界定,而是分别针对各种具体之债作出界定。其关于各种债的定义,基本因循了罗马法的表述方式,也从债务人"应为"给付的角度入手。第 1101 条界定合意之债,"契约为一种合意,依此合意,一人或数人对于其他一人或数人负担给付、作为或不作为的债务"。第 1370 条规定,债务可基于非合意原因发生,包括法律规定以及债务人行为,此谓债务人行为又包括准契约、侵权行为和准侵权行为;然后往下,第 1371 条如此界定准契约之债,"准契约为因个人自愿的行为而对第三人发生的债务,有时于双方之间发生相互的债务";第 1382 条如此界定侵权行为之债,"任何行为使他人受损害时,因自己的过失而致行为发生之人对该他人负赔偿的责任";第 1383 条至 1386 条界定准侵权行为之债,也均以债务或责任为出发点。

到了 1900 年的《德国民法典》,关于"债"的界定似乎发生了变化。《德

---

① 参见〔古罗马〕优士丁尼:《法学阶梯》,张企泰译,商务印书馆 1989 年 12 月第 1 版,第 158 页,注①。

② 现代意大利罗马法学家彼德罗·彭梵得在其著作《罗马法教科书》从债权人的角度对罗马法上的债进行定义。个人私见以为,他的这一定义之所以与罗马法的原始定义不同,应该是不自觉受到德国法学和立法影响的结果。

③ J. 3,13.参见〔意〕彭梵得:《罗马法教科书》,中国政法大学出版社 1992 年版,第 284 页;〔古罗马〕优士丁尼:《法学阶梯》,张企泰译,商务印书馆 1989 年版,第 158 页。

④ D. 44, 7,3pr.参见〔意〕斯奇巴尼编:《民法大全选译·债·契约之债》,丁玫译,中国政法大学出版社 1992 年版,第 1 页;〔古罗马〕保罗:《法学阶梯》第 2 编;〔意〕彭梵得:《罗马法教科书》,黄风译,第 284 页。

国民法典》在第 2 编"债务关系编"第 1 章第 1 节开篇第 241 条第 1 款称,"依据债务关系,债权人可以向债务人请求给付"。这一界定与罗马法的界定存在一些重要的共同点。一是二者均指出"债"属于一种关系范畴;二是均暗示"债"限于在特定当事人之间发生,并因而仅具有相对性。这种债的相对性,不仅指债权人可以向债务人请求给付以及债务人应对债务人承担给付义务,而且也指债的当事人双方的请求或承担给付的效力仅限于相互之间,对债的关系之外的第三人不发生效力。对于这种相对性,我们也可以从有关民法典的侵权行为责任和违约责任的区分中得到进一步理解,区分的理由基础便是建立在这种认识之上的:存在诸如财产这样的绝对权和诸如合同这样的债权或相对权的区分,侵权法一般不直接保护相对权。①

然而,按照德国学者的认识,《德国民法典》上述界定表述与罗马法存在根本差异。在对"债"进行界定时,许多德国学者以《德国民法典》第 241 条第 1 款的描述为支持,认为基于《德国民法典》的立场,更多的应立于债权人角度来认识债的关系本质,即依"债的关系",理解上首先是债权人可以向债务人请求给付。换言之,应首先从债权人的角度描述债的关系体现为可以请求给付,而不应首先从债务人方面入手描述"债"体现必须为给付的内容,是债务对应于债权,而非债权对应于债务。② 这与罗马法的界定正好相反。德国学者这种有关债的债权人本位的解释,在大多数日本和我国台湾地区学者那里得到呼应。《日本民法典》第 3 编采用"债权"作为总标题,而且第一章总则诸节也都以"债权"为标题前置词,日本学者根据这一事实,直接将债法称债权法③;《中华民国民法典》虽然以"债"为第 2 编的总标题,但我国台湾地区学者也多倾向于认为,基于第 199 条规定,应以债权人关系作为债的关

---

① 参见[美]詹姆斯·戈德利:《过失行为致人经济损失不予赔付规则:是历史偶然吗?》,载《欧洲法中的纯粹经济损失》(毛罗·布萨尼、弗农·瓦伦丁·帕尔默主编),张小义、钟洪明译,法律出版社 2005 年版,第 36 页。但也有观点认为,侵权行为责任和违约责任的区分基础并不在于绝对权利和相对权利效力及其受保护范围的区分,而是基于其他方面考虑的结果。

② 梅迪库斯便是从债权中心这一角度来理解债务关系的本质的,他强调第 241 条的首要位置,并且强调债务概念的对应性;他在"债的实现"的表述中还突出"债权实现"的本体位置。参见[德]梅迪库斯:《德国债法总论》,杜景林、卢湛译,法律出版社 2004 年版,第 3、6、8 页,以及第三章标题"债权实现"。

③ 日本学者的债法著作多以"债权"字样命名,例如[日]石坂音四郎:《日本民法债权总论》(1921 年),[日]鸠山秀夫:《日本债权法》(1925 年,修订版),[日]我妻荣:《债权在近代法中的优越地位》(有斐阁,1953 年版)等债法名著,均不言自明地在债权的角度认识债的本质。

系的本质。①

一个确凿的事实是,作为现代民法代表的德国民法,与作为古代民法代表的罗马法属于同一法系,存在继受与被继受的关系。在此疑问发生了,既然二者有关"债"的定义表述有着如此重要的不同,那么我们是否可以基于那种法律进化的思维,由此得出结论说:从罗马法到德国法,债法领域出现了根本转向,进而导致债的关系本质由所谓"义务本位"发展为"权利本位"了呢? 著名法史家梅因先生在《古代法》中提出,罗马法发展基本上体现了一条"从身份到契约"的原则轨道②,这使得我们很容易作出以下联想:罗马债法,愈是往前回溯便越具有身份社会的痕迹,故而必定表现出浓厚的义务法的特性,而德国人由于经受了近代以降个人主义思潮和天赋权利思想的洗礼进而跻身自由社会,故而能够将债法提升为自由法并因而一定表现为权利法。那么,关于"债"的本质事实真是如此的吗?

三、债的语词形式与内在规范

(一) 哈特"对词的深化认识"的观点

在作出进一步讨论之前,我们先来看看分析法学家哈特关于法律规则的语义分析的精彩见解。哈特承认,法律规则的解释问题不可消除,这是因为,这些规则本身是使用语言的,而语言本身就需要解释。③ 哈特首先认为,规则语言之所以需要解释,是因为语言本身具有不确定性或者说边界的模糊性问题,这就导致法律规则都会在某一点上发生适用上的不确定性,即"在所有的经验领域,不只是在规则的领域,都存在着一般语言所能提供的指引上的限度,这是语言所固有的",由此语言将"表现不确定性,它们具有人们称之为开放构造(open texture)的特征"。④ 就法律规则中的使用概念的释义而

---

① 黄立在《民法债编总论》(台湾地区1996年版)认为"民法"第199条第1项对债的关系的描述,源自《德国民法典》第241条第1项,其规定系以债权人为出发点,并说"债权人依债之关系,得向债务人请求给付。由此相反观点看来,就是债务人之义务,在受请求时应为一定之给付,正好是债权或请求权的反面"(第2页);王泽鉴在《民法债权总论第一册》(台湾地区1997年版)中,也认为"债者,指特定当事人间得请求一定给付之法律关系",显然从债权人关系角度定义,但有趣的是,他也注意到"民法多从债务之观点设其规定"(第3页);林诚二在《民法债编总论——体系化解说》(中国人民大学出版社2003年版)也是从请求入手界定债,"债者,即为特定人间请求为特定行为或不行为之法律关系"(第5页)。早期学者史尚宽先生在《债法总论》(台湾地区1978年版)虽然认为台湾民法采取一种债权债务的综合视角,但关于债的性质的叙述还是略为偏向债权人关系(第1页)。
② 参见〔英〕梅因:《古代法》,沈景一译,商务印书馆1959年版。
③ H. L. A. Hart, *The Concept of Law*, p. 123.
④ Ibid., pp. 123,124.

言,语言不确定性问题,可转化为概念外部性或概念与概念的界分问题,因为基于语言的边界模糊这一特点,对于概念阐释者而言,进行概念释义,首先要求"去除边缘周围不合乎要求的毛刺",从而在外部成功地理清概念的外沿。

很多人都注意到了哈特上述有关规则语言不确定的认识,但是往往忽略哈特关于语义分析另外一个更重要的见解。他说,我们时常认为,定义"纯粹是语言上的"或者"仅仅是与语词有关的"问题,这种说法最容易使人产生错误的印象,似乎下定义就是找出一个流行的用词方法,但是这种关于定义认识是不正确的,即使一个普普通通的定义,也至少要做两个方面的事情,"一件事情是通过提供一个代号或公式来把被定义的词转换成其他易懂的用语,另一件事情是通过揭示该词所涉及的事物的特征","在探索和寻觅此类定义的过程中,我们'不是仅仅盯住词……而且也要看到这些词所言及的实际对象。我们正在用对词的深化认识去加深我们对现象的理解'①","我们还需要某些东西,它比这种定义形式更重要"。②

可见在这里,哈特发现就规则语义的澄清,还存在一个更深层次的解释要求问题。他提醒我们,由于定义的目的之一是要揭示被定义者"所涉及的事物的特征",所以,要解释它就不只是一个形式化解义的问题,即不能仅仅"盯住词"。不幸的是,人们恰恰容易局限于用词形式而作出某种形式化理解。在哈特看来,词与物的关系十分复杂,就概念的完整解释目标而言,阐释者的工作不只是要求说清楚此概念与彼概念如何区分,而是更应要求说清楚其定义揭示了什么"事物特征"。为了达到这一解释目标,哈特提出了跨越定义形式与实质表达的距离的深度思路:仅仅从定义形式——用词的表面用法出发,是不能达成对于现象的真正理解的;对于概念定义所表达的对象而言,真正的概念理解,建立在"对词的深化认识"的基础上,这种深化认识体现为阐释者在关注用词形式的同时,应同时注视这些词所言及的实际对象。这种"通过关注实际对象而获得对词的深化认识"的观点,应该是哈特对于法律语义分析理论的重要贡献。

哈特的深化认识的观点和方法,受到维特根斯坦相似思想的启发,后者更早的时候从语言哲学的角度提出了关于用词理解的深化认识问题。在早期著作《逻辑哲学论》中,维氏指出,我们可以寻求一种"物理语言"达成清楚的表达,但是条件是必须"为了一个特殊的目的"限定物理语言,后来维氏虽然转向"日常语言",仍然承认"特殊目的"、"语言的作用方式"之于语言限定

---

① J. l. 奥斯丁:《为宽恕而斗争》,载《亚里士多德会刊》,第 57 期(1956 年 7 月),转自 H. L. A. Hart, *The Concept of Law*, p. 15.

② 参见 H. L. A. Hart, *The Concept of Law*, pp. 14,15。

的重要性。他在其《哲学研究》中如此虚拟了一段关于奥古斯丁的表述是否合用问题的回答。"这时的回答是:'是的,你的表述合用;但它只适用于这一狭窄限定的范围,而不适用于你原本声称要加以描述的整体'"①;"这就像有人定义说:'游戏就是按照某些规则在一个平面上移动一些东西……'——我们会回答他说:看来你想到的是棋类游戏;但并非所有的游戏都是那样的。你要是把你的定义明确限定在棋类游戏上,你这个定义就对了"②。换言之,对于定义内在方面的澄清,通过简单地对语词指涉的一般用法加以说明是不够的,解释者必须了解有关定义语言的特有使用方式或者说深入查明用词对象,才能够真正对于定义概念有所把握。

(二)债的概念分析的外部性和内部性

哈特的法律语义分析思想,应用到"债"的概念释义上,便至少要求完成以下两项工作,才有可能达成对于"债"的本质理解。其一,针对语言边界的不确定性,进行语义澄清工作。这项工作主要是围绕债的概念的周边联系和外延的清晰化而展开,包括对"债"与物法关系、亲属关系等的区分作出清楚说明。从这个意义上说,这是债的外部性阐释。其二,针对"债"的定义所涉及的揭示事物特征这一目标,对债的概念进行深化阐释。这一解释的出发点,主要不是语词形式本身而更应该是语词的对象——债的实际现象或曰"债的事实游戏"本身。由于要回到实际现象本身,从这一意义上可称债的内部性阐释。

一些经典民法学者已经进行了债的外部性阐释,相对权和绝对权的区分理论即是立足于这样一个角度的。《德国民法典》在第241条和第242条之中确认债是一种法律关系,并且为特殊结合意义的法律关系,也体现了这一外部揭示的特点。拉伦茨也就债的外部区分性进行过精彩说明,他说:"我们要进一步把法律关系划分为两种……第一种法律关系是,参与这种关系的人往往只是一些特定的人,大多数情况里只是两个人;这种关系首先是债权债务关系。在这种法律关系中,一个人的权利往往只针对另一个人,或者针对多数特定的他人。参与者往往是相互具有权利和义务的。这种法律关系是一种特殊的法律关系,形象地说,是一种法律上的'纽带',这种纽带仅仅存在于参与者之间。处于这种联系之外的第三人则与之无关。还有另外一种法律关系,如同人格权和所有权,它提供给一个人对于所有其他人的权利。这种法律关系的'核心'是'可以是什么'。我们也可以说,它是法律保证给一个特定人的自由空间,在这里这个特定人可以排除所有其他的人。所有其

---

① 参见〔英〕维特根斯坦:《哲学研究》,陈嘉映译,上海人民出版社2001年版,第5页。
② 同上注。

他的人都有尊重这种权利、不侵犯这种权利的义务。这种义务最初只是很一般的,它还不给予权利人对某一特定人的具体的功能。"①

但是,如果仅仅以这种外部性区分为基础,便就认为可以揭示出债的关系的本质结构,这就走得太远了。拉伦茨仅仅通过上述外部性分析便断言说,所有的法律关系包括债的关系在内,其主要要素都是"权利和与之相应的义务(即注意不要去损害他人)",并且"这似乎可以作为使用于所有法律关系的模式概念"②,这一结论难免轻率。因为,仅从外部来观察债的关系与所有权等绝对法律关系之间的区别,只能看到债是对立当事人之间的一种特定结合关系的特点,根本不能判断债的关系中是否以债权人关系为起点,也就是说,根本不能发现特定当事人之间的这种结合关系的基础是什么以及这种结合关系在本质上究竟如何,当然也就不能说债的关系和物权关系以及其他一些法律关系一样,都是以权利为起点了。所以,仅仅依据外部观察便认为,债的关系结构同样是以"权利和与之相对应的义务"为内在构成,这种论证方式是缺乏说服力的。

由此启发,要真正揭示债的关系,弄清其内在结构及其本质所在,仅仅外部性阐述是不够的,只有转向内部性解释才能达成目的。所以,我们应该特别关注债这一语词所言及的实际对象,把关注重点转移到债的现象本身,即,在揭示债的本质这一特定目标意识下,通过对债的现象分析,达成对"债"的语词表述的深化理解。总之,只有彻查债的现象本质,才有可能认识债的本质。在本文接下来的部分,通过学理考察,我们看到,现代民法学的奠基人萨维尼正是基于债的现象分析立场,早就有效地论证了债的复杂关系中其本质构成应该是什么;通过实证分析,我们还发现,《德国民法典》第241条第1款虽然首先从债权人的角度描述债的关系,但是从其整个债编来看,丝毫不能得出有些学者所得出的立法者在此刻意要确立债的本质构成在于请求给付(债权)方面的结论,相反,我们的分析结论是,这种关于立法意图的论断并不符合立法实际,相比较而言,债的本质更应该从相反的方式去作出理解。

四、萨维尼有关债的本质认识及其论证基础

萨维尼对于债的本质进行了深入研究,其著作对此问题在若干处有所涉及,但其中比较精彩也比较集中的一段,主要表现在探求债的本座问题时有关债的本质的说明,之所以把这两个问题联系在一起,是因为在他看来,厘清

---

① 参见〔德〕拉伦茨:《德国民法通论》(上),法律出版社2003年版,第256页。
② 同上注。

法律关系的本质所在,正是确定法律关系本座的前提。① 萨维尼的核心观点是:在债的关系中,存在着紧密联系的各种关系,有债权人角度的关系,也有债务人角度的关系,但比较起来,归根结底作为本质构成的,不是债权或者请求,而是债务或者履行。他说:"与其他法律相比,在债法回答起这个问题来更为困难和困惑,其原因如下:首先,债具有无形特性的标的,与物权相比较,后者则与一可感知的标的——一物联系在一起的。我们因此首先必须尽力了解债的无形标的。其次,债必然地与两个不同的人相关:在一方而言,它看来似乎是自由的扩张,即支配另一方的意志;在另一方而言,是对自由的限制,即依附于另一方的意志。这些紧密联系而不同的关系中,我们按照哪一个来确定债的本座呢? 毫无疑问,依据债务人的关系,因为存于债务人方面的行为必要性构成了债的真正本质。这一观点,为履行地对管辖权具有无可辩驳的巨大影响所证实,因为履行主要存在于债务人的活动,而与之相伴,债权人的活动或者根本不存在,或者表现为次要而从属的方式。此外,由于法院持续与被告亦即债务人发生关联,基于本地法与法庭的内在联系[也应依债务人的关系确定债的本座]。"②

在上面的论说中,萨维尼提到债与物权的区别关系,但其关于债的本质的论证基础不是建立在与物权关系的外在区分的特征寻求上,而是建立在一种内在的探求方式上——在债的内部各种关系中,通过内在比较找出其中孰为更为本质的一种;而在进行这种内在比较的时候,萨维尼回到了关注现象的观察角度。在注视债的实际现象时,萨维尼把目光定在了债的标的上,在萨维尼看来,要理解债首先要理解债的标的,这是因为,标的不同使得各种法律关系得以进行本质区分,因此,只有深入到对其标的的分析中才能够认清各种法律关系的本质。萨维尼认为,债的独特本质受决定于,债的标的是无形意义的"他人之特定行为","在债法中,人从其抽象的人格中现身,置于支配特定法律关系的法律支配之下"③,"如果我们想出一种支配他人的特殊法律关系,却又不干涉他人自由,那么,它就与所有权相像但又与之不同,这样,对他人支配就不是该他人全部,而仅能涉及该他人的特定行为。该特定行为,就排除于该他人的自由,而服从我们的自由意思。这种对他人特定行为

---

① 参见 Savigny, *A Treatise on the Conflict of Laws and The times of Their Operation in Respect of Place and Time*, Translated by William Guthrie, 2ed., T. & T. Clark: Edinburgh, 1880, Sect. XVII, XVIII.

② Savigny, *A Treatise on the Conflict of Laws and The times of Their Operation in Respect of Place and Time*, Sect. XXVI, pp. 194-195.

③ Ibid., p. 194.

的支配关系,谓之债(Obligation)。"① 正是由于他人特定行为成为标的,债的关系在民法世界里就必须显得独特——在反对奴隶制度的前提下,为了解决债务人的自由和尊严的问题,债的关系构造必须有所特殊,即必须以债务人关系为本质。

那么,为什么以他人特定行为为标的,由于涉及他人的自由和尊严问题,便会得出债的本质应该立足于债务人的关系这一方面呢? 萨维尼的理由在于,确立债务人义务的本体性或先在性,也就是等于确立了债的建立以"债务人方面的行为必要性"为前提:债之所以发生,是因为在债务人方面构成了"行为的必要性",即由于债务人方面积极的追求或者消极的驱动,首先导致了他的债务或责任,然后才致使债权人在反射意义上取得了相对的权利。在这个意义上,债是债务人选择的结果或者说发动的结果,是他把自己的行为纳入到法律关系的作用之下,自愿地"在债法中,人从其抽象的人格中现身"。萨维尼的论证显然受到人文主义和伦理学的深刻影响,在对债进行现象分析时,通过对个人自由和尊严的价值关注,察觉到债的标的之于自由的特殊意义,并在维护这种自由的思考下提出了有关现代债法的债的本质构想。在他看来,通过债务人关系为起点的这种本质安排,债的关系之建立和实现在根本上才不会损及债务人的自由和尊严,因为这种情况下,债的建立及其内容安排归根结底是债务人通过自己意志而决定的自己在某特定行为上的不自由,所以就决定或选择的前提意义而言他仍然具有自由和尊严。反之,如果以债权人的关系为出发,对于义务人来说就不仅构成十分特殊的不平等,在债的关系中其自由受到限制(债务人受到约束),而且甚至还会失去自由这个前提。②

标的对于法律关系本质具有决定意义,法国学者对此也有同感。法国学者达宾(Dabin)在其《主观权利》一书中,强调权利标的对于权利的形式具有决定性作用,他说"权利的形式会不可避免地被打上隐含之物的形式的印记……客体必定起决定作用"。③ 雅克·盖斯坦等人也认为,对于权利或法律关系而言,"虽然按客体对权利分类或许不是绝对行得通,但它囊括了几乎

---

① Savigny,System des heutigen Roemischen Rechts, I(〔德〕萨维尼:《现代罗马法体系》,第1卷),§53。

② 实际上,维护个人自由的要求也决定了债权请求的特点,因为为了维护个人自由和尊严,不仅要使债权相对于债务而产生和存在,债法还要更进一步,使这种相对的权利其内容本身不能过于强大以避免导致债务人的自由和人格的丧失,所以法律仅仅允许债权人的作为只能到请求为止,唯有如此债务人的自由地位在债的关系中才得以保全。

③ 〔法〕达宾:《主观权利》,转引自雅克·盖斯坦、吉勒·古博、缪黑埃·法布赫-马南:《法国民法总论》,陈鹏、张丽娟、石佳友、杨燕妮、谢汉琪译,法律出版社2004年版,第166页。

所有的权利,并'提供了最好的阐述基础'"①,由此他们赞成,在主观权利所界定的区域,"权利的客体和内容对该专有领域的界定起着决定作用。事实上客体在题材上将权利定了位,而内容却确定了主体行使自由的范围。这两个因素中,一个明确了权利主体享有的不平等是什么,另一个明确了其界限是如何",这其中,权利客体的影响力更为关键,因为"权利的内容是千差万别的,这使得我们很难以权利的范围为基点来作分类。相反,客体的可能性是相对限定的。而且,权利的客体必然对其内容有影响"。② 由此,具体到债,法国学者清楚意识到,由于其标的是债务人的给付,因而具有关涉自由与尊严的特殊性,即"确实如果按照通常的方式来分析债权,就会发现要求完成某一给付(权利的内容)的权力所针对的是债务人本人。将人当作客体,这与人格的尊严相抵触"。③ "物权的权利主体可以要求所有的人都尊重专属于他的权力领域,而且物权所表达的社会关系也正是这样表现出来的;相反,债权人只能向债务人要求履行给付,而且债权为其权利人的形成的根本社会关系恰体现于此。"④

五、对《德国民法典》第二编的系统解读

　　萨维尼通过回归债的现象,从维护个人自由出发,论证了债这种法律关系由于其标的特殊性,决定了其本质必定在于债务人的关系方面。既然如此,为什么与历史法学派有着密切渊源的《德国民法典》制定者们描述债的关系时却在第241条首先由债权人的关系入手描述债的关系呢?对于这一疑问,存在两种解答可能,一是在萨维尼之后,有关债的关系本质立场发生了转变,但是这种猜测似乎没有足够的材料证据,我们还没有发现任何专门阐发这种理论转变观点的系统学说或论著。另一种可能,就是第241条的表述并不是一种指向有关债的关系的本质表达的有意安排,它仅仅是在单纯的一个条文的角度揭示了债的关系中的一些内容而已,有关学者就此推断《德国民法典》确立了债权人关系本质的立场,完全属于一种望文生义的结果。现在看起来后一种解答更符合实情。实际上,在债编的其他地方,立法有时便是先从义务着手规范债的关系的,由此而论,单纯通过观察具体规范的某种顺序安排来认识本质的办法,在《德国民法典》上至少在其债法部分本身并

---

① 〔法〕雅克·盖斯坦、吉勒·古博、缪黑埃·法布赫-马南:《法国民法总论》,陈鹏、张丽娟、石佳友、杨燕妮、谢汉琪译,法律出版社2004年版,第167页。
② 同上注,第166页。
③ 同上注。
④ 同上注,第169页。

无说服力。以合同中的买卖为例,在第 7 章(2002 年债法修改后为第 8 章)"各种的债的关系"第 1 节"买卖,互易"第一目"通则"之下,首要一个条文即第 433 条便是设定义务①,接下来的第 434 条继续规定出卖人的瑕疵担保义务。

我们不妨对 1900 年《德国民法典》有关债的规定进行一番实证考察。《德国民法典》的立法者为了维护法律的稳定性和裁判的可预见性,在法律科学高度发达能够提供必要的法学概念和表达方式的基础上,选择了抽象概括或者说高度系统化的立法方法。这可以说是它的一大进步。② 所以依据《德国民法典》的立法特点,这种实证分析不可能是个别规范的实证,而应该是一种系统实证。对于其中债法部分而言,体系化表现为:《德国民法典》总则部分有关法律行为、请求权等一般规定,适用于民法的所有领域,当然适用于债;债法规范统一在第 2 编,往下又将债法分为"总则"和"分则",第 1 至 6 章(2002 年修改后为第 1 至第 7 章)为债法总则部分;债的关系可以通过合同形成,也可以通过其他方式例如侵权行为形成,对于"因合同所生的债务关系"(原为债法总则部分的第 2 章,2002 年修改后为第 3 章),又制定了一系列的一般规定;债法编第 7 章(2002 年修改后为第 8 章)是分则,对典型的债务合同以及其他具体的债的情形作出一些补充规定。在这种系统技术下,债法规范的意义不是简单地通过个别规范发生作用,而是通过"体效应"发挥作用。所以,对于《德国民法典》债的本质揭示,应该在遵循"体效应"的方法,在规范整体架构下探求,而不能简单从一个具体条文的解释或者有关具体条文的次序安排中推导。"若要弄懂一种法律制度,不能单独研究其法律条文,而要明白这个条文如何组合到一起的,该制度是如何架构的。"③以下,通过系统实证,我们可以发现,《德国民法典》不仅从总体框架上将债的关系明确抽象为首先是债务关系或给付关系,而且债的发生、变更、消灭也被实际规范为首先是债务的发生、变更和消灭,债的实现及其实现障碍也主要体现为债务履行和给付障碍,有关债务人的义务规范实际上也通过诚信原则的连接而被置于中心位置,有关司法实践也显示出,债的关系应侧重在债务人关系方面来加以理解。

---

① 参见《德国民法典》第 433 条:"(1) ① 因买卖契约,物的出卖人负有向买受人交付其物,并使其取得该物所有权的义务。② 权利的出卖人负有使买受人取得该权利的义务,如因其权利而有权占有一定之物时,负交付其物的义务。(2) 买受人负有向出卖人支付约定价金并受领买卖物的义务。"
② 参见〔德〕拉伦茨:《德国民法通论》(上),法律出版社 2003 年版,第 34 页。
③ 〔美〕艾伦·沃森:《民法法系的演变及形成》,李静冰等译,中国法制出版社 2005 年版,第 20 页。

首先，可以通过考察第二编使用的标题，来体察《德国民法典》有关债的关系本质的立场。根据系统化的立法技术特点，《德国民法典》各类标题概念通常就是相应部分的全部规范的抽象表述，因此第二编的有关标题概念本身就是我们体察债法规范的"体效应"或者总体架构非常有效的视角。《德国民法典》在第二编使用的总标题，是"债务关系法"（Recht der Schuldverhaeltnisse），而不是"债权法"（Recht der Forderung）①；此外，在第1章"债务关系的内容"之下，第一节标题赫然为"给付义务"——即债务，然后在此之下才作为该节开篇的第241条，而且，该节主要都是关于给付义务方面的要求（例如给付义务内容、给付方式、清偿地、付款地、清偿期、债务人留置权等）以及给付障碍的类型及其后果的规定。所以，虽然第241条在具体条文的表达顺序上先叙述债权人关系，但是却是在"债务关系法"或者说"给付义务"这个总体框架下进行的，后者在解释地位上显然更接近于本质揭示。由此而论，相比较之下，《德国民法典》更应该被解释为采取了以债务人关系为本质的立场，而不是有关学者仅根据第241条所片面推论的以债权人关系为本质的立场。

其次，基于对债的发生、变更和消灭的规范的系统分析，我们也不难发现，从各类债因之构成及其对于债的关系的存续的影响方面，也一直是以债务人关系作为思考起点的。我们先来看看债的成立特点。《德国民法典》就债的成立具体区分了不同情形，学理上总结有基于合同、侵权行为、无因管理、不当得利而成立四种典型情形以及其他一些非典型情形，其中，合同与侵权是最一般、最重要的债因。

就侵权之债而言，其成立特点的义务基础性是显而易见的。《德国民法典》直接揭示了其义务法的性质，例如，第823规定："（1）因故意或过失不法侵害他人的生命、身体、健康、自由、所有权或其他权利者，对被害人负赔偿损害的义务。（2）① 违反以保护他人为目的的法律者，负相同的义务。② 如依法律的内容，虽无过失亦可能违反此种法律者，仅在有过失时，始负赔偿损害的义务。"第826条规定："以违反善良风俗的方法对他人故意施加损害的，对受害人负有损害赔偿的义务。"一方面，这种义务法的性质表现为侵权行为须以不法性即违反以避免侵害他人为目的的注意义务为直接构成，另外一方面也是更重要的方面，侵权行为的后果首先并非直接表现为损害赔偿请求

---

① 陈卫佐博士正确地注意到王宠惠博士翻译和注解的世界上第一个《德国民法典》英译本（1907年版）将这一编名译为"债务法"（law of obligations），另外一些法文译本也是采取"债务法"的译法。但陈博士却也转而认为，第241条第1句可知，在债务关系中更重要的是债权，因此"债务关系法"也叫"债权法"。参见陈卫佐译注：《德国民法典》（中译本），法律出版社2004年版，第69页注2。

权,而是加害人的损害赔偿义务。

至于合同之债的成立特点,其首先在于设定义务关系,这一点更是不言而喻的,虽然《德国民法典》对于合同的这一成立特点并没有明确,而是主要在意思表示一致层面强调了合意的要求,但是人们借助规范原则并不难达成这一认识。因为基于合同自由的一般考虑,任何人都不能将自己的意志强加在别人行为之上,除非对方同意设定义务,否则合同债权无法成立。

《德国民法典》对于合同没有专门定义。民法典"总则"部分的法律行为一般规定适用于合同,另外,该章第3节专门规范合同构成的特殊问题,主要涉及合同的缔结方式和过程;债编第2章(2002年修改后为第3章)则就合同债的关系的成立、内容和终止、双务合同等具体问题作出规定。学者们多从双方法律行为的角度界定合同,并特别强调合同的效力在于建立一种当事人之间的法律约束力的关系,例如拉伦茨就这样说,"合同在所有参加的权利主体之间的关系方面是一种发生法律约束力的双方行为。他们在合同中所确立的规则原则上只适用于他们自己。"① 就合同的效力进行界定时,强调法律约束力的一面不是偶然的,这里涉及对于合同效力即合同之债的关系更为基础一面的指涉,即合同之债对于当事人来说首先是一种"约束"内容,或者单务的或者双务的,这种约束即"债务"。合同之债的核心是一种负担,是一种法锁(vinculum juris)或者说"法律上的绳索或纽带",也就是说是债务人的债务方面。由于合同之债本质上被认识为一种义务关系,为了体现自由的保障,这种义务关系的建立就应该体现当事人的意志尤其是债务人的意志,所以德国民法确立了合同自由原则。② 双方当事人彼此必须明确表明各自的建立合同约束关系的意愿,并且其内容一致时才能建立有效合同。另外,德国学者把物权合同归入处分行为,而把债法合同归入负担行为,负担行为这一表述也暗含了债权合同的效力本质在于债务方面的理解立场,所谓负担,指在法律上的某种行为负担或者说约束。

这里补充一点,关于合同法本质上为义务法的认识,在英美国家属于不争之观点。英美合同法教科书通常在开篇就定性说,"合同法是义务法的一部分",属于"自我设定义务的"法律的一部分。③ 英美国家关于合同法这种性质认识,与其关于合同是设定义务的法律形式的认识是如出一辙的。在英美国家,其早期关于合同的定义,多界定为单方面的义务诺成即允诺,后来尽

---

① 〔德〕拉伦茨:《德国民法通论》(下),法律出版社2003年版,第718页。
② 同上注。
③ 参见〔英〕P. S. 阿狄亚:《合同法导论》,赵旭东、何帅领、邓晓霞译,法律出版社2002年版,第1页。

管一些通行定义转向以协议取代允诺,但其关于合同以产生诺成义务为主旨的认识并未改变。在英国,目前通行的定义是"在法律上可强制履行或在法律上被认为设定了义务的协议";在美国,目前广泛使用的定义如美国法律学会《合同法重述》第 1 条提出的定义为,"合同是一个允诺或者一组允诺,法律因它们被违反而提供救济,法律以某种方式将它们的履行确认为一种义务"。① 也正是在这个意义上,凯尔森在以英美法为分析对象时,指出合同权利不过是为实现合同义务而服务的民法的一种特定技术而已,即民法交由义务相对人发动法律强制机器实现债务的法技术装置,他说,"一个契约当事人,只有在另一方当事人对他有以一定方式行为的法律义务时,才有对另一当事人的权利……一个契约当事人之所以有对另一方的法律权利是因为:法律秩序使制裁的执行不仅要依靠一个契约已缔结以及一方没有履行契约的事实,而且还要依靠另一方表示了应对不法行为人执行制裁的意志。"②

此外,在《德国民法典》上,债的变更、债的消灭之各类原因之构成及其对于债的关系的影响,也同样具有首先指涉义务的属性。债的变更原因,归结起来都限于那些尚未涉及到债的根本目的但对于债的关系平衡有所影响的事由,至于债的消灭原因,则都表现为那些涉及债的根本目的的事由。判断是否触及债的目的的标准,具体来说在于是否影响到债务的继续存在,这样就把债务人关系放到了关注重心。限于篇幅,在此仅以债的消灭的几种典型原因为例加以说明。《德国民法典》在第 3 章(2002 年修改后为第 3 章)规范了债的关系的消灭的四种典型情形,即清偿、提存、抵销和免除,从法律构成界定看,都是以债务消灭为展开,实际上是债务履行(清偿),债务提存,债务抵销和债务免除。③ 其中,关于免除的构成规定尤为精当,由于是债务免除而不是"放弃债权"(所以在债法上放弃债权并不当然发生债的消灭效果),因此法律规定必须采取契约的方式,即只有债务人本人亦同意才能发生

---

① 关于允诺,参见〔英〕P. S. 阿狄亚:《合同法导论》,第 36 页;〔美〕A. L. 科宾:《论合同》(上),王卫国、徐国栋、夏登峻译,中国大百科全书出版社 1997 年版,第 8—9 页。

② 〔奥〕凯尔森:《法与国家的一般理论》,沈宗灵译,中国大百科全书出版社 1996 年版,第 92 页。

③ 《德国民法典》第 362 条关于清偿的一般构成和效力:"(1) 向债权人履行债务给付者,债的关系消灭。(2) 以清偿为目的向第三人履行给付时,适用第 185 条的规定。"第 372 条关于提存的要件:"(1) 债权人受领迟延时,债务人得在指定的公设提存所为债权人提存金钱、有价证券和其他证券以及贵重物品。(2) 由于债权人本身以外的其他原因,或由于非因过失而不能确知谁是债权人,致使债务人不能或无把握清偿其债务时,亦同。"第 387 条关于抵销的要件:"二人互负债务,而其给付标的物种类相同,在当事人双方均请求履行已届清偿期的给付,并履行其负担的给付时,当事人双方各得以其债务与他方的债务,互相抵销。"第 397 条关于免除的要件和效力:"(1) 债权人以契约向债务人免除其债务者,债的关系消灭。(2) 债权人以契约向债务人承认债的关系不存在者,亦同。"

债务免除的效果从而在根本上消灭债。换言之，在债的关系中，仅仅债权消灭并不必然涉及债的根本，只有有关原因涉及债务消灭时，才触及债的根本，如此债才会消灭。所以在考察消灭时效制度时，我们便不难理解，为什么债权经过了消灭时效之后，如果债务人自动履行，债权人仍然可以合法受领和保有给付，因为在这种情形债权虽然受有障碍，但债务本身并没有消灭，债的关系视为依然存续。

再次，从对债的实现以及实现障碍的表述和规范的系统分析，也可认为《德国民法典》采取了债务人关系本质立场。其一，在《德国民法典》中，债的实现从根本上而言，首先体现为债务履行而不是债权行使。在债权债务关系中，给付请求权只是法律赋予债权人方面的一种促进债的实现的手段，在一般情形下债的实现对债权人而言可以是消极的，因为即使债权人不请求，根据债的实现规范的要求，债务人仍然负有履行义务，通常情形仅且必须以给付履行才可以解脱自己。所以，债的实现多数情形是通过债务人自动履行而实现的。债权人方面的受领、保有利益与其理解为债权的权能内容，不如理解为通过债务人义务履行而达致的债权人方面的反射利益，或者说理解为给付义务的对应意义。所以，《德国民法典》第 362 条①规定，债是因广义意义的履行而消灭而不是仅仅通过债权人的请求实现的方式而消灭。其二，债的实现障碍，在《德国民法典》被设定为债的履行障碍或曰给付障碍，其构成不取决于债权是否行使而是直接取决于债务是否履行。债务人是否按照合同或者法律要求全面履行其给付义务，是给付障碍构成的直接前提，所以即使债权人不请求，只要债务人不按照规定内容履行债务，便可径行成立给付障碍。具体而言，如违约的构成，仅指违反合同义务，而不限于对债权请求或行使不予配合之范围。

1900 年《德国民法典》曾规定了三种给付障碍：债务人的给付不能（第 275 条、第 276 条、第 280 条），债务人的迟延（第 284 条、第 285 条、第 286 条）以及债权人受领迟延（第 293 条，拒绝受领给付；第 298 条，同时给付的不提供债务人请求的对待给付），这三种障碍尤其前两种与债权行使没有任何必然联系，而是都直接构建在债务履行的基础上。② 在后来的实践中，这种关

---

① 参见《德国民法典》第 362 条："(1) 向债权人履行债务给付者，债的关系消灭。(2) 以清偿为目的向第三人履行给付时，适用第 185 条的规定。"

② 这一类型概括，可参见〔德〕梅迪库斯：《德国债法总论》，法律出版社 2004 年版，第 227 页；以及杜景林、卢谌：《德国债法改革——〈德国民法典〉最新进展》，法律出版社 2003 年，第 17 页以下。需说明的是，我国一些教科书里提到的拒绝履行在 1900 年《德国民法典》并非给付障碍的独立类型，理解上应该吸收在给付不能和给付迟延之中。即使在我国有关学者的理解中，拒绝履行也不是以债权主张为前提。

于给付障碍的类型化规定暴露出不周延的缺陷，在非常重大的方面不完善，所以由判例发展出积极侵害债权（债务人虽然准时，但却以其他方式不良地履行给付）、目的障碍（也称交易基础丧失，指负担的给付尚可履行，但其已丧失合同上所称的意义）等给付障碍类型。① 这些新发展的障碍类型，同样直接建立在债务应当履行的前提下。2002年1月1日生效的《德国债法现代化法》，重点之一是修改原债编的给付障碍法，取消了有关给付障碍的类型化规定，但仍然维持义务的基础性，将"违反义务"这个一般性构成要件作为核心连接根据统一了给付障碍的构成，新法第280条第1款如此规定，"债务人违反由债务关系产生的义务的，债权人可以请求赔偿因此而发生的损害。义务违反无须由债务人负责的，不适用前句的规定"。这一统一规范解决了以前类型化思维造成的弊端，然而在债的实现障碍仍然以债务人关系为思考起点的意义上，这种观念不仅没有削弱反而得到强化。

最后，也可以通过考察《德国民法典》上有关债务人义务规范的实际地位，来认识其有关债的关系的本质取向。或许在1900年《德国民法典》制定时期，法典制订者们存在债务对应于债权而存在的意识，但是在以后的实践中，德国民法学说和司法实务显然格外重视债务人关系的核心地位，逐渐放弃了债务固有对应性之认识，而转到债务具有原生性的立场上，与之相适应，逐渐把债权仅仅视为推动债务履行的工具而不是债务存立的前提。我们至少可以从两个方面获得这种认识。

一方面是《德国民法典》第242条的广泛应用及其规范意义的重新评价。《德国民法典》第242条是关于债务人的债务内容的规定，即"债务人应依诚实和信用，并参照交易上的习惯，履行给付"。自《德国民法典》颁布以来，无数的判决已经以这样那样的方式引用第242条，建立了丰富的"判例库"，在许多判例中，该条在解释债的关系内容上与第241条对照具有优先效力，因此同时构成对第241条的债权的限制。② 表面上看，第242条是由于引入了抽象的诚信原则作为债的履行的基本原则才受到特别关注，有关实践的判例也主要是对诚信原则如何应用进行细化，但是实际上，由于第242条措辞上只是对于债务人的义务——"履行债务"展开规范要求，所以其积极实践无疑也表明了德国学者和司法者有意识地接受这样一种立场：债的履行首先是与"履行给付"即债务人的义务实现而不是"请求给付"即债权人的权利实现

---

① 参见〔德〕梅迪库斯：《德国债法总论》，法律出版社2004年版，第228—229页；以及杜景林、卢谌：《德国债法改革——〈德国民法典〉最新进展》，第19页以下。
② 参见〔德〕莱因哈特·齐默曼、〔英〕西蒙·惠特克：《欧洲合同法中的诚信原则》，丁广宇、杨才然、叶桂峰译，法律出版社2005年版，第14、16、17页。

联系在一起的,所以,作为债的实现的基本原则的"诚信原则",是作为债务履行原则而不是债权实现的原则名义出现的,换言之,它是以债务人关系为中心展开它的适用的,其结果是首先导致对第242条债务人履行给付(义务履行)的限制,然后再间接发生对第241条规定的债权内容的限制。总之,具体到债的实现环节,在第241条和第242条的关系中,实践的态度是,第242条比第241条更应被理解为指向到债的关系本质。实际上,第242条的实践倾向不是偶然的,因为正如以上所分析的那样,在《德国民法典》有关规范中,债的实现问题确实是围绕债务履行而不是债权行使展开的,债的实现障碍也是以给付障碍即债务不履行而不只是债权行使受到挫折为构成的。

另一方面,是所谓"保护义务"(Schutzpflicht)学说的发展和扩张实践。德国现代债法理论在传统的"履行义务"(Leistungsflicht)基础上,发展出一套所谓的"保护义务"(也称其他行为义务)来。履行义务通常旨在改变债权人的利益状态,而与之相反,保护义务仅仅在于保护每一位参加到债之关系中的人的现有利益状态免于受到侵害,包括免受身体侵害、免予不当处分财产等。① 1900年《德国民法典》在"债法总则"部分并没有明确提到这种义务,只有"债法分则"如第618条(对保护措施的义务)零星规定了这种义务,但是后来的司法实践极为夸张地发展了这种义务类型。德国在2002年债法修改生效之后,开始明确对缔约过失与合同从义务进行法定调整,并将其视为债的关系的核心内容之一。第241条原先的内容全部并入第1款,然后增加第2款,明确确立保护义务是债的内容的当然组成,即"(2)依据其内容,债之关系可以使得合同的任何一方负有对另外一方照顾其权利、法益及其利益的义务。"此外,新法第311条第2款和第3款区分各种缔约过失并作出规定。

保护义务的基础不在于服务于履行利益,而是在于服务于保护利益,学说和判例认为归根结底是以第242条中的诚信原则为渊源的。② 一部分保护义务与履行义务结合在一起,并且伴随有效的债之关系(依据现行法,此类义务保护构成积极侵害债权),另外一部分保护义务则独立于履行义务或者说有效债的关系之外发生和存在,具体可以在缔约磋商之际就产生(违反这一阶段保护义务构成缔约过失),甚至在给付义务履行完毕之后还存在,直至当事人真正相互分开为止(违反之,便可构成契约终了后的过失,culpa post

---

① 参见〔德〕梅迪库斯:《德国债法总论》,法律出版社2004年版,第5—6页;朱岩编译:《德国新债法条文及官方解释》,法律出版社2003年版,第82页。

② 参见〔德〕海因·克茨:《欧洲合同法》(上卷),周忠海、李居迁、宫立云译,法律出版社2001年版,第176页。

contractum finitum），此类保护义务有时对第三人也发生作用，而且在无效合同情况下也有存在余地。① 保护义务的发展不仅冲击了合同与侵权之债的划分基础，而且也直接改变了过去一些人关于债的关系尤其是合同之债的关系性质的认识，如果说在有效的合同债的关系中，履行义务至少还有债权与之对应而容易导致人们对于谁对应谁的关系有所混淆的话，那么保护义务则因为其独立性使得人们可以在债的关系中清晰地将义务与权利区分开来，从而认识到债务具有的原生性。违反保护义务虽然可以导致关于特殊联系方面的法律所规定的救济意义的请求权，但是这种义务本身的发生却并不以债权存在为直接前提，而是以缔约磋商或者其他可信赖关系事实出现为直接前提，其真实的唯一的基础是这种信赖关系事实促进了法律上的诚信原则发挥作用。②

总之，那种认为存在一种与罗马式的债的本质观截然对立的德国式的债的本质观的认识，根本经不起《德国民法典》规范实证的检验，有关《德国民法典》第 241 条第 1 款已经确立了以债权人关系为债的关系本质的看法，可以说是有关学者未作深究的一种误读。

六、代结语：债务人关系作为起点的意义

过去，我们区分物权关系和债的关系，通常仅限于在外部的效力特点上作出描述，即认为物权关系具有绝对效力、债的关系具有相对效力，而对于它们之间的区分基础或者说内在不同缺乏认识，这样对于二者在外部为什么存在这种区分也就缺乏对理由的说明，产生了不少思想混乱。但是现在由于注意到债的本质区分问题，我们不仅得以认识到债的内在方面的特殊性，而且也就能够将债与物权关系这两类同属财产关系的法律关系从根本理由上区别开来：首先，我们认识到，债之所以看起来像是"权利和义务的复合体"，而物权关系看起来近似一束个体权力，是因为债的关系在其权利和义务貌似相互交织的关系中，债务的地位十分突出，而债权的地位是次要的。债权对于债权人来说是重要的，但是其重要性仅仅在于它是在积极促进债务履行的意

---

① 参见〔德〕梅迪库斯：《德国债法总论》，法律出版社 2004 年版，第 6 页；朱岩编译：《德国新债法条文及官方解释》，法律出版社 2003 年版，第 82—83 页。

② 虽然过去一般的理论说认为，保护义务的基础是第 242 条的诚信原则（参见〔德〕梅迪库斯：《德国债法总论》，法律出版社 2004 年版，第 6 页），但针对德国债法修改的官方解释认为，第 241 条第 2 款虽然承认保护义务，但该款也有意识地不去回答保护义务的产生基础是法律还是一个有效的法律行为，因为这是一个有待学术解决的问题（参见朱岩编译：《德国新债法条文及官方解释》，第 85 页）。

义上而被设置,即,"债务人提供的给付将构成债权人所真正获得的利益,而作为权利实质的请求权不过是达到这一目的的手段"①。其次,我们发现,两类法律关系的区分虽然对外表现为简单的效力及其范围的区分,但是最终是其内在本质构成不同才决定了这种外部差别,即"在第一类法律状态中[即物权关系],主体的特权和利益因素是首要的:它们是主观法律状态,即目的主要在于创设权利而不是义务的法律状态。在第二类中[即债],义务和负担的因素是决定性的:它们是客观法律状态,即主要旨在确立义务而不是权利的法律状态"②。在债的关系中,由于债务是债的起点和目的,债权只能相对债务而发生并作为其手段而存在,所以,债权也就只能具有相对效力——即限于促进债务履行而具有效力,而物权关系正好相反,由于物权是起点和目的,所以其效力是绝对的,并不预先受到对应义务的制约,物权决定了所有他人不得干涉的义务。

依据债的本质在于债务人关系的认识以及由此进行的债与物权关系根本区分,我们也可以进一步推论:民法是权利法、民法以权利为本位这样一种思维定式,在债法领域无法贯彻下去。民法作为维护和促进私人利益的法律,其自由运动的形式并不是完全定格在权利技术上,因为至少在债的关系上债务更应该成为决定性因素,那种将个体所能遇到的所有私法状态都归结为权利体系的观点具有片面性。③ 这一点对于全面接受"权利本位"这一私法解释模式的人来说,几乎不能想象。一直以来,权利概念都似乎是民法的代名词,将民法上个体的全部法律状态都归结为权利体系也成为习惯。当然,权利之于民法的确具有异常的活力:一方面,民法是在个体化运动中获得巨大发展的,而这种在国家生活中捍卫个体的努力,通常借助权利形式作为便利手段。首先,在政治价值方面,权利作为民法中鲜明的法律符号具有特殊的意义,"是旨在保护个体对抗国家专制主义侵犯的民主与自由理念运动的产物",因为它与人权、公民权以及反对专制、捍卫个体有着一体的精神联系;其次,在经济和社会发展的方面,权利形式也经常成为维护个人的手段。另一方面,权利实践确实有效地推动了个体发展其自主精神和责任意识,确

---

① 参见〔法〕雅克·盖斯坦、吉勒·古博、缪黑埃·法布赫-马南:《法国民法总论》,第147页。

② Roubier, Droits subjectifs et situations juridiques(鲁彼埃:《主观权利与法律状态》),pp. 53,54。转引自〔法〕雅克·盖斯坦、吉勒·古博、缪黑埃·法布赫-马南:《法国民法总论》,第138页。

③ 参见〔法〕雅克·盖斯坦、吉勒·古博、缪黑埃·法布赫-马南:《法国民法总论》,第139页。

保了一种个体的安全感和积极意识,并成为一种社会发展的动力机制。① 所以,拉伦茨说:"权利的概念是私法的基本概念之一,没有这个概念,将会引起很多困难。"②

但是,权利形式之于个体维护具有特殊的意义,是不是就意味着权利符号便是民法的终极意义者? 或者说,是不是在所有类型的法律关系包括债的关系中,权利都必定占据决定性的位置,除了权利之外其他任何法律形式任何情况下都不足以维护个体价值呢? 上述问题也可以转换一个角度提出,即在债的关系中为什么会出现"权利本位"的异常呢? 为什么权利没有成为一种普适形式,而是由债权让位于债务,使债务最后成为维护那些被视为重要的个体价值的决定性手段呢? 这个问题,对于法律实证主义者来说,只要认真思考,便不会觉得回答起来有什么困难。一方面,从权利和客观法的关系来看,许多实证主义者都发现,权利或者个体的权力都是最终要服务于一种法律秩序的,而这种法律秩序很难说就是适合权利化的。所以,即使在民法的范畴,权利的意义也不可能完全取代作为基础的民法秩序的全部意义。③ 实际上,不仅在债的领域,义务具有突出位置,在民法上的其他某些领域,如人的民事身份或家庭地位,也难以归结为权利系列,在此突出强调义务也是十分必要的。④ 当然,这些领域虽然也强调义务或负担为起点,但理由基础可能并不相同,在债的关系中突出义务,依据我们以下的分析主要是起因于对债务人主体自由地位的考虑,而家庭法上的义务的强调则可能意味着对某种社会结构特点的维系。另一方面,即使打算以权利的形式来组织所有的法律关系,也要面临这样的问题:是否所有的法律关系都适合采取权利人关系本位的方式来达成其关乎个体维护的目的? 在此正确的回答应当是:每一类法律关系的发生条件和作用对象都存在差异性,这些差异性有时如此微妙迫使我们不得不慎重对待,因为这些条件或适用对象的变异,很可能导致权利也罢、义务或者负担也罢,抑或其他效果形式也罢,无法获得通常情况下的那种适用效果。

所以,具体法律关系的本质构成问题,存在着法律秩序和相异性两个更

---

① 参见〔法〕雅克·盖斯坦、吉勒·古博、缪黑埃·法布赫-马南:《法国民法总论》,第126页。
② 〔德〕拉伦茨:《德国民法通论》(上),法制出版社2003年版,第276页。
③ 参见〔法〕雅克·盖斯坦、吉勒·古博、缪黑埃·法布赫-马南:《法国民法总论》,第124—126页。典型论述,例如狄骥(DUCUIT),见其《宪法学论》第1卷(第3版,1927);〔奥〕凯尔森,见其《国家与法的一般理论》。
④ 参见〔法〕雅克·盖斯坦、吉勒·古博、缪黑埃·法布赫-马南:《法国民法总论》,第140页。

深层次的限制。"权利本位"在很多法律关系上贯彻起来恰如其分,例如在物权关系、人格权关系(人格在何种意义上成为权利客体还有争议)、著作权关系等领域,权利本位确实成为捍卫个体价值的一种有效手段,因为它符合法律秩序在这些领域的本质要求——即建立个体"主权"式秩序的要求。单纯从权利的内容来看,任何一种法律权利都是法律赋予个体的一种针对他人的合法的权力或不平等地位,所以从致力于维护个体利益的民法正义理念出发,这种"不平等权力"只有在与之并行不悖的情形下才能够取得合法性。以物权关系为例,其"权利本位"的不平等设计的理由基础在于在物的支配秩序上唯有如此可以建立一种符合个体对客观世界的自由的财产支配秩序来,因为这种"自由的或完整的所有权结构,如同自由的法律主体、自由意志和自由的合同结构一样,都应被理解为消除封建的、等级的秩序的斗争概念"①,或者说,这种所有权本位、物权本位的设计体现了以个人自由和尊严为最高价值的社会里有关分配性公平的思想。② 但是,在其他法律关系领域,或者,由于法律秩序在此中具有特殊意图,例如在家庭关系里面,与其说是要像在物权关系领域那样建立一种体现财产自由的较为全面的个体化秩序,毋宁说是要在追求个人独立的同时也要求某种家庭生活的伦理结构在其中起到决定性的作用,20 世纪开始所发生的家庭法的激烈改革最终也没有完全去除这一点,所以家庭关系从来没有松散到只是权利化秩序的程度③;或者,由于法律关系的条件和作用对象具有不可忽视的相异性,所以即使同样是要维护个人秩序,却不得不在法律技术层面上要反"权利本位"其道而行之,从而达成在制度层面维护个体秩序的效果,债的关系正是这样一个具有相异性的例外。在债的关系里,由于标的相异性,不能像对物权一样将债权确立成为其中具有决定性的因素。

我们已经知道,萨维尼比较早就观察到了债的标的相异性这个现象。萨维尼在研究债的本质时,提出了一个深化考察问题的角度,即对债的本质研究应该回到债的现象或者说债的实际社会关系之中。萨维尼发现,在实际社会关系视角下,债的一个至关重要的特点就是,债的标的具有独特性,这样就决定了物权和债权的实际法律效果应有很大的不同:物权的标的是物,这样物权就成为通过对物的排他的支配而取得对他人的权力——限制他人干涉或染指物的自由;而债权的标的是给付,即他人特定行为,这样债权就成为通

---

① 参见〔德〕克尼佩尔:《法律与历史》,朱岩译,法律出版社 2003 年版,第 240 页。
② 参见〔法〕雅克·盖斯坦、吉勒·古博、缪黑埃·法布赫-马南:《法国民法总论》,第 145、146 页。另参见洛克的《政府论》和霍布斯的《利维坦》等近代政治哲学著作关于财产自由与所有权的论述。
③ 参见〔德〕克尼佩尔:《法律与历史》,朱岩译,法律出版社 2003 年版,第 102 页以下。

过对他人给付的控制作用而取得对特定他人的权力。所以,就债权而言,"如同其他权利一样,在这里也有为权利人利益而对他人自由设定的限制……但就负担履行给付义务的人来说,权利构成一个十分特殊的不平等:'由于对债权人负有义务,债务人的自由不仅受到了限制,而且受到了控制:他本人受到了约束'。债权不只是在一个保留给主体的领域中排斥他人的侵犯,它还是对另一个体的攻击。它不仅是对第三人行动的阻碍,还给予了债权人主动行事的能力。从某种程度上讲,这是针对债务人的'侵犯权'。"[1]换言之,由于标的差异,物权建立的社会关系是以对物的支配为实际效果的,他人的自由是不被直接波及的,而债权建立的社会关系则是以对他人行为自由的直接"侵犯"为实际效果的。在物权关系中,义务人的自由问题也会涉及,但主要是抽象的财产自由问题,即将法律上的财产支配地位赋予物权人时是否不当地剥夺了其他人的支配,或者说对物权的配置是否贯彻了分配性的公平;在债的关系中,由于直接作用债务人行为自由,债的关系中权利和义务的关系问题则直接关系到债务人主体自由问题。因此,债的关系与物权关系虽然是同属于民法上的财产关系,虽然都以建立个体秩序为追求,但是标的相异性决定了它们在个体秩序的主体性要求上实现手段上应有不同。具体到债的关系配置,面临以下置疑:民法既然承认每个个体的独立主体性,承认个体的自我人格,为什么又允许一个人可以拥有针对另外一个人的行为自由的权力呢?这个问题可以称为债的关系的主体性合法问题。以债务人关系为起点,是在标的相异性条件下在债的关系中作出的维护债务人主体自由的正当选择。

认识到债务人关系为起点,除了前面提到的有利于在根本上对于法律关系作出区分的意义之外,还有一种更重要的有关法律关系构建的方法论方面的意义。这就是说,任何法律关系的构建,都面临一个更深层次的思考,即如何在相异性条件下保证该法律关系的合法性尤其是其中权利配置的合法性,而就个体秩序体现的最高价值而言,首先便是当事人在相互关系中其主体性及其自由地位的维护问题。[2] 在针对债的关系配置的上述提问中,存在两种回答的可能:要么是在债权人方面首先发生了控制他人行为的必要性,要么是在债务人方面首先产生了作为主体应当承担负担行为的必要性(或者说负担义务的必要性)。萨维尼毫不犹豫地回答说:债的本质在于债务人方面的

---

[1] 参见〔法〕雅克·盖斯坦、吉勒·古博、缪黑埃·法布赫-马南:《法国民法总论》,第147页。

[2] 债的关系或债权的合法性问题,非常复杂,除了涉及至为基础的债务人的主体性自由问题,也涉及债作为财产形式等的一系列因素,限于篇幅以及本文主旨,笔者另行撰文探讨。

行为必要性。因为只有如此,债的关系才能恰如其分地体现个体秩序在债法上的最基础要求:债务人在债的关系中始终没有丧失主体自由,而反过来,由于债权直接指向他人的自由,如果以债权为起点,则无论如何都不能解释债务人的主体自由何以就合法地成为债权的标的。

一种反对理由,可能认为,债权人之前存在受保护的权利,由于受到债务人的侵犯,所以债权人就迳行取得了一种旨在恢复权利的直接针对他人的行为的自由。但是这种理由在合同之债无从说起,在侵权之债似乎有些说服力。然而,近现代侵权法通常只是将权利受害作为一个或有或无的条件,侵权构成归于某种更为广义的法定义务之违反、某种程度主观不法的存在、因果关系、损害等因素以及强调损害赔偿义务的直接发生性,可以说,即使存在权利救济意识,在侵权法上,债权优先于债务而设计的形式逻辑是不存在的。另一种反对理由,可能认为,是当事人的共同意志或者说自由合意使得债权人首先迳行取得对债务人的行为自由的权力。这在合同法上貌似也如此,但同样经不起细致考虑,因为即使共同意志被认为是合同自由的基础,在合同之债的建立过程中,难道不应该认识为首先应该是债务人自愿将自己的行为自由纳入到约定义务以及对方的请求之下吗?近代债法理论的先驱者波蒂埃尔清醒地看到,在所谓的合同自由意思结构中,合同义务的允诺才是核心的,他在1761年《合同之债(续)》一书中因此将合同定义为"由双方当事人互相承诺或由双方之一的一方当事人自行允诺给予对方的某物品或允诺或不做某事的一种契约",也就是说合同首先是关于义务的允诺。① 更何况,在今天,许多所谓的合同义务甚至很难说是纯粹建立在当事人的主观意志的决定之上,毋宁说其中不少是同时建立在某些社会理由例如关于信赖的考虑之上,是法律基于对建构和谐的个体秩序的考量而强加的某种"自由决定",在这个意义上说,在维护债务人主体自由的前提下,债务人行为的必要性的考虑更应该成为决定合同法律关系形成的前提,唯其如此,我们才可以说债务人的主体自由得到尊重。

---

① 参见〔法〕布涅编:《波蒂埃尔文集》(Oeuveres de Pothier)(1984),第2、3页,转引自〔德〕海因·克茨:《欧洲合同法》(上卷),法律出版社2001年版,第1、2页。

附　录

拾柒　法律实在性讨论
　　　——兼为概念法学辩护

拾柒　法律实在性讨论[①]
——兼为概念法学辩护

一、问题的提出：从对法律实在论的挑战说起

在一般人的观念中，似乎现实事物才是具有实在性的，凡是观念的事物都是非实在的。但是，以概念法学和法律实证主义为中心的法学传统却相信法律也具有实在性。[②] 法律实在性也称法律客观性。法律具有实在性的说法，意味着法律像现实事物那样具有定在形式，可以被把握，并具有实际作用。在概念法学和法律实证主义者的眼中，法律可以用概念或规则来确定地表达，而且这些概念或规则可以确定地对现实世界发生作用。法律的这种实际作用，是指法律对人们的生活发生固定的（确定的和稳定的）规范效应或

[①] 原载《比较法研究》1998 年第 3 期。写作动机在于当时想为使用概念法学及分析法学方法研究法律提供一个理论基础。2003 年 6 月 8 日，SARS 肆虐期间，因有暇故作修改，并作补记如下："本论文动机是想针对正在盛行的轻视规则建设、过分推崇司法情境论的观点进行一些反驳。我认为，概念（注释）法学和分析法学为中心的法学传统在坚持法律实在论这一点上，贡献卓著，是值得我们维护的。我国法学、法律制度以及法律职业共同体非经概念整理、规则分析阶段不可成熟，法学批判只有在由概念法学和分析法学支持的实证法发达之后才有实际意义。尤其我国有过长期的司法与行政不分的历史，司法专断、司法腐败比较严重；更兼 1949 以后我国长期推行'政治取代法律'、'政治挂帅'以及'政策之治'，法律信仰荡然无存，故在今天来倡导尊重法律'规则'更有特殊的意义。此作中诸多讨论方式现已不能尽我心意，但基本观点仍为我目下所能接受。又毕竟是我当时沉醉于概念法学和分析法学的一个见证，不忍废弃。因是公开发表了的作品，终究不便大作修改，但是属于自己的作品，又忍不住不改，所以取了个折中，在尽量维持原貌的基础上，作了些必要调整和补充。"

[②] 概念法学坚持法律实在论，其一个重要立场，是强调法律的稳定适用性以及教义学（法律概念和法律规则注释）的意义。分析法学虽然有别于概念法学（分析法学家哈特专门撰文作了说明，参见[英]H. L. A. 哈特：《耶林的概念天国与现代分析法学》，陈林林译，载 www.chinalegaltheory.com。），即承认概念的空间和开放性，但有一点仍然与概念法学相同，它同样重视法律概念，并相信法律是可预定实践的。

效力。① 许多国家通过宪法上的"法官服从宪法和法律"条款宣示了法律实在论,因为该条款不仅是宣示了司法独立,同时也宣示了对法律实在功能的维护。②德国当代法学家拉伦茨认为,无论怎样重视司法实践理性,法规范的实在性不可废弃,维护法律具有实在性或法律稳定的规范作用的理由在于,仅仅付诸法官个人的法感断案,不能带来可靠的公正,法官只有采取循序渐进的方式,才更可能达到以实现普遍性或平等原则为前提的公正。所以,坚持法律实在论意义深远,意味着法治国信念的确立——人们信奉立法具有价值,并因此遵守法律。③ 也就是说,法治国信念与法律实在论一脉相承,其观念基础坚实地扎根在法律实在性的观念之中。法律具有实在性意味着:法律是可以预设的(立法是有意义的),人们的生活是可以预先进行制度安排的,人际冲突的稳定解决是可以期望的。

在 19 世纪和 20 世纪的一些法学者那里,法律实在论传统受到了怀疑。这种怀疑大体表现在可能性和可行性两个方面。"可能性"怀疑,主要表现为怀疑法律概念是否真的可具有实在功能。至于"可行性"怀疑,则主要表现为这样的质问:如果说法律是实在的,而法律又离不开概念的规范表达,这不是等于叫人类将他们的生活受制于一个概念世界吗?世界是具体的世界,生动活泼且丰富多彩,而概念王国作为思维的抽象产物,无论如何丰富,和具体世界相比,永远是贫穷的王国,人们怎么甘愿生活在这个贫穷的世界,而舍弃就在我们思维边缘的具体世界呢?他们在感情上不满足传统法学关于法律是实在的由此导致法律世界终结为概念体系的说法,期望在法律世界展开

---

① 概念法学关于"法官必须从法律中推导出其法律判决"以及分析法学关于"法官必须受法律约束"的表述,都包含了法律具有实在性的理解。在这里我只是在法律规则应确定地实践的意义上来探讨法律实在论的意义。法律具有实在性并不导致必然不容许法官进行任何意义的"司法能动"或者说"规则重建"。但是,法官如何具体发挥其实践理性功能,属于另一个话题,故本文对之未作深论。

② 例如,《德国基本法》第 97 条第 1 款规定,"法官享有独立的地位,只服从法律";《日本宪法》第 76 条第 3 款规定,"所有法官依良心独立行使职权,只受本宪法及法律的约束";《意大利宪法》第 101 条规定:"司法权以人民的名义行使,法官只服从法律。"

③ 〔德〕拉伦茨(karl Larenz):《法学方法论》,陈爱娥译,台北五南图书出版公司 1996 年版,第 5 页。《法学方法论》是拉伦茨的名著,1960 年初版,之后多次修订。他在该书中倡导了发展概念法学和利益法学的评价法学,但仍然坚持维护法治之安定性和普遍性,信奉法治国原则是不可动摇的最高原则之一。他认为,法规范的普遍化和普遍实践,是我们可能而且不得不采用的模式,相反,追求个案特殊的具体的公正的企图,不仅是不效率的,也是不可能的,所以现代法学的课题不在其他,而在以下法学方法:寻找使价值判断客观化的方法,以保证法的普遍性和法的安定性在切合时代使命的目标下得以客观地向前地实践。拉伦茨通过描述并评论现代方法上的论辩,提出法规范和实践的关系点,及当为和实存的关系点是:不可分割的"结构交织",或者说成立"循环学上的论证",法官要在法律和事实之间"眼光往还流转",但其价值判断最终不能脱离循环中的法规范的规范作用。

具体丰富的人和无限丰富的生活。

迄今为止,已经发生了种种因为不甘于生活于概念世界而进行的法学挣扎和斗争。在19世纪德国,从概念法学转向的耶林,开创了著名的利益法学,率先喊出打倒"法学的概念天国"的口号,他呼吁法学"面对实际",深入具体的腹地,领略它的无限风光。① 不过,耶林并没有否定法律实在性的可能性,也没有完全否定法律实在性的可行性以及法律规则的规范意义,他主要还只是反对将法律实在论绝对化,厌恶概念法学的自满和封闭意识。他打算在绷紧了的概念化的法典实践中滴上"利益"、"目的"这样的润滑油,提醒法典的字里行间还流动着活跃的"利益"因素,使法官得以在法典的概念网络中获得一缕具体世界的自由空气。

对于法律实在论最尖锐的指责,还不是像耶林那种只是不情愿生活在概念法学象牙塔里的法学家所做出的。一些更激进的人认为,法律实在论是彻底荒谬的,不仅是不可行的,也是不可能的。他们认为,法律具有实在性的说法是不真实的,世界上只有现实实在,没有法律实在。美国20和30年代兴起的现实主义法学运动最为典型,锋头直接指向法律实在论。在他们眼中,法律规则具有实在性的说法是一个必须被捅破的神话,法律规则(包括判例法在内)不可预设,也不值得预设。

法律现实主义第一次表述在约瑟夫·宾汉(Joseph W. Bingham)1912年的《法律是什么》的文章中。宾汉在该文中精致地阐述了现实主义法律科学的理论基础,他认为每一门科学都研究具体的、外在的现象系列,法律科学研究的领域包括外在政府现象及其具体原因和结果,规则仅存在于个人的头脑中,并不存在与"法律权利"这一类用语相对应的东西,这些规则只是知识分类和交流的"思想工具",简略地说,在法律领域,并无一般事实供其指称,存在的只是具体的现象。② 既然认为法律(观念意义的)是不存在现实对应的,他也就可以得出一个推论:法律也就不可能转化到现实中发生作用,即不可实在地实践。

法律现实主义否定法律实在论,其实际上也是否定法律信仰的可成立。法律规则的意义可否期待?对此,法律现实主义的回答是,法律规则的意义不可期待。对于以法律实在论为基础的法学传统来说,法律现实主义的结论是要致命的。我们充满激情地设立专门的立法机构,充满自信地去制定或预设宪法和一整套法律,但在法律现实主义的眼中,其意义根本不值得一提。所以,法学传统如果不能很好地回答法律现实主义提出的质问,不能为法律实在论进行有效的辩护,那么就意味着承认:法律不可信仰,法治国原则不可

---

① Rudolph von Jhering, Im Juristischen Begriffshimmel, http://www.mauthner-gesellschaft.de/mauthner/tex/iher1.html.

② Joseph W. Bingham, What is the Law?, II *Mich. L. Rev.*, I, 109, 9, 10 (1912).

实践。本文正是在这一问题情景下,试图为概念法学在内的法学传统之"法律实在论"作出某种程度的辩解,以支持法学传统关于"法律仍然可信仰"的根本立场。概念法学的极端立场固然有其令人厌倦的封闭性,但其核心思想之———法律实在论以及由此确立起的法律信仰,仍然具有不可掩藏的光辉。

二、法律现实主义对司法客观性的否定

法律现实主义或现实主义法学有着特定的含义,与通常意义的实用主义法学、法律社会学等有所区别。①霍姆斯(Oliver Wendell Holmes)②、格雷(John Chipman Gray)③、庞德(Roscoe Pound)④的法学主张经常被人误解,他们往往

---

① 〔美〕马丁·戈尔丁:《美国20世纪法理学与法哲学(上)》,顾速译,载《南京大学法律评论》总第3期,第5—10页。本文认为,发轫于1980年代的批判法学运动接近于当年的法律现实主义法学,因为其指向了法律实在论,但限于篇幅以及为集中论述方便,在此不作介绍。

② 美国法学在霍姆斯之前,受英国18世纪法学家布莱克斯通(I. W. Blackstone)的影响,以兰德尔(Christopher Columbus Langdell)为代表接受了"司法判决宣告"理论。兰德尔在其1871年《合同案例书》和1905年《衡平法概论》中阐释了概念主义的观点,认为法律是由有限数目的基本理论和原则组成的,法庭只是宣布法律而不是创造法律,法律只能从基本学说和概念中逻辑地发展。霍姆斯反对把法律看成是一个逻辑自洽推演的体系的观点,他在1881年霍姆斯《普通法》一书和1897年《法律之路》一文中,吸收功利主义,提出普通法的发展原则是立法的、以政策为基础的法庭判决,"法律的生命不是逻辑而是经验",但他没有否认法官一般受规则的约束,只是主张法官可以考虑政策问题,通过法官故意的逻辑形式的"错误"发展法律。在霍姆斯看来,法律规则是"坚硬的事实",只有"坏人"才会认为法律不过是法庭决定的概括性预测。参见:I. W. Blackstone, *Commentaries*; C. C. Langdell, *Cases on Contracts*, Boston, 1871; C. C. Langdell, *Brief Survey of Equity Jurisprudence*, Boston, 1905; Oliver W. Holmes, *The Common Law*, Boston, 1963, (first Published 1881); O. W. Holmes, The Path of Law, 10 Harv. L. Rev. (1897).

③ 格雷在1909年《法律的性质与来源》中阐述了以下观点,"对法院将要做些什么的预言……即我之所谓法律",他的真正目的在于批评萨维尼的历史学派,认为历史学派不过是一种版本的宣告理论,即法官的任务是发现事先已存在的法律(民众精神),然而法律和法官创造的法律之间有真正的间隔,法规的解释仍是法庭的事情。格雷最终仍然保留了实证主义传统,他只是利用"间隔"突出法庭的地位,即法律是有法庭在确立法律权利和责任时遵从的普遍规则组成。格雷在他的专长财产法领域,仍然采取概念主义的路线。参见:John C. Gray, *The Nature and sources of the Law*, 2nd ed., Boston, 1963; Gray, *The Rule Against Perpetuities*, 1st ed., 1886; Gray, *Select Cases and Other Authorities on the Law of Property*, Vol.1-6, 1888—1892。

④ 庞德在1908年出版了《机械的法理学》,受德国法学家耶林的影响,既谴责没有规则的法律,又强调对案件中事实的敏感性,开创了他的"社会学法学"。他在1913年开始发展社会利益理论,社会利益是一种最普遍的个人利益,可资法庭和立法为政策判断。同时,针对社会利益理论中并未提供有关冲突的利益的评价标准,他从德国法学家约瑟夫·柯勒那里受启发提倡以"关于文明的司法假定"填补这一间隔。但是他一直没有放弃以规则为指导的想法。参见:Roscoe Pound, *Mechanical Jurisprudence*, 8 Colum. L. Rev. 605 (1908); R. Pound, The Economic Interpretation and the Law of Torts, 53 Harv. L. Rev. 365, 383 (1940); R. Pound, A Survey of Social Interests, 57 Harv. L. Rev. 1 (1943); R. Pound, *Outlines of Jurisprudence*, 5th ed., 1943.

被错误地归入规则否定主义。法律现实主义,严格地说不是一个有着统一主张的学派。他们被纳入同一团体,是因为他们有共同的哲学基础和反法学传统的立场,他们宣称尊崇存在主义哲学,把司法本身看作是法律的本体,反对传统把法律归于规则的认识,认为具有确定意义的法律规则的说法是不真实的说法,所谓法律不过是单个的司法判决而已。他们还都否定司法判决过程(即他们所谓法律,传统法学所谓司法解释)具有客观性,认为法官的决定总是因为法官自身的主观因素而变得不可捉摸。一般认为,杰罗姆·弗兰克①、卢埃林②等人是法律现实主义代表人物。杰罗姆·弗兰克说,法律是由"决定所组成","规则仅仅是词句"。③ 卢埃林认为,"纸上的规则"与实际应用的规则(真正的规则)有分离的可能,因此"可能的应用"无足轻重,而"实际的应用"却具有本质的重要意义;传统把词句(以法规形式出现的词句)置于思考法律的参照中心是有严重局限的,这种把规则当作普遍的东西(所谓可应用于"所有认为适合自己条件的人"),"这是在观看景致之前出于虚假的保健目的而揉压自己的眼睛",是多余的而且添乱的。所以他说:"在我看来,这些官员(法官、治安官、书记、狱吏、律师)为争端所做的事情便是法律本身。"④

---

① 弗兰克在《法律与现代精神》第 6 次印刷前言中,否认自身是规则怀疑论者,只承认是"事实怀疑论者"。参见: J. Frank, *Law and the Modern Mind*, Garden City, N. Y., 1963 (first Published 1930), xxv(1948 年版第六次印刷前言)。但当代美国法哲学家马丁·戈尔丁认为,尽管弗兰克意识到规则"帮助法官对预感的性质作核查",由于他引用荷门·奥利芬特(Herman Oliphant)关于法官并不受规则和原则所控制的认识,斥责约翰·迪金森(John Dikinson)试图决定规则与裁量之间的分界线,使他在实际上回到约瑟夫·宾汉(Joseph W. Bingham)的理论中关于规则只是"思想工具"的观点。不过,弗兰克在 1941 年成为美国第二区上诉法院法官后,在 1949 年《初审法庭》一书中,对规则的态度已经有很大转变,显得比较友好。参见〔美〕马丁·戈尔丁:《科学与法律中的发现与证明问题》,顾速译,载《南京大学法律评论》总第 5 期,第 6—7 页。

② 卢埃林也坚持说他从未否认规则的存在和作用,而且随着时间的推移,他对规则的态度同样发生了转变,在《统一商法》中接受了庞德的观点,承认作为指导意义的规则。他赞成说,"规则不是去控制,而是去指导决定"。这种具有指导意义的规则,不是那种讲究形式精致的,后者坚持司法结果与作为整体的法律制度逻辑自洽,而是具有粗略风格的灵活的留有政策考虑空间的规则,富有"情境意识"和"功能的美妙"。这样,卢埃林与其他现实主义者实际上分道扬镳了。他最终承认了不同于单个司法决定的"规则"(尽管是指导性的),并由此认为〔上诉法院〕的司法决定是"可以合理预测的"。See K. N. Llewellyn, *The Common Law Tradition—Deciding Appeals*, Boston, 1960. p. 179.

③ J. Frank, *Law and the Modern Mind*, pp. 138, 141, 72, 295, 141, 138, 9, 109, 140, 113 (n. 4), 298.

④ K. N. Llewellyn, *The Bramble Bush*, New York, 1951(first Published 1930), pp. 12. 卢埃林还认为,在原始制度中规则是赔偿的规则,但后来成熟的思考认为这种概念还不够,因而引入了权利和利益概念,作为赔偿所大致保护的对象,这些概念只会对规则概念增添混乱,他建议将这些概念翻译成纯事实的术语,即通过"行为的观点"而翻译成法庭所实践的"规则"。

法律现实主义者否定法律实在性,其策略性路径主要表现为对司法判决客观性的否定。他们的"逻辑"路线是,如果司法实践中,法官不会也并不能确定地依据所谓已经存在的法律规则进行裁判,那么法律预定或法律规则的实在性就绝对是一个谎话。

否定司法客观性,最早的资料似乎是约瑟夫·哈齐森(Joseph C. Hutcheson)法官的1929年《法官的直觉:司法判决中预感的功能》一文。哈齐森认为,一个法官不是靠适用法律规则而是靠直觉进行司法的。"真的靠感觉而不是判断,靠预感而不是合理化来作决定,合理化仅仅在司法理由鉴定中出现。对判决的关键性推动力是对特定案件中正确与错误的东西的直觉意识;机敏的法官在作出此决定后动用他的每一种能力并开动他迟滞的头脑,不仅向他自己证明这种直觉,而且使之经受批评者责难。"①

杰罗姆·弗兰克将这种思想加以普及,他在1930年《法律与现代思想》一书中赞许地引用了哈齐森的观点,他对司法判决中的"结论主导"作了哲学式的说明。他认为,每一个人的观念和信念都可以归为两类,一类以客观资料的直接观察为基础,另一类以如同个人欲望和目标这样的价值观等主观因素为基础,后一类对法官的制约并不比对普通人小。因此在任何情况下,"结论主导"都存在,主观因素在司法判决中起作用并且是解释这种判决的实质因素,这在总体上削弱了司法客观性的可能性。法官的司法判决的理由或鉴定,则只是"合理化"的一种训练,它被用来证明由于法官个人的价值观而选择的结论,因此,判决理由并不真实地描述法官是如何作出决定的。②

从上述现实主义法学的表述可见,他们是从存在主义的立场看待司法实践及法律规则意义的。他们从法官的活动出发,以对法官的非理性因素的揭露,彻底否定传统法学依据法律实在说设定的司法活动中法律解释问题,认为法官不会为某一规范存在的缘故,而去解释然后适用,法官始终根据自己由个人价值观影响的理由办案,事后用上规范语言加以说明,但这是一种谎言或策略。因此之故,法律实在性是不能达成的,所谓法律世界都是主观的具体的活动。③

---

① Joseph C. Hutcheson, The Judgement Intuitive: The Function of the "Hunch" in Judicial Decisions, 4 *Cornell L. Q.* 274(1928,29);〔美〕马丁·戈尔丁:《科学与法律中的发现与证明问题》,顾速译,载《南京大学法律评论》总第3期,第6页。

② J. Frank, *Law and the Modern Mind*, p.138;〔美〕马丁·戈尔丁:《科学与法律中的发现与证明问题》,第6、7页。

③ 对包括现实主义在内的广义实用主义法学的描述,可参见〔英〕哈特:《法律的概念》,张文显等译,中国大百科全书出版社1996年版,第7章"规则怀疑主义";德沃金:《法律帝国》,李常青等译,中国大百科全书出版社1996年版,第5章"实用主义和人格化"。

三、法学传统阵营对法律现实主义的各种回应

面对法律现实主义者对法律实在论的挑战,法学传统阵营(广义上的界定,凡指认可法律实在论者)进行了多方面的回应,为法律具有实在性进行了辩护。这些回应,有立足于法律规则分析实证提出的,也有立足于司法过程重构或分析提出的,还有立足于复兴自然法观点立场提出的。本文限于篇幅,此部分主要就立足于法律规则分析实证以及司法过程构思或分析的回应进行整理。基于复兴自然法观点立场的回应,由于相当复杂,涉及比法律实在性更复杂的课题,此处略去不做考察,留待另文研究。

(一) 立足于法律规则分析实证的回应

1. 迪金森的内部观察法

美国法学家,庞德的学生,约翰·迪金森是最早用内部观察的观点来论证法律实在性的。他提出用内部观察的观点看待法律时,就可以发现法律规则的实在性。迪金森承认法律不具有绝对确定性,即承认存在一个裁量领域,在应用现存规则时会涉及选择和平衡,这时"创造性判例的机会便来了"。但迪金森同时批驳现实主义者用"外部观察者的观点"分析法律,由于他们将规则当作描述性概括,便在判决过程的分析中引入了错误观念。迪金森认为,从内在的角度分析,法官的思维是规范性的,不同于科学实验,规则是导致裁量最少的因素。规则和裁量问题只是划出一条界限,这一问题具有规范性和概念性,凸显着法律秩序的局限,裁量以规则为基础,"正是由于规则的限制,许多争端不能起诉,许多争诉中的事情仅仅涉及有关事实的问题"。[①] 遗憾的是,迪金森只是简单地坚持规则的内在限制性,没有进一步针对司法活动的客观性问题进行更细致的分析。[②]

2. 凯尔森的纯粹法学立场

纯粹法学开创者凯尔森,对法社会学正在侵入法学的领地甚感忧虑。他认为,后者把人们实际如何行为以及在未来可能如何行为取代法律实际是什么,不是尊重法律效力的要求,而是屈从不确定的社会的实际行为,结果使实

---

① John Dickson, Legal Rules: Their Function in the Process of Decision, 79, 842, 857, 851, 860(n.51) *U. Pa. L. Rev.* 833, 843(1931); John. Dickson, *Administrative Justice and the Supremacy of Law*, 141(N. Y. 1955, 初版 1927);〔美〕马丁·戈尔丁:《美国 20 世纪法理学与法哲学(下)》,顾速译,载《南京大学法律评论》总第 4 期,第 9—11 页。

② 现实主义法学对迪金森的答辩意见,参见 Felix S. Cohen, *Ethical Systems and Legal Ideal*, 12. N. 16(Ithaca, N. Y. 1959, 初版 1933); Felix S. Cohen, Transcendental Nonsense and the Functiona Approach, 35 *Colum. L. Rev.* 809(1935).

在法被庸俗化了。① 因此他主要针对法社会学进行了理论回应。从所谓"法律纯粹分析"入手，凯尔森通过对法规则(规范)的概念和体系结构分析，通过对法律的效力根源以及法律作用方式进行阐明，来驳斥法社会学的以社会观点引导法律实践、以服从人们实际上如何进行社会行为来取代服从法律效力的立场。他指出法律的实效与效力的不同，实效是人们实际行为的一种特性，不能误作为法律的特性，效力才是法律的特性；实效只是效力的一个条件，仅此而已。② 由于规则效力的基础正是法律具有实在性的基础，所以，凯尔森对于规则效力的基础的论证，以及关于法律实效(法社会学依赖的重要支持)的意义有限的论断，实际上也极为有效地回应了法律现实主义者，达到了维护法律实在论、批驳司法任意论的效果。

凯尔森精致地分析了与法律效力理由有关的基础规范问题。他认为，一国的法律秩序中，预定了宪法这一基础规范，它构成了国内法律秩序的最终推定和假设性基础，并委托了最高的造法权威。基础规范作为假设的实在法条件，它本身不是实在法，而是由凭借基础规范的造法行为(基础行为)得来。这里的基础规范是预定的，意味着超越纯实证主义的境界，它要涉及最低限度的自然法，但这种内容是全部经验知识之上的先验条件，而不是超出全部经验知识之外的先验形而上学，因此本质上仍是客观的产物而不是纯主观的思辨，因此不是一般所谓的自然法。由于实在法需要其效力所必需的实效性程度，它的内容就不过是一种社会均衡的表示或者说是和平的秩序。③ 国内法的基础规范，在没有国际法时，其作为效力理由只是法学思想的假设，在有国际法时，其作为效力理由则由国际法的实效性原则决定，在国际法中，都是根据实效性原则决定和划定国与国的界限的。国际法的基础规范则是一个容许习惯作为创造法律事实的规范。④

凯尔森还进一步对基础规范的形成原因作了哲学说明。他指出他的上述实证法理论的哲学基础是科学——批判的哲学，由于经验科学的进展，人

---

① 参见〔奥〕凯尔森：《国家与法律的一般理论》，沈宗灵译，中国大百科全书出版社1996年版，序言和第1章。凯尔森的理论另有一个考虑，就是要建立一元论，批判奥斯丁保持着把法和国家当作两种不同实体的传统意见的二元论。根据奥斯丁的理论，国家是一个法外实存的实体，它制定法律，但凯尔森通过把国家看作不过是国内法律秩序的人格化，就建立了一个作为法的理论不可分割部分的国家理论，凯尔森认为他的一元论取消了那个一定道德、政治假设的实体化的国家概念，也就揭露了传统法学内的政治意识形态。

② 参见〔奥〕凯尔森：《国家与法律的一般理论》，沈宗灵译，中国大百科全书出版社1996年版，第1编第1章，第42—45页。

③ 同上注，附录，第457—488页。

④ 同上注，第2编第6章，第401—405页。

们发现了抛弃经验之外的先验领域的勇气,又意识到人类知识的局限性,懂得精神自律,从而拒绝形而上学的认识论,而转向科学观的认识论,代替形而上学的思辨,这种认识论有一种发生认识过程所处的客观条件的决定。这种认识论仍是二元论,在于人们在经验材料上要根据理性内在法则创造他的对象,这种认识论是科学的,在于它力求超越经验科学范围时却又到此为止。可见,基础规范是假设的,但不是先验的,而是科学认识的结论。① 从这个意义上,确立基础规范的基础效力应该是顺理成章的。

遗憾的是,凯尔森在涉及司法裁量问题时,即在处理法律规则和司法活动的间隔(这正是现实主义利用的空间)时,提出了一个所谓多层规范框架,回避了问题的关键。他在坚持承认应在宪法的基础上制定一般规范的同时,认为司法决定也是一级规范,即下级规范,法官(包括行政官员)也是立法者。一般规范是规则,法官的决定也是规则,这样,其他学者那里所争论的规则和司法的间隔问题,就被他淡化了。不过,在处理这两级规范的关系时,他最终还是无法回避问题,最终他承认一般规范对低级规范来说具有实在性。他说,"个别规范由法律适用机关尤其由法院创造,必须总由一个或多个既存的一般规范来决定。这种决定……可以有不同的程度。法院通常要由决定它们的程序与判决内容的一般规范的约束。"②

总的来说,凯尔森的纯粹分析方法,澄清了法社会学和现实主义法学对法律效力和法律实效两个不同问题在某种意义上的意义混淆,揭示了法社会学和现实主义法学过分夸大司法功能的认识基础上的一些缺陷。但是,凯尔森对于法律实在性的回答,是在不直接面对间隔问题的情形下进行的,或多或少缺乏力度。他的旨在说明实在规范的效力理由的基础规范预定学说,虽然起到批判法社会学的作用,但主要是为了批评古典自然法理论而进行的,在哲学方面根本没有解释清楚"理性"问题,所以对现实主义法学的反击力也有限。

3. 哈特的多维的和内在视点的分析方法

当代实证主义巨匠、分析法学家哈特在批评继承奥斯丁和凯尔森的基础上,发展了法律实证主义学说。他批评早期一些学者(包括凯尔森)法律概念分析的简单化倾向,主张法律多样性,并承认法律规则和司法活动的间隔。他认为这个间隔是由法律概念和法律规则的"空缺结构"形成的,法律概念和规则伴有"空缺结构"的阴影,无论判例还是制定法都具有传递的不确定

---

① 参见〔奥〕凯尔森:《国家与法律的一般理论》,沈宗灵译,中国大百科全书出版社 1996 年版,附录,第 457—488 页。

② 同上注,第 1 编第 11 章,第 163 页。

性,这是语言的一般特征,有时这种空缺是立法故意的。"对这种概念的'裂缝'——或如英国人所说的概念的'开放结构'——的承认,如我所说,也是哲学受分析法学的现代形式所启示的显著特征。"①哈特虽然承认法律的空缺结构,却坚决维护法律的实在论。他从三个方面维护了法律规则的实在性,反对司法的任意性。

其一,他从研究语言的特点出发,提出语言的空缺结构是有限度的,立法语言尽管是空缺的结构,毕竟提供了限度,而且有很多技术可以弥补或调节空缺,因此规则怀疑论是错误的,裁量的一定自由总在限度之内。大多数裁决是有意识把规则作为指导标准而得出,即使有的裁决靠直觉得出,也是有法官作为前提而有意遵守的规则所证成,并且这些规则与手中案件的相关性是被普遍承认的。②

其二,他通过规则效力基础分析,揭示了"规则的内在方面的特征",一个规则要存在,至少有某些人(如法官)必须将有关行为看作该群体作为整体应遵循的一般标准,这是法律的重要特征。由此他批评了实用主义和现实主义者的预测论——仅观察外部行为判断法律是什么。③ 关于法律的效力基础,他认为有一种承认规则,它的简单形式体现在官员或私人引证法律的一般实践中,在现代法律制度中,这个最终规则相应比较复杂,不同的法律渊源要求不同的确认标准,总之,它的存在是一个事实问题,只是作为法院、官员和私人依据一定标准确认法律这种复杂而通常又协调的实践而存在,必须从内在的观点把它看作是正确的司法判决之公共的、普遍的标准,而不是每个法官只从自己的角度单纯地服从。在政治社会,承认规则有可能仅限于官方。④

其三,哈特坚持要把法律和道德区分开来,但他不像旧实证主义者那样截然不考虑道德联系,承认道德对法律在立法、司法解释方面有影响,并可能导致对法律的批评或抗拒;他也不像旧实证主义者那样截然不探求法律的目的,他认为"法律可以有任何内容"的实证主义命题是不对的,认为从人的独特性出发,是可以抽取"有关人类的自然环境和目的的基本事实为基础的、普遍认可的行为原则,可以被认为是自然法的最低限度的内容"的,因此,法律和道德是应有特定内容或社会需要为最低限度的内容的。这样他在法律稳

---

① 〔英〕H. L. A. 哈特:《耶林的概念天国与现代分析法学》,陈林林译,载 www.chinalegaltheory.com。
② 参见〔英〕哈特:《法律的概念》,中国大百科全书出版社 1996 年版,第 2 章、第 5 章、第 7 章,第 124—140 页。
③ 同上注,第 4 章第 58 页,第 5 章第 90 页。
④ 同上注,第 6 章。

定性方面提出了看法,就法律规范的实在性间接提供了理由说明。①

哈特为法律实在性的辩护,立足于规则内在的视点,并且深入到了效力基础的讨论,提出了"承认规则",因此是比较有力的。不过,他没有具体考察法官活动的细节,因此也就没有驳斥现实主义法学否认司法客观性的直接论据。他也没有就法律实在论涉及的理性问题做更具深度的哲学辨析。另外,也有学者认为,他的承认规则比较牵强。②

(二) 立足于司法过程重构的回应:德沃金的建设性阐释理论

上述分析实证立场的学者,在规则的静态的内在的分析中,说明了法律实在性是法律规则本身的内在属性表现。但是这并没有对法律——实践这个过程作出合理分析,从而令人满意地回答,经由这个过程,法律实在性的性质和要求为什么以及如何仍然得以保持下来?或者说,为什么必定存在一个实在的司法实践空间或者稳定的司法实践空间?前牛津大学现纽约大学法理学教授、当代自由主义法学代表人物德沃金,便是一个立于"法官实践过程"角度对法律实在性作出肯定回答的法学家。他是通过对法官实践的性质重构,而不是其他方法,例如后面提到的逻辑实证分析方法,来完成其著名的法学论说的。

德沃金反对严格实证主义者认识法律的方法,他从建设性阐释的角度提出关于法律的新定义,认为法律不是那些所谓法律规定或者说先例,法律应是一种阐释性概念,法律规定和法律惯例是法律的有机组成部分但不是法律本身。他说:"法官们应以阐释其他法官判断什么是法律的实践,确定什么是法律。"③

很明显,他将阐释提到了法律的本体的位置。他的这种思想是受到现代解释学的启发而形成的。现代解释学的哲学基础也是存在主义,主要的代表人物是加达默尔。加达默尔发展了海德格尔的观点,针对认识论基础上的传

---

① 参见〔美〕德沃金:《法律帝国》,中国大百科全书出版社1996年版,第9章。
② 同上注,第32页。参见德沃金的评价。
③ 同上注,第364页。

统的解释学关于解释者可以克服偏见的主张①,提出不可能存在一种自在的视域,对意义的每一种理解都是从人的历史情境中的前理论的给定性出发的有限的理解,理解在本质上是把过去的意义置于当前情境的一种调解。公开承认偏见在所有理解活动中具有的创造性力量。他认为理解活动不是由技术和方法设定的(传统解释学把解释设定为一种自觉反思的产物),而是就其本性而言是谈话式的并且是超主观的事件。"谈话式的",指理解的每一步特定行动都是传统生活的一个瞬间,解释者和文本则都是传统生活的附属部分。"超主观的",指理解中所发生的只是过去和现在的一种调解,它们都超越了认识者的有意识控制。②德国当代思想家哈贝马斯在与法国思想家福柯的交锋中,批评加达默尔的过分消极的看法,后者把交流看成单向的——解释者必须假定从属于作者而去了解和实施其所阐释的一切,哈贝马斯认为阐释是建设性的而不是谈话式的,阐释假定作者能够从阐释者处学到东西。哈贝马斯坚决认为权力应当由一个能够在合法使用与非法使用权力之间作出规范性区分的批判理论来调和,这就是交往行为理论,在这个理论中,话语的理想化前提通过"话语的伦理学"(discourse ethics)得到了认同和证明,这样哈贝马斯试图赋予这些前提以普遍性,这无疑承认了话语和权力

---

① 传统解释学主要代表有威廉·狄尔泰和施莱尔马赫。他们是以将解释问题当作与科学理解有关的方法论问题为出发点的,并受科学主义的影响,主张一种不偏不倚的解释立场,即试图克服时间鸿沟去解释对象,认为认识者是一种自主的主体,他能成功地从历史的偏见中解脱出来。认识者自身当时的情境只具有消极的价值,理解就是清除了一切偏见的主观性的活动。例如狄尔泰说:理解在本质上是一种自我转换,在这种活动中,认识者否定了把他与他的认识对象分离开来的时间距离并使自己与对象处于同一时代。狄尔泰的这种反思的历史意识,被称为阿基米得历史意识。传统解释学理论受到笛卡儿主义和理性主义哲学的影响,这种哲学认定有一种自主的主体,它能成功地使自己从历史的直接缠绕和伴随这种缠绕的偏见中解脱出来。

② 参见施莱尔马赫《解释学》和狄尔泰《狄尔泰全集》第7卷。传统法学的解释学,如文理解释派、系统解释派、历史解释派等,均在这一立场提出具体的方法。参见〔德〕汉斯-格奥尔格·加达默尔(Hans-Georg Gadamer):《哲学解释学》,夏镇平等译,上海译文出版社1994年版,编者序言第1—49页。加达默尔认为,此在不能从自身的事实性中摆脱出来,而且,此在自身是彻底有限的并且是暂时的"在世存在",理解所具有的存在性和综合性是显而易见的,根本不可能有无前提、无历史的解释,真正的理解不是注视着他者,而应把注意力放在主题之上,即通过想象走向理解,只有当解释者被主题推动着、在主题所指示的方向上作进一步的询问时,出现真正的对话,我们才能达到理解的可能条件。由此,他认为解释不再是一个方法论问题,而是一个本体论问题,科学理解意义上的解释方法应作为虚假命题消失,真正的理解或解释是存在意义上的,它被认为是一种事件,是历史自主的运动。关于加达默尔的理论,另请参见〔德〕加达默尔:《真理和方法》,洪汉鼎、夏镇平译,上海译文出版社1992年版。

都是自主性的领域。①

德沃金在很大程度上吸收了哈贝马斯关于现代解释学的思想。他通过把"法律"界定为法官的"建设性的阐释",对过去人们所理解的法律规则与司法之间间隔的存在作了十分精致的否认。但是,德沃金引入"整体性原则",使他的"建设性阐释"具有唯一正解性,因此没有滑入法律现实主义阵营,相反维护了司法(法律)的确定性。整体性原则,是德沃金的关键性概念,他说,整体性作为一种政治理想符合并解释了我们的宪法结构和宪法实践的特性,否则,这些特征就会令人困惑,把整体性视为政治中心的原则模式,能为政治合法性提出比其他模式更好的辩护,"它把政治义务看作一般阶级的连带义务,并以此去支持它们"②,因此解决了"合法性难题"——法律的见解必须解释所谓的法律如何为国家强制力的行使提供一个总的正当理由,"承认整体性为其政治理想的国家,比否认这种见解的国家更好"③。由此,他主张法律就是受包括一切的整体性的判决原则支配的阐释的概念,"那种判断是由阐释的不同领域和这些领域的不同方面所构成。我们注意到各种关于公平、正义和诉讼的正当程序的信念如何彼此抗衡。阐释性的判断必须注意和考虑这些不同的领域;否则就是不恰当的,或会失信于人,是伪装的普通政治。然而阐释也必须把这些领域融合成为一种全面的见解:从政治道德角度进行全面考虑以得出何种阐释才能使社会的法律记录最好;因此,法律判决是充满争论的"④,但是法律问题总有"正确的答案",法律间隔问题是不

---

① J. Habermas, *The Theory of Communicative Action*: Volume I: *Reason and the Rationalization of Society*, Heinemann, London, UK, 1984(Translated by T. McCarthy.). 对普遍性的坚持与拒斥,是哈贝马斯与法国思想家发生冲突的焦点,他认为启蒙运动开创的普遍性应得到保存。德里达认为任何存在都可能是不在场的,进而彻底否定普遍性和确定性,主张非理性主义;利奥达认为在审美时间中最重要的东西是可以被称为"在场"的东西——初始综合活动是悬置的,一开始,思想与材料是处于非间接的关系中,甚至没有最基本的综合活动,差异是建立在时间概念上的,因此他认为不存在单一的理性,但存在多元的理性,由此也否定普遍性;布尔迪厄只承认在某些场,在某一时刻存在对普遍性感兴趣的行动者,然后他们为了满足独特的兴趣而尽力创造了所谓普遍性,因此,他认为理性是历史性的产物,没有真正的普遍性规范;福柯不挑战普遍性本身,他挑战的是普遍性的必要性,他认为普遍性是一个变量,具有由主观性或理性的历史性决定的历史性,因此,他认为人文主义对非历史性的普遍性的要求是不必要的,在将来会有比人文主义所想象的更多的可能的自由,他引入了权力概念,认为权力事实既生产知识又生产实践,权力没有什么普遍性的先决条件,因此没有对权力合法与否的批判理论,也不存在一种不受权力影响(power-free)的批判话语。中文资料可参见包亚明主编:《当代思想家访谈录》丛书,上海人民出版社 1997 年第 1 版。
② 〔美〕德沃金:《法律帝国》,第 193 页。
③ 同上注,第 172 页。
④ 同上注,第 364 页。

存在的。①

德沃金的法律是"建设性的阐释"思想,与存在主义有密切的联系,却与法律现实主义者的观点有根本差别。德沃金偷换了法律概念,把它从立法者的"预定规则"转为法官的"建设性阐释",但他却没有因此放弃法律实在论而去承认司法的任意性。他首先把法律转为实践中的事物,然后在实践的空间又找到了它的原则确定性。这个实践意义的法律概念仍然是可确定的、稳定的、可预期的,尽管同时也是建设中、发展中的。法官受到"整体性"原则的约束,永远只能是在前章的基础上书写"小说"的新章,而不是可以和能够任意的。"唯一正解"是法官行为的归宿,也是法律实在论的新证。

(三) 立足于司法活动逻辑实证的回应

德沃金虽然对司法过程进行了重构,但是他并未对司法活动作具体分析,因此没有针对最敏感的争论问题在通常的实证意义上直接回应现实主义法学。这项任务是由逻辑实证主义者完成的。假设法官负有义务依据法律而判决,那么,在实际上能够这样做吗?法律规则真的可以做到被客观适用吗?逻辑实证主义者通过逻辑地实证地演示司法的过程细节,论证确定或客观司法之可能性,从而试图推翻现实主义法学关于司法只能是法官的个人的主观任意行为的见解,达到了在此意义上为法律实在性辩护的效果。

1. 司法证明的可区分理论

理查德·瓦瑟斯楚姆(Richard Wasserstrom)等法律逻辑实证主义者,最早从逻辑实证的角度,进行了司法活动的客观性论证。理查德·瓦瑟斯楚姆为回答 J. 弗兰克对法律客观性的抨击,提出应考察发现(发明)与证明(评价)领域的区分的可应用性。②

区分发现与证明,是早期科学哲学家(因他们相信归纳法而持逻辑实证态度,故又称科学逻辑实证主义者)提出的,其代表如莱辛巴赫。他们据以解释科学的客观性,其要义是:在科学中,其过程是先提出一种假设——发现,然后根据科学方法加以检验——即证明,其中"发现"可能来自"直觉",但此与在科学上可否接受它没有关系,科学接受它,不是因为它是不是"直觉",而是因为它经受了科学证明,证明是唯一的评价标准,科学上可否接受,完全

---

① 德沃金关于整体性原则的论述,详请参见《法律帝国》第 6 章。德沃金也反对因袭主义和实用主义,因为前者对法律阐释的见解是法官发现和执行特殊法律惯例,后者对法律阐释的见解是法官不受在原则上必须彼此一致的习惯要求约束。详见《法律帝国》,第 4、5 章,第 364 页。

② 参见〔美〕马丁·戈尔丁:《科学与法律中的发现与发明问题》,顾速译,载《南京大学法律评论》总第 5 期,第 5 页。

依证明是否遵循逻辑结构而定,科学证明有归纳法可为依赖。①

理查德·瓦瑟斯楚姆等接受了证明与发现可区分的思想,认为在司法活动中,也有发现和证明问题:提出结论为发现,司法论证(鉴定)是证明。司法发现(结论)可能来自所谓预感或直觉,但它与合理性与否没有关系,司法证明是唯一的评价标准。司法客观性存在于证明的领域内。逻辑实证主义通过上述发现和证明的区分理论的应用,软化了弗兰克否定法律客观性的观点。弗兰克是以司法决定(发现)往往由"法官的直觉"作出为由提出其观点的,因此他显然忽略了证明问题的独立性。②

但是,科学证明毕竟与司法证明不同,前者的客观性容易说明,后者并不依赖一套自然科学方法,那么它的客观性如何达成呢?逻辑实证主义者对科学证明结构与司法证明结构进行了比较。通过比较,揭示了司法证明具有逻辑结构,因此可以产生客观性。

科学的证明结构如下:(1) 假设 H(其来源无关仅要);(2) 从 H 演绎出 O,被证明是真的;(3) 因此确认 H。它的否定运用结构是:(1) 假设 H(其来源无关仅要);(2) 从 H 演绎出 O,被证明是假的;(3) 因此否认 H。③

司法证明结构为:(1) 提出一个结论 R(其来源无关仅要);(2) 陈述定律 L 的命题(也许还有事实 F),这些证明是真的或正确的;(也许有必要加上:陈述价值 V 的命题,这些是真的或正确的);(3) 根据 L(或 L 与 F,也许 L、F 与 V)推出 R。司法证明结构的否定运用是:(1) 提出试探式的法律 L 的命题;(2) 推导出 R,它被强烈地感到是不正确的;(3) 因而确认 L 的不正确。④

2. "发现也具有逻辑性"

上述逻辑实证主义对现实主义者的回应是在"发现的逻辑是不可能的"的看法的基础上进行的,通过区分发现与证明,从证明中寻找司法客观性的支持。接下来,N. R. 汉森和赫伯特·西蒙作出修正,进一步提出在科学中发现也是有逻辑的,不能简单地说成什么"直觉",否认发现的过程必然是非理性的。⑤

---

① "发现—证明"的术语可追溯到莱辛巴赫的《经验与预言》(芝加哥大学出版社,1938)一书。希拉里·普特南认为,自 1949 至 1951 年期间,在加州大学,莱辛巴赫是唯一一位既代表逻辑实证主义(尽管他本人拒绝这一称号),又讨论过逻辑实证主义的教授。参见〔美〕希拉里·普特南:《从内部看哲学的半个世纪》,卢德平译,载 http://www.guxiang.com/xueshu/others/zhexue/200109/200109190070.htm.

② 参见〔美〕马丁·戈尔丁:《科学与法律中的发现与发明问题》,第 5 页。

③ 同上注。

④ 同上注,第 8 页。

⑤ 同上注,第 9 页。

N. R. 汉森(N. R. Hanson)和赫伯特·西蒙(H. A. Simon)承认,与证明领域有关的考虑,也可以对发现的过程产生处理影响。他们欲复兴皮尔士的观点,即认为:推理类型除了归纳和演绎外,还有溯因类型,人们以此从一个有问题的现象推演到一个说明它的假设。①

N. R. 汉森认为产生假设的程序可以由概念分析来得出,他的基本论点是,预料一个假设属于某种类型,而且正如科学史的例子所表明的,这种预料常常并不依赖于预感,假设是由科学家依靠他们自己的问题情境与已经确立的定律或理论之间的相似性提出的,因此假设似真性的基础是概念的而非心理的。在司法中,法官同样是推导出对法律问题似真性的判决,这一过程可以进行逻辑或概念分析,而不是"预感",这就是对哈齐森-弗兰克司法预感观的著名的汉森式回答。法律争议通常以高度结构化的方式(也许比科学更甚地)呈现在法官面前,许多这样的争议即在类比的基础上作出。类比在科学中也许不足以确立可接受性,但在司法领域却不相异于确立其可接受性的理由。② 赫伯特·西蒙认为,可以阐述从资料库中发现各种类型的方法论原则,而且这不必等到归纳问题已获得解决时。③

四、法律现实主义者的两个反诘

法律现实主义者对来自法学传统的回应,进行了反击。不过,由于他们的关注点不在规则本身而是在司法过程,所以他们主要是针对法律逻辑实证主义,就其回应的两个理由——司法证明的可区分理论,以及甚至法律发现也具有逻辑性的观点——提出了两个针锋相对的反诘,以维护他们关于司法不具有客观性的论点。一方面,他们认为,可以从当代科学哲学家波普尔(Karl R. Popper)和库恩(Thomas Kuhn)的理论中获得新的支持。他们辩解说,根据科学哲学领域内关于归纳方法的不可应用性和"常规科学"的不可避免性的认识,既然科学哲学并不能以完全非历史的方式加以处理,那么逻

---

① 参见〔美〕马丁·戈尔丁:《科学与法律中的发现与发明问题》,第9页。
② Norwood Russell Hanson, Is there a Logic of Scientific Discovery? in Brody, B. A. (ed.), *Readings in the Philosophy of Science* (Englewood Cliffs, New Jersey: Prentice-Hall, Inc. 1970), pp. 620-633. Originally published in Feigl, H. and Maxwell, G. (eds.), *Current Issues in Philosophy of Science*, Holt, Rinehart and Winston, Inc. 1961, pp. 20-34. 又见费耶阿本德对汉森的评论,同注第35—39页,以及汉森的答辩,同注第40—42页。汉森的理论,还可参见 NR Hanson, *Patterns of Discovery*, Cambridge University Press, London, 1958(此书有中文翻译:《发现的模式》,邢新力、周沛译,中国国际广播出版社1988年版);章士嵘:《科学发现的逻辑》,人民出版社1986年版。
③ H. A. Simon, Does scientific discovery have a logic? *Philosophy of Science*, 40(1973), 471—480(赫伯特·西蒙:《科学发现具有逻辑吗?》,载《科学哲学》40〔1973〕:471—480)。

辑实证主义赖以支持的基础也就被推翻了。另一方面，他们指出逻辑实证主义的司法证明结构仍然有一个关于结论的问题，这样就不可能清除法官的个人主观因素的作用领域。由于逻辑实证主义自身具有缺陷，即，其引入"高度严格的标准"并且完全否认形而上学和本体论的意义，所以，法律现实主义者的这两个反击对其"逻辑实证"而言十分奏效。①

五、转换角度再回应——从"逻辑实证"到"客观实证"

虽然法律现实主义者"如此"击中了法律逻辑实证主义的要害，却并不能因此证成其否定法律实在论或司法过程客观性的观点。因为，司法过程是否具有客观性，与其是否可以逻辑地展开司法证明、司法发现并无绝对依存关系。法律逻辑实证主义区分司法证明，甚至提出司法发现也具有逻辑性，来证成司法过程的客观性，实际是走入了不必要的误区。司法过程具有客观性，是就法官的判决行为不是其个人任意的行为而言，它与既有法律规则发生着确定联系并具有可预期性、稳定性和职业上的同一性。

因此，对于司法过程，完全不需要通过"逻辑性"实证的论证来证明其具有客观性，完全可以放下逻辑探求，转而通过寻求司法过程中的法官行为的非个人化的特征以及与法律规则确定联系的事实，来达成对司法过程的客观性的说明。基于这样的思路，我们很容易放弃"逻辑实证"，而转入"客观实证"，提出回应法律现实主义者反击的新理由。

1. 波普尔和库恩的理论并不能成为支持司法任意性的理论根据

波普尔在20世纪30年代以《研究的逻辑》一书成名，他强调每一种科学

---

① 参见〔美〕希拉里·普特南：《从内部看哲学的半个世纪》。普特南在该文中说，直至20世纪30年代某一时期，美国的哲学既没有形式，也没有空间。其后，逻辑实证主义者登上历史舞台，大多数美国哲学家都成了实证主义者。这一发展有这样的优点，即为哲学学科引入了"高度严格的标准"。哲学变得"明确"，而且人人都要学点现代逻辑。普特南同时也认为，逻辑实证主义带来了其他一些后果。逻辑实证主义者认为，所有形而上学的问题都是无意义的。逻辑实证主义者的（所谓）中心论点都是假的——按照通常的观点，逻辑实证主义者坚持认为，所有有意义的陈述，(1) 要么是关于感知材料的可确证陈述；(2) 要么属于"分析性"陈述，诸如逻辑和数学上的陈述。他们相信，综合性论断（也即，他们视为有关感知材料的论断相等同的经验性论断），与分析性陈述之间泾渭分明。由此，普特南批评说，逻辑实证主义者不懂得有些概念是充满理论特色的，也不明白存在着像科学革命之类的东西，而是认为科学哲学可以用完全非历史的方式加以处理。20世纪40年代末，W. 奎因指出，一些本体论问题，诸如数是否确实存在，是有意义的，这和逻辑实证主义者的主张相反，有助于实在主义形而上学在美国的复活，尽管奎因本人（不无遗憾地）保留有一些实证主义偏见，此后不久他就认为分析和综合的区别是站不住脚的。后来，奎因又指出，认识论有可能成为自然科学的一部分。普特南认为，通过对"观察项"和"理论项"的实证主义二分法站不住脚的证明，为摧毁逻辑实证主义助了一臂之力，为充满活力的形而上学实在主义铺平了道路，但对此他（很遗憾地）早在20世纪70年代中期就已放弃了。

理论都是某种假设,终有一天被实验反驳或"证伪"。60—70年代,他又发表了《猜测与反驳》、《客观知识》二书,继续推进他这种科学观。他主要提出了两个问题,即所谓"归纳问题"(休谟问题)和"分界问题"(康德问题)。分界问题是他的理论的基石,由此他认为科学理论没有永远正确,科学之为科学,不在可证实性,而在可经验事实的发展中证伪自己,可证伪性和不可证伪性,就是一切科学与非科学的根本界限。"归纳问题"是"分界问题"的支持,由此,波普尔向归纳法进行攻击,首先他论证说明假说的提出不是来自观察,科学史上表明恰恰相反,然后他接受爱因斯坦的观点,认为假设来自自由创造,但不是凭空的,它来自"问题"——科学发展中已有理论与新的经验或理论之间的矛盾,不过创造精神或先于经验的"预期范域"是最重要的。传统归纳主义的观察其实也是局限于以往的经验,是不可靠的,"归纳法只是神话"。他认为科学进步不是依赖经验归纳(因为这样不可能上升到普遍或必然),也不是康德所谓的"先天理智的创造能力",而是依靠人实际的创造精神和批判理性,通过不断地创造假说和排除错误而持续增长,并提出科学发展图式的纯粹逻辑的抽象形态,这就是他"世界3"的发现。①

库恩把常规科学概念加入波普尔的发展,开创了科学哲学的历史学派,认为科学系统作为一个整体,有一种内在的防御性或保守性,这就是说处于一个"常规"状态,除非发生科学革命,前一个常规科学体系维持着,并采取保守姿态甚至教条姿态。库恩据此否认可以客观地接受或否弃某一科学理论,在他看来,主观因素是采取或否弃一种科学理论的不可消除的成分,选择一种理论"不能通过证明来解决",它是靠劝说技巧解决的,没有什么证明问题,只有劝说问题,因此发现——证明的区别是过于理想化的,应予抛弃。②

如此看来,波普尔和库恩确实均否认了所谓科学的真实性(这种否认是

---

① 参见纪树立编译:《科学知识进化论——波普尔科学哲学选集》,生活·读书·新知三联书店1987年11月第一次版。波普尔的著作还可参见:*The Logic of Scientific Discovery*, Basic Books, New York, 1959; *The Poverty of Historicism*, Beacon Press, Boston, 1957; *The History of Our Time: an Optimist's View*, 148 World Affairs (1985); *Conjectures and Refutations: The Growth of Scientific Knowledge*, Routledge, London, 1962;等等。

② Kuhn, Thomas S, *The Structure of Scientific Revolutions*, Chicago University Press, 1970, 2d. pp.148,151.(〔美〕库恩:《科学革命的结构》,芝加哥大学,1970年第2版,第148、151页及以下);〔美〕库恩:《客观性、价值判断与理论选择》,载《必要的张力》,芝加哥大学1977年版,第322,324页。同时参见〔美〕马丁·戈尔丁:《科学与法律中的发现与证明问题》,第10页及注15—18。
库恩在波普尔的基础上,提出还有一个"常规科学"问题,他认为科学一旦形成一定的理论系统,就不再以单个假说面对自然界的审查,而是以整个系统结构来对付经验世界了,这个系统结构在一定时期保持稳态,有一种保守的防御机制。对科学的哲学思考,必须从科学本身出发,但又必须从这里投射到整个社会环境以及人的心理的深层结构中去。

正确的),所以法律逻辑实证主义在其逻辑实证工具的意义上说也就失去了可靠的理论基础。但是,当我们进一步考察这二位思想家的观点时就会发现,这二位思想家虽然否认所谓科学的真实性,但都承认科学发展的阶段性和相对稳定性,无论是因为归纳法的不可应用还是因为"常规科学"的保守,我们社会生活的范式包括法律生活的范式仍然是存在的,法官行为的范式也是存在的,法官或者个人与之对抗的力量是薄弱的。所以,他们不可能否定法官个人行为的非任意性,相反,他们在结论上都会赞成在职业的范畴(包括法官职业),法官个人行为可以依据"范式"而发生,从而具有稳定性和非任意性的特点。这样,司法行为即便是保守的,它也有稳定的"常规"状态,即有其要求发生实在作用的社会基础。我们可以指责这种状态导致了一种固守的生活,但是我们不能因此认为急变的生活一定就是进步的或者有效率的,渐进和稳定往往更能创造效率和进行文明积累。在这个意义上,法律逻辑实证主义者虽然失去逻辑实证工具,却仍然具有客观实证的条件。

2. 司法活动的社会证明性质制约了法官的个人因素

司法过程确实是法官独立提出结论的过程,司法行为也不是单纯的事实判断,由于要做出法律结论,所以是在认定事实基础上的价值判断①,因此司法过程与法官个人的意志和情感当然要发生某种联系。但是,司法结论或者价值判断是由法官个人独立提出并证明的,是不是就意味着司法活动必定不可避免地或者经常地沦为法官任意行为呢?

显然,司法活动虽然需要法官独立为价值判断,并不意味着它一定是随意的或者由法官个人因素主导的。理由有二:(1)即使法官抱有自己的价值观,也不能认为这种价值观必然是法官特有的,它可以同时被其他人所广泛持有。②(2)更为重要的是,如果我们能够进一步论证,司法活动的有关环节足以形成一种社会化力量,足以使得法官的个人因素受到必要限缩,而且这种社会化力量不是类似简单的社会心理测试那样的支持力量,而是一种赋予判决以社会证明要求,那么,我们就可以说,司法是具有客观性的,法官无法任意而为之。

我们确实能够进一步论证司法活动具有社会证明的性质。司法活动的社会证明的性质,可以从司法程序的目标中得出。③ 司法活动不是抽象的,是有目标的,一个国家或一个社会设置法官、建立司法的目的,是要求法官形

---

① 参见〔美〕马丁·戈尔丁:《科学与法律中的发现与证明问题》,第11页。
② 同上注。
③ 同上注。

式上服从宪法和法律①,实质上实现司法公正。② 这就要求法官在进行司法活动时,应当向败诉一方、向有可能受影响的其他人、也向司法共同体证明他的判决,接受该结论的理由必须可让这一共同体当作合法的判决前提来接受。当然设计了这种司法目标,并不意味着法官一定遵循这种目标,除非他不得不如此。为此,国家或社会往往都要设立司法公正的实际监督体制,包括公开审判制度、案件定期公报制度、法官的失职罢免或弹劾制度等,使法官受到一种外在的不可回避的实际压力。司法社会化力量不是一种纯粹的社会呼声,而是经实际机制发动了的社会化力量。法官在行为时,受到足够的外在压力,被要求向社会证成其判决的公正性质(形式的和实质的两个方面),这样,法官的独立司法行为就具有了实实在在的社会证明性质。③

所以,法律实践领域的个人活动存在社会化问题,而不可能是单纯的个人活动。司法活动成为社会行为的一部分,是社会证明("劝说")的一种形式。由于这种司法行为的社会证明机制,除非出现极端相对主义情况(就是法官不怕失去位置的情况),当发生法官个人价值观介入情形时,"那么它们也不是作为个人偏好而介入的","这些价值观必定对它们所适用的社区(社会)有某种意义"。④ 对于法官来说,其司法行为最保险的社会证明方式是形式意义的,即,使其判决符合既有法律规则体系的一般解释,达成"服从法律"的外观。

库恩有意制造了一个与所谓证明不同的"劝说"概念。他认为个人(如法官)在选择一种结论(如判决结果)时,只有劝说问题,而没有证明问题,在他看来,劝说是靠技巧的。但是,即使我们容忍他的这种说法,我们仍然可以注意到以下为库恩所不能回避的问题:这种所谓技巧只要是面对社会的,要

---

① 前面我们已经引用过一些国家的宪法条款。
② 许多国家宪法中把司法公正确立为宪法原则。《世界人权宣言》第10条:"人人完全平等地有权由一个独立而无偏倚的法庭进行公正的和公开的审讯,以确定他的权利和义务并判定对他提出的任何刑事指控。"
③ 对我国当今司法实践来说,这里提出了关键的问题:我们今天的司法程序和司法的社会体系是否有足够的实际力量使得法官们将自己的活动固定在司法程序的社会证明目标上,换言之,在司法活动中,社会化力量是否真的是一种现实的力量,法官在司法活动中是否真的处于个人价值观受限的状态?我们今天司法的腐败和低素质状况,缺乏社会证明压力应该是其中一个重要成因。
④ 〔美〕马丁·戈尔丁:《科学与法律中的发现与证明问题》,第11页。

成为一种社会技巧,就需要含有社会说理因素,它的成功,在于社会之接受程度。① 而司法活动中就是这样,法官当然不是面对自己而是面对社会(至少是当事人这个小社会)运用"劝说"技巧。那么,法官对于接受其判决的"劝说",是否还只是法官传递或掩饰个人价值的方式巧妙的结果而不是一种社会说理呢?当然不是这样。既然这种司法劝说是以社会接受为目标的,社会力量就会转化为司法活动的一种外在的推动力量,会使得法官在运用"劝说"时,大体会依客观社会观念(即便这种社会观念虽然是他所认定的,但由于经历程序限制、经验交流、权威知识引证、信息交流等过程,仍然取得客观性)为之,而不会依自己个人理由或意气为之。这就是说,所谓"司法劝说"必然是以社会理由说服社会,而不是以个人理由说服社会,因而这种说服"技巧",便是一种社会证成。

六、法律实在论的哲学辩护

(一)柯亨的社会条件论和两极性原则

上述对法律现实主义的回应,可以在很大程度上制止其泛滥,但还不能从根本上切断其思想根基。法律现实主义者否认司法活动客观性,进而否定法律的实在性,只是他们哲学观点的一个应用而已,宾汉等都明确地宣称存在的只是"具体"现象,并无一般事实这样的存在,概念只是导致混乱的"思想工具"。所以,现实主义法学提出的问题本质上是一个哲学问题,他们是要彻底否认法学传统所笃信的规则世界,这就是说,包括法律人格概念在内的全部法律规则体系不过是一堆"虚构"的语词。由此,对现实主义者(某种意义的存在主义者)最有效的回应当是哲学的。

美国哲学家莫里斯·柯亨便是值得提及的一个哲学上的重要回应者。他认为,法律现实主义否定规则的实在性,是建立在唯名论之上的,属于唯名论哲学的当代应用。② 唯名论是中世纪的一种重要哲学思想。黑格尔在其著作《哲学史讲演录》中提到,有关概念实在性的争论,即"普遍的概念是否

---

① 针对库恩的论点,一个普遍的批评意见是,库恩否定区分发现与证明是因为他混淆了"证明领域"与"接受领域",他把一个理论的可接受性和如何让他人接受混为一谈。这种批评并没有切中要害。库恩并不是混淆理论的可接受性和如何让他人接受,而是将两个问题的联系割裂开来,认为让他人接受纯属劝说技巧的运用,与理论(判决结论)本身的可接受性无关。参见〔美〕马丁·戈尔丁:《科学与法律中的发现与证明问题》,第11页。

② Morris R. Cohen, Jurisprudence as a Philosophic discipline, 10 *J. of Phil.* (1913); Morris R. Cohen, *Justice Homes and the Natural Law*, *in Cohen's Law and the Social Order*(New Brunswick, N. J. 1982, 1d,1933)。〔美〕马丁·戈尔丁:《美国20世纪法理学与法哲学(下)》,第9—10页。

具有实在性,并且在什么程度下具有实在性"的争论,经历过许多不同变异,其中一次激烈的交锋,发生在中世纪的所谓"唯名论"和"唯实论"之间。二者争论的焦点是:究竟概念是在思维主体之外自在自为地存在的实在的东西,独立于个别存在的事物呢,还是只是一个名词,只存在于主观的表象之内,是一个思想物。① 唯名论坚持共相——普遍术语所指称的普遍者或类②——是表象、主观的一般化、思维心灵的产物,只承认个体事物具有实在性,普遍者仅仅在语言中才有实在性。反之,唯实论认为,在个体事物中没有实在性,唯有普遍性(共相)才有实在性,它们不只是名词(即存在于主观表象内的思想物),它们存在于思维的主体之外,独立于个别事物,是一个存在着的实体,理念是事物本质,"个体化是一种否定",存在、实有纯全是概念。③ 黑格尔指出,唯实论主张的"实在",与我们所谓"今天"所谓实在论的意思恰好相反,这个名词在今天指"事物像它们直接地那样就具有真实的存在",唯心论(唯实论)正好相反,唯名论认为理念才是实在真实的,而事物像它们表现在个别性中那样是不真实的。④

柯亨在认定法律现实主义者是唯名论翻版的基础上,对法律现实主义者进行了哲学批驳。他没有限于遵循"唯实论"的既有思路,而是提出了他对实在的另一种哲学观即实在不仅局限于时空中的事物和事件的观点,来达成论证概念具有实在性的效果。柯亨的主导思想是两极性原则:某些概念是对立的两极并在此意义上相互牵涉,不理解其中一个就无法理解另一个——直接性和中介性,统一性与多元性,固定和流动,实体与功能,现实性和可能性,在法律中则是规则与裁量。"规则和裁量是一个虚设的两难境地,法律包含了两者,在社会条件下法律也需要两者。"⑤

柯亨的批驳具有很大的能量,他提出了"社会条件是法律实体论的前提"的主张,即认为在社会条件下,法律需要由规则和裁量两部分组成,因此

---

① 参见〔德〕黑格尔:《哲学史讲演录》,第 3 卷,贺麟等译,商务印书局 1959 年第 1 版,第 313 页。

② 同上注,第 307 页。关于"概念"或"共相"的规定,在柏拉图和亚里士多德那里,是全,是一切,是一切在一中,因此具有先验性;在新柏拉图主义——唯实论者那里,共相只是胚胎、萌芽、初发展者,换言之,仅是现实理性的产物。

③ 参见〔德〕黑格尔:《哲学史讲演录》,第 3 卷,贺麟等译,商务印书局 1959 年第 1 版,第 307—314 页。托马斯是著名的唯实论者,奥康是著名的唯名论者。

④ 参见〔德〕黑格尔:《哲学史讲演录》,第 3 卷,贺麟等译,商务印书局 1959 年第 1 版,第 313 页。

⑤ Morris R. Cohen, Jurisprudence as a Philosophic discipline, 10 *J. of Phil.* (1913);*Justice Homes and the Natural Law*, in Cohen's Law and the Social Order(New Brunswick, N. J. 1982, 1d, 1933).〔美〕马丁·戈尔丁《美国 20 世纪法理学与法哲学(下)》,第 9—10 页。

既有可能性,又有现实性,由此构成一种特殊实体。应该说,这是一个非常有启发性的思路。遗憾的是,他在哲学基础上把法律现实主义者看得过于简单了。① 这些人挑起法律概念是否具有实在性之争,真的只是重续唯名论的旧梦吗?当然不是。法律概念是否具有实在性这一说法的真正含义,在他们那里,已经不是仅就概念世界在形式上有无定在性而是就它对我们是否发生实际作用而言的。法律现实主义标榜的哲学基础是存在主义或非理性主义,而不是唯名论所坚持的极端唯物主义哲学。唯名论以"想象的即非实在的"加以否定,存在主义则以对理性的怀疑加以否定,二者的出发点是不同的。现实主义法学家在理论形式上似乎借用了唯名论的成果,以法律概念和规则并不属于具体世界的事物为由,否定法律实在性。但是,他们真正的理论基础并不在此,而是在于对"存在主义"的理论摘取,通过引用存在主义的结论"理性规划的不可行",否定法律(预设规则)实在性,提出法律不过是司法者的作为,夸大司法的任意空间。因此,要真正击退法律虚幻论,维护法律实在论,在法哲学上不仅要破除唯名论"想象的即非实在的"的论点,更必须破除法律现实主义所主张的"存在主义"。

(二)对"想象的即非实在的"的反驳

在本文进行真正意义上的哲学回应之前,先就法律现实主义者借用的唯名论的"想象的即非实在的"观点进行必要的反驳。当代学者包括柯亨在内的并不屑于在直接的意义上做这项工作。我猜测,其中一个理由,或许是因为在近现代哲学的视线里,"想象的即非实在的"观点已经不攻自破,根本无须多费笔墨。尽管如此,本文在此还是打算多饶舌几句,以便后面的讨论更为清晰。

可能最有效摧毁"想象的即非实在的"观点的,是19世纪的哲学巨人黑格尔。黑格尔通过完成对精神世界的属性的精彩分析,提出了实在性不只存在于具体世界而应同时存在于精神世界的结论。黑格尔说,人的精神是从自然界发展出来的,导致人知道他自己是我,人"这个主体思维着,使一切时间上和空间上的东西都成为自己的东西"②。"当理性之确信其自身即是实在这一确定性已上升为真理性,亦即理性已意识到它的自身即是它的世界、它的世界即是它的自身时,理性就成了精神。"③在个人内在中,由思维发展着的,称主观精神,它完全属于个人(如黑格尔所谓抽象法)。当个人将主观精神表现于外,并作为他和他人交往的内容,就会发生众多主观精神相互联系

---

① 另外,柯亨对其两极性原则也没有进行深度的解析,还只存在观念表层。
② 〔德〕黑格尔:《自然哲学》,商务印书局1980年版,第616—617页。
③ 〔德〕黑格尔:《精神现象学》,贺麟等译,商务印书馆1996年版,第1—2页。

并导致秩序化,他就要借助交往的定在形式——语言等就是这样形成和发展的。这种外在化的结果,就是社会的精神,也就是黑格尔所谓法律、伦理、国家构成的客观精神。客观精神的最独立的单元是我们通常所说的概念(黑格尔称为范畴),精神与精神的交往使每个人归依于交往概念,交往概念以共同概念或社会概念固定下来,固定来自一种力量,或是偶然的强力(强概念),或精神融合的推力(惯例概念)。因为概念为个人所用,因此总是以个人使用并承载个人内在思维的特点出现,但是概念以及概念联系由于其定在形式,一旦产生,得以独立于人的精神而固定下来,即像物质那样存在。

根据黑格尔的上述理解,客观精神世界具有定在性或实在性,而法律又属于客观精神世界,所以法律具有实在性就不难理解了。然而,为什么说法律是客观精神世界的而不是停留在主观精神世界的事物呢?对于这个问题,黑格尔对此做了深刻的哲学分析,他在《精神现象学》和《法哲学原理》[①]中,论证了主观精神在交往和秩序形成中,在社会领域必定通过一个外在化的过程即借助交往的定在形式定在下来,形成法律、伦理和国家。其具体论证过程,限于篇幅,这里不作介绍,而只对法律形成的定在化过程做一个简单实证分析,为黑格尔的观点做一个辅助性的注脚。

法律规则作为预设的社会规则,其思维前身可能是某些个人的意愿或者思考,但是我们可以观察到,在"立法者"形成"法律"时,确实是获得了独立于个人内在思维之外、定在的表现。第一,法律规则是通过特定立法机构或者特定共同体制定或形成的。即立法权具有定在性,习惯法也不例外。在现代国家更是如此,谁是立法者,绝对不再是任意的,而且"立法者通常不是个人,毋宁是一个集会(国会),在有些国家还由两院构成立法团体;甚至有可能是有投票权的国民全体"[②]。所以,"立法者的意志"绝对不是个人的"主观精神"。第二,法律要用特定的形式(制定法、判例法、习惯、学理)表达出来。我们称为法律渊源的确定。什么是法律渊源,不能随便说了算。在现代社会,法律渊源都直接由宪法规定或者认可,唯有依宪法确认的渊源形式表现出来,才能成立法律。第三,法律要通过法律语言来表达。无论是概念的还是经验的语言,都不是个人的内在的任意语言,而是交往语言、交往概念,所以定在是不可避免的。对于法律语言本身是否可能具有定在性,我们可能存有一些疑虑。哈特曾说立法语言具有"空缺结构"[③];阿图尔·考夫曼也认为"语言的两维性"(第一维,似乎是水平的,是理性——类别的,另一维似乎是

---

① 参见〔德〕黑格尔:《法哲学原理》,范扬、张企泰译,商务印书馆1995年版。
② 〔德〕拉伦茨:《法学方法论》,商务印书馆,2005年版,第233页。
③ 〔英〕哈特:《法律的概念》,中国大百科全书出版社1996年版,第124、126、127、130页。

垂直的,是意图性——隐喻的)是语言的属性①;语言哲学家维特根斯坦,也竟发生重大转向,从逻辑经验主义的创始人(语言的精确解释)转身为"日常语言的哲学"的代言人(放弃对语言的精确解释,他说,勿思考,去观赏)。②但是,我们要注意到,他们没有否定根本语言的定在性,而是仍然承认语言具有相对确定的能指结构,即虽然彻底清晰性、"细如发丝的精确"(拉德布鲁赫语)绝无可能,但语言的基本边缘还是可以相对确定的,"具有指引上的限度"是"语言所固有的","立法语言虽然具有空缺结构,但它毕竟提供了这种限度","法律规则虽然具有开放结构,却明确得足以限制(虽不排除)法院的自由裁量"。③ 总之,法律规则由于立法权、法律渊源、法律语言这些外衣,确实已经独立于个人任意的内在的思维之外,符合黑格尔的界定,是"想象的定在的"。

(三)"理性规划是不可行的"能说明什么?

对法律现实主义进行哲学回应,最困难的地方不是法律本身是否具有定在属性问题,而是法律被"理性地"预设是否可行的问题。法律现实主义者提出,法律规划(预设)是不可行的,司法便是"法律发现",法官在行动中立于"存在"的立场,当自我决定裁判问题,法官从来都不是依据法律引出其裁判,而是始终以一种确定的先入之见,即由个人根据情境确定的成见来形成其判断。法律现实主义者的这一立场,与早期存在主义哲学立场几乎一致,法律现实主义者自身也确实乐于被看作是存在主义者。因为在存在主义哲学看来,世界是处在"生活"或"存在"意义上的,理性规划是不可行的。

我们必须坦承,存在主义及其主要继承者后现代主义具有极大的思想价值,其根源在于它对近现代尤其是启蒙运动的理性主义表现的不满。黑格尔对精神世界的性质解释虽然是合理的,但是他在认知论和实践论上陷入了极端的"主体自负"。黑格尔承认,人的现实精神具有局限性,是绝对精神返回到它自己的阶段,在这个阶段,知识(精神体系)是增长的,知识是一个辨证的过程,在认识过程中进行理解的意识和它的对象都得到了改变,每一种新的知识的获得,都是过去的知识与一种新的并且是扩展了的调解或重新汇

---

① 参见〔德〕阿图尔·考夫曼、温弗里德·哈斯默尔主编:《当代法哲学和法律理论导论》,郑永流译,法律出版社 2002 年版,第 302 页。
② 维特根斯坦的早期著作《逻辑哲学论》(郭英译,商务印书馆,1992)和后期著作《哲学研究》(陈嘉映译,上海人民出版社,2001)分别代表了他的逻辑实证主义和日常语言哲学。参见〔德〕阿图尔·考夫曼、温弗里德·哈斯默尔主编:《当代法哲学和法律理论导论》,法律出版社 2002 年版,第 302 页。
③ 〔英〕哈特:《法律的概念》,第 126、130、146 页。

合。① 但是,黑格尔认为,客观精神发展到最后便是超出局限性,而达到世界精神——绝对精神,他说:"世界历史就是使未经管束的天然的意志服从普遍原则,并且达到主观的自由的训练。"② 从黑格尔这里,绝对理性主义滋生了。③ 绝对理性主义认为遵循一定的理性原则,就可以认识真理、设计美好未来;世界是二元的,自我和对象构成世界,自我与对象之间存在间隔,后者被前者思维着。

理性主义哲学的这种"主观意识"以及知识客体化的模式,在19世纪晚期和20世纪初期开始受到怀疑,尤其是受到早期存在主义的猛烈抨击。胡塞尔的现象学是较早的批判理论。胡塞尔表面上追随康德的主观主义,但他把意识限制于它自己的内容,并企图从这种"感觉材料"和纯判断的抽象出发构造世界。他提出了超验现象学的战略,通过把对世界实际存在的确信"放在括号里括起来",确定现象与相应的意识活动之间本质的对应关系。这样,就削弱了主观主义的基础。④ 尼采和弗洛伊德从不同角度揭露了反思意识的幼稚,提出理性的有限性。⑤ 维特根斯坦在后期发生转向,他通过语言研究,揭露把语言当作我们"所应用"的逻辑上完美无缺的人工系统的做法具有无法克服的困难,并提出了日常语言的优先性,他说:"学习一种语言并不是解释,而是训练。"⑥

海德格尔在继承上述批判思想尤其是胡塞尔和尼采的哲学基础上,对西方形而上学思想尤其是理性主义进行了彻底清算。他认为,胡塞尔忽视了生活世界,胡塞尔超验还原的目的,在于澄清意识的对象,但生活世界则是作为意向对象的视域起作用,自我是在生活世界之中的,这样,胡塞尔的超验图式的基础就成为不可能。海德格尔反对胡塞尔那种仍像传统哲学那样把存在

---

① 参见〔德〕黑格尔:《精神现象学》,商务印书馆1996年版,第40—44页。
② 〔德〕黑格尔:《历史哲学》,王造时译,三联书店1958年版,第149页。
③ 在黑格尔之前,康德从认识"真正的数学命题永远不是经验的判断,而是先天的判断"以及"真正的形而上学是先天综合命题"出发,借助人的先天理智的创造能力把后天经验加以组合,把理智的可靠性传输给经验,从而得出真正的科学知识。参见〔德〕康德:《任何一种能够作为科学出现的未来形而上学导论》,庞景仁译,商务印书馆1978年第1版。在黑格尔之后,现象学的胡塞尔追随新康德主义的基本思想,力图通过超验还原的方法推导出存在物的本质有效性。参见〔德〕胡塞尔:《纯粹现象学通论》,李幼蒸译,商务印书局1992年第1版。
④ 胡塞尔的主要著作有《逻辑研究》(1900—1902年)(倪梁康译,上海译文出版社1994年版)、《纯粹现象学和现象学哲学的观念》(1913年)、《欧洲科学的危机与先验现象学》(1935年)等。另参见倪梁康:《现象学及其效应——胡塞尔与当代德国哲学》,三联书店1994年版,第179—180页。
⑤ 尼采的著作主要有《悲剧的诞生》、《查拉斯图拉如是说》;弗洛伊德的主要著作有《梦的解析》(1900)、《精神分析引论》(1916年)、《自我与伊德》(1923年)等。
⑥ 〔奥〕维特根斯坦:《哲学研究》,陈嘉映译,上海人民出版社2001年版。

理解为意识的客观过程的结果(二元论)的思维方式,他认为自我(此在)和对象(在者)的对立是没有的。"此在是一种实体,正是在此在的存在中,它使自己在理解上与该存在相符合。"通过这一哲学理论,尤其是二元论的颠覆,海德格尔把自我概念从哲学史上的中心地位赶了下去,把"生活世界"活生生地引了进来。他提出,人之所以存在,仅仅是就他被存在所安排并在他的思维中加入事件而言。"与存在的阐明站在一起的就是我说的人的存在……人这样存在,即他在'这里',亦即存在的阐明。"到此,海德格尔的存在主义也就走到了一元论,传统哲学主体与客体的间隔被拿掉,没有一个对另外一个的思维或认识问题,只有"存在的阐明"。①

至此,理性主义哲学(在法学领域表现为黑格尔的实体法哲学)确实受到致命的打击,形象的说法是"绝对理性主义破产了"。存在主义和其他批判者确实看得很清楚,理性主义建立在统治和利用科学为基础的"循环启蒙"(perennierende Aufklaorung)的基础上,如黑格尔的历史哲学所代表的父之王国(古代)、子之王国(中世纪)及精神王国(近现代)三段式的乌托邦思想,所以根本就没有能力回答对于人类确实重要的问题,包括自由、罪责、责任的确定问题。基于理性主义的主体与客体分离的"二元论"、"总体化理性"(totalierende Vernunft)和"现代强制完成"(Vollendungszwang der Moderne)都是可疑的。②

但是,即使说"绝对理性规划是不可行的",我们也可以由此"推论""法律预设就是不可行的",因此司法应该是纯属法官个人的立于情境化的任意活动吗?本文认为,就哲学立场而论,法律现实主义得出这样的结论,实在是走得太远了。理由如下:

1. 存在主义不能把"理性"从哲学上彻底赶下去

早期存在主义从各个角度出发,揭示了人的非理性因素的存在,批驳了理性主义对于真理的幻想。人的思维具有局限性,非理性意识的活动伴随着思维甚至决定思维,思维应用系统的不完美,诸如此类,都是对理性主义自大狂的成功揭露。但是,早期存在主义哲学最核心的思想,还不只是要揭露理

---

① 海德格尔观点可参见《存在与时间》(1927年)(陈嘉映、王庆节译、熊伟校,北京三联书店2000年版)、《林中路》(1950年)(孙周兴译,上海译文出版社1997版)、《论人道主义》(1946年)、《哲学——这是什么》(1956年)、《艺术与空间》(1969年)、《海德格尔全集》(1975年)等著作。另参见[德]加达默尔:《哲学解释学》,夏镇年等译,上海译文出版社1994版,第38—49页;靳希平:《海德格尔早期思想研究》,上海人民出版社1995年第1版;张汝伦:《海德格尔与现代哲学》,复旦大学出版社1995年版。

② 参见[德]考夫曼:《后现代法哲学——告别演说》,米健译,法律出版社2003年版,第7—8页。

性主义的自负,而是要弱化或拿掉自我概念。海德格尔极力主张,要将"自我"概念赶出哲学,通过对自我的废除彻底清除主观主义,来实现彻底否定认识论。换言之,是要把"理性"从哲学上彻底赶下去。

遗憾的是,存在主义愿望虽好,在这里却忽略了理性的本性,理性是与"我们"即人同在的,是不可能搬掉的。正如黑格尔所说,理性的本性就是自我,在这种动物所没有的思维里,人总是意识到"我",知道他自己是我,而且确信着"自我",理性虽是有局限的(相对真理认知而言),但人仍是一如既往确信他自己。海德格尔说思维从"此在"(这里)开始,而不是从"彼在"(那里)开始。如果拿掉了自我,那么由谁来"此在"呢?由谁来体会"此在"呢?哲学总是哲学家的哲学!

存在主义的错误在于看不到精神的自主本性,以为可以搬掉自我。存在主义没有注意到自我的理性的韧性,错误地以为自我可以放弃,世界可以无计划、无主体化。既然自我拿不掉,那么海德格尔的"林中路"无限敞开的生活世界也就不可能。我们可以说,从自我出发,无论怎样和"客体"视域融合,个人仍然要被他自己的精神和思维意识支配着(或者无意识),无法自觉或不自觉地进入自己确信的理性,自觉或不自觉地"规划着"生活。在一个由无数人组成的群体世界——国家或社会,这样的自我更是不可避免的。用法律计划着生活,正是我们的"自我""自觉或不自觉"的作用方式。

2. 生活在"概念"世界正是我们的命运

人倒是愿意生活在无限具体的世界,但是没有这个精神能力,也没有这个命运。人的自我规定性,使得制度有限性和具体世界的无限性永远成为人不能摆脱的矛盾。我们可以说,人因他的精神的内在与外在条件受到局限,不可能获知不变的真理。但人又是自我规定性的动物,正是这种精神局限性,我们又可以说,人的活动和生活意义已必定被他的有限精神圈住。尽管具体世界无限丰富,但人只能到他的精神为止,只能在有限中存在,这就是命运,人的自主来自理性(自我),人的限制也来自理性。

所以,理性主义破产了,只意味着我们的真理或者"完美概念"的幻想破灭了,但并不能说,我们就可以超越概念而生活。概念是我们的"自我规定性"的产物,只要我们存在,我们就会规定出关于我们生活的概念。概念具有普遍性或抽象性,即针对具体来说,是粗糙的、充满局限的,包括法律在内的客观精神出自人类的"理性"精神,当然要印上这种"普遍性"特质。超越理性、思想、概念的世界或许是真理的世界,只是这真理世界与人无缘。这就是说,概念虽然是比具体更低、更不丰富、更不真切的东西,但人只配得到它们。

形而上学的错误在于把精神绝对化,以为个人精神可以完美无瑕,法律理性可以达到极限,唯名论和存在主义的共同错误,则在于它们看不到精神对人活动的限制,以为人可以摆脱精神局限,误以为人能生活在具体丰富之中,能够脱离概念指引而生活。当然,人的精神世界是可以向增长发展的,个人大脑的生理功能、语言尤其是书面语言等定在交流形式为精神的积累和提高提供了充分条件。随着新知识的揭示的出现,就会对既有的概念规定世界提出更新或进入的要求,这就是所谓的要求"概念面对实际"。当这种新的揭示只在单个人身上发生时,表现为个人与社会的冲突,当在大规模的范围发生时,就表现为新势力与保守势力的冲突。新的揭示积累到一定程度,最终会找到概念规定形式,更新或者补充原有概念规定世界,但永远不能突破概念世界本身。

存在主义企图达到的具体世界,是我们作为人所不能达到的世界。波普尔在这一点上很清醒,他晚年的主要贡献,就是提出了客观精神世界的存在性(且不完全是心灵的产物)以及自主发展性,他称之为"世界3"。"世界3"是知识客观化的产物,本身具有独立存在体系,是抽象了一切人类感情的理性的自我展开,是一个波普尔称之为"没有认识主体"的认识过程。① 在此,波普尔相信,尽管科学主义可"证伪",但仍然存在一个客观精神世界,它是搬不掉的,并且是自主向前发展的。

3. 法律是要使什么发生——"法哲学不是哲学"

存在主义的哲学思想即使是正确的,也不一定就可应用到对法律世界的观点上。作为一种哲学思想,存在主义立足的是如何看待我们及世界这一出发点,基本上属于"求真"范畴。在海德格尔那里,"此在"或者"存在的阐明",也都是为"理解"而来的。存在的世界如果被打开,就会是一首诗或者一件神庙作品,以无限的方式存在于大地,"无声地开启着世界,同时又把这世界重又置回到大地之中"②。海德格尔只需要求真,不需要功利! 哲学不能使任何东西发生。这就是诗人奥登所说的:"诗不能使任何东西发生。"

但是,法律却是要使什么东西发生。我们要不要预设法律,要不要在解决我们人际冲突这个世界确立一种稳定的预先规划好的秩序,却是一个不完全可由对世界的"求真"所统一决定的问题。一般性的求真,只希冀知道"真"是什么或世界实际是什么样。但是,在面对法律预设问题时,我们不是

---

① 参见纪树立编译:《科学知识进化论——波普尔科学哲学选集》。波普尔认为世界3是从世界(物质世界)和世界2(主观精神世界)派生的,包罗科学文化的精神内容,是客观精神或知识的世界。世界2创造了世界3,但世界3反馈到世界2,制约着科学家的主观活动,科学的猜想不完全是心灵的产物,它取决于客观知识的发展程度。世界3和世界1的关系必须通过世界2的中介,世界2作用于世界1创造世界3,世界3通过世界2的科学家的主观理解,才能具体作用于世界1的物质过程。

② 〔德〕海德格尔:《林中路》,上海译文出版社1997年版,第26页。

只需要知道什么是世界的真和世界实际怎么样,我们还需要知道实际人生怎么过,"存在的"的人际冲突怎么及时解决。在法律世界,我们遇到了功利性要求,我们虽然要思考关于世界的真理,却更需要思考如何解决、缓和现实冲突的办法。从这个意义上说,边沁是伟大的,因为他察觉到了功利主义是法律的生命。① 虽然功利到底是什么,以及功利是不是法律的唯一目标,他的观点并不是完全没有疑问。所以,"理性是不可行的"或"绝对理性是不可行的",即使适合于世界观,也不一定适合于法律观。法律实在性问题,并不是一个基于理性主义之可行与否进行判断的哲学问题,而是一个基于如何面对实际世界的冲突关系如何找到及时有效的解决方式的判断问题,不是根源于求"真",而是根源于我们实际如何认识我们的人际关系。前面柯亨说到,"社会条件是法律实体论的前提",或许正是此意。

法律具有实在性,即预设冲突解决规则,限制司法者的任意性,正是根源于对如何"及时有效"解决冲突的追求。法官总体上服从法律,裁判具有可预期性和普遍性,可以被理解为正是此项"有效"(冲突各方可以达成心理妥协的最低的司法形式要求)的基本要求。所以,在法律世界之观点,要依据的不是真理问题,而是价值问题。正因为此,法哲学虽然也用上了"哲学"这个称谓,但本身确实已经不是一般意义上的"哲学",并且这个悖论绝对不像"白马非马"说那么简单。许多法哲学家已经清醒地意识到这一点,他们把法哲学称作关于法律"正义"的学问,或诸如此类表述,而没有说成是追求法律"真知"的学问。德国当代的伟大法哲学家考夫曼直接断言:法学的科学性是个虚假的问题,法哲学的目的是要探讨"正当法"及正义问题。"所有这样的法哲学家们,他们不满足于形式上的思维实验,并不因为我们在内容上的认识似乎没有出路而气馁,相反他们提出了法哲学的、特别是正义的真正问题"②;"一种内容上的法哲学的复活,这种法哲学关注法哲学的'原本的'问题,关注命运问题,关注如今对人和人类切实相关的问题"③。正是因为关注人类的命运——现实的命运,才有了法律,有了对法律的信念。

---

① 边沁在最大幸福的原则下构思法律批判、法律改革和调整以符合理性的目的。参见边沁的著作《立法理论》(孙力等译,中国人民公安大学出版社 1993 年版)、《政府片论》(沈叔平等译,商务印书馆 1995 年版)等。
② 〔德〕考夫曼:《后现代法哲学——告别演说》,法律出版社 2003 年版,"第 2 版献辞"。
③ 同上注,"1991 年版后记",第 55 页。

七、余论:兼为概念法学辩护

法律是实在还是不实在,这是一个问题。这是个哲学问题,又不完全是个哲学问题。法律现实主义者只在哲学的意义上匆匆地做出结论,为司法的任性呐喊助威,却因此忽视了人类作为一个整体的存在,或者说作为以国家为单元的各个整体的存在,对于其人际关系的调整机制,还有更实际的功利要求,需要进行比求真更为复杂的抉择。

维护法律实在论是一种明智的抉择,比任由法官"临机"而动的做法要好。因为,这种机制确立了立法与司法分权机制,前置一个立法空间(法律预设空间)约束司法行为,使人际冲突的解决建立在立法者的预先考虑的前提之下;在这个法治结构中,任何一个司法者都分"司"着共同体的智慧。虽然逻辑上,在每一个案中,并不总是预先思考比任由法官"临"机思考要好,并不总是集体(立法者)思考比任由法官个人思考要好,但是根据我们的生活经验,大多数情形还是这样的。在现实生活中,我们应该选择"法律实在论"还是"法官存在论",也就不言而喻了。

概念法学和分析法学在这一问题上旗帜鲜明,坚决贯彻法律实在论,从这一点来说,要远胜法律现实主义和极端的实用主义。在接受了法律实在论基础上,人们对法律往往更愿意采取概念化的表达方式,因为概念化的法律具有一种立法技术上相对优势,法律规则在语言上使用法律概念,其结果是可以获得一种严密规定的效果,这种严密性具有最大限度的指引效果,比其他类型的语言包括判例具有更持久、更详实地划定要求注意的特征。① 这正是概念式的立法和概念法学如此发达的原因,也是还会继续发达的原因。

当然,如果我们走向极端,把"立法—司法"结构看作是绝对由立法主导,就会引发弊端。概念法学在这一点上应该受到非议。极端的概念法学家认为,法律概念内涵可以做到逻辑计算那样的精确,法律规则可以通过概念化并借助不同层次的抽象达成完整无缺的体系,这样,一切法律问题,都可在法律中找到对应的概念,借助逻辑思考的办法处理掉。法律适用,不过是简单的逻辑进程,即以法律规范对某种生活客观状况进行归纳(Subsumtion)。② 法官的任何实际的智慧决定,如果超出了概念的范围,在他们眼里就是"败坏了法律",就是坏的。③

---

① 参见〔英〕哈特:《法律的概念》,中国大百科全书出版社1996年版,第127页。
② 参见〔德〕拉伦茨:《法学方法论》,商务印书馆2003年版,第53页、第356页。
③ 参见〔英〕哈特:《耶林的概念天国与现代分析法学》。

哈特正确地批评说,这些极端的概念法学家显然误解了概念的属性,实际上,法律规则和法律概念不可避免地存在"开放结构",对于具体情境来说具有欠缺灵活的抽象性,并存在或多或少的不适时性。哈特认为,正是在这一点上,分析法学与概念法学区分开来,因为分析法学认识到,一方面立法者是人而不是神,所以不能预见一切,另一方面法律概念存在不可避免的"裂缝",所以不可能完美无缺。① 同时,许多法学家也清醒地看到,法官虽然有时狭隘有时任意,但由于面对问题,往往会激发出实践的智慧,如果加以坚决压制不免是一种浪费。② 所以,在坚持规则先导的前提下,使概念贴近实际的运用是必要的,哈特因此呼喊,现在到了否定概念"天国",反对彼岸,返回地球的时候了!③

但是在此,千万不要误解了哈特的真实意图,哈特要反对的,仅仅是概念的"天国",或者说概念"神话"而已,他不反对概念"世界"本身。哈特说得好,只要建立概念的"开放结构"④,法学传统是可以化腐朽为神奇的。概念法学被看成是科学的时代应该结束了,但就信奉法律实在论而言,概念法学本身负有重要使命,绝不会轻易谢幕。

---

① 参见〔英〕哈特:《耶林的概念天国与现代分析法学》。
② 拉伦茨等开创的评价法学,麦考密克、魏因贝格尔等提出的新分析法学家都在维护法律规则的规范作用的基础上,对司法能动性进行了调和,提出了建立"立法——司法互动"的以法律规范为主导、以司法实践理性为发挥的法治结构的构想。参见〔德〕拉伦茨:《法学方法论》,商务印书馆 2003 年版;〔英〕麦考密克(N. MacCormick)、〔奥〕魏因贝格尔(Weinberger):《制度法论》,周叶谦译,中国政法大学出版社 1994 年第 1 版,第 197 页。
③ 参见〔英〕哈特:《耶林的概念天国与现代分析法学》。
④ 参见〔英〕哈特:《耶林的概念天国与现代分析法学》。德国学者恩吉斯(Engisch)、阿瑟(Esser)、科因(Coing)、卡拿雷斯(Canaris)、拉伦茨等都提出了用"开放体系"拯救概念法学的办法。参见:Engisch, Die Einheit der Rechtsordnung, S. 83f;Esser, Grundsatz und Norm, S. 44,239,7;Canaris, Systemdenken und Systembegriff in der Jurisprudenz, 2. Aufl. 1983;〔德〕拉伦茨:《法学方法论》,商务印书馆 2003 年版,第 47—51 页。

主题词索引

《奥地利民法典》 222
《波恩基本法》 171,176
《大清民律草案》 36,41,58
《德国民法典》 17,21,45,121,133,146,147,149,166,170—173,176,199,200,202,206,220,227,228,236,256,274,277,282,285,288,290,297,300,303,304,307,308,311—319
《德国商法典》 233,236,240
《法国民法典》 21,121,133,134,144—146,149,163—165,167,168,200,231,235,274,277,282,303
《法国商法典》 235,243
《美国统一合伙法》 243
《日本民法典》 21,168,274,277,304
《瑞士民法典》 165,168,228
《英国上诉法院判例集》 237
《中华民国民法典》 41,200,279,304

D

代表制技术 208,213,219
担保物权 76,77,92,98,254,256,281,291

F

法定权利论 164,165
法律安定性 198
法律的二重性 107,108,112
法律多元性理论 122
法律伦理化 37
法律实施 69—71,102,108
法律现实主义 329—332,334,339,340,342,343,347—349,351,353,357

法律主体　56,85,104,105,107,108,128—131,134,136—139,141,144—147,149—151,154,157,159,160,201,207,220—223,227,240,322

法人机关　204,210—217,219,226—228

法人内部构造　208—210,212—214,219

法人拟制说　222,223

法人实在说　224

法人主体　147,148,151,199—202,204,206,209,211,218,220—222,229,231

法治　11,29—33,37,38,45,47,49—56,61,63—66,69—71,84—86,94,95,97,99,101—103,159,183,198,260,264,266,267,328,329,357

服务贸易　84,96—98,100

G

概括人格权　163

概念法学　41,42,44,45,112,298,325,327,329,330,357,358

公法　3—11,13,14,25,27,28,31,41,57,58,120,121,156,159,171,182,184,194,273,277

公法和私法的关系　1,3,13

公共资讯利益　195—198

公力救济　25,36

公示制度　76,288

国企改革　67,87—90,93

合伙范畴　233,237,238,244

合伙立法　105,233,234,243—246

J

家族主体观念　139,140

建筑物区分所有　77,104,254,255,281,290

经济法律体系　58,59,61,72,76,81,83,86,95,100,258

精神损害赔偿责任　92,176,184,189—193

救济性请求权　18—20

救济性形成权　17—20

具体人格权　165—171,173,176,177,198

K

抗辩权　16,19—21,24,36,241

客观实证　343,345

L

立法技术　14,33,68,75,79,245,298,300,313,357
罗马法　1,5,15,21,22,27—36,38,51,108,113,114,116,119—121,124—126,128,
　　132,134,137—144,148—150,165,182,199,206,234,302—305
逻辑实证　337,340—343,345

M

民法传统　27,221,250
民法实证主义　105,162,181—183,186,198
民法秩序　105,154—156,160,321
民法主体　105,154,156,160
民事法律体系　72
民事合伙　233—241,246
民事救济权　1,15—17,19—24,26
民事立法　38,49,52—56,63,72,77,182,183,187,198,206,260,265,278,301
民事责任　12,17,19,21—26,89,92,94,186,187,228,288

N

拟制说　105,199,204—208,210—212,216,218,219,222,223,227—229,231

Q

权利本位　31,33,36,38,115,155—157,305,320—322
权利概念的基础性　124,157
权利概念理论　113,115,116,118,124,126—128,156
全球化　54,71,94—96,101,251,262,274,277,286

R

人格权　72,92,101,105,116,132,162—170,172—174,176—178,181—184,186,
　　189,190,192—195,197,198,228,307,322
人权基础　10
软性法治　55,102

S

商事法律体系　77
商事合伙　233—244,246
商行为　12,233,237—240,244
社会法　4,9,10,12,14,137

社会软化　56,104
涉外民商法律体系　83
实在说　205—208,210,211,218,222,226—228,231,332
市场经济法　14,47,58,59,61—66,70—72,76,81,84—86,90,91,94,95,97,100—104,258
司法技术　33
司法客观性　330,332,337,341
私法　3—14,22,26—28,31,32,34—39,41,51—54,56—58,67,71—73,95,103,104,120—125,132,133,144,146,156—159,161,163,171,181—184,188,194,197,198,200,220,232,236—239,273,274,277,278,283,320,321
私法治法　30,31,33

W

无限公司　233—235,238,240—243,245,246
物权保护体系　289

X

宪法　10,11,13,14,32,49,55,56,60—65,72,85—87,91—94,103,108,125,126,144,164,169—173,175,176,181—190,193,197,198,257,259—264,266—277,279,280,286,289,328,339,345,350
宪法改革　55
宪法秩序　105,162,163,168,170,182,183,186,198
行为自治　31,33,38

Y

一般人格权　168—176,181,182,189,197,198
义务概念　113,115—118,122,124,125,130,155,156,203
用益物权　76,77,87,92,254,256,280—282,285,287,291

Z

债务人关系　295,297,310,312,313,315—320,323
占有　20,76,77,89,92,98,184,254,255,257,265,281,282,285,286,292
知识产权法律体系　83
中国民法新传统　1,27,36
中国私法　38
自力救济　24
自然权利论　163,167,198

图书在版编目(CIP)数据

民法基础与超越/龙卫球著.—北京:北京大学出版社,2010.1
ISBN 978 – 7 – 301 – 15781 – 7

Ⅰ.民… Ⅱ.龙… Ⅲ.民法 – 研究 – 中国 Ⅳ.D923.04

中国版本图书馆 CIP 数据核字(2009)第 167131 号

书　　　名:	民法基础与超越
著作责任者:	龙卫球　著
责 任 编 辑:	陆建华
标 准 书 号:	ISBN 978 – 7 – 301 – 15781 – 7/D·2403
出 版 发 行:	北京大学出版社
地　　　址:	北京市海淀区成府路 205 号　100871
网　　　址:	http://www.yandayuanzhao.com
电　　　话:	邮购部 62752015　发行部 62750672　编辑部 62117788
	出版部 62754962
电 子 邮 箱:	law@ pup.pku.edu.cn
印 　刷 　者:	三河市欣欣印刷有限公司
经 　销 　者:	新华书店
	650mm×980mm　16 开本　23.75 印张　421 千字
	2010 年 1 月第 1 版　2010 年 1 月第 1 次印刷
定　　　价:	39.00 元

未经许可,不得以任何方式复制或抄袭本书之部分或全部内容。
版权所有,侵权必究
举报电话:010 – 62752024　电子邮箱:fd@ pup.pku.edu.cn